***ACCESO GRATIS** a la Lectura en la Nube*

Para visualizar el libro electrónico en la nube de lectura envíe junto a su nombre y apellidos una fotografía del código de barras situado en la contraportada del libro y otra del ticket de compra a la dirección:

ebooktirant@tirant.com

En un máximo de 72 horas laborales le enviaremos el código de acceso con sus instrucciones.

La visualización del libro en **NUBE DE LECTURA** excluye los usos bibliotecarios y públicos que puedan poner el archivo electrónico a disposición de una comunidad de lectores. Se permite tan solo un uso individual y privado

RESPUESTAS JURÍDICAS AL DESAFÍO TECNOLÓGICO: NUEVAS PERSPECTIVAS DEL DERECHO DIGITAL

RESPUESTAS JURÍDICAS AL DESAFÍO TECNOLÓGICO: NUEVAS PERSPECTIVAS DEL DERECHO DIGITAL

ROSA CERNADA BADÍA
(Coordinadora)

tirant lo blanch
Valencia, 2024

EDITA: TIRANT LO BLANCH
C/ Artes Gráficas, 14 - 46010 - Valencia
TELFS.: 96/361 00 48 - 50
FAX: 96/369 41 51
Email: tlb@tirant.com
www.tirant.com
Librería virtual: www.tirant.es
DEPÓSITO LEGAL: V-3241-2024
ISBN: 978-84-1056-806-8

Si tiene alguna queja o sugerencia, envíenos un mail a: *atencioncliente@tirant.com*. En caso de no ser atendida su sugerencia, por favor, lea en *www.tirant.net/index.php/empresa/politicas-de-empresa* nuestro procedimiento de quejas.

Responsabilidad Social Corporativa: http://www.tirant.net/Docs/RSCTirant.pdf

Autores

Nuria Martínez Sanchis

Silvia Sempere Faus

Ubaldo Nieto Carol

Adargelio Garrido de la Grana

Francisco J. Adán Castaño

José Vicente Belenguer Mula

Borja Sánchez Barroso

Rosa Cernada Badía

María José Salar Sotillos

Ginés Marco Perles

José-Alfredo Peris-Cancio

Índice

HUMANISMO DIGITAL

Presentación

Tengo el placer de presentarles el libro colectivo Respuestas jurídicas al desafío tecnológico: nuevas perspectivas del Derecho digital. La presente obra es el resultado de un proceso de reflexión sobre los desafíos que plantea la tecnología al Derecho desde una necesaria perspectiva multidisciplinar. Los diversos autores, académicos con potentes líneas de investigación abiertas en la materia que nos ocupa, abordan el examen de las interacciones entre Derecho y tecnología desde el obligado equilibrio entre el desarrollo e innovación y la protección de los Derechos y la dignidad de la persona.

En este sentido, la obra se divide en cuatro partes. La primera de ellas dedicada a la protección de los menores, Internet y redes sociales, aborda esta cuestión desde una doble perspectiva. En primer término, la perspectiva civil bajo la pluma de la Dra. Nuria Martínez, que presta una especial atención a la sobreexposición de los menores en redes sociales por los padres y titulares de la patria potestad. En el examen del *Sharenting* como fenómeno social y germen de futuras, cuando no presentes, controversias jurídicas, la Dra. Martínez realiza un prolífico estudio jurisprudencial que le lleva a concluir en la necesidad del consentimiento de ambos progenitores, sin matizaciones en lo referente el uso social, si bien anima a evitar la excesiva judicialización de estas conductas haciendo una interpretación razonable, atendidas todas las circunstancias y la afectación efectiva de la intimidad y el honor de los menores.

Por su parte, desde la perspectiva penal, la Dra. Silvia Sempere analiza en su riguroso estudio la protección del menor de edad y cómo evitar su victimización en caso de violencia digital. En su trabajo, es especialmente reseñable el foco que pone la autora en la prevención como medio ideal para hacer frente a los riesgos que implica la violencia digital. Asimismo, apunta la necesidad de fomentar la colaboración entre Estado, sector privado, familias y centros educativos como mecanismo clave de protección de los menores en este ámbito y como medio para evitar la victimización del menor.

Seguidamente, la segunda parte se dedica a analizar los retos de las tecnologías en el ámbito del Derecho privado. La reflexión en este campo se inicia con el examen de la digitalización de la función notarial por el notario y Dr. Ubaldo Nieto, que detalla de forma exhaustiva el otorgamiento telemático del instrumento público notarial. En su trabajo se hace eco de las reformas legislativas que han permitido este otorgamiento telemático, haciendo una especial referencia a los supuestos legalmente establecidos, así como a la esencial identificación de los otorgantes cuando no se da la tradicional inmediatez. En este respecto, recuerda el autor la imposibilidad de alcanzar una certeza absoluta y la necesidad de complementar diversos medios y sistemas de comprobación bajo la única responsabilidad del notario.

El trabajo del Dr. Nieto se complementa con dos estudios dedicados a analizar el cambio de paradigma que la tecnología ha planteado a los derechos de propiedad industrial e intelectual. En primer lugar, el Dr. Adargelio Garrido aporta un detallado estudio con indudable vertiente práctica en el que analiza el impacto del metaverso y los NFT en los derechos de propiedad intelectual. En un ámbito en el que todavía la doctrina es incipiente, este trabajo resulta clave para comprender la naturaleza de estos nuevos conflictos, invitando a analizar la posible aplicación de las categorías tradicionales a estas nuevas realidades con la originalidad y creatividad que requieren. El examen de los casos seleccionados, que pasan por ser los primeros suscitados en el ámbito internacional, resulta esclarecedor y permite sugerir pistas sobre la posible evolución del Derecho en este ámbito. Por su parte, el profesor Francisco Adán reflexiona sobre los derechos de autor del *software* habida cuenta, indicalle autor, de la dificultad que plantea su mayor inmaterialidad. En este sentido, plantea la duda sobre la adecuación de incardinar la protección del *software* en las categorías de la propiedad intelectual y valora el desafío específico que plantea le software libre al núcleo duro de los derechos morales de autor.

Junto al análisis de las cuestiones suscitadas en el Derecho privado, la parte tercera de la obra se dedica analizar el impacto de la inteligencia artificial y tecnologías en los servicios y decisiones públicas. Tres son los trabajos que, desde perspectivas diversas, abordan esta cuestión. En lo que se refiere a la inteligencia artificial, el profesor José Vicente Belenguer reflexiona sobre el uso de algoritmos en la toma de decisiones públicas. Al respecto plantea la insuficiente regulación en esta materia y los riesgos que puede generar la toma de decisiones públicas haciendo uso de sistemas de inteligencia artificial, como los sesgos discriminatorios. Y propone una serie de elementos básicos para arbitrar un cierto control en esta materia, valorando la utilidad de reconocer el carácter reglamentario de los algoritmos a efectos de impugnación directa y la positivación de ciertos principios administrativos. En particular, destaca la transparencia algorítmica y la rendición de cuentas como mecanismos de control del proceso de toma de decisiones. Por consiguiente, concluye en la oportunidad de incorporar sistemas de inteligencia artificial como mecanismos de mejora en la eficacia de los procedimientos, pero sin que implique un retroceso en los derechos y garantías de los ciudadanos.

Examinado el uso de sistemas de inteligencia artificial en la toma de decisiones, el Dr. Borja Sánchez reflexiona sobre la posibilidad de aplicar el principio de precaución al ámbito de la inteligencia artificial. La oportunidad de esta reflexión es innegable, en la medida en que los sistemas de inteligencia artificial plantean riesgos técnicos a los Estados y los ciudadanos. Por consiguiente, el autor reconoce la aplicación del principio de precaución en este ámbito si bien, no para prohibir o limitar el uso de la inteligencia artificial sino para orientar la futura regulación e intervención de los poderes públicos en esta materia, promoviendo la investigación y la identificación de los riesgos posibles. Todo ello con el fin de adoptar proactivamente medidas que permitan minimizar tales riesgos y maximizar los beneficios que la adopción de estos sistemas puede reportar a los Estados, poderes públicos y ciudadanos en último término.

La última de las aportaciones desde el ámbito del Derecho público propuesta por quien suscribe estas líneas aborda el impacto de la tecnología en la prestación de servicios sanitarios en clave europea. El estudio se orienta a ofrecer una panorámica de los servicios de *eHealth* en Europa sobre la redefinición de la figura del paciente como centro de gravedad de la prestación. Asimismo, aborda los aspectos clave que permiten la prestación de los servicios de *eHealth*, desde la prestación transfronteriza a la necesaria interoperabilidad de los sistemas sanitarios de ámbito regional. Unos sistemas condenados a entenderse para permitir el acceso a la historia clínica electrónica en el futuro espacio europeo de datos sanitarios. El objetivo es, sin lugar a dudas, de interés clave en un futuro relativamente corto si bien plantea un indudable reto institucional. En este sentido, se sostiene en el estudio el significativo cambio de rol de la Unión Europea en materia de salud, como protagonista en la gobernanza global de la salud sin renunciar a los valores que le sirven de sustrato.

Finalmente, la obra culmina con las reflexiones ético-filosóficas en torno al humanismo digital, llamado a inspirar las respuestas jurídicas frente a los retos que plantea la tecnología. La cuestión se aborda desde tres puntos de vista. En el primero de los estudios, la profesora Dra. Maria José Salar realiza un original estudio que valora la relación entre humanismo digital y cine. Defiende la autora que el cine, como medio artístico y de entretenimiento, ofrece un medio idóneo para reflexionar sobre la interacción entre tecnología y persona y para valorar las complejas aristas que plantean estas relaciones. Destaca, entre otras cuestiones, el uso del cine para reflexionar sobre el desarrollo ético de la tecnología (por ejemplo, en "Yo, Robot"), para valorar su impacto social (cuestión que se plasma en la película "La Red social") o para lograr objetivos alineados con el humanismo digital, como el fomento de la inclusión digital (visible en el largometraje "En busca de la Felicidad").

Por su parte, el Dr. Ginés S. Marco reflexiona sobre la interrelación entre los conceptos de confianza organizacional y economía colaborativa, teniendo en cuenta sus fundamentos éticos y partiendo del cuestionamiento de la doctrina clásica de Mayer et al. sobre la confianza organizacional, que sirve de base a los nuevos modelos colaborativos de negocio. En su minucioso estudio, el Dr. Marco aboga por una ética de la economía colaborativa basada en virtudes, no sólo en principios, de forma que se adapte la doctrina clásica de Mayer et al., superando el relativismo imperante e incorpore el concepto de integridad en la posible decisión del depositario de confianza. Si bien reconoce el autor que esta gesta, contraria a las corrientes dominantes, se enfrenta al escollo de la protocolización tecnológica en la toma de decisiones en el marco del modelo de negocio colaborativo.

Por último, y a modo de necesario basamento filosófico a una obra dedicada al Derecho digital, el Dr. José Alfredo Peris Cancio reflexiona sobre la figura del jurista ante el Derecho digital y valora la necesidad de una reconversión desde la propia concepción del Derecho, de forma que el Derecho digital no constituya un concepto neutro. En este sentido, el autor propone una reflexión más que necesaria sobre la dualidad entre la perspectiva o utilidad del dato y la dimensión estética, moral o axiológica y propone partir de una antropología construida sobe la dignidad de la persona como fundamento innegociable que se proyecta sobre la definición y delimitación de los derechos digitales y sobre la protección de los colectivos más vulnerables.

Como puede observarse, el elenco de académicos participantes en el presente libro y los temas tratados han culminado en una sugerente obra que invita a la identificación y valoración crítica de los desafíos clave que la tecnología plantea al Derecho. No puedo más que agradecer profundamente a todos y cada uno de los autores su rigor académico y a la Universidad Católica de Valencia, nexo de unión de todos nosotros, su apoyo para generar el necesario espacio de reflexión en cuestiones que apelan de manera directa a quiénes somos y dónde nos dirigimos como personas, como juristas y como sociedad.

Valencia, diciembre de 2023.

PROTECCIÓN DE MENORES, INTERNET Y REDES SOCIALES

La sobreexposición de los menores en las redes sociales. Conflicto entre los deberes de la patria potestad y el derecho a la intimidad de los menores

NURIA MARTÍNEZ SANCHIS
Profesora de Derecho Civil. Universidad Católica de Valencia San Vicente Mártir

SUMARIO: I. INTRODUCCIÓN. II. EL MENOR COMO TITULAR DE LOS DERECHOS DEL ART. 18 CE: EL CONSENTIMIENTO COMO ELEMENTO LEGITIMADOR. 1. Breve aproximación al panorama legislativo actual. 2. La especial consideración al consentimiento en los menores maduros y en los mayores de 14 años. III. LA PUBLICACIÓN DE IMÁGENES DE MENORES EN LAS REDES SOCIALES POR PARTE DE SUS PADRES O REPRESENTANTES LEGALES. 1. Consideraciones generales en torno al ejercicio de la patria potestad. 2. El conflicto entre la patria potestad y los derechos del menor. IV. LOS CRITERIOS JURISPRUDENCIALES PARA LA LEGITIMIDAD DE LA PUBLICACIÓN EN LOS SUPUESTOS DE PADRES SEPARADOS Y/O DIVORCIADOS CON HIJOS MENORES DE EDAD. 1. De la necesidad del consentimiento previo de los padres. 2. De la relevancia de que la publicación se lleve a cabo desde un perfil público o privado. 3. La incidencia de las TICs como uso social V. CONCLUSIONES. BIBLIOGRAFÍA.

I.- INTRODUCCIÓN

Las tecnologías de la información y la comunicación han experimentado un cambio vertiginoso en los últimos veinte años, y su impacto ha hecho que la realidad cotidiana de las familias, y que la sociedad en general, cambie de forma exponencial. Las redes sociales han pasado a ocupar un papel protagonista en el día a día de muchas familias, y dicho cambio social ha llevado a que, con habitualidad, sean cada vez más las que deciden compartir vivencias y acontecimientos de su vida cotidiana en las redes sociales, generalizándose la presencia de menores de edad en dichos canales de difusión.

Esta dependencia de las redes, así como su dimensión social, lleva a que muchos padres, en no pocas ocasiones, publiquen habitualmente información y contenidos que, en la mayoría de las veces, pertenece al ámbito de la vida privada no solo de ellos, sino también de sus hijos menores de edad, con los que conviven.

Llevamos años viviendo un auténtico *babyboom* de las llamadas *instamamis* o madres *influencers*, esto es, madres, y también padres, en ocasiones separados o divorciados, que derrochan creatividad haciendo fotos de sus hijos, y exponiendo de manera recurrente, la vida de los menores en las redes sociales, fundamentalmente *Facebook, Instagram, Youtube* y también *Tiktok*, sin ningún tipo de filtro y/o control. Además, y lo que parece más grave, en muchas ocasiones, con un perfil público que visitan miles de seguidores y obteniendo un rédito económico por mostrar en dichas redes sociales productos y/o marcas en su vida cotidiana y en la de sus hijos menores, llegando a convertirse en ocasiones, en su fuente de ingresos.

En este contexto, las consecuencias negativas que pueden acarrear este tipo de conductas para los menores, constituyen una preocupación creciente, ya que son los propios padres los que, incluso sin ser muchas veces conscientes[1] de ello, vulne-

---

1 Mª P. Tintoré Garriga . "Sharenting y la responsabilidad parental", *La Ley Derecho de Familia: Revista Jurídica sobre Familia y Menores*, nº. 14, 2017, pp. 43-50.

ran de este modo, los derechos fundamentales de sus hijos en ese afán desmesurado por difundir su vida personal. Ello ha dado lugar al fenómeno popularmente conocido como *sharenting* – anglicismo que proviene de *share* (compartir) y *parenting* (paternidad)- con el que se conoce a la publicación masiva de información e imágenes de los propios hijos a través de *Facebook, Instagram* y otras redes sociales.

La decisión de publicar contenido de la vida de un menor de 14 años en una red social, pertenece a la esfera de la patria potestad, atribuida por ley a los padres. En el escenario antes referido, puede que en apariencia se considere que el ejercicio de la patria potestad sea el adecuado, pero la realidad es que se llegan a producir no pocos excesos e infracciones por actuar como si el menor fuera una prolongación más de la vida de sus progenitores y/o una persona autónoma.

La vida privada de los niños es suya y no de sus padres, si bien éstos son los máximos garantes de la misma durante su minoría de edad. Por lo tanto, para dicha publicación y dada la especial trascendencia que la misma pueda tener, debería ser necesario el consentimiento de los titulares de la potestad de guarda. Esta cuestión no suele acarrear mayores problemas cuando los padres conviven; en cambio, sí es más problemático en aquellos supuestos en los que se ha puesto fin a la convivencia por separación y/o divorcio o bien, por haber puesto fin a una relación de hecho.

A lo largo del presente trabajo y del análisis jurisprudencial realizado, se van a tratar de extraer los factores que tendrán que darse para que la publicación de la imagen de los menores de edad en las redes sociales por parte de sus padres, sea ilegítima, cuestión ésta que tiene mucho que ver con el consentimiento del titular. De igual modo, y dado que en la actualidad el uso generalizado de estas conductas se ha convertido en un uso social, se verá la incidencia que ello pueda tener, así como la tipología del perfil desde el que se lleve a cabo la publicación, para legitimar este tipo de conductas.

II.- EL MENOR COMO TITULAR DE LOS DERECHOS DEL ART. 18 CE: EL CONSENTIMIENTO COMO ELEMENTO LEGITIMADOR

1.- Breve aproximación al panorama legislativo actual

El actual protagonismo y omnipresencia de las TICs, ha determinado su incorporación a la vida cotidiana del menor desde edades tempranas e incluso, en ocasiones, antes de su nacimiento[2]. Derivado de todo ello, los derechos del menor también se ejercen, en este nuevo ámbito, de una manera radicalmente distinta a como se había venido haciendo hasta ahora. El ordenamiento jurídico español dedica especial protección a los derechos de los menores, y ello derivado de la especial vulnerabilidad de los mismos, ante posibles ataques a sus derechos[3].

Los menores de edad son titulares del derecho a la intimidad, a la propia imagen, honor y la protección de sus datos personales[4]. Se trata de derechos fundamentales consagrados en el art.

---

2 Mª D. Moreno Marín. "La privacidad de los menores en las redes sociales: el fenómeno del sharenting y sus consecuencias", en *El sistema jurídico ante la digitalización: Estudios de derecho privado* (Dir. M. Paniagua Zurera), Tirant lo Blanch, Valencia, 2021, p. 276.
Recoge el capítulo que, "resulta interesante destacar el estudio llevado a cabo por la empresa de seguridad en Internet AVG que, con datos aportados por ciudadanos de diez países, entre ellos España, ha señalado que el 23% de los niños tiene presencia en Internet incluso antes de nacer porque sus padres publican imágenes de las ecografías durante el embarazo".

3 A. Colas Escandón. "La defensa del interés del menor en el conflicto entre el derecho a la intimidad de los menores y los derechos y obligaciones derivados de la patria potestad de sus progenitores", *Revista Doctrinal Aranzadi Civil- Mercantil*, nº 9. 2017, pp. 29-72.

4 J. L. Piñar Mañas. "El derecho fundamental a la protección de datos y la privacidad de los menores en las redes sociales", en *Redes sociales y privacidad del menor*, Reus, Madrid, 2011, pp. 61-85.

18 CE, inherentes a la persona y que les son atribuidos desde su nacimiento[5]. Son derechos relativos a la esfera espiritual del ser humano, y se les otorga la misma protección constitucional plena que a los derechos fundamentales[6].

Así, durante la minoría de edad de los hijos, serán sus padres o representantes legales, como titulares de la patria potestad, quienes ostenten el deber y la responsabilidad de velar por estos derechos, que gozan de una tutela cualificada[7].

---

5 Para un estudio pormenorizado de esta materia, entre otros autores, a: A. Gil Antón. "Redes sociales y privacidad del menor: un debate abierto", *Revista Aranzadi de Derecho y Nuevas Tecnologías*, nº 36. 2014, pp. 143-180; M. Lorente López. *Los derechos al honor, a la intimidad personal y familiar y a la propia imagen del Menor*, Thomson Reuters Aranzadi, Pamplona, 2015, pp. 89 y ss; R. Pérez Díaz. "La imagen del menor en las redes sociales", *Revista Doctrinal Aranzadi Civil- Mercantil*, nº 3. 2018, pp. 71-85; A. Sánchez Gómez. "El marco normativo tradicional para la protección de los derechos de la personalidad del menor. ¿Alguna asignatura pendiente en el siglo XXI?", *Revista Doctrinal Aranzadi Civil-Mercantil*, nº 11. 2016, pp. 29-79.

6 J.M. Ruiz de Huidobro. *Manual de Derecho Civil, Parte General* (4ª edición), Dykinson, Madrid, 2015, pp. 326-327.

7 Así, la STS 403/2014, de 14 de julio (*Tol* 4.439.576) refería que, " *Esta protección reforzada ha sido reconocida por la doctrina del Tribunal Constitucional y la jurisprudencia de esta Sala, en el sentido de que, si bien todas las personas tienen derecho a ser respetados en el ámbito de su honor, intimidad y propia imagen,* ***los menores lo tienen de manera especial y cualificada, precisamente por la nota de desvalimiento que les define por tratarse de personas en formación más vulnerables por tanto a los ataques a sus derechos.*** *Además, el derecho a la intimidad personal es mucho más estricto cuando se trata de menores y así, el Tribunal Constitucional ha afirmado en la STC 127/2003, de 30 de junio que, abstracción hecha de lo opinable que en algunas ocasiones pueda resultar la delimitación de ese ámbito propio y reservado característico del derecho a la intimidad, resulta incuestionable que forma parte del mismo el legítimo interés de los menores a que no se divulguen datos relativos a su vida personal o familiar, que viene a erigirse, a tenor de lo dispuesto en el art. 20.4 de la Constitución, el límite infranqueable al ejercicio del derecho a comunicar*

Desde la primera regulación legislativa de nuestro país, en el año 1982, hasta la regulación actual, los derechos de los menores se han visto cada vez más salvaguardados legalmente, y paradójicamente y a pesar de ello, han ido en aumento las vulneraciones de dichos derechos.

Las principales normas que hacen expresa alusión a estos derechos son, al margen y además del art. 18 CE, la Ley Orgánica 1/1982, de 5 de mayo, sobre Protección civil del derecho al honor, a la intimidad personal y familiar, y a la propia imagen, así como la Ley Orgánica 1/1996, de 15 de enero, de Protección jurídica del menor, en cuyo art. 4.1, atribuye expresamente estos derechos a los menores.[8]

En lo que se refiere al derecho a la protección de datos personales, su reconocimiento no sólo viene amparado por el art. 18.4 CE, sino también por el Reglamento (UE) 2016/679 del Parlamento Europeo y del Consejo, de 27 de abril de 2016, relativo a la protección de las personas físicas en lo que respecta al tratamiento de datos personales y a la libre circulación de estos datos. Con el fin de adaptar el ordenamiento jurídico español a este Reglamento, se promulgó la Ley Orgánica 3/2018, de 5 de diciembre, de Protección de datos personales y garantía de los derechos digitales, en cuyo art. 7, fija en 14 años la edad a partir de la cual, el menor podrá otorgar su aquiescencia para decidir sobre su privacidad en internet, si bien dicha ley se refiere únicamente al consentimiento para el tratamiento de datos de carácter personal de los menores.

---

libremente información veraz (STC 134/1999, de 24 de mayo, FJ 6, sentencia de esta Sala de 18 febrero 2013, recurso 438/2011, FJ 3)".

8 El art. 4.1 refiere que: "Los menores tienen derecho al honor, a la intimidad personal y familiar y a la propia imagen. Este derecho comprende también la inviolabilidad del domicilio familiar y de la correspondencia, así como del secreto de las comunicaciones".

De igual modo, la reciente Ley Orgánica 8/2021 de 4 de junio, de Protección integral a la infancia y a la adolescencia frente a la violencia, tampoco ha sido ajena a esta problemática, pues ya en su exposición de motivos, se hace referencia a las redes sociales y su regulación específica en cuanto al *deber de comunicación de la existencia de contenidos en Internet que constituyan una forma de violencia o abuso sobre los niños, niñas o adolescentes, sean o no constitutivos de delito, en tanto que el ámbito de Internet y redes sociales es especialmente sensible a estos efectos.*

A nivel internacional, también se cuenta con una prolífica legislación protectora con los derechos de la personalidad de los menores. Entre otras, cabe destacar la Declaración Universal de los Derechos Humanos, proclamada por la Asamblea General de las Naciones Unidas el 10 de diciembre de 1948[9], la Convención sobre los Derechos del Niño, adoptada por la Asamblea General de las Naciones Unidas el 20 de noviembre de 1989[10], o la Carta Europea de los Derechos del niño aprobada por el Parlamento Europeo el 8 de julio de 1992[11].

---

9 El art. 12 de la Declaración Universal de los Derechos Humanos señala que: "Nadie será objeto de injerencias arbitrarias en su vida privada, su familia, su domicilio o su correspondencia, ni de ataques a su honra o a su reputación. Toda persona tiene derecho a la protección de la ley contra tales injerencias o ataques".

10 De vital importancia para la cuestión que nos ocupa es el art. 16 de la Convención sobre los Derechos del Niño que dispone: "1. Ningún niño será objeto de injerencias arbitrarias o ilegales en su vida privada, su familia, su domicilio o su correspondencia, ni de ataques ilegales a su honra y a su reputación.

11 La Carta Europea de los Derechos del niño indica: "7. 20. Todo niño tiene derecho al ocio, al juego y a la participación voluntaria en actividades deportivas. Deberá poder, asimismo, disfrutar de actividades sociales, culturales y artísticas. Todo niño tiene derecho a no ser objeto por parte de un tercero de intrusiones injustificadas en su vida privada, en la de su familia, ni a sufrir atentados ilegales contra su honor".

En relación con el marco jurídico internacional habría que resaltar, tal y como ha señalado la doctrina[12], que la Convención de la ONU sobre los Derechos del Niño de 20 de noviembre de 1989, es la primera norma que reconoce expresamente que los menores son titulares de derechos fundamentales como el derecho a la intimidad y el honor[13] y, en consecuencia, será a ellos a quienes corresponda su ejercicio siempre y cuando sus condiciones de discernimiento se lo permitan.

En el entorno europeo, también los derechos al honor, a la propia imagen y a la intimidad, han sido objeto de un reconocimiento expreso a nivel legislativo. Así, el Consejo de Europa adoptó el Convenio Europeo de Derechos humanos firmado en 1950, y que entró en vigor el 3 de septiembre de 1953. Dicho texto legal, en su art. 8.1 refiere que, "toda persona tiene derecho al respeto de su vida privada y familiar en su domicilio y de su correspondencia". Por su parte, la Unión Europea adoptó su propio texto normativo de derechos fundamentales, la Carta de Derechos de la Unión Europea de diciembre del año 2000, adquiriendo carácter vinculante a partir de la suscripción del Tratado de Lisboa en el año 2007, recogiéndose en su art. 7 el derecho a la intimidad.

A la vista de todo ello, se puede afirmar que, desde el punto de vista normativo, queda patente el reconocimiento expreso de los menores como titulares de estos derechos de la personalidad, que se reconocen a todas las personas por el mero hecho de serlo. De igual modo, y paralelamente a dicho reconocimiento, también es resaltado por varias de las normas, la obligación que tienen los padres y/o representantes legales de

---

12 En este sentido, A. Moreno Bobadilla. *Intimidad y menores*, Centro de Estudios Políticos y Constitucionales, Madrid, 2017, pp.114-116.

13 El art. 18 refiere que "ningún niño será objeto de injerencias arbitrarias o ilegales en su vida privada, su familia, su domicilio o su correspondencia, ni de ataques ilegales a su honra y a su reputación".

respetar estos derechos y de protegerlos de posibles ataques de terceros[14], sobre todo durante la minoría de edad de sus hijos.

Paradójicamente, y a pesar de ello, son muchas las situaciones que se plantean a diario en donde son los propios padres, verdaderos "guardianes" de la privacidad y seguridad de sus hijos, los que ponen en riesgo estos derechos.

En este sentido, como se desarrollará más adelante, ya la doctrina ha venido poniendo de manifiesto la irresponsabilidad en la autogestión de la intimidad y la necesidad de concienciar mejor a la persona, tanto a padres como a hijos, sobre la custodia y control de su privacidad[15].

2.- La especial consideración al consentimiento en los menores maduros y en los mayores de 14 años

A la vista del marco normativo existente, ninguna duda cabe de que el consentimiento del titular del derecho a la propia imagen, legitima cualquier conducta que afecte al citado derecho, y ello conforme se recoge en el art. 2.2 Ley de Protección del derecho al honor, a la intimidad personal y propia imagen. El citado precepto refiere que, "no se apreciará la existencia de intromisión ilegítima en el ámbito protegido cuando el titular del derecho hubiese otorgado al efecto su consentimiento

---

14 El art. 4.5 de la Ley Orgánica 1/1996, de 15 de enero, de protección jurídica del menor refiere que: "Los padres o tutores y los poderes públicos respetarán estos derechos y los protegerán frente a posibles ataques de terceros".

15 F. De la Torre Olid/ P. Conde Colmenero. "Consideraciones críticas en torno a la autogestión y preservación de la intimidad en un escenario de riesgo", en *Los derechos a la intimidad y a la privacidad en el siglo XXI* (coord. por A. Fayos Gardó), Dykinson, Madrid, 2015, p. 41.

expreso"[16]. A tal efecto, y conforme refiere el art. 3.1 de dicho texto legal, dicho consentimiento deberá ser prestado por el propio menor de edad siempre que sus condiciones de madurez lo permitan de acuerdo con la legislación civil[17].

En la misma línea, el art. 162.2 CC refiere que, no quedan circunscritos al ámbito de representación legal de los padres que ostenten la patria potestad, "los actos relativos a los derechos de la personalidad que el hijo, de acuerdo con su madurez, pueda realizar por sí mismo". En estos casos, y en palabras de CABEDO SERNA, supone que "se excluye la representación legal en este ámbito, debiendo entenderse que la actuación de los representantes legales es meramente complementaria"[18].

En consecuencia, en aquellos casos en los que el menor cuente con la madurez suficiente, no será necesario el consentimiento de sus padres o representantes legales para que pueda publicar contenidos con su imagen en las redes sociales. Sin perjuicio de ello y en cualquier caso, una vez que los menores hubieran tenido acceso a las redes sociales, huelga decir que les es exigible a los padres la obligación de informar a sus hijos de los peligros y riesgos de la red, así como una labor de control y supervisión. Todo ello debiera empezar por obligarles a cerciorarse de si el perfil de su hijo dentro de la red social, es de acceso restringido a un círculo determinado de personas,

---

16 En igual sentido, el art. 13.1 del RD 1720/2007, de 21 de diciembre, por el que se aprueba el Reglamento de desarrollo de la LO 15/1999, de 13 de diciembre, de protección de datos de carácter personal, en el que se refiere que los menores con 14 años o más, podrán prestar su consentimiento.

17 J.R. De Verda Beamonte. "El consentimiento de los menores e incapacitados a las intromisiones de los derechos de la personalidad", *Actualidad Jurídica Iberoamericana*, nº 1, 2014, p. 35.

18 LL. Cabedo Serna. "El sharenting y el ejercicio de la patria potestad: Primeras resoluciones judiciales", *Actualidad Jurídica Iberoamericana*, núm. 13, 2020, p. 7.

la identidad de sus seguidores o de valorar que las fotos que el menor sube a su cuenta, no perjudican sus intereses ni son inapropiadas por causarle un detrimento a su imagen frente a terceros[19]. *A sensu* contrario, si son los padres los que publican este tipo contenidos de sus hijos sin su consentimiento, sí estarán incurriendo en una intromisión ilegítima y vulnerando el derecho del menor a su propia imagen.

En torno a este planteamiento, el verdadero problema que subyace, es la indeterminación del concepto de madurez suficiente, que impide establecer *a priori*, una línea divisoria a partir de la cual quepa considerar que el menor de edad ha adquirido tal madurez, lo que siempre introduce incertidumbre e inseguridad.

Hasta la fecha, la legislación civil no ha establecido criterios claros que permitan determinar cuando un menor cuenta con madurez suficiente. Así, son numerosos los preceptos del CC que permiten al niño de 12 (arts. 156, 159, 161, 172, 173, 176 bis, 177, 178, 231, 273 CC) o de 14 años (arts. 14, 20, 21, 23, 775, 776 CC), la realización de determinados actos jurídicos válidos, en el bien entendido que se le supone ya una madurez psicológica o capacidad de entender las consecuencias de ese acto que realiza. No obstante, lo cierto es que ninguno de los preceptos puede servir para situar esta capacidad natural por encima de un umbral de edad determinado, pues la madurez del menor se basa en su desarrollo emocional, intelectivo y volitivo, su personalidad, su educación, el entorno en el que se ha educado, todo ello puesto en relación con la complejidad del acto particular de que se trate[20].

De nuevo, ha sido la jurisprudencia la que ha sentado los criterios y se ha pronunciado sobre el concepto y la forma de

---

19 N. Marmolejo Imbernón. *Los derechos de los menores y las redes sociales*, Tirant lo Blanch, Valencia, 2023, p. 20.

20 N. Marmolejo Imbernón. *Op. cit.*

determinar la madurez del menor. Así, la Sala Primera[21] remite a la definición dada por el Comité de Derechos del Niño de Naciones Unidas, en la Observación General nº12 (2009), que se pronuncia en términos de que, el término madurez "hace referencia a la capacidad para comprender y evaluar las consecuencias de un asunto determinado, por lo que debe tomarse en consideración al determinar la capacidad de cada niño [...] es la capacidad de un niño para expresar sus opiniones sobre las cuestiones de forma razonable e independiente".

En consecuencia, se podría considerar que existe madurez en torno a los 12 años, si bien a estos efectos, y conforme refiere MARMOLEJO IMBERNÓN, hay que "huir de soluciones generales para centrarse en un examen particular de las circunstancias del menor en concreto"[22]. Por ello, deberá hacerse una valoración caso por caso, por medio de una audiencia del menor ante el juez competente, que será el que apreciará, según su prudente arbitrio, y auxiliándose si fuera el caso, con los informes de los profesionales pertinentes, si el menor cuenta con la suficiente madurez para entender el alcance del acto a realizar.

Por su parte, la normativa de protección de datos, sí ha establecido una edad a partir de la cual se puede ejercitar un derecho de la personalidad como es el derecho a la protección de datos de carácter personal. La imagen del menor, en la que aparece de forma identificable, constituye un dato de carácter personal y en virtud del art. 7 del Reglamento europeo de Protección de datos, para que sea lícito su tratamiento, el interesado deberá otorgar su consentimiento y en el caso de no contar con la edad para ello, el consentimiento deberá otorgarse por los titulares de la patria potestad, y a falta de estos, de sus tutores.

---

21 En este sentido, STS de 17 de diciembre de 2019 (*Tol* 7.701.428).

22 N. Marmolejo Imbernón. *Op. cit.* p. 56

A tal efecto, el art. 7 de la Ley de Protección de datos personales, fija en 14 años la edad a partir de la cual, el menor podrá otorgar su aquiescencia para decidir sobre su privacidad en internet, si bien dicha ley se refiere únicamente al consentimiento para el tratamiento de datos de carácter personal de los menores. Pero aun con ello y con todo, cuando se trata de la difusión de imágenes de menores en medios de comunicación, ni tan siquiera el consentimiento del propio menor maduro o de sus representantes legales, es suficiente para legitimar la intromisión si se aprecia el riesgo del daño al interés superior del menor.

Antes de dicha edad, y conforme refiere el precepto legal, "el tratamiento de los datos de los menores de catorce años, fundado en el consentimiento, solo será lícito si consta el del titular de la patria potestad o tutela, con el alcance que determinen los titulares de la patria potestad o tutela". En el resto de supuestos, habrá que atender a las circunstancias de cada caso para determinar si el menor cuenta con el grado de madurez suficiente. Así, la STS de 10 de diciembre de 2015[23], resolvía en términos de considerar que tenía suficiente madurez para autorizar la lectura de sus mensajes privados de *Facebook*, una menor de 15 años de edad, "sin que conste en la misma elemento alguno para pensar que no se encuentra en una situación de madurez".

Al respecto de esta cuestión, una parte de la doctrina[24] ha sido crítica con dicho criterio, y ello al entender que hubiera sido preferible que la edad se hubiese fijado en los 16 años, tal y como establece el Reglamento europeo, y ello a fin de facilitar el ejercicio de la patria potestad por parte de los padres,

---

23 *Tol* 5.645.263.

24 I. Cordero Cutillas. "Responsabilidad de padres y centros docentes privados por las lesiones de los derechos de la personalidad causadas por los menores de 14 años en redes sociales", en *Internet y los Derechos de la Personalidad,* Tirant lo Blanch, Valencia, 2019, pp. 143-179.

pues conforme está establecida, se dificulta dicho ejercicio en su dimensión del deber de velar.

Precisamente, la representación fotográfica del menor, constituye un dato de carácter personal y, como regla general impuesta por la ley, la disposición de la imagen a través de fotografías de una persona, requiere de su consentimiento.

Por lo que se refiere a las formalidades en las que debe prestarse dicho consentimiento, tampoco queda del todo claro. La doctrina alude a la necesidad de que sea expreso, si bien no es necesario que se otorgue por escrito. En palabras de CABEDO SERNA, "no es necesario que el menor maduro consienta expresamente la publicación de fotografías por parte de sus padres, bastando con que no se oponga, pudiendo hacerlo y teniendo conocimiento de tal comportamiento, o deduciendo que consiente por el hecho de que, a su vez, el menor es usuario de redes sociales y publica fotografías propias y de terceros"[25].

III.- LA PUBLICACIÓN DE IMÁGENES DE MENORES EN LAS REDES SOCIALES POR PARTE DE SUS PADRES O REPRESENTANTES LEGALES

1.- Consideraciones generales en torno al ejercicio de la patria potestad

Los padres, como titulares de la patria potestad sobre sus hijos menores de edad, ostentan todo un conjunto de deberes, atribuciones y derechos, que les obligan a actuar en beneficio del interés superior del menor. El ámbito de poder que les otorga ese *officium*, y el interés de los padres en ese marco, no es un interés propiamente suyo, ni tan siquiera familiar, sino

---

25 Ll. Cabedo Serna. *OP. cit.*

en interés del propio menor[26]. En consecuencia, y derivado de todo ello, tienen la responsabilidad y el deber de proteger la imagen de sus hijos menores de edad.

Como consecuencia de los cambios sociales que se van aconteciendo, también el concepto de patria potestad ha ido evolucionado a lo largo de los años. En consecuencia, los deberes de los padres de guardia y correcta vigilancia que se derivan del CC., deben adaptarse a los cambios sociales, culturales y tecnológicos de nuestro tiempo. Hemos de ver hasta qué punto estas obligaciones entran en conflicto con los derechos de la personalidad del menor, en un ambiente en el que sus relaciones sociales se desarrollan predominantemente a través de Internet.

El art. 154 CC dispone que los hijos no emancipados están bajo la patria potestad de sus progenitores. La patria potestad, como responsabilidad parental, se ejercerá siempre en interés de los hijos, de acuerdo con su personalidad, y con respeto a sus derechos, su integridad física y mental. De igual modo, el art. 156 CC, determina que la patria potestad se ejercerá de forma conjunta por ambos progenitores o por uno solo con el consentimiento expreso o tácito del otro, siendo válidos los actos que realice uno de ellos conforme al uso social y a las circunstancias o en situaciones de urgente necesidad, pudiendo acudir cualquiera de los dos, en caso de desacuerdo, al juez, quien, después de oír a ambos y al hijo si tuviere suficiente madurez y, en todo caso, si fuera mayor de doce años, atribuirá la facultad de decidir al padre o a la madre.

De la redacción del art. 156 CC, deben entenderse incluidos en el concepto de "actos", no solo las cuestiones relativas a la salud, formación y desarrollo de los menores, sino también cuestiones de tanta trascendencia como son la difusión de la imagen de los hijos en las redes sociales; se trata de una deci-

---

26 F. Rivero Hernández. *El interés del menor*, Dykinson, Madrid, 2000, p. 309.

sión que, de no mediar autorización, queda excluida de las que unilateralmente puede adoptar uno de los progenitores, dada su trascendencia para la vida y desarrollo de los menores.

Ninguna duda cabe de que, dentro del ejercicio responsable de la patria potestad por parte de los padres, es a éstos a quienes, en el ejercicio de sus funciones, les incumbe, no solo llevar a cabo un control parental en el uso de las nuevas tecnologías por parte de sus hijos menores de edad, y ello dado los peligros que conlleva, sino abstenerse de realizar publicaciones de imágenes y contenidos que puedan perjudicarles.

No obstante, y con todo, no debieran tomarse prohibiciones absolutas, que podrían llegar a ser contraproducentes por restringir más allá de lo necesario, y condenar al menor a una situación de aislamiento digital en los ámbitos social y familiar. No hay que olvidar el derecho del menor a la participación en la vida social, cultural, artística y recreativa de su entorno, conforme refiere el art. 7.1 de la Ley de Protección jurídica del menor[27].

Debieran establecerse mecanismos de control necesarios y acordes a su grado de madurez y al desarrollo de su personalidad que, con las debidas restricciones, impidan que puedan entrar en contacto con contenidos o recursos de los que pueda derivárseles algún perjuicio para su correcta formación y estabilidad emocional.

En este marco, la doctrina hace referencia incluso a una revolución del concepto de patria potestad como resultado del nuevo mundo tecnológico, refiriendo que "el avenimiento de las nuevas tecnologías, internet y las redes sociales, y su uso, cada vez más masivo, ha importado una redefinición del ejercicio de la patria potestad de los padres hacia sus hijos"[28].

---

27 En este sentido, SAP Asturias de 13 de marzo de 2019 (*Tol*7.231.534).

28 M. Aimé Rojas. "Análisis de un problema deóntico respecto del derecho a la intimidad de los menores de edad y el alcance del ejer-

Toda decisión que los padres tomen sobre sus hijos, deberá hacerse en su beneficio, y éstos deberán ser oídos cuando tengan suficiente madurez y, en todo caso, si fueran mayores de 12 años. Esto constituye un principio fundamental del derecho: el interés superior del menor o *favor filii*. Este principio, que aparece recogido en el art. 39 CE y en el art. 3 de la Convención sobre Derechos del Niño de la Asamblea de Naciones Unidas, declara la supremacía del interés del menor de edad cuando a éste se le interponga cualquier otro interés legítimo.

2.- El conflicto entre la patria potestad y los derechos del menor

El verdadero problema se plantea cuando los hijos son menores de 14 años o no cuentan con la madurez suficiente, y por ello, no pueden prestar por sí mismos el consentimiento a la publicación de imágenes y/o contenidos por parte de sus padres y por lo tanto, serán éstos los que lo hagan. En este caso, son los propios padres, verdaderos "guardianes" de la privacidad y seguridad de sus hijos, los que ponen en riesgo los derechos de sus hijos, al acometer este tipo de actos, sobre todo si se llevan a cabo de forma recurrente.

A priori, y si bien con contadas excepciones, no llegará a plantearse problema alguno cuando ambos progenitores estén de acuerdo y presten su consentimiento a la hora de decidir publicar fotos de sus hijos en redes sociales, puesto que están legitimados para poderlo hacer en el ejercicio de la patria potestad de la que son titulares. El problema surge en aquellos casos en los que no haya acuerdo o sean padres que estén separados o divorciados. En esos supuestos, se deberá acudir a la vía judicial, siguiendo lo establecido en el art. 156 CC, para

---

cicio de la patria potestad en la utilización de internet y las redes sociales", *Ratio Iuris. Revista de Derecho Privado*, nº 2, 2014, p. 100.

dirimir la cuestión a través del procedimiento habilitado para ello en los arts. 85 a 87 de la Ley de Jurisdicción voluntaria.

Si bien en origen pudieran existir ciertas dudas al respecto de encuadrar estas conductas dentro de las funciones de la guarda y custodia o del ejercicio de la patria potestad, actualmente no hay discusión alguna en cuanto al hecho de que subir fotos a una red social, debe encuadrarse dentro de las cuestiones transcendentales y vitales para el desarrollo del niño y, por tanto, en lo que conocemos como patria potestad.

A tal efecto, y derivado de ello, la postura seguida por nuestros tribunales, aboga por la necesidad del consentimiento de ambos progenitores para la publicación de imágenes del menor en redes sociales. Serán ambos progenitores, en ejercicio conjunto de la patria potestad, los que consientan o no dichas publicaciones, ya que el art. 156 CC declara expresamente que, "la patria potestad se ejercerá conjuntamente por ambos progenitores o por uno solo con el consentimiento expreso o tácito del otro".

En cuanto a la necesidad del consentimiento al que alude el art. 156 CC, no significa que deba prestarse de forma simultánea. Precisamente se recalca en la propia norma que podrá darse tanto expresa como tácitamente. Por ello, se entiende que existe consentimiento tácito si es habitual que ambos progenitores publiquen fotos en sus respectivas redes sociales. Igualmente, en caso de separación o divorcio, si, tal y como hemos comentado, ambos progenitores publicaban fotografías antes, se puede entender que así lo podrán seguir haciendo tras su ruptura. Si bien, dicha cuestión habrá de ser valorada atendiendo al caso concreto si surgieran desavenencias entre ellos[29].

Por lo tanto, si cualquiera de los progenitores quisiera publicar fotos de su hijo menor de 14 años en las redes sociales, y el otro progenitor se opone, deberá solicitar la correspondiente

---

29 Mª D. Moreno Marín. *Op. cit.* p. 280.

autorización judicial mediante el procedimiento de jurisdicción voluntaria amparado en el art. 156 CC. Por contra, si un progenitor ya ha publicado fotos de su hijo menor sin pedir el consentimiento del otro, también éste será el cauce para solicitar por el progenitor que no lo ha dado, la retirada de las fotografías del menor o incluso pedir que se prohíba que dicho progenitor publique más fotos en lo sucesivo. En todo caso, el juez, oídas ambas partes, al Ministerio Fiscal y al propio menor si tuviera suficiente madurez y, en todo caso, si fuese mayor de 12 años, tomará una decisión, la que proceda, atendiendo al caso concreto.

En la actualidad, dada la excesiva judicialización derivada de este tipo de conductas, y en un intento de evitar problemas futuros derivados de la publicación de las imágenes de los menores en las redes, es cada vez más habitual que cuando los progenitores se separan o se divorcian, se incluya ya en el convenio regulador, una cláusula en la que se especifique si ambas partes están de acuerdo o no con la publicación por parte del otro progenitor de imágenes en redes sociales, o en su caso, establecer una serie de condicionantes para que se entienda prestado el consentimiento, como por ejemplo que la red social no sea pública.

En este sentido, el Auto de la AP Valencia núm. 412/2020 de 16 de julio de 2020[30], se pronunció en términos de aprobar el acuerdo alcanzado por las partes "en orden a regular la publicación en redes sociales y cualquier otro medio de difusión o comunicación de la imagen de su hijo menor de edad, y con la única voluntad de proteger su derecho a la intimidad y el honor en los siguientes términos: Que no podrá realizarse publicación alguna de la imagen del menor en la red social Instagram."

A la vista del conflicto existente, se hace necesario encontrar el equilibrio adecuado para garantizar el derecho a la intimidad del menor y el deber de velar por parte de los titulares de

---

30 *Tol* 8.113.548.

la patria potestad, junto con el hecho de la aceptación social en cuanto a compartir información a través de las redes sociales.

En atención a todo ello, y como se verá en el siguiente epígrafe, no se puede generalizar y deberá valorarse el alcance concreto de la publicación, la asiduidad de la misma o si es un hecho puntual, así como si dichas fotografías son compartidas dentro de un grupo reducido de familiares y/o amigos, o si es un perfil público al que tienen acceso un número ilimitado de personas.

Ahora bien, y por encima de todo ello, los padres deben evitar, en atención al *favor filii,* una sobreexposición de sus hijos en estos ámbitos, ya que no debemos olvidar que, de acuerdo con las condiciones generales de la mayoría de las redes sociales, desde el instante en el que "cuelgas" una fotografía, estás cediendo derechos sobre dichas imágenes con los riesgos que ello puede suponer[31], entre otros, la pérdida del control de las mismas al compartirlas con terceros. En el hipotético supuesto de que la publicación perjudicara el interés superior del menor, tampoco el consentimiento de los padres legitimaría la publicación, puesto que prima el derecho del menor al honor, a la intimidad personar y familiar y a la propia imagen.

---

31 Esto es lo que ocurre en muchas plataformas como Facebook o Twitter donde, al aceptar los términos y condiciones de uso, estás cediendo derechos sobre las imágenes. En concreto, existe un apartado en estas cláusulas que dice lo siguiente: "con relación al contenido protegido por derechos de propiedad intelectual, como fotografías y vídeos (en lo sucesivo, "contenido de PI"), nos concedes específicamente el siguiente permiso, de acuerdo con la configuración de la privacidad y las aplicaciones: nos concedes una licencia no exclusiva, transferible, con derechos de sublicencia, libre de derechos de autor, aplicable globalmente, para utilizar cualquier contenido de PI que publiques en Facebook o en conexión con Facebook (en adelante, «licencia de PI»). Esta licencia de PI finaliza cuando eliminas tu contenido de PI o tu cuenta, salvo si el contenido se ha compartido con terceros y estos no lo han eliminado".

IV.- LOS CRITERIOS JURISPRUDENCIALES A TENER EN CUENTA PARA LA LEGITIMIDAD DE LA PUBLICACIÓN EN LOS SUPUESTOS DE PADRES SEPARADOS Y/O DIVORCIADOS CON HIJOS MENORES DE EDAD

1. - De la necesidad del consentimiento previo de los padres

De lo referido hasta el momento, se puede afirmar que, dado que la conducta relativa a subir fotos a una red social se encuadra dentro de las cuestiones trascendentales para el desarrollo del niño, será necesario el consentimiento de ambos para la legitimidad de dicha conducta, y ello dado que es una faceta que se enmarca dentro de la patria potestad y no en el ámbito de la guarda y custodia. En la mayoría de las veces, el problema surgirá cuando los padres están separados o divorciados y no haya acuerdo entre ellos.

En estos términos, la doctrina jurisprudencial se ha pronunciado, entre otras, en las sentencias de 19 de noviembre de 2008[32], 17 de diciembre de 2013[33], 27 de enero de 2014[34], 30 de junio de 2015[35], y más recientes como la STS de fecha 14 de febrero de 2023[36]; todas ellas coinciden en que la reproducción y divulgación de imágenes de menores sin consentimiento de los padres o representantes legales, ha de ser considerada contraria al ordenamiento jurídico y a los derechos fundamentales del menor.

En la misma línea, lo han venido refrendando la mayoría de las Audiencias Provinciales. Así, en la SAP de Barcelona de 15 de mayo de 2018[37], la Sala refiere que, "el tema de la imagen e

---

32 *Tol* 1.401.313.

33 *Tol* 4.074.928.

34 *Tol* 4.101.573.

35 *Tol* 5.193.594.

36 *Tol* 9.416.368.

37 *Tol* 6.626.350. En la misma línea, Auto de la AP de Asturias de 13 de marzo de 2019 (*Tol* 7.231.534); SAP de Santa Cruz de Tenerife de 6

intimidad de un menor de edad es tan delicado y de tanta trascendencia que deben ser ambos progenitores quienes decidan y consientan conjuntamente, salvo en los casos de privación o suspensión de la patria potestad".

Por su parte, también la AP de Madrid, en su sentencia de 29 de junio de 2020[38], se pronunciaba tajantemente al afirmar que, "Ninguno de los progenitores podrá publicar fotos de la menor en las redes sociales, páginas webs o blogs sin la autorización expresa del otro progenitor". Entiende la Sala que, la exposición de la menor en las redes sociales, aunque sean privadas, constituyen «actos de ejercicio extraordinario de la patria potestad» que, por lo tanto, requieren consentimiento de ambos padres, no pudiendo adoptarse unilateralmente por ninguno de ellos. Se hace, no obstante, una diferenciación por edades, según el menor cuente o no con catorce años de edad.

En la misma línea, las sentencias de la AP Valencia de 9 de mayo de 2022[39], AP Guipúzcoa de 29 de junio de 2020[40], AP Tarragona de 5 de mayo de 2021[41], AP Pontevedra de fecha 4 de junio de 2015[42],

---

de julio de 2018 (*Tol* 6.849.183); SAP de Pontevedra de 4 de junio de 2015 (*Tol* 5.185.164).

38 *Tol* 8.048.822.

39 *Tol* 9.167.133.

40 *Tol* 8.344.950.

41 *Tol* 8.490.001.

42 *Tol* 5.185.164. La Sala, ante el conflicto derivado de la controversia en el ejercicio de la patria potestad que los padres detentaban respecto de su hijo menor de tan solo dieciocho meses. La madre no aceptaba que la imagen de su hijo apareciera en la foto de perfil y de portada del muro público de Facebook del padre, e interesó del juez que se autorizara recabar su consentimiento previo sin el cual el padre no podría publicar fotografías del hijo. El padre se opuso a tal prohibición al entender que no cabía ningún consentimiento al entender que dichos actos, quedaban fuera de la patria potestad al ser conformes con el uso social comúnmente aceptado. La Sala

AP de Alicante de 18 octubre 2017[43], AP de Santander de 13 de enero de 2020[44], y la AP de Bizkaia de fecha 28 de febrero de 2020[45]; esta última concluye en términos de que " (…) el padre había expuesto públicamente a la menor, en redes de comunicación social, no circunscrita siquiera a una red de familiares o amigos, exposición que resultaba innecesaria, inadecuada, incontrolada y masiva, incluso constando comentarios y difusión de críticas y opiniones que eran objetivamente lesivos para el honor de la niña y su intimidad, y por tanto perjudiciales para su desarrollo personal, puesto que la exponía a estereotipos, prejuzgando a la menor o sacando conclusiones injustificadas de forma innecesaria. Se argumentaba por qué se acordaba no solo prohibir las publicaciones en lo sucesivo de las imágenes relativas a la menor, sino también que debía borrarse las ya publicadas. E incluso se añadía que todos los peritos psicólogos que habían tenido ocasión de deponer en la vista del juicio desaconsejaban esta exposición, afirmando lo inadecuado de dicha exposición pública de cara al interés de la niña, sin que a ninguno de los progenitores le sea dable incluso, de forma indirecta, fortalecer su propia imagen, de la que sacaban también provecho, a costa de la exposición de la de su hija, en perjuicio para ella".

---

acordó, ante la falta de acuerdo de los padres, la necesidad de adopción de una medida en favor del menor en la que se estableciera que para el supuesto en que el padre pretendiese la publicación de fotos de su hijo menor en las redes sociales, habría de recabar previamente, el consentimiento de la madre, y para el caso de oponerse, podría acudir a la vía judicial.

43 *Tol* 6.522.606.

44 *Tol* 7.745.818.

45 *Tol* 8.301.370. En la sentencia, la Sala se pronuncia en términos de que "ambos padres titulares de la patria potestad, deberán consentir la utilización de la imagen del menor, y si no fuera posible obtenerla por existir controversia, el progenitor interesado deberá acudir al juez para, en su caso, obtener la debida autorización".

Con ello y con todo, huelga decir que, en aquellos casos en los que la publicación de la fotografía pudiese perjudicar los intereses del menor, ni siquiera el consentimiento otorgado por los padres legitimaría la publicación, y ello puesto que ha de primar el derecho al honor, a la intimidad personal y familiar y a la propia imagen de los menores. Derivado de todo ello, resulta indispensable recalcar la importancia de que los padres actúen con responsabilidad a la hora de publicar imágenes de sus hijos en las redes sociales.

2.- De la relevancia de que la publicación se lleve a cabo desde un perfil público o privado

La mayoría de las redes sociales más utilizadas, permiten configurar un ámbito de privacidad elevado, que conlleva que la visualización de las imágenes quede circunscrito al círculo de familiares y amigos. Únicamente en aquellos casos en los que no se configura la privacidad de la cuenta, coloquialmente conocido como "cuenta pública", es cuando cualquier usuario de la red social tiene acceso a las publicaciones, produciéndose en este caso, una intromisión ilegítima[46]. Es en estos supuestos donde mayores problemas se pueden plantear en las conductas que estamos analizando.

Hasta la fecha, han sido varias las resoluciones judiciales que, adoptando una postura de cierta tibieza, se han pronunciado en términos de que no existe intromisión ilegítima al derecho a la propia imagen cuando las fotografías de un menor en redes sociales quedan circunscritas al círculo de familiares y amigos.

---

46 M. Planas Ballvé. "Sharenting: Intromisiones ilegítimas del derecho a la intimidad de los menores de edad en las redes sociales por sus responsables parentales", *CEFLegal: revista práctica de Derecho. Comentarios y casos prácticos*, nº 228, 2020, p. 53.

En ese sentido, la SAP de Barcelona, de fecha 22 de abril de 2015[47], se refería en términos de que no quedaba acreditado que las fotos publicadas por la madre atentaran al derecho a la imagen del hijo común, pues ninguna prueba documental se aporta al respecto, y más siendo que las fotos quedaban circunscritas únicamente a sus parientes y amigos.

En la misma línea, la SAP Asturias, de 13 de marzo de 2019[48], cuyo supuesto de hecho era la solicitud de la madre de que se prohibiera la publicación de imágenes de la menor en Internet sin su consentimiento, la Sala llegó a la conclusión de que el control ejercido por el padre respecto del uso de las redes sociales por la menor era el adecuado y que las fotografías que la propia menor publicaba en redes sociales no eran inapropiadas ni podían causarle perjuicio alguno; de igual modo, señaló que el padre publicaba fotos de su hija "en su perfil privado de Instagram y con acceso controlado", cuestión ésta que permitió concluir que las fotografías no constituían un peligro para la menor ni podían causarle perjuicio alguno, y en consecuencia, no había motivo alguno para prohibir la publicación.

También la STS de fecha 11 de noviembre de 2021[49], resolvía otro supuesto autorizando la publicación, al considerar creíble el testimonio de la madre de que subió la foto del menor a sus redes sociales respetando lo pactado con el padre, con quien entonces tenía buena relación, ya que el menor aparecía de lado, no era reconocible y transmitía una imagen familiar y de tranquilidad. Por ello, se consideró en las dos instancias que no le resultaba exigible a la demandada, pixelar la imagen del niño, no siendo reprobable dicha conducta.

---

47 *Tol* 5.185.582.

48 *Tol* 7.231.534.

49 *Tol* 8.662.411.

No obstante, y a pesar de estos pronunciamientos, habrá que atender a las circunstancias de cada caso en concreto para resolver en este tipo de supuestos. Por su parte, la doctrina se ha posicionado, mayoritariamente, en la línea de limitar este tipo de publicaciones independientemente de que su ámbito de difusión sea público o privado. En este sentido, MORILLAS FERNÁNDEZ[50], refiere que la publicación de fotografías de menores, aunque sea con el objetivo primordial de compartirla con familiares y amigos, precisaría igualmente del consentimiento del otro progenitor.

3.- La incidencia de las TICs como uso social

Constituye un hecho notorio que el acceso a dispositivos electrónicos y a los servicios de la sociedad de la información es algo habitual, que se ha convertido en un uso social generalizado. Se trata de un fenómeno sociológico de primer orden, impulsado por la revolución tecnológica, que no cabe ignorar y al que es preciso adaptarse. Por ello, no hay que olvidar ni perder de vista los usos sociales y la presencia que cada vez más tienen las nuevas tecnologías en la vida de los menores y de sus familias.

En palabras de PÉREZ MARTÍN[51], las TICs han invadido nuestras vidas y las de nuestros hijos, y se debe entender que forma parte del uso social que uno de los progenitores publique una instantánea de su hijo menor siempre que con ello, y conforme se ha referido, no se produzca un menoscabo en la honra o reputación del mismo en relación con el deber de velar.

---

50 M. Morillas Fernández. "Derecho de familia y redes sociales", *Revista de Derecho, Empresa y Sociedad*, nº 13, 2028, pp. 93-105.

51 A. J. Pérez Martín. "Los expedientes de jurisdicción voluntaria en materia de Derecho de Familia. Dos años de experiencia. Visión judicial", en *Problemática actual de los procesos de familia. Especial atención a la prueba*, J.M. Boch, Barcelona, 2018, pp. 406-434.

El propio art. 156 CC refiere la expresión de que serán válidos los actos que realice uno de los progenitores conforme al uso social. El uso social puede ser interpretado como que "lo normal" en los tiempos actuales pudiera ser hacer uso de redes sociales y, por lo tanto, publicar imágenes donde puedan aparecer nuestros hijos menores, no constituiría ninguna conducta reprobable; no obstante, no parece que tenga que ser esta la interpretación.

Con el uso generalizado de las TICs también en el ámbito familiar, parece que pueda resultar algo exagerado pretender que los progenitores acudan a un procedimiento de jurisdicción voluntaria cada vez que uno de ellos quiera publicar una instantánea del menor en las redes sociales. Todo ello está provocando una excesiva judicialización de la vida de las familias, al margen y además de conllevar un desgaste económico y, mucho peor que esto, emocional importante.

Por ello, debiera quedar a salvo la posibilidad de que los padres compartan información de sus hijos de manera coherente y conforme a los usos sociales imperantes en nuestro tiempo. No obstante, nos encontramos con supuestos en los que la sobreexposición del menor a través de las redes sociales es más que evidente, y todo ello a pesar de los riesgos que ello conlleva, dado que se está generando una huella digital con información que pertenece a su privacidad y puede que cuando sean adolescente no esté de acuerdo con esta práctica.

Al respecto de esta cuestión, la jurisprudencia se ha manifestado en términos de que la mera realidad social y la tendencia a cada vez mayor publicación de imágenes de menores con padres, amigos y familiares de forma indiscriminada e imprudente, conlleva a una sobreexposición de la privacidad de los menores sin ponderar las consecuencias que dichas conductas puedan tener en el futuro de los mismos.

En este sentido, y al respecto de la posibilidad de enmarcar dentro de los usos sociales la posibilidad de publicar contenidos de los hijos por parte sus progenitores, la jurisprudencia se ha mostrado, al menos hasta la fecha, bastante contundente al afirmar que "en lo que respecta a la publicación de fotografías de la menor en las redes sociales por parte del padre, (...) la patria potestad corresponde a ambos progenitores y, tratándose de custodia compartida, se ejercerá por aquel con quien el hijo conviva en cada momento, pero únicamente en lo que respecta a las cuestiones ordinarias o cotidianas "conforme al uso social y a las circunstancias o en situaciones de urgente necesidad". En las de especial trascendencia y que no sean de urgente necesidad, es necesario el consentimiento de ambos progenitores y, en caso de desacuerdo, será el juez quien decida una vez seguidos los trámites que prevé el art. 86 de la Ley de Jurisdicción Voluntaria. La consecuencia jurídica de lo expuesto no puede ser otra que, ante la objeción de la madre, claramente explicitada en este procedimiento, el padre habrá de abstenerse de afectar al derecho a la intimidad de su hija y deberá dejar de publicar fotos de la menor a través de las redes sociales o por cualquier otro medio de comunicación"[52].

En la misma línea, la SAP Barcelona, de fecha 15 de mayo de 2018[53], así como la también referida de la AP Pontevedra, se pronunciaban en términos de que, ante la realidad social que evidencia la dificultad de control sobre la privacidad de aquello que se ha publicado en redes sociales y los excesos que se producen diariamente con la información divulgada, gravísimos cuando se implica a los menores de edad, no puede pretenderse incardinar estos actos con aquellos que cada uno de los titulares de la patria potestad pueda llevar a cabo válidamente por separado "conforme al uso social".

---

52 SAP Tenerife de 6 de julio de 2018 (*Tol* 6.849.183).

53 *Tol* 6.626.350.

De igual modo, también la SAP Barcelona de 24 de octubre de 2018[54], resuelve en términos de que, "la mera realidad social de la tendencia a cada vez mayor publicación de imágenes de menores por padres, amigos y familiares de forma indiscriminada, automática e imprudente, que da lugar a una exposición excesiva de la privacidad del menor, sin ponderar si quiera si en el futuro podrán sentirse molestos u ofendidos, al margen del peligro de utilización y manipulación por terceros y en muchos casos, incluso, sin el consentimiento del menor mayor de catorce años que exige el artículo 13 del Real Decreto 1720/2007, de 21 de diciembre, que desarrolla el art. 6 de la Ley Orgánica 15/1999 de Protección de Datos, no puede servir para justificar la falta de las precisas y suficientes exigencias en la defensa y consideración de este derecho fundamental del hijo".

A la vista de todo ello, y si bien es un hecho notorio que el acceso a dispositivos electrónicos y a los servicios de la sociedad de la información es algo habitual, que se ha convertido en un uso social generalizado, no puede amparar conductas que comportan la exposición de la privacidad de los menores, al menos en los términos en los que se está llevando a cabo de sobrexposición de dicha intimidad. No cabe legitimar este tipo de conductas amparándose en dicho uso social.

V.- CONCLUSIONES

A modo de conclusión, se puede afirmar que a pesar de las ventajas que reportan en la actualidad el uso de internet y las redes sociales, no se pueden obviar los riesgos que entraña su uso.

Una de las consecuencias de dicho uso ha sido el *sharenting*, y la exposición descontrolada de los menores en las redes sociales por parte de los máximos garantes de su seguridad y privacidad.

---

54 *Tol* 6.966.405.

Dichas conductas están generando una huella digital del menor con la que posiblemente no esté de acuerdo cuando sea mayor, llegando a plantearse iniciar acciones legales contra sus padres por haber dañado su reputación y vulnerar su intimidad.

A pesar de la prolífica legislación existente, es obvio el vacío legal existe cuando son los propios padres, máximos garantes del bienestar del menor, los que violan su intimidad y su honor con este tipo de conductas. Mientras llega la misma, de nuevo ha sido la jurisprudencia la que ha actuado "de legislador", sentando los criterios que deberán darse para este tipo de conductas.

A estos efectos, y partiendo de la premisa de que compartir fotografías y/o videos de menores en las redes sociales, se enmarca dentro del ejercicio de la patria potestad que ostentan los padres, la jurisprudencia ha sentado como criterio la necesidad del consentimiento de ambos para legitimar este tipo de conductas, sobre todo cuando se trate de menores no maduros o con menos de 14 años.

No obstante dicha premisa general, y dado el protagonismo que en la actualidad tienen las redes sociales, habrá que tener en cuenta dicho uso social. A este respecto, la jurisprudencia ha sido bastante contundente al afirmar que dada la dificultad de control sobre la privacidad de aquello que se ha publicado en las redes sociales, y los excesos que se producen a diario con la información divulgada, gravísimo cuando afecta a menores de edad, no pueden ampararse dichos actos con aquellos que cada uno de los titulares de la patria potestad pueda llevar a cabo válidamente por separado "conforme al uso social". Por lo tanto, no se considera que este tipo de actuaciones queden amparadas dentro del uso social que podría llegar a legitimar la misma.

En lo que respecta a la incidencia que pueda tener el hecho de que la publicación se lleve a cabo desde un perfil público o privado, la jurisprudencia se ha pronunciado con cierta tibieza, y en ocasiones, si la publicación se ha realizado desde un perfil cerrado, al que solo tengan acceso familiares y/o amigos, y no se causa perjuicio alguno al menor, ha autorizado la publicación aún sin contar con el consentimiento de uno de los progenitores. No obstante, siguen siendo mayoritarios los pronunciamientos en los que se aboga por la necesidad del consentimiento de ambos progenitores, independientemente de que el perfil de difusión sea público o privado.

Con todo y con ello, y en un intento de evitar la judicialización excesiva de este tipo de conductas, dada la especial dificultad que se plantea en el caso de padres separados y/o divorciados, sería recomendable, conforme ya se viene haciendo, incluir en el convenio regulador una cláusula en la que se especifique si ambas partes están de acuerdo o no con la publicación por parte del otro progenitor de imágenes en redes sociales, o en su caso, establecer una serie de condicionantes para que se entienda prestado el consentimiento, como por ejemplo que la red social no sea pública y que no se dañe la imagen.

Al margen y además de ello, y habida cuenta que las nuevas tecnologías se han convertido en un uso social, no debieran tratarse con excesivo rigor aquellas situaciones en las que se trate de publicaciones puntuales, que no dañen la imagen ni el honor de los menores, y además se haga desde una red cerrada, circunscrita solo a familiares y/o amigos.

BIBLIOGRAFIA

Aimé Rojas, M. "Análisis de un problema deóntico respecto del derecho a la intimidad de los menores de edad y el alcance del ejercicio de la patria potestad en la utilización de internet y las redes sociales", *Ratio Iuris. Revista de Derecho Privado*, nº 2, 2014.

Cabedo Serna, Ll. "El sharenting y el ejercicio de la patria potestad: Primeras resoluciones judiciales, *Actualidad Jurídica Iberoamericana*, nº 13, 2020, pp. 976-1003.

Colas Escandón, A. Mª. "La defensa del interés del menor en el conflicto entre el derecho a la intimidad de los menores y los derechos y obligaciones derivados de la patria potestad de sus progenitores", *Revista Doctrinal Aranzadi Civil- Mercantil*, nº 9, 2017, pp. 29-72.

Cordero Cutillas, I. "Responsabilidad de padres y centros docentes privados por las lesiones de los derechos de la personalidad causadas por los menores de 14 años en redes sociales", en *Internet y los Derechos de la Personalidad,* Tirant lo Blanch, Valencia, 2019, pp. 143-179.

De la Torre Olid, F., Conde Colmenero, P. "Consideraciones críticas en torno a la autogestión y preservación de la intimidad en un escenario de riesgo", en *Los derechos a la intimidad y a la privacidad en el siglo XXI* (Coord. A. Fayos Gardó), Dykinson, Madrid, 2015.

De Verda y Beamonte, J.R. "El consentimiento de los menores e incapacitados a las intromisiones de los derechos de la personalidad", *Actualidad Jurídica Iberoamericana,* nº 1, 2014, pp. 35-42.

Gil Antón, A. "Redes sociales y privacidad del menor: un debate abierto", *Aranzadi de Derecho y Nuevas Tecnologías,* nº 36, 2014, pp. 143-180.

Lorente López, Mª. *Los derechos al honor, a la intimidad personal y familiar y a la propia imagen del Menor,* Thomson Reuters Aranzadi, Pamplona, 2015.

Moralejo Imbernón, N. *Los derechos de los menores y las redes sociales,* Tirant lo Blanch, Valencia, 2023.

Moreno Bobadilla, A. "Intimidad y menores", *Centro de Estudios Políticos y Constitucionales,* Madrid, 2017.

Moreno Marín, Mª D. "La privacidad de los menores en las redes sociales: el fenómeno del sharenting y sus consecuencias", en *El sistema jurídico ante la digitalización: Estudios de derecho privado* (Dir. M. Paniagua Zurera), Tirant lo Blanch, Valencia, 2021, pp. 276-293.

Morillas Fernández, M. "Derecho de familia y redes sociales", *Revista de Derecho, Empresa y Sociedad,* nº 13, 2018, pp. 93-105.

Pérez Díaz, R. "La imagen del menor en las redes sociales", *Revista Doctrinal Aranzadi Civil- Mercantil,* nº 3, 2018, pp. 71-86.

Pérez Martín, A.J. "Los expedientes de jurisdicción voluntaria en materia de Derecho de Familia. Dos años de experiencia. Visión judicial", en *Problemática actual de los procesos de familia. Especial atención a la prueba,* J.M. Boch, Barcelona, 2018.

Piñar Mañas, J.L. "El derecho fundamental a la protección de datos y la privacidad de los menores en las redes sociales", en Redes sociales y privacidad del menor, Reus, Madrid, 2011.

Planas Ballvé, M. "Sharenting: intromisiones ilegítimas del derecho a la intimidad de los menores de edad en las redes sociales por sus responsables parentales", en *CEFLegal: revista práctica de Derecho. Comentarios y casos prácticos,* nº 228, 2020.

Rivero Hernández, F. *El interés del menor*, Dykinson, Madrid, 2000.

Ruiz de Huidobro, J. M. Manual de Derecho Civil, Parte General (4ª edición), Dykinson, S.L., Madrid, 2015.

Sánchez Gómez, A. "El marco normativo tradicional para la protección de los derechos de la personalidad del menor. ¿Alguna asignatura pendiente en el siglo XXI?", *Revista Doctrinal Aranzadi Civil-Mercantil*, nº 11, 2016, pp. 29-79.

Tintoré Garriga, Mª P. "Sharenting y la responsabilidad parental", *La Ley Derecho de Familia: Revista Jurídica sobre Familia y Menores*, nº 14, 2017, pp. 43-50.

La protección de la persona menor de edad y la prevención de su victimización frente a la violencia digital

SILVIA SEMPERE FAUS
Profa. Contratada doctora. Proceso Penal. Victimología.
Universidad Católica de Valencia San Vicente Mártir.

I.- INTRODUCCIÓN

Los menores de edad son personas vulnerables ante las conductas delictivas pero las situaciones de violencia no se producen únicamente en la vida *offline*, sino que se trasladan al entorno digital. En los últimos años el aumento del uso de las tecnologías y de las redes sociales sin control paterno les hace especialmente vulnerables ante nuevos tipos delictivos que se cometen a través de internet. Las ventajas y oportunidades que ofrece internet son innumerables tales como una mayor comunicación, entretenimiento, posibilidades de aprendizaje, etc. Sin embargo, también los niños, niñas y adolescentes (en adelante NNA) se exponen a multitud de riesgos que para ellos suponen las tecnologías de la información y comunicación, muchos de los cuales derivan en conductas violentas como el *grooming*, el *ciberbullyuing*, el *cibestalking*, ciberviolencia de género o el *sexting*, entre otras.

Realizamos un análisis de cómo se protege a la infancia y a la adolescencia frente a la violencia, especialmente en la normativa internacional, europea y nacional, para abordar posteriormente la importancia de la prevención con el objetivo de evitar la victimización primaria derivada del daño directo que causa el delito en las víctimas menores de edad, cuya especial vulnerabilidad debe ser objeto de protección siempre con la observancia del principio del interés superior del menor.

Nos centramos en la Ley Orgánica 8/2021, de 4 de junio, de protección integral a la infancia y la adolescencia frente a la violencia (en adelante, LOPIVI)[1], puesto que buena parte de su articulado contiene medidas y actuaciones para la prevención de la violencia contra la infancia, en concreto abordamos la prevención frente a la violencia digital. En su Preámbulo el legislador resalta la importancia de asegurar y promover el respeto de la dignidad humana e integridad física y psicológica de los NNA mediante la prevención de toda forma de violencia.

En su Título III, la LOPIVI se centra fundamentalmente en recoger medidas preventivas como son la sensibilización, formación y educación, así como medidas de protección tales como la detección precoz y la asistencia, en varios ámbitos

---

1 BOE de 5 de junio de 2021, nº 134, pp. 68657-68730.

como los servicios sociales, ocio y deporte, Fuerzas y Cuerpos de Seguridad, así como el ámbito de las nuevas tecnologías.

No obstante, se aborda este último de los ámbitos, el de las nuevas tecnologías que se desarrolla en su Capítulo VIII cuya finalidad es la prevención de los riesgos en internet y de la violencia digital.

II.- LA PROTECCIÓN DE LA INFANCIA FRENTE A LA VIOLENCIA

Como no podía ser menos la consideración de los menores de edad como personas especialmente protegidas encuentra su fundamento en el Estado Social y Democrático de Derecho, así como en el reconocimiento a nivel internacional del principio de igualdad, lo que obliga a los poderes públicos a que tomen en consideración la distinta situación de partida en la que se pueden encontrar las personas por razón de su edad, a fin de establecer los medios de defensa de los intereses de grupo y estratos de la población más débiles y dependientes[2].

A continuación, se expondrá sin ánimo de exhaustividad el marco normativo internacional y nacional sobre la protección de los derechos de los menores de edad frente a la violencia, incidiendo en el interés superior de la persona menor de edad como fundamento de su protección ante la victimización que sufren por ser víctimas vulnerables por razón de su edad.

---

2 A. M. Sanz Hermida. *La situación jurídica de la víctima en el proceso penal,* Tirant lo Blanch, Valencia, 2008, p. 37.

1.- Marco normativo de la protección de las personas menores de edad frente a la violencia

El texto internacional por excelencia sobre el que se sientan las bases de nuestro sistema de protección de los derechos de los niños es la Convención de Derechos del Niño[3], adoptada por la Asamblea General de las Naciones Unidas, Nueva York, 20 de noviembre de 1989 (en adelante, CDN)[4].

La CDN es un Tratado internacional que establece la normativa sobre la protección de la infancia y los derechos de los niños bajo la consideración primordial del interés del niño y, como tal forma parte del ordenamiento jurídico interno español. Así la Constitución Española (en adelante, CE) se refiere en sus artículos 96.1 y 10.2 a la incorporación de los Tratados internacionales al ordenamiento interno y a la interpretación de los derechos fundamentales y libertades de conformidad con los mismos.

Concretamente el artículo 19 CDN establece que: "*Los Estados Partes adoptarán todas las medidas legislativas administrativas, sociales y educativas apropiadas para proteger al niño contra toda for-*

---

3 El art. 1 de la Convención de Derechos del Niño, adoptada por la Asamblea General de las Naciones Unidas, Nueva York, 20 de noviembre de 1989, define qué debe entenderse por niño: "*todo ser humano menor de 18 años de edad, salvo que, en virtud de la Ley que le sea aplicable, haya alcanzado antes la mayoría de edad*". El art. 1 de la Ley Orgánica 1/1996, de 15 de enero, de Protección Jurídica del Menor, reproduce la anterior definición en el sentido de considerar que el ámbito de aplicación de ésta son los menores de 18 años. La Directiva 2012/29/UE establece que cuando la víctima sea menor de edad, los Estados miembros velarán por que en la aplicación de ésta prime el interés superior del menor y sea objeto de una evaluación individual. En su art. 2 aptdo. c) se define "menor" como cualquier persona menor de 18 años.

4 Instrumento de Ratificación de la Convención sobre los Derechos del Niño, adoptada por la Asamblea General de las Naciones Unidas el 20 de noviembre de 1989. BOE nº 313 de 31 de diciembre de 1990.

ma de perjuicio o abuso físico o mental, descuido o trato negligente, malos tratos o explotación, incluido el abuso sexual, mientras el niño se encuentre bajo la custodia de los padres, de un representante legal o de cualquier otra persona que lo tenga a su cargo".

Aunque nuestra CE no establece expresamente que la persona menor de edad es sujeto de derechos y libertades fundamentales, como cualquier ciudadano está amparado por la protección constitucional que nuestra Carta Magna otorga a todo sujeto de derechos. Y específicamente su artículo 39.4 establece que "*los niños gozarán de la protección prevista en los acuerdos internacionales que velan por sus derechos*". De esta forma se consagra el deber de los poderes públicos de velar por la protección de las personas menores de edad ante cualquier tipo de violencia (física, psicológica, verbal e institucional y en cualquier ámbito (entre otros, el familiar, social, educativo e institucional).

En el ámbito europeo cabe destacar distintos textos en los que se protege a las personas menores de edad, tales como el Tratado de Lisboa por el que se modifican el Tratado de la Unión Europea y el Tratado constitutivo de la Comunidad Europea de 2007[5]; el Instrumento de Ratificación del Convenio del Consejo de Europa para la protección de los niños contra la explotación y el abuso sexual, hecho en Lanzarote el 25 de octubre de 2007[6]; el Convenio núm.197 del Consejo de Europa

---

5 El Tratado entró en vigor el 1 de diciembre de 2009, creando un espacio público común europeo con un alto grado de cooperación policial y judicial que facilitase la seguridad interior y una justicia eficaz. *Vid.* unas líneas descriptivas sobre el Tratado de Lisboa, recurso electrónico, disponible en: https://www.europarl.europa.eu/ftu/pdf/es/FTU_1.1.5.pdf [U.A.V. 31 de julio de 2023]. Instrumento de Ratificación del Tratado por el que se modifican el Tratado de la Unión Europea y el Tratado Constitutivo de la Comunidad Europea, hecho en Lisboa el 13 de diciembre de 2007. BOE nº 286, de 27 de noviembre de 2009.

6 BOE de 12 de noviembre de 2010, nº 274, pp. 94858-94879.

sobre la lucha contra la trata de seres humanos[7], así como el Convenio sobre la Ciberdelincuencia de 2001[8]. Este último persigue aplicar, con carácter prioritario, una política penal común encaminada a proteger a la sociedad frente a la ciberdelincuencia, entre otras formas, mediante la adopción de la legislación adecuada y el fomento de la cooperación internacional.

En el ámbito específico de la violencia contra las mujeres el Convenio del Consejo de Europa sobre prevención y lucha contra la violencia sobre las mujeres y la violencia doméstica de 2011[9], conocido como Convenio de Estambul, constituye un antes y un después en la lucha contra la violencia de género. Dicho Convenio entre otras cuestiones, contempla la posibilidad de adopción de medidas de protección en todas las fases de las investigaciones y procedimientos judiciales, cuando las víctimas actúen en calidad de testigos y en relación con las personas menores de edad establece la obligación de los Estados de disponer, en su caso, medidas de protección específicas que tengan en consideración el interés superior del menor que haya sido víctima y testigo de actos de violencia contra la mujer y de violencia doméstica.

En el marco legislativo español se han promulgado normas en los últimos años que han supuesto un gran avance en la defensa de los derechos de las personas menores de edad y en su protección frente a la violencia. Destacamos la Ley Orgánica

---

7 Véase Instrumento de Ratificación del Convenio del Consejo de Europa sobre la lucha contra la trata de seres humanos (Convenio núm. 197 del Consejo de Europa), hecho en Varsovia el 16 de mayo de 2005. BOE de 10 de septiembre de 2009, nº 219, pp. 76453-76471.

8 Véase Instrumento de Ratificación del Convenio sobre la Ciberdelincuencia, hecho en Budapest el 23 de noviembre de 2001. BOE de 17 de septiembre de 2010, nº 226, pp.78847-78896.

9 Véase Instrumento de ratificación del Convenio del Consejo de Europa sobre prevención y lucha contra la violencia contra la mujer y la violencia doméstica, hecho en Estambul el 11 de mayo de 2011. BOE de 6 de junio de 2014, nº 137, pp. 42946-42976.

1/1996, de 15 de enero, de Protección Jurídica del Menor[10] (en adelante, LOPJM), así como la Ley Orgánica 8/2015, de 22 de julio, de modificación del sistema de protección a la infancia y a la adolescencia y la Ley 26/2015, de 22 de julio, de modificación del sistema de protección de la infancia y de la adolescencia, que introduce como principio rector de la actuación administrativa el amparo de las personas menores de edad contra todas las formas de violencia, incluidas las producidas en su entorno familiar, de género, la trata y el tráfico de seres humanos y la mutilación genital femenina, entre otras.

En esta línea de la protección de las personas menores de edad iniciada con la anterior normativa, el Pleno del Congreso de los Diputados, en su sesión del 26 de junio de 2014, acordó la creación de una Subcomisión de estudio para abordar el problema de la violencia sobre los niños y las niñas, aprobándose en 2017 una Proposición no de ley, por la que se instaba al Gobierno, en el ámbito de sus competencias y en colaboración con las Comunidades autónomas, a iniciar los trabajos para la aprobación de una ley orgánica para erradicar la violencia sobre la infancia.

A pesar de los anteriores avances el Comité de Derechos del Niño, con ocasión del examen de la situación de los derechos de la infancia en España en 2018, reiteró a nuestro país la necesidad de la aprobación de una ley integral sobre la violencia contra los NNA, que debía resultar análoga en su alcance normativo a la aprobada en el marco de la violencia de género.

En el anterior contexto se aprueba la LOPIVI, que conforme indica en su Preámbulo "(...) *no solo responde a la necesidad de introducir en nuestro ordenamiento jurídico los compromisos internacionales asumidos por España en la protección integral de las personas menores de edad, sino a la relevancia de una materia que conecta de forma directa con el sano desarrollo de nuestra sociedad*".

---

[10] BOE de 17 de enero de 1996, nº 15, pp. 1225-1238.

La LOPIVI es una norma de carácter integral[11] que tiene como objetivo principal "*1. garantizar los derechos fundamentales de los niños, niñas y adolescentes a su integridad física, psíquica, psicológica y moral frente a cualquier forma de violencia, asegurando el libre desarrollo de su personalidad y estableciendo medidas de protección integral, que incluyan la sensibilización, la prevención, la detección precoz, la protección y la reparación del daño en todos los ámbitos en los que se desarrolla su vida*" (art. 1).

Esta ley con enfoque integral y multidisciplinar, trata de alcanzar desde una perspectiva holística la protección integral de la infancia y de la adolescencia frente a la violencia y la prevención de ésta en todos los ámbitos que afecten al bienestar de las personas menores de edad, tales como el ámbito familiar[12], educativo[13], sanitario[14], social[15], nuevas tecnologías[16], deportivo y de ocio[17], Fuerzas y Cuerpos de Seguridad[18], adminis-

---

11 Como señala P. LLoria García, "la técnica elegida para llevar a cabo esta regulación es la de la ley especial con la forma de lo que se denomina ley integral (...). De este modo aparece una nueva forma de codificación que persigue la unificación de las medidas a adoptar por el Estado. Esta manera nueva de legislar ha tenido reflejo en otras normas como, por ejemplo, la Ley 12/2008, de 3 de julio de 2008 de la Generalitat Valenciana, de protección integral de la infancia y la adolescencia" (*vid.* "La LO 8/2021, de 4 de junio, de protección integral a la infancia y la adolescencia frente a la violencia y la transformación del Código Penal. Algunas consideraciones", en *IgualdadES*, Año nº 4, nº 6, 2022, p. 274).

12 Véanse arts. 26 a 29.

13 Véanse arts. 30 a 36.

14 Véanse arts. 38 a 40.

15 Véase sobre los servicios sociales arts. 41 a 44.

16 Véanse arts. 45 y 46.

17 Véanse arts. 47 y 48.

18 Véanse arts. 49 y 50.

trativo[19], judicial, etc., a través de la sensibilización (art. 22), la prevención (arts. 23 y 24) y la detección precoz (art. 25). Destacando en su Preámbulo que trata de combatir la violencia como imperativo de derechos humanos siendo precisamente la finalidad principal de la LOPIVI esa lucha contra toda forma de violencia contra NNA.

Esta ley con voluntad holística, como veremos, prioriza, por tanto, la socialización, la educación y la prevención, estableciendo medidas de protección, detección precoz, asistencia, reintegración de derechos vulnerados y recuperación de la víctima[20].

2.- El interés superior del menor vulnerable como fundamento de su protección desde una perspectiva victimológica

Como se analizará en este epígrafe, la persona menor de edad por razón de su edad es vulnerable a la hora de ser víctima de un delito, se produzca este en el ámbito físico o en el entorno digital, y precisamente por dicha vulnerabilidad requiere de la protección de toda la sociedad y sus instituciones, siempre teniendo presente el principio del interés superior del menor.

Por su parte, la Victimología como ciencia que estudia a la víctima ha sido fundamental en la concienciación de los Estados

---

19 Ámbito de la Administración General del Estado en el Exterior (art. 51), ámbito de la protección de datos (art. 52) y ámbito de los centros de protección de menores de edad (arts 53 a 55).

20 Para ello se estructura en 60 artículos, un título preliminar y cinco títulos, nueve disposiciones adicionales, una disposición derogatoria y veinticinco disposiciones finales. Un resumen de la LOPIVI puede consultarse en J.L., Domínguez Álvarez. "Ley Orgánica 8/2021, de 4 de junio, de protección integral a la infancia y la adolescencia frente a la violencia", en *AIS: Ars Iuris Salmanticensis*, Vol. 9(2), 2022, pp. 332–341. Recurso electrónico, disponible en: https://revistas.usal.es/cuatro/index.php/ais/article/view/28120 [U.A.V. 31 de julio de 2023).

sobre la necesidad de proteger a las personas menores de edad víctimas de delitos. Puesto que en el presente Capítulo nos centraremos en las medidas de prevención que la LOPIVI contempla para evitar o al menos reducir la victimización primaria de los NNA ante la violencia digital, consideramos necesario abordar unos breves apuntes sobre la Victimología y sobre todo la victimización como fundamento de la protección de la persona menor frente a la violencia basada en su interés superior.

A) La Victimología y la victimización de la persona menor de edad

Las conceptualizaciones de la Victimología han sido muchas y variadas, aunque en todas ellas encontramos un denominador común, el estudio de la víctima, sea desde una perspectiva asistencial, desde el punto de vista de la contribución de la víctima al hecho delictivo, de la adopción de estrategias de prevención de la victimización, del tratamiento psicológico posterior a una victimización, o desde el ámbito judicial.

La Victimología se definió en el I Simposio Internacional celebrado en Jerusalén en 1973 como "el estudio científico de las víctimas"[21]. En los inicios de la Victimología, se hace hincapié en la influencia de la víctima en el hecho delictivo y en la relación entre el delincuente y la víctima[22].

---

21 En este concepto puede incluirse como objeto de esta disciplina, el estudio de la personalidad de la víctima, análisis de las relaciones entre reo y víctima, medios de prevención para evitar futuras victimizaciones y adopción de unos criterios de carácter terapéutico. J. M. Peris Riera. "Aproximación a la Victimología. Su justificación frente a la Criminología", en *Cuadernos de política criminal*, nº 34, 1998, p. 109.

22 H. Göppinger considera en 1975 que la Victimología es un campo parcial de la Criminología, dedicando un apartado de su obra a la relación entre el delincuente y la víctima. Así analiza cuestiones como la contribución de la víctima al hecho o la confrontación durante el hecho, entre otras (*vid. Criminología*, Reus, Madrid, 1975, pp. 362-375).

Son muchos los autores que a lo largo de los últimos años han definido a la Victimología[23]. Una de las definiciones que consideramos más completas y que ofrece una perspectiva amplia de esta ciencia es la propuesta por Tamarit Sumalla, para quien la Victimología puede definirse como "la ciencia multidisciplinar que se ocupa del conocimiento relativo a los procesos de victimización y desvictimización", es decir, se ocupa del "(...) estudio del modo en que una persona deviene víctima, de las diversas dimensiones de la victimización (primaria, secundaria y terciaria) y de las estrategias de prevención y reducción de la misma, así como del conjunto de respuestas sociales, jurídicas y asistenciales tendientes a la reparación y reintegración social de la víctima"[24].

Se trata, por tanto, de una ciencia innovadora que contempla el delito con nombre y un contenido nuevo, la victimización, que es el proceso en virtud del cual una persona o grupo llega a convertirse en víctima[25], puesto que se ve el delito como una violación de los derechos objetivos y subjetivos de personas concretas más allá del interés jurídico protegido por la norma. A su vez, se observa la pena no en el sentido de castigo sino como reparación victimológica, y otorga un nombre propio al sujeto pasivo del delito, víctima con derechos y deberes[26].

---

23 Véase el estudio de definiciones de varios autores que realiza L. Rodríguez Manzanera. *Victimología. Estudio de la víctima*, Porrúa, México, 12ª ed., 2010, pp. 18-22.

24 J. M. Tamarit Sumalla. "La Victimología: cuestiones conceptuales y metodológicas", en E. Baca Baldomero; E. Echeburúa Odriozola, y J. M. Tamarit Sumalla, (Coords.), en *Manual de Victimología*, Tirant lo Blanch, Valencia, 2006, p. 17.

25 D. L. Morillas Fernández; R. M. Patró Hernández y M. M Aguilar Cárceles. *Victimología: un estudio sobre la víctima y los procesos de victimización*, Dykinson, Madrid, 2ª Ed., 2014, p. 83.

26 A. Beristain Ipiña. "Hoy creamos una nueva ciencia cosmopolita e integradora: la Victimología de máximos, después de Auschwitz", en

Las tendencias de los últimos años reflejan la consolidación de la Victimología y las aportaciones doctrinales en torno a esta nueva ciencia, habiéndose construido en el plano legislativo que es el que nos interesa, una Victimología dirigida a la protección de las víctimas y a la reivindicación de sus derechos, sobre todo en el ámbito del sistema de justicia penal que ha tenido gran repercusión internacional[27].

Uno de los términos clave que es objeto de estudio de la Victimología es tal y como hemos adelantado, la victimización, que se define como el proceso por el que una persona deviene víctima[28]. Debido a que la víctima puede pasar por distintas fases de victimización se le denomina proceso de victimización[29].

J. M. Tamarit Sumalla (Coord.). *Estudios de Victimología. Actas del I Congreso español de Victimología,* Tirant lo Blanch, Valencia, 2005, p. 266.

27 Fruto de la evolución normativa hacia el redescubrimiento de la víctima, se interesa resaltar el papel de las Naciones Unidas y el Consejo de Europa que comenzaron con estas iniciativas en favor de las víctimas, seguidos por la Unión Europea con una abundante legislación con la que ha pretendido solucionar los graves problemas a los que se enfrentaban las víctimas de los delitos en los distintos países mediante la armonización de sus legislaciones. Los principales textos legales y un análisis sobre la victimización secundaria pueden verse en S. Sempere Faus. "Una aproximación a la victimización secundaria desde la normativa sobre víctimas del delito", en *Paradigmas de la victimología en un mundo de inseguridad global,* E. J. García Mercader (dir.), 2022, pp.1-19.

28 D. L. Morillas Fernández; R. M. Patró Hernández y M. M. Aguilar Cárceles. *Op. cit.*, p. 83. Hay autores que lo definen como un proceso complejo. Así para E. A. Fattah, "la victimización es una experiencia individual, subjetiva y relativa culturalmente" (*vid.* "Victimología: pasado, presente y futuro" (traducción y notas de Mª M. Daza Bonachela), en *Revista Electrónica de Ciencia Penal y Criminología,* 2014, nº 16. Publicación original: "Victimology: Past, Present and Future", Criminologie, Vol. 33, nº 1, 2000, pp. 17-46).

29 *Vid.* para el estudio de la victimización, entre otros, A. Beristain Ipiña. *Victimología: nueve palabras clave,* Tirant lo Blanch, Valencia, 2000; G. Landrove Díaz, *La moderna victimología.* Tirant lo Blanch,

Diversos autores se refieren a varios tipos de victimización, aunque de las clasificaciones existentes en la doctrina[30], la más aceptada es la que distingue entre victimización primaria, secundaria y terciaria.

Nos interesa aquí fundamentalmente la victimización primaria definida como "el proceso por el que una persona sufre, de modo directo o indirecto, daños físicos o psíquicos derivados de un hecho delictivo o acontecimiento traumático"[31]. Esta victimización primaria es la que deriva directamente del padecimiento de un delito, y puede ocasionar en la víctima distintos efectos, que pueden ser físicos, psicológicos, sociológicos o económicos. Estos efectos que pueden producirse en cualquier tipo de víctima se magnifican en los niños y las niñas por su especial vulnerabilidad, por ello es necesario actuar y protegerlos cuando el delito se ha cometido, pero es fundamental actuar antes de que se cause el daño, evitando el delito mediante la prevención.

Así, la LOPIVI recoge las consecuencias que provocan la violencia y los malos tratos sufridos por los NNA, a las que hace referencia la Observación General núm.13 del Comité de los Derechos del Niño[32] en este sentido: "(...) *pueden causar lesiones que*

Valencia, 1998; I. J. Subijana Zunzunegui. *El principio de protección de las víctimas, del olvido al reconocimiento*, Comares, Granada, 2006.

30 L. Rodríguez Manzanera distingue entre victimización directa e indirecta, siendo la primera la que va en contra de la víctima en sí, es decir, la agresión directa sobre el sufriente, y la segunda es aquella que se da como consecuencia de la primera y recae sobre las personas que tienen una relación estrecha con el agredido. También sostiene que puede hablarse de una victimización conocida y de una oculta. La primera, llega al conocimiento de las autoridades y es captada por la comunidad, mientras que la segunda, es la que queda tan sólo en la conciencia de la víctima (*vid. Victimología..., op.cit.*, p. 83).

31 J. M Tamarit Sumalla. *Op. cit.*, p. 32.

32 *Vid.* Observación general nº 13 (2011) sobre el derecho del niño a no ser objeto de ninguna forma de violencia. Recurso electrónico,

pueden provocar discapacidad; problemas de salud física, como el retraso en el desarrollo físico y la aparición posterior de enfermedades; dificultades de aprendizaje incluidos problemas de rendimiento en la escuela y en el trabajo; consecuencias psicológicas y emocionales como trastornos afectivos, trauma, ansiedad, inseguridad y destrucción de la autoestima; problemas de salud mental como ansiedad y trastornos depresivos o intentos de suicidio, y comportamientos perjudiciales para la salud como el abuso de sustancias adictivas o la iniciación precoz en la actividad sexual".

La victimización secundaria, sin embargo, va más allá de los efectos directos del delito, y constituye el conjunto de costes personales derivados de la intervención del sistema legal que, paradójicamente, incrementa los padecimientos de la víctima[33], y que se amplía no solo a los efectos causados por la necesaria intersección entre un sujeto y el complejo aparato jurídico-penal del Estado, sino también por el mal funcionamiento de otros servicios sociales[34]. Sin embargo, la victimización terciaria se define como "el conjunto de costes de la penalización sobre quien la soporta personalmente o sobre terceros"[35], refiriéndose tanto a los costes de la penalización del infractor para él mismo, terceros o la propia sociedad.

En el presente Capítulo nos centraremos en la prevención de la victimización primaria.

---

disponible en:https://www.refworld.org.es/publisher,CRC,GENERAL,,4e6da4d32,0.html [U.A.V. 31 de julio de 2023].

33 A. García-Pablos De Molina. *Tratado de Criminología*, Tirant lo Blanch, Valencia, 5ª Ed., 2014, p. 128.

34 E. Esbec Rodríguez. "Víctimas de delitos violentos. Victimología general y forense", en *Psiquiatría Legal y Forense*, Vol. II, J. L. González De Rivera y Revuelta; F. Rodríguez Pulido; E. Esbec Rodríguez, y S. Delgado Bueno (Dir.), Colex, Madrid, 1994, p. 1320.

35 J. M Tamarit Sumalla. *Op. cit.*, p. 33.

B) La vulnerabilidad del menor y su interés superior

Nuestra legislación no contempla una definición de víctima vulnerable, ni tan siquiera la LOPIVI, aunque a lo largo de su articulado se refiera en numerosas ocasiones a la vulnerabilidad de los menores de edad a la violencia, y a su situación de especial vulnerabilidad[36].

Entre las normas sobre víctimas de delito que refieren los términos de vulnerable y vulnerabilidad, destacamos por un lado la Ley Orgánica 1/2004, de 28 de diciembre, de Medidas de Protección Integral contra la Violencia de Género (en adelante, LOMPIVG) que incluye a las víctimas especialmente vulnerables si bien sin definir el concepto legalmente[37].

Asimismo, la Ley 4/2015, de 25 de abril, del Estatuto de la víctima del delito (en adelante, LEVD) que establece un catálogo de derechos de la víctima de cualquier tipo de delito, y para ello reconoce unos derechos ejercitables desde el inicio del proceso, incluso antes en la propia etapa de investigación, hasta después de su terminación, como norma que protege a las víctimas y también a las víctimas menores de edad tampoco ha definido ni establecido los presupuestos de quien es víctima vulnerable, refiriéndose a víctimas con especial vulnerabi-

---

36 El Anteproyecto de Ley de Enjuiciamiento Criminal 2020 que casi tres años después ha avanzado poco o nada en su tramitación, establece en su artículo 102: "1. *Son víctimas especialmente vulnerables a los efectos de esta ley aquellas que, por las especiales características del delito y por sus singulares circunstancias personales, precisan adaptar su intervención en el procedimiento a su particular situación.2. Tienen en todo caso esta condición las víctimas que por razón de su edad, enfermedad o discapacidad no puedan someterse directamente al examen contradictorio de las partes*".

37 La LOMPIVG, reformó los arts. 148.5, 153.1, 171.4 y 172.2 del CP en los que se hace referencia a las víctimas vulnerables, pero sin elaborar una definición.

lidad, pero sin concretar un listado[38]. Se refiere a las víctimas especialmente vulnerables para otorgarles un régimen jurídico asistencial de mayor protección, atendiendo a la naturaleza de la víctima, menores e incapaces, o por la gravedad del delito cometido[39], pero sin establecer un listado de víctimas especialmente vulnerables[40], ni tampoco definir el concepto de víctima especialmente vulnerable ni el de víctima vulnerable de forma expresa pese a ser una reivindicación de la doctrina[41].

---

38 La Directiva 2012/29/UE se preocupa de las víctimas especialmente vulnerables, es decir, de aquellas personas que poseen unas circunstancias específicas que las hacen ser más vulnerables como la edad (los menores de edad), determinadas minusvalías (personas con discapacidad) o determinadas situaciones personales (víctimas del terrorismo o víctimas de violencia de género), aunque no establece una definición de víctima especialmente vulnerable.

39 El art. 23 LEVD relativo a la evaluación individual de las víctimas a fin de determinar sus necesidades especiales de protección, establece que dicha evaluación tendrá especialmente en consideración las características personales de la víctima, en particular "*1.º Si se trata de una persona con discapacidad o si existe una relación de dependencia entre la víctima y el supuesto autor del delito.2.º Si se trata de víctimas menores de edad o de víctimas necesitadas de especial protección o en las que concurran factores de especial vulnerabilidad*", así como la naturaleza del delito, la gravedad de los perjuicios causados a la víctima y el riesgo de reiteración del delito.
Véase también el art. 26 LEVD en cuanto a las medidas de protección para menores y personas con discapacidad necesitadas de especial protección.

40 Para J. L. Gómez Colomer debería hacerse proporcionado un listado de víctimas especialmente vulnerables por el prelegislador, acomodado a la realidad española, europea, internacional y supranacional (*vid. Estatuto Jurídico de la víctima del delito (La posición jurídica de la víctima ante la Justicia Penal. Un análisis basado en el Derecho comparado y en la Ley 4/2015, de 27 de abril, del Estatuto de la Víctima del delito en España)*, Aranzadi Thomson Reuters, Cizur Menor (Navarra), 2ª Ed., 2015, p. 323).

41 Oromí i Vall-LLovera y Lupária recomiendan introducir en el sistema procesal italiano y en el español una definición explícita de víctima

En consecuencia, las víctimas vulnerables son aquellas en las que concurren determinadas circunstancias que las hacen más débiles en una relación jurídica frente a otra persona, mientras que las víctimas especialmente vulnerables son las que la ley considera como tales puesto que les concede un plus de vulnerabilidad. La distinción entre vulnerable y especialmente vulnerable se resuelve entonces legalmente[42], siendo los menores de edad uno de los cuatro grupos de víctimas especialmente vulnerables

---

vulnerable y especialmente vulnerable, que pueda actuar como presupuesto para una disciplina orgánica de las formas de tutela derogatorias dispuestas a favor de dichos sujetos. Así como, identificar los supuestos de víctimas especialmente vulnerables para establecer un trato específico que responda de la mejor manera posible a su situación, adoptando uno de los siguientes puntos de vista: subjetivo (fragilidad física o mental, como pueden ser, menores de edad, ancianos, etc.); objetivo (situaciones que puedan crear tal fragilidad, como violencia de género o terrorismo);o, amplio, que engloba a cualquier persona o situación siempre que se acredite alguna fragilidad en el caso concreto); si bien dejando un margen controlado de discrecionalidad a la autoridad judicial para estimaciones individuales de vulnerabilidad basadas en el apreciamiento de factores no clasificables a priori (por ejemplo: estado de salud, embarazo, peculiares condiciones personales o sociales, consecuencias físicas o psicológicas de la actividad sufrida) (*vid.* "Concepto de víctima y de víctima especialmente vulnerable", en T. Armenta Deu, (Coord.). *Código de Buenas Prácticas para la protección de víctimas especialmente vulnerables. Menores y víctimas de violencia de género*, Colex, Madrid, 2011, pp. 19-26).

42 Como bien indica J. L. Gómez Colomer. *Op. cit.*, pp. 216-218, se podría establecer un grupo amplio de víctimas vulnerables y especialmente vulnerables por razones de etnia, de orientación sexual, de edad, de enfermedad, de nacionalidad, por razones psíquico-físicas, de sexo, delincuencia organizada, pero el listado que expone en el que cada grupo de víctimas puede tener una justificación aceptable que lo incardine dentro del concepto de víctima vulnerable, no es asumible siendo preciso ser más rigurosos con un concepto legal de víctima especialmente vulnerable.

que nuestras leyes han definido como tales[43] como, por ejemplo, el CP que en su artículo 184 sobre el acoso sexual, recoge la especial vulnerabilidad de la víctima por razón de su edad.

Considerado, por tanto, la persona menor de edad como víctima vulnerable es necesario tener en cuenta su interés superior en la adopción de todas aquellas medidas tendentes a su protección.

En cuanto a la expresión "interés superior del niño" se utilizó por primera vez en la Declaración de los Derechos del niño[44] de 1959, si bien la necesidad de prestar una especial atención a la persona menor de edad se había iniciado con la Declaración sobre los Derechos del niño de 1924[45]. Posteriormente la Convención de Derechos del Niño consagró el principio del interés superior del niño en su artículo 5 como una garantía aplicable en toda decisión que se adopte con relación a la niñez y la adolescencia. Asimismo, estableció la necesidad de que todos los Estados adoptaran acciones y medidas para la observancia de este principio (art. 3 párr. 1)[46].

---

43 Los otros tres grupos de víctimas especialmente vulnerables definidas legalmente son las víctimas del terrorismo, por los devastadores efectos de este tipo de delito, mujeres víctimas de acoso, abusos sexuales o de violencia de género, por razón de sexo, y los discapacitados físicos o psíquicos por razón de salud (*vid.* J. L. Gómez Colomer. *Op. cit.*, p. 218.).

44 Principios 2 y 7 de la Declaración de los Derechos del niño proclamada por la Asamblea General de las Naciones Unidas en su Resolución 1386 (XIV), de 20 de noviembre de 1959. Recurso electrónico, disponible en: https://bit.ly/2zQDToK [U.A.V. 31 de julio de 2023].

45 Véase resumen y versión en francés, recurso electrónico, disponible en: https://bit.ly/2DTThoI [U.A.V. 31 de julio de 2023].

46 El art. 3, párr. 1, CDN dispone que: "*En todas las medidas concernientes a los niños que tomen las instituciones públicas o privadas de bienestar social, los tribunales, las autoridades administrativas o los órganos legislativos, una consideración primordial a que se atenderá será el interés superior del niño*".

En el ámbito de la Unión Europea, el Convenio Europeo sobre el Ejercicio de los Derechos de los Niños de 1996, que no entró en vigor en España hasta el 1 de abril de 2015, establece en su artículo 6, aptdo. a, que en los procedimientos que afecten a un niño, la autoridad judicial, antes de tomar cualquier decisión, deberá, entre otras cuestiones, examinar si dispone de información suficiente con el fin de tomar una decisión en el interés superior de aquél.

Asimismo, dicho interés superior se convierte en un principio rector de todo el desarrollo y la educación de las personas menores de edad, y pasa a tener una triple dimensión como derecho sustantivo, como principio jurídico interpretativo fundamental, y como norma de procedimiento. Se incorporan así, tanto los últimos criterios de la jurisprudencia del Tribunal Supremo, como los establecidos en la Observación General núm. 14, de 29 de mayo de 2013, del Comité de los Derechos del Niño sobre el derecho del niño, a que su interés superior sea una consideración primordial[47]. Aunque al tratarse de un concepto completo deberá ajustarse y definirse de forma individual, como la edad, el sexo, el grado de madurez, la experiencia, la pertenencia a un grupo minoritario, la existencia de una discapacidad física, sensorial o intelectual y el contexto social y cultural del niño o los niños.

Y en relación con la violencia que sufren los menores, el Comité de los Derechos del Niño hace hincapié en que la interpretación del interés superior del niño debe ser compatible con todas las disposiciones de la Convención, incluida la obligación de proteger a los niños contra toda forma de violencia, y sostiene que la mejor forma de defender el su interés superior es mediante la prevención de todas las formas de violencia y promoción de la crianza positiva de los niños, invirtiendo en

---

[47] Recurso electrónico, disponible en: https://uni.cf/3nu4VbD [U.A.V. 31 de julio de 2023].

recursos humanos, financieros y técnicos suficientes en la aplicación de un sistema integrado de protección y atención del niño basado en los derechos[48].

Ese interés superior del niño se erige, por tanto, en un principio rector de los asuntos que tengan que ver con el desarrollo de la persona menor de edad en todos los ámbitos y fue introducido por primera vez en la legislación española por la Ley 21/1987 de 11 de noviembre, por la que se modifican determinados preceptos del Código Civil (en adelante, CC) y de la Ley de Enjuiciamiento Civil en materia de adopción[49], al recoger la primacía del interés del menor adoptado. Posteriormente la LOPJM proclama con carácter general la primacía del interés superior del menor sobre cualquier otro interés legítimo que puede concurrir[50], configurando un amplio marco jurídico de protección a la infancia (art. 2).

Por otro lado, el artículo 158.4 CC ampara que las resoluciones de los órganos jurisdiccionales aparten al menor de cualquier peligro o perjuicio. La Ley Orgánica 8/2015, de 22 de julio, de modificación del sistema de protección a la infancia y a la adolescencia[51], así como la LOPJM recogen ese interés superior del menor en forma de cláusula general, atribuyéndole prioridad sobre cualquier otro interés que pudiera concurrir.

---

48 *Vid.* art. 3 de la Observación General nº 13 sobre el interés superior del niño.

49 BOE de 17 de noviembre de 1987, nº 275, pp. 34158-34162.

50 En el art. 11.2 aptdo. a) menciona como principio rector de la actuación de los poderes públicos "*la supremacía del interés del menor*" y en el aptdo. b) "*la prevención de todas aquellas situaciones que puedan perjudicar su desarrollo personal*".

51 BOE de 23 de julio de 2015, nº 175, pp. 61871-61889.

Por su parte, la LOPJM en su artículo 2[52] establece el derecho de todo menor a que su interés sea primordial en todas las decisiones que adopten las instituciones públicas o privadas, los Tribunales, o los órganos legislativos. Se recoge, por tanto, ese interés superior del menor en forma de cláusula general atribuyéndole prioridad sobre cualquier otro interés que pudiera concurrir e incluso que se dicten resoluciones en las que se aplique dicho interés como cláusula general capaz de neutralizar la aplicación de normas imperativas, en la búsqueda de la aplicación de la justicia al caso concreto[53]. La Ley Orgánica 8/2015, de 22 de julio, de modificación del sistema de protección a la infancia y a la adolescencia, señala que el interés superior del menor es un concepto jurídico indeterminado, y lo califica como un derecho sustantivo, como un principio general de carácter interpretativo, y una norma de procedimiento, con la finalidad en los tres supuestos de asegurar el respeto completo y efectivo de todos los derechos del menor, así como su desarrollo integral[54].

---

52 Redacción introducida por la LO 8/2015, de 22 de julio, de Modificación del Sistema de Protección a la Infancia y a la Adolescencia, que dispone: "*1. Todo menor tiene derecho a que su interés superior sea valorado y considerado como primordial en todas las acciones y decisiones que le conciernan, tanto en el ámbito público como privado. En la aplicación de la presente ley y demás normas que le afecten, así como en las medidas concernientes a los menores que adopten las instituciones, públicas o privadas, los Tribunales, o los órganos legislativos primará el interés superior de los mismos sobre cualquier otro interés legítimo que pudiera concurrir*".

53 J. M. De Torres Perea. "Estudio de la función atribuida al interés del menor como cláusula general por una relevante línea jurisprudencial", en *Diario La Ley*, 2016, nº 8737, Sección Doctrina, 8 de abril de 2016, Ref. D-147, La Ley, edición digital, p. 14.

54 Véase Preámbulo de la Ley. También en la Ley 26/2015, de 28 de julio de modificación del sistema de protección a la infancia y adolescencia el interés superior del menor es su eje director, así como la LO 8/2015, de 22 de julio, de Modificación del Sistema de Protección a la Infancia y a la Adolescencia, que, entre otras normas, modifican la LOPJM.

Por su parte la LOPIVI en la misma línea proclama el principio del interés superior del menor en su artículo 4.1[55] remitiéndose al artículo 2 LOPJM visto anteriormente y reconoce dicho interés del menor a lo largo de su articulado. Así pues, la ley dedica una especial atención a la protección del interés superior de la persona menor de edad: en los casos de ruptura familiar y de violencia de género en el ámbito familiar (véase Capítulo III LOPIVI); la disposición final segunda modifica el artículo 92 del CC para reforzar el interés superior del menor en los procesos de separación, nulidad y divorcio, así como para asegurar que existan las cautelas necesarias para el cumplimiento de los regímenes de guarda y custodia; el derecho a ser oídos de los NNA podrá restringirse, de manera motivada, cuando sea contrario a su interés superior (*vid.* art. 11); el derecho a la atención integral mediante medidas de protección, apoyo, acogida y recuperación que los poderes públicos deberán proporcionar a los NNA víctimas de violencia, siempre tendrá en consideración su interés superior (*vid.* art. 12); la actuación de los miembros de las Fuerzas y Cuerpos de Seguridad en los casos de violencia sobre la infancia y la adolescencia, se regirá por el respeto a los derechos de los NNA y la consideración de su interés superior (*vid.* art. 50); etc.

---

55 El art. 4.1 LOPIVI establece que serán de aplicación los principios y criterios generales de interpretación del interés superior del menor, recogidos en el artículo 2 de la LOPJM.

III.- LA PREVENCIÓN DE LA VIOLENCIA DIGITAL EN LA LEY ORGÁNICA 8/2021, DE 4 DE JUNIO, DE PROTECCIÓN INTEGRAL A LA INFANCIA Y LA ADOLESCENCIA FRENTE A LA VIOLENCIA

Como hemos señalado anteriormente una de las funciones de la Victimología es la prevención de la victimización primaria. Para Naciones Unidas la prevención del crimen consiste en aquellas "(...) *estrategias y medidas encaminadas a reducir el riesgo de que se produzcan delitos y sus posibles efectos perjudiciales sobre los individuos y la sociedad, incluido el miedo al delito, y a influir en sus múltiples causas*"[56]. Aunque vayan muy unidas por una parte se define la prevención de la conducta delictiva y por otra la prevención de la victimización, siendo esta última la que desde la Victimología se centra en la víctima y no en el delincuente. De esta manera, la prevención victimal se define como la aplicación de una serie de medidas modificativas del entorno y de las condiciones de vida de las víctimas potenciales con el objetivo de restringir a su mínimo nivel las oportunidades delictivas[57].

La prevención de la victimización es uno de los ejes centrales en la creación y el funcionamiento de los sistemas de protección del niño. Así, el Comité de los derechos del niño afirma categóricamente que la protección del niño debe empezar por la prevención activa de todas las formas de violencia, y su prohibición explícita, destacando la importancia de la prevención general

---

56 ONU Resolución 2002/13, sobre medidas para promover la prevención eficaz del delito. Punto 3. Recurso electrónico, disponible en: https://www.unodc.org/pdf/event_2006-03-20/2002-13%20S.pdf [U.A.V. 31 de julio de 2023].

57 D. L. Morillas Fernández; R. M. Patró Hernández y M. M. Aguilar Cárceles. *Op. cit.*, p. 259.

(primaria)[58] y específica (secundaria) puesto que las medidas preventivas son las que mejores resultados obtienen a largo plazo.

Y así lo hace la LOPIVI que por una parte modifica el Código Penal e introduce nuevos tipos penales[59] como instrumentos de prevención y por otra desarrolla medidas de prevención dirigidas a evitar el delito antes de que se produzca.

Así es, la prevención general negativa intenta disuadir a los potenciales infractores de la comisión de un hecho delictivo. Entiende la pena como una intimidación como medio para la protección de bienes jurídicos[60] , sin embargo, esta prevención a través de la pena[61] es necesaria pero insuficiente.

---

58 Sobre la prevención especial y la prevención general *vid.* ampliamente W. Hassemer y F. Muñoz Conde. *Introducción a la Criminología y a la Política criminal,* Tirant lo Blanch, Valencia, 2012, pp. 171-229.

59 Véase un resumen de las principales modificaciones e introducción de nuevos tipos penales en el Código Penal en Mª M. González Tascón. "Observaciones a las novedades introducidas por la Ley orgánica de protección integral a la infancia y la adolescencia frente a la violencia en relación con la materia penal", en *Diario La Ley,* nº 9902, Sección Doctrina, 29 de Julio de 2021, Wolters Kluwer, pp. 1-17. Sobre una visión general de las reformas llevadas a cabo por esta Ley integral véase: P. Fernández Pantoja. "Aspectos de la Ley orgánica 8/2021, de 4 de junio, de protección integral a la infancia y a la adolescencia frente a la violencia. a la vez una reflexión acerca del uso (y/o abuso) de la técnica de "leyes integrales", en *Cuadernos de política criminal,* nº 134, II, Época II, septiembre 2021, pp. 5-45.

60 J. Milton Peralta. "Prevención general positiva como respeto por el orden jurídico. A su vez, una distinción analítica entre distintos conceptos de prevención general positiva", en *Indret: Revista para el Análisis del Derecho,* nº 2, 2008, p. 22.

61 A la pena se le atribuye la función de retribución simbólica del mal causado por el delito y la restauración de la justicia, la prevención general negativa, la prevención especial o la prevención general positiva. M., Sanz-Díez De Ulzurrún Lluch. "La víctima ante el Derecho. La regulación de la posición jurídica de la víctima en el Derecho internacional,

A modo de ejemplo, y en el ámbito tecnológico que es el que nos interesa la LOPIVI introduce en el Código Penal nuevos tipos delictivos en los artículos 143 *bis*, 156 *ter*, 189 *bis* y 361 *bis*, que tienen en común el medio comisivo, ya que las conductas tipificadas se realizan a través de internet, teléfono o cualquier otra tecnología de la información o de la comunicación, que producen graves riesgos para la vida y la integridad de las personas menores de edad, así como una gran alarma social. Como se afirma en su Preámbulo "*se castiga a quiénes a través de estos medios, promuevan el suicidio, la autolesión o los trastornos alimenticios en personas menores de edad, así como la comisión de delitos de naturaleza sexual contra estas*".

Por otra parte, la LOPIVI desarrolla un elenco de medidas de protección para la infancia y la adolescencia frente a la violencia, que se recogen en el Título III relativo a la "*sensibilización, prevención y detección precoz*" (arts. 21 a 52). El Título III se divide en doce capítulos, que contiene medidas específicas en virtud del ámbito en el que se pretenda prevenir la violencia como el ámbito familiar, educativo, sanitario, servicios sociales etc., si bien a continuación nos centraremos fundamentalmente en el Capítulo VIII (arts. 45 y 46), que versa sobre el ámbito de las nuevas tecnologías aunque antes de abordar las medidas previstas por la ley consideramos necesario analizar el concepto de violencia digital.

1.- Concepto de violencia digital

Existen diversos estudios que muestran la importancia del problema de la violencia digital contra las personas menores de edad, de hecho, aunque el entorno digital se posiciona como aquel ámbito en el que menos violencia se sufre por parte de los niños por detrás de la violencia en el colegio y la violencia

---

en el Derecho europeo y en el Derecho positivo español", en *Anuario de Derecho Penal y Ciencias Penales*, Tomo LVII, Madrid, 2004, p. 221.

familiar, en la etapa adolescente es cuando más aumenta la violencia *online*[62]. Entre otros estudios, destacamos el desarrollo de un programa de prevención sobre los mitos y las creencias erróneas que muestran los menores sobre el abuso sexual *online* - aquel proceso a través del cual un adulto consigue victimizar sexualmente a un menor valiéndose de internet- que concluye que la mayoría de los adolescentes desconoce que el abuso sexual *online* es una forma de acoso sexual y que los chicos también pueden ser víctimas de éste[63].

Como hemos adelantado la LOPIVI no solamente dedica dos artículos a la prevención de la violencia digital (arts. 45 y 46), sino que a lo largo de su articulado se refuerza la importancia de dicha prevención en un espacio específico de ejercicio de violencia contra los menores de edad como es el ámbito de internet, nuevas tecnologías y redes sociales.

Así, la norma comienza con una definición general de violencia para centrarse posteriormente en la violencia ejercida a través de internet o violencia digital. El artículo 1.2 define la violencia como "*toda acción, omisión o trato negligente que priva a las personas menores de edad de sus derechos y bienestar, que amenaza o interfiere su ordenado desarrollo físico, psíquico o social, con independencia de su forma y medio de comisión, incluida la realizada a través*

---

62 Mª S. Vidal Herrero-Vior; C.G. Gamazo Olaguíbel; P. Macarrón Aguado y M. Menéndez de Llano Casa. "Agenda 2030 en materia de violencia contra el menor de edad. Contribuciones a partir de la creación del Observatorio de la Criminalidad en el ámbito de la Infancia y la Adolescencia", en *Diario La Ley*, nº 10024, de 8 de marzo de 2022, Editorial Wolters Kluwer, p. 20.

63 M. Gámez-Guadix; F. J. Román; E. Mateos y P. de Santisteban. "Creencias erróneas sobre el abuso sexual online de menores ("child grooming") y evaluación de un programa de prevención", en *Behavioral Psychology / Psicología Conductual*, Vol. 29, nº 2, 2021, pp. 283-296. Recurso electrónico, disponible en: https://doi.org/10.51668/bp.8321204s [U.A.V. 31 de julio de 2023].

de las tecnologías de la información y la comunicación, especialmente la violencia digital". No obstante, continua la ley con la definición de violencia y concreta determinadas conductas que considera como formas de violencia. Así se entiende por violencia tanto el maltrato físico, psicológico o emocional, los castigos físicos, humillantes o denigrantes, el descuido o trato negligente, las amenazas, injurias y calumnias. Continua la ley con conductas como la explotación, incluyendo la violencia sexual, la corrupción, la pornografía infantil, la prostitución, el acoso escolar, el acoso sexual, el ciberacoso, la violencia de género, la mutilación genital, la trata de seres humanos con cualquier fin, el matrimonio forzado, el matrimonio infantil, el acceso no solicitado a pornografía, la extorsión sexual, la difusión pública de datos privados así como la presencia de cualquier comportamiento violento en el ámbito familiar de los menores (art. 1.3).

La anterior definición es de carácter global puesto que se integra en una ley específica de carácter multidisciplinar ya que se desdibujan los diferentes órdenes en los que se aplica como el civil, penal e incluso de protección social, por lo que no encaja exactamente con el concepto de violencia normativo de carácter penal. Como sostiene LLoria García "el carácter de *ultima ratio* del derecho penal y su proyección de subsidiariedad implica que no todo aquello que se identifique como transgresor de la norma ha de convertirse en delito porque, además, no siempre resulta lo más útil", por lo que la definición de la LOPIVI es demasiado amplia[64].

Sin embargo, la especial incidencia de la norma sobre la violencia digital supone un avance sobre el concepto de violencia con respecto a anterior normativa[65], aunque no la defina expre-

---

64 P. Lloria García. *Op. cit.*, p. 278.

65 La Ley 26/2015, de 28 de julio, de modificación del sistema de protección a la infancia y a la adolescencia en su artículo 11.2,i, ya contemplaba como uno de los principios rectores de la actuación de los poderes pú-

samente[66]. No obstante, en los fines de la ley se resalta específicamente el ámbito digital, de las redes sociales e internet, así como de las nuevas tecnologías. Por un lado, como ámbito entre otros en el que hay que garantizar la implementación de medidas de sensibilización para el rechazo y eliminación de todo tipo de violencia sobre la infancia y la adolescencia, dotando a los poderes públicos, a los NNA y a las familias, de instrumentos eficaces (*vid.* art. 3). Y por otro, resaltando la importancia del sector privado en este ámbito por lo que prevé que las administraciones públicas fomenten la colaboración con el sector privado, para la creación de entornos digitales seguros (*vid.* art. 43.2). La propia ley en su artículo 3,m define el "entorno seguro" como "*aquel que respete los derechos de la infancia y promueva un ambiente protector físico, psicológico y social, incluido el entorno digital*".

Según el Consejo de Europa[67] no existe un concepto plenamente aceptado de violencia digital, sin embargo ha propuesto el término más amplio de ciberviolencia que define como "e*l uso de sistemas informáticos para causar, facilitar o amenazar con*

---

blicos: "*La protección contra toda forma de violencia, incluido el maltrato físico o psicológico, los castigos físicos humillantes y denigrantes, el descuido o trato negligente, la explotación, la realizada a través de las nuevas tecnologías, los abusos sexuales, la corrupción, la violencia de género o en el ámbito familiar, sanitario, social o educativo, incluyendo el acoso escolar, así como la trata y el tráfico de seres humanos, la mutilación genital femenina y cualquier otra forma de abuso*".

66 Estamos de acuerdo con P. Fernández Pantoja, para quien la incorporación de otra forma de violencia, la llamada "violencia digital" dará problemas en su aplicación, por lo que propone la búsqueda y establecimiento de un único concepto de violencia que, en el ámbito penal, responda a las exigencias del sistema penal teórico y práctico. (*vid.* "Aspectos de la Ley orgánica 8/2021, de 4 de junio, de protección integral a la infancia y a la adolescencia...","op.cit.", p. 45).

67 Parlamento Europeo (2021). *Report with recommendations to the Commission on combating gender-based violence: cyberviolence.* Recurso electrónico, disponible en: https://www.europarl.europa.eu/doceo/document/A-9-2021-0338_EN.html [U.A.V. 31 de julio de 2023].

violencia contra las personas, que tiene como resultado, o puede tener como resultado, un daño o sufrimiento físico, sexual, psicológico o económico, y puede incluir la explotación de la identidad de la persona, así como de las circunstancias, características o vulnerabilidades de la persona"[68]. Además, realiza una clasificación de los distintos tipos de violencia digital como el ciberacoso[69], las amenazas directas o violencia física relacionada con las tecnologías digitales, los crímenes de odio relacionados con las tecnologías digitales, las violaciones de privacidad relacionadas con la digitalización e internet, así como la explotación sexual online.

Como veremos a continuación la LOPIVI pretende dar una respuesta integral a la violencia que sufren las personas menores de edad poniendo el enfoque en las medidas de prevención, incluyendo la violencia que se ejerce a través de los medios digitales.

2.- Las medidas de prevención de la violencia en el entorno digital

Por su parte, y para que las medidas puedan ser efectivas y materializarse la LOPIVI contempla la obligación de la Administración General del Estado de desarrollar una estrategia de erra-

---

68 Consejo de Europa (2018). *Mapping study on cyberviolence. Cybercrime Convention Committee (T-CY). Working Group on cyberbullying and other forms of violence, especially against women and children.* Recurso electrónico, disponible en: https://rm.coe.int/t-cy-mapping-study-on-cyberviolence-final/1680a1307c [U.A.V. 31 de julio de 2023].

69 El Ciberacoso o *ciberbullying* es el tipo de violencia digital más recurrente y reconocida por excelencia, que consiste en el hostigamiento hacia una víctima a través de amenazas, chantajes, ridiculizaciones, discriminaciones de manera anónima a través del uso de las tecnologías digitales. M. García Pérez; M.ª C. Ortega Navas y J. Mampaso Debrow. "Violencia digital y menores con discapacidad. Cuestiones relativas a la educación digital en la Ley 8/2021: medidas de protección y limitaciones", en *La Ley Derecho de familia*, nº 36, Sección A Fondo, Cuarto trimestre de 2022, La Ley, p. 6.

dicación de la violencia sobre la infancia y la adolescencia, con especial incidencia en los ámbitos familiar, educativo, sanitario, de los servicios sociales, de las nuevas tecnologías, del deporte y el ocio así como de las Fuerzas y Cuerpos de Seguridad (art. 21)[70].

Por otra parte, se pone en evidencia la necesidad de poner en marcha planes y programas de prevención para la erradicación de la violencia sobre la infancia y la adolescencia, que comprenderán medidas específicas en los ámbitos familiar, educativo, sanitario, de los servicios sociales, de las nuevas tecnologías, del deporte y el ocio y de las Fuerzas y Cuerpos de Seguridad, en el marco de la estrategia de erradicación de la violencia sobre la infancia y la adolescencia, y deberán ser evaluados en los términos que establezcan las administraciones públicas competentes (*vid.* art. 23).

Pues bien, teniendo en consideración la complejidad del entorno digital y los riesgos que conlleva para la infancia es necesario que en el ámbito educativo se promueva un adecuado aprendizaje de las herramientas digitales y que los menores puedan moverse por este entorno con seguridad[71]. De esta manera,

---

70 También incide la ley en otros deberes de las administraciones públicas como promover campañas de sensibilización con la finalidad de concienciar a la sociedad acerca del derecho de los niños, niñas y adolescentes a recibir un buen trato, establecer planes y programas de prevención para la erradicación de la violencia sobre la infancia y la adolescencia, impulsar medidas a fin de evitar la radicalización en los NNA, así como medidas de detección precoz de alguna situación de violencia sobre un menor (*vid.* arts. 21 a 25 LOPIVI).

71 Tal y como expone M. Morillas Fernández: "La Memoria Fiscal de 2020 indica el incremento de la criminalidad en el entorno tecnológico como consecuencia lógica de la profunda digitalización de las relaciones sociales y económicas, a la que la pandemia sin duda ha contribuido, que ha traído consigo el traslado al ciberespacio de la generalidad de las manifestaciones criminales, fenómeno, imparable y cuyos efectos en el momento presente solo somos capaces de vislumbrar pero que percibiremos con mayor claridad en un futuro próximo" (*vid.* "Algunas reflexiones sobre la violencia digital en menores", en *Estudios*

la ley promueve la formación en materia de derechos, seguridad y responsabilidad digital y para ello prevé que las administraciones públicas garanticen la plena inserción del alumnado en la sociedad digital y el aprendizaje de un uso de los medios digitales que sea seguro y respetuoso con la dignidad humana, los valores constitucionales, los derechos fundamentales y, particularmente con el respeto y la garantía de la intimidad personal y familiar y la protección de datos personales (*vid.* art. 33).

Las medidas de prevención que introduce la LOPIVI se concretan en una serie de deberes que la ley impone a las Administraciones públicas sobre el uso seguro y responsable de internet, el diagnóstico y control de contenidos (arts. 45 y 46), además de las campañas de sensibilización (arts. 22). No obstante, la prevención en el entorno digital se encuentra muy relacionada con la prevención que desde el ámbito educativo a través de la formación se pueda realizar para evitar las conductas de riesgo en internet.

En primer lugar, en relación con el uso seguro y responsable de internet, se establece el deber de las administraciones públicas de desarrollar campañas de educación, sensibilización y difusión sobre el uso seguro y responsable de internet y las tecnologías de la información y la comunicación[72], así como sobre los riesgos de-

---

en homenaje al prof. dr. d. Jesús Martínez Ruiz / M. Domingo Olmedo Cardenete (coord..); N. Castelló Nicás; Mª J. Jiménez Díaz; J. Barquín Sanz; C. Aránguez Sánchez; J. Martínez Ruiz (hom.), 2022, p. 694. Recurso electrónico, disponible en: https://elibro-net.accedys.udc.es/es/ereader/bibliotecaudc/227642? [U.A.V. 31 de julio de 2023].

72 Un ejemplo de este tipo de campañas es la "Guía de uso seguro y responsable de Internet para profesionales de servicios de protección a la infancia" elaborada por el canal especializado en menores del Instituto Nacional de Ciberseguridad (INCIBE), Internet Segura *for Kids* (IS4K), y el Observatorio de la Infancia, en el marco del Grupo de Trabajo del Observatorio de Infancia, en la que se analiza el contexto digital en el que se mueven los menores de edad, aportando asesoramiento en la prevención y actuación ante problemáti-

rivados de un uso inadecuado que puedan generar fenómenos de violencia sexual contra los NNA como el *ciberbullying*, el *grooming*, la ciberviolencia de género o el *sexting*, así como el acceso y consumo de pornografía entre la población menor de edad (art. 45).

Estas campañas se dirigirán a todas las personas menores de edad, pero también a aquellos que se encargan de su educación y cuidado como las familias, educadores y otros profesionales que trabajen habitualmente con ellas. Es de alabar que la norma contiene un listado de algunos de los riesgos a los que se enfrentan los menores en las redes incluyendo además del *ciberbullying*, el *grooming*, el *sexting*, la ciberviolencia de género y el consumo de pornografía. Respecto a la ciberviolencia de género aunque no hay todavía muchos estudios sobre la cuestión en una macroencuesta realizada por la Delegación del Gobierno contra la violencia de género de 2019 se constata que el 7,4% sobre el total de mujeres de 16 o más años han recibido insinuaciones inapropiadas, humillantes, intimidatorias, u ofensivas en las redes sociales de internet como Facebook, Instagram o Twitter. Este porcentaje aumenta al 18,4 % sobre el total de mujeres que han sufrido algún tipo de acoso sexual que habían recibido esas insinuaciones[73].

Sobre las campañas de sensibilización la norma contempla la finalidad de que promuevan un uso seguro y responsable de inter-

---

cas reales y concretas. Se trata de un recurso con el que ayudar a los profesionales a entender las motivaciones de los niños y jóvenes en el uso de Internet, el entorno en el que interactúan con otras personas, así como determinados riesgos y problemáticas que requieren de procesos específicos de prevención y actuación. Recurso electrónico, disponible en: https://www.observatoriodelainfancia.es/oia/esp/documentos_ficha.aspx?id=5953 [U.A.V. 31 de julio de 2023].

73 Delegación del Gobierno contra la Violencia de Genero (2019). Macroencuesta de Violencia contra la Mujer 2019. Recurso electrónico, disponible en: https://violenciagenero.igualdad.gob.es/violenciaEnCifras/macroencuesta2015/Macroencuesta2019/home.htm [U.A.V. 31 de julio de 2023].

net, desde un enfoque de aprovechamiento de las oportunidades y su uso en positivo, incorporando la perspectiva y opiniones de los propios NNA. En esta línea el proyecto "Controla tu red" realizado por la Policía Nacional y la fundacion Mapfre, tiene como finalidad fomentar el uso saludable y responsable de las Tecnologías de la Información y Comunicación (TIC) que proporciona información y recursos a familias y a docentes para prevenir un uso abusivo de las TIC y otros riesgos asociados al uso de internet[74].

Además, se prevé que las campañas de sensibilización e información adopten medidas concretas contra aquellas conductas, discursos y actos que favorecen la violencia sobre la infancia y la adolescencia para concienciar a la sociedad acerca del derecho de los NNA a recibir un buen trato (*vid.* art. 22).

Se especifica también que las campañas institucionales de prevención e información deben incluir entre sus objetivos la prevención sobre contenidos digitales sexuales y/o violentos que pueden influir y ser perjudiciales para la infancia y adolescencia (art. 45.4)

Además, se deberá fomentar el acompañamiento a las familias para favorecer el cumplimiento de sus obligaciones legales y, en particular, las establecidas en el artículo 84.1 de la Ley Orgánica 3/2018, de 5 de diciembre, de Protección de Datos Personales y garantía de los derechos digitales[75].

En segundo lugar, y continuando con los deberes de las administraciones públicas se establece que pongan a disposición de los

---

74 Recurso electrónico, disponible en: https://www.fundacionmapfre.org/educacion-divulgacion/salud-bienestar/controlatic/ [U.A.V. 31 de julio de 2023].

75 El art. 84.1 dispone: "*Los padres, madres, tutores, curadores o representantes legales procurarán que los menores de edad hagan un uso equilibrado y responsable de los dispositivos digitales y de los servicios de la sociedad de la información a fin de garantizar el adecuado desarrollo de su personalidad y preservar su dignidad y sus derechos fundamentales*".

mismos destinatarios de las campañas mencionados anteriormente un servicio específico de línea de ayuda sobre el uso seguro y responsable de internet, que ofrezca a los usuarios asistencia y asesoramiento ante situaciones potenciales de riesgo y emergencia de las personas menores de edad en internet (art. 45.2)[76].

Se destaca la importancia de que las administraciones adopten medidas que incentiven la responsabilidad social de las empresas sobre esta materia y que colaboren con el sector privado para desarrollar aplicaciones y servicios digitales que tengan en cuenta la protección a la infancia y la adolescencia (art. 45.3). Esta colaboración con el sector privado es un deber de las administraciones que se extiende al control de los contenidos digitales, puesto que deberán realizar periódicamente diagnósticos sobre el uso seguro de internet, las problemáticas de riesgo asociadas, así como de las nuevas tendencias. Estos diagnósticos han de realizarse entre las personas menores de edad y para ello deben tener en cuenta criterios no solo de edad sino también de género (*vid.* art. 46). De esta manera fomentarán los contenidos positivos en línea y el desarrollo de contenidos adaptados a las necesidades de los diferentes grupos de edad, así como fomentar y reforzar la incorporación por parte de la industria de mecanismos de control parental de los contenidos ofrecidos (*vid.* art.46.3). La colaboración es para la norma una pieza clave para la prevención con el fin de asegurar el adecuado desarrollo de las acciones de colaboración con el sector de las nuevas tecnologías. En especial con las empresas de tecnologías de la información y comunicación, las Agencias de Protección de Datos de las distintas administraciones públicas, las Fuerzas y Cuerpos de Seguridad y la Administración de Justicia con el fin de detectar y retirar,

---

76 El Instituto Nacional de Ciberseguridad (INCIBE) cuenta con una línea de teléfono gratuita de ayuda para estos casos, 900 116 117. Recurso electrónico, disponible en: https://www.incibe.es/ [U.A.V. 31 de julio de 2023].

a la mayor brevedad posible, los contenidos ilegales en las redes que supongan una forma de violencia sobre los NNA (*vid.* art 8).

En tercer lugar, sobre la prevención de la violencia digital en el ámbito educativo la norma contempla medidas para abordar el problema del ciberacoso que se produce a través de las nuevas tecnologías, y establece la necesidad de que todos los centros educativos elaboren un plan de convivencia con códigos de conducta ante situaciones de acoso en el centro y también cuando se produzcan a través de las tecnologías de la información y de la comunicación (*vid.* art. 31). Por su parte, la norma contiene el deber de las administraciones de elaborar protocolos con actuaciones específicas cuando el acoso se lleve a cabo a través de las nuevas tecnologías o dispositivos móviles y se haya menoscabado la intimidad, reputación o el derecho a la protección de datos personales de las personas menores de edad (*vid.* art. 34).

También, y puesto que la formación es prevención se recoge la formación de los estudiantes en el uso seguro y respetuoso de los medios digitales (*vid.* art.33). Es evidente que una de las estrategias preventivas fundamentales para evitar la violencia digital es una política educativa que corresponsabilice a los adolescentes y les informe sin alarmismos acerca de los posibles riesgos y sobre todo de las posibles estrategias de autoprotección[77].

Se crea la figura del Coordinador o Coordinadora de bienestar y protección de los estudiantes menores de edad que entre otras funciones tendrá la de promover planes de formación sobre prevención, detección precoz y protección de los NNA, dirigidos tanto al personal que trabaja en los centros como al alumnado (*vid.* art. 35). Creemos que el perfil del profesional criminólogo debería tenerse en consideración para acceder a

---

[77] C. Villacampa Estiarte. "Predadores sexuales online y menores: grooming y sexting en Adolescentes", *Revista Electrónica de Ciencias Criminológicas*, nº 2, 2017.

este tipo de puesto ya que entre una de sus funciones principales es la elaboración de programas de prevención y la detección precoz de la criminalidad e intervención en *bullying* o *ciberbullying*, violencia de género, *grooming*, *sexting*, etc.

Con estas previsiones la LOPIVI se sensibiliza ante la problemática de la violencia que se ejerce contra los NNA a través de internet y facilita el tránsito hacia un modelo de protección de los menores que también tiene en consideración la prevención y para ello integra en la política preventiva a las administraciones públicas, al sector privado y a la sociedad en general.

IV.- CONCLUSIONES

Es loable que la LOPIVI haya centrado su atención en la protección del menor después de producido el delito mediante las reformas legales fundamentalmente del Código Penal, pero también en la protección a través de la prevención para evitarlo. En particular y respecto a los riesgos de internet, se centra en el papel de las administraciones públicas para la implementación de campañas de prevención y sensibilización para las víctimas, educadores y familias sobre los riesgos de la violencia digital. También es de alabar como hemos visto la colaboración de las administraciones con el sector privado sin olvidar que el éxito de la prevención de la violencia digital requiere una colaboración y cooperación conjunta entre los distintos poderes del Estado, los centros educativos, las familias y todos aquellos responsables del bienestar de las personas menores de edad.

En conclusión, la LOPIVI que nace con la finalidad de garantizar que los NNA vivan libres de violencia, incluida la violencia digital, para ello incluye también como uno de los ámbitos prioritarios de actuación el de las TIC con un enfoque multidisciplinar e integral en su prevención y protección, que pone en el centro el principio del interés superior del menor, introduciendo entre otras medidas como las meramente punitivas, las medidas de prevención analizadas en el entorno digital y la formación especializada de todas aquellas personas que tengan contacto con las personas menores de edad, puesto que su protección es un deber de las administraciones públicas pero también de la sociedad.

La LOPIVI ha supuesto un importante avance en la lucha contra la violencia digital a través de la prevención, pero su éxito va a depender de que se apueste en la realidad por la materialización de las medidas analizadas, lo que requiere una impulso decidido para implementarlas por parte de las administraciones públicas, pero también por el sector privado.

BIBLIOGRAFÍA CITADA

Beristain Ipiña A. "Hoy creamos una nueva ciencia cosmopolita e integradora: la Victimología de máximos, después de Auschwitz", en J. M Tamarit Sumalla (Coord.). *Estudios de Victimología. Actas del I Congreso español de Victimología,* Tirant lo Blanch, Valencia, 2005.

Beristain Ipiña A. *Victimología: nueve palabras clave,* Tirant lo Blanch, Valencia, 2000.

De Torres Perea J. M. "Estudio de la función atribuida al interés del menor como cláusula general por una relevante línea jurisprudencial", en *Diario La Ley,* 2016, nº 8737, Sección Doctrina, 8 de abril de 2016, Ref. D-147, La Ley, edición digital.

Domínguez Álvarez J.L. "Ley Orgánica 8/2021, de 4 de junio, de protección integral a la infancia y la adolescencia frente a la violencia", en *AIS: Ars Iuris Salmanticensis*, Vol. 9(2), 2022, pp. 332–341. Recurso electrónico, disponible en: https://revistas.usal.es/cuatro/index.php/ais/article/view/28120 [U.A.V 31 de julio de 2023).

Esbec Rodríguez E. "Víctimas de delitos violentos. Victimología general y forense", en *Psiquiatría Legal y Forense,* Vol. II, J. L. González De Rivera y Revuelta; F. Rodríguez Pulido; E. Esbec Rodríguez, y S. Delgado Bueno (Dir.), Colex, Madrid, 1994, p. 1320.

Fattah E. A. "Victimología: pasado, presente y futuro" (traducción y notas de Mª M. Daza Bonachela), en *Revista Electrónica de Ciencia Penal y Criminología,* 2014, núm. 16. Publicación original: "Victimology: Past, Present and Future", Criminologie, Vol. 33, nº 1, 2000, pp. 17-46.

Fernández Pantoja, P. "Aspectos de la Ley orgánica 8/2021, de 4 de junio, de protección integral a la infancia y a la adolescencia frente a la violencia. a la vez una reflexión acerca del uso (y/o abuso) de la técnica de "leyes integrales", en *Cuadernos de política criminal,* nº 134, II, Época II, septiembre 2021, pp. 5-45.

García Pérez M.; M.ª C. Ortega Navas y J. Mampaso Debrow. "Violencia digital y menores con discapacidad. Cuestiones relativas a la educación digital en la Ley 8/2021: medidas de protección y limitaciones", en *La Ley Derecho de familia,* nº 36, Sección A Fondo, Cuarto trimestre de 2022, La Ley.

Gámez-Guadix M.; F. J. Román; E. Mateos y P. de Santisteban. "Creencias erróneas sobre el abuso sexual online de menores ("child grooming") y evaluación de un programa de prevención", en *Behavioral Psychology / Psicología Conductual,* Vol. 29, nº 2, 2021, pp. 283-296. Recurso electrónico, disponible en: https://doi.org/10.51668/bp.8321204s

García-Pablos De Molina A. *Tratado de Criminología,* Tirant lo Blanch, Valencia, 5ª Ed., 2014.

González Tascón Mª M. "Observaciones a las novedades introducidas por la Ley orgánica de protección integral a la infancia y la adolescencia frente a la violencia en relación con la materia penal", en *Diario La Ley,* nº 9902, Sección Doctrina, 29 de Julio de 2021, Wolters Kluwer, pp. 1-17.

Gómez Colomer J. L. *Estatuto Jurídico de la víctima del delito (La posición jurídica de la víctima ante la Justicia Penal. Un análisis basado en el Derecho comparado y en la Ley 4/2015, de 27 de abril, del Estatuto de la Víctima del delito en España)*, Aranzadi Thomson Reuters, Cizur Menor (Navarra), 2ª Ed., 2015.

Göppinger H. *Criminología,* Reus, Madrid, 1975, pp. 362-375.

Hassemer W. y Muñoz Conde F. *Introducción a la Criminología y a la Política criminal,* Tirant lo Blanch, Valencia, 2012.

Landrove Díaz, G. *La moderna victimología.* Tirant lo Blanch,Valencia, 1998

Lloria García, P. "La LO 8/2021, de 4 de junio, de protección integral a la infancia y la adolescencia frente a la violencia y la transformación del Código Penal. Algunas consideraciones", en *IgualdadES,* Año núm. 4, nº 6, 2022, pp. 271-298.

Milton Peralta J. "Prevención general positiva como respeto por el orden jurídico. A su vez, una distinción analítica entre distintos conceptos de prevención general positiva", en *Indret: Revista para el Análisis del Derecho,* nº 2, 2008.

Morillas Fernández, D. L.; Patró Hernández, R.M.; Aguilar Cárceles. M.M. *Victimología: un estudio sobre la víctima y los procesos de victimización,* Dykinson, Madrid, 2ª Ed., 2014.

Morillas Fernández, M. "Algunas reflexiones sobre la violencia digital en menores", en *Estudios en homenaje al prof. dr. d. Jesús Martínez Ruiz* / M. Domingo Olmedo Cardenete (coord..); N. Castelló Nicás; Mª J. Jiménez Díaz; J. Barquín Sanz; C. Aránguez Sánchez; J. Martínez Ruiz (hom.), 2022, pp. 663-674 Recurso electrónico, disponible en: https://elibronet.accedys.udc.es/es/ereader/bibliotecaudc/227642

Oromí i Vall-LLovera y Lupária. "Concepto de víctima y de víctima especialmente vulnerable", en T. Armenta Deu, (Coord.). *Código de Buenas Prácticas para la protección de víctimas especialmente vulnerables. Menores y víctimas de violencia de género,* Colex, Madrid, 2011, pp. 19-26.

Peris Riera, J. M. "Aproximación a la Victimología. Su justificación frente a la Criminología", en Cuadernos de política criminal, nº 34, 1998.

Rodríguez Manzanera, L. *Victimología. Estudio de la víctima,* Porrúa, México, 12ª ed., 2010, pp. 18-22.

Sanz Hermida, A. M. *La situación jurídica de la víctima en el proceso penal,* Tirant lo Blanch, Valencia, 2008.

Sanz-Díez De Ulzurrún Lluch, M. "La víctima ante el Derecho. La regulación de la posición jurídica de la víctima en el Derecho internacional, en el Derecho europeo y en el Derecho positivo español", en *Anuario de Derecho Penal y Ciencias Penales,* Tomo LVII, Madrid, 2004.

Sempere Faus, S. "Una aproximación a la victimización secundaria desde la normativa sobre víctimas del delito", en *Paradigmas de la victimología en un mundo de inseguridad global,* E. J. García Mercader, E.J. (dir.). Paradigmas de la victimología em un mundo de inseguridad global, 2022.

Subijana Zunzunegui, I. J. *El principio de protección de las víctimas, del olvido al reconocimiento,* Comares, Granada, 2006.

Tamarit Sumalla J. M. "La Victimología: cuestiones conceptuales y metodológicas", en E. Baca Baldomero; E. Echeburúa Odriozola, y J. M. Tamarit Sumalla, (Coords.), en *Manual de Victimología,* Tirant lo Blanch, Valencia, 2006.

Vidal Herrero-Vior Mª S.; Gamazo Olaguíbel, C.G.; Macarrón Aguado, P. y Menéndez de Llano Casa, M. "Agenda 2030 en materia de violencia contra el menor de edad. Contribuciones a partir de la creación del Observatorio de la Criminalidad en el ámbito de la Infancia y la Adolescencia", en *Diario La Ley,* nº 10024, de 8 de marzo de 2022, Editorial Wolters Kluwer.

Villacampa Estiarte, C "Predadores sexuales online y menores: grooming y sexting en Adolescentes", *Revista Electrónica de Ciencias Criminológicas,* nº 2, 2017.

El otorgamiento telemático del instrumento público notarial[1]

UBALDO NIETO CAROL
Notario
Director de la Cátedra de Derecho Notarial Rafael Gómez-Ferrer
Universidad Católica de Valencia San Vicente Mártir

I.- CONSIDERACIONES PREVIAS

La digitalización ha entrado de lleno en la vida de los ciudadanos y, obviamente también en el mundo jurídico. Y el Notariado que siempre ha estado en la avanzadilla tecnológica no podía quedar al margen. Como señala el Preámbulo del "Decálogo

---

1 Este trabajo es en gran medida reproducción de parte de otro más extenso y de objeto más concreto del mismo autor: "Constitución en línea de sociedades limitadas", La Digitalización en el ámbito del Derecho de Sociedades (Dir. U. Nieto Carol), Tirant lo Blanch, Valencia, 2023. Otra parte es totalmente nueva.

para las escrituras a distancia aprobado por el Consejo de Dirección de la Unión Internacional del Notariado el 26 de febrero de 2021[2], "las nuevas tecnologías forman parte integrante de la actividad notarial, desde hace muchos años, en particular, en las actuaciones preliminares y posteriores, en la comunicación con los servicios públicos y en la conservación de los archivos.

La pandemia de Covid-19 y el desarrollo mundial de las tecnologías de la información han acelerado el uso de los medios tecnológicos en casi todos los ámbitos; por ello, los notariados de todo el mundo se han visto obligados a encontrar soluciones para garantizar el ejercicio de la función en el respeto de los principios fundamentales.

Estas directrices complementan los principios generales de la Unión Internacional de Notariado, en lo que respecta a las nuevas tecnologías, en particular, en lo que se refiere al ejercicio de la función notarial y el acto auténtico en un entorno virtual.

Tienen por objeto su aplicación a todos los Notariados miembros de la UINL, cualquiera que sea su nivel de avance y desarrollo en materia digital, para consolidar los principios de confianza y seguridad jurídica en la función pública notarial".

En el inicio pandemia (2020), el Consejo General del Notariado acordó elevar al Gobierno a través del Ministerio de Justicia la posibilidad de permitir a los Notarios la autorización por videoconferencia en la Sede Electrónica Notarial, pólizas ICO, testamentos en caso de pandemia, ciertos poderes especiales, revocación de poderes y determinados actos societarios. Y sólo estos últimos venían exigidos por la Directiva (UE) 2019/1151.

---

2 http://www.onpi.org.ar/documentos/publicaciones/publicaciones-del-notariado-internacional/decalogo_para_las_escrituras_notariales_a_distancia.pdf

Luego la Ley 3/2020, de 18 de septiembre, de medidas procesales y organizativas para hacer frente al COVID-19 en el ámbito de la Administración de Justicia estableció en su disp. final decimoprimera titulada "Intervención telemática de notarios y registradores" estableció que el Gobierno remitiría *"a las Cortes Generales en el plazo más breve posible, no superior a nueve meses, un proyecto de ley, oídos el Consejo General del Notariado y el Colegio de Registradores de España, para habilitar la intervención telemática notarial y registral con el objetivo de facilitar la prestación de los servicios notariales y registrales sin necesidad de presencia física*".

A esto hay que añadir que la Directiva (UE) 2019/1151, del Parlamento Europeo y del Consejo de 20 de junio de 2019 por la que se modifica la Directiva (UE) 2017/1132 en lo que respecta a la utilización de herramientas y procesos digitales en el ámbito del Derecho de sociedades (en adelante, Directiva (UE) 2019/1151) [3], en la que se introduce la constitución de sociedades y el registro de sucursales y la presentación íntegramente en línea de documentos e información. Lo novedoso que introduce esta Directiva es la exigencia de que sea "*íntegramente en línea* sin necesidad de que los solicitantes comparezcan en persona ante cualquier autoridad o persona u organismo

---

[3] De acuerdo con su "artículo 2 (Transposición):
1. Los Estados miembros pondrán en vigor las disposiciones legales, reglamentarias y administrativas necesarias para dar cumplimiento a la presente Directiva a más tardar el 1 de agosto de 2021. Comunicarán inmediatamente a la Comisión el texto de dichas disposiciones. [...]
3. Como excepción a lo dispuesto en el apartado 1, los Estados miembros que experimenten especiales dificultades para transponer la presente Directiva podrán acogerse a una prórroga del plazo previsto en el apartado 1 de como máximo un año. Aducirán razones objetivas que justifiquen la necesidad de dicha prórroga. Los Estados miembros notificarán a la Comisión su intención de hacer uso de dicha prórroga a más tardar el 1 de febrero de 2021".
Como es obvio, la transposición de esta Directiva se ha realizado en nuestro país con bastante retraso.

habilitado en virtud del Derecho nacional para tratar cualquier aspecto de la constitución en línea de sociedades, *incluido el otorgamiento de la escritura de constitución de una sociedad*".

El primer intento de hacer ambas cosas fue el anteproyecto de Ley de Medidas de Eficiencia Digital del Servicio Público de Justicia, por la que se transponía al ordenamiento jurídico español la Directiva (UE) 2019/1151 del Parlamento Europeo y del Consejo, de 20 de junio de 2019, por la que se modifica la Directiva (UE) 2017/1132 en lo que respecta a la utilización de herramientas y procesos digitales en el ámbito del Derecho de sociedades. Este anteproyecto de 2021 se transformó en el Proyecto de Ley de Medidas de Eficiencia Digital del Servicio Público de Justicia (BOC de 12 de septiembre de 2022) del que se "cayó" esta transposición y desarrollo legislativo.

Ambas cosas han tenido lugar a través de la Ley 11/2023, de 8 de mayo, de trasposición de Directivas de la Unión Europea en materia de accesibilidad de determinados productos y servicios, migración de personas altamente cualificadas, tributaria y digitalización de actuaciones notariales y registrales; y por la que se modifica la Ley 12/2011, de 27 de mayo, sobre responsabilidad civil por daños nucleares o producidos por materiales radiactivos (en adelante, Ley 11/2023).

Su Exposición de Motivos (VI) dice que se procede mediante el título IV *"a reformar la Ley Hipotecaria y la Ley del Notariado a fin de habilitar la intervención telemática notarial y registral con el objetivo de facilitar la prestación de los servicios notariales y registrales sin necesidad de presencia física, dando cumplimiento así a lo previsto en la disposición final decimoprimera de la Ley 3/2020, de 18 de septiembre, de medidas procesales y organizativas para hacer frente al COVID-19 en el ámbito de la Administración de Justicia"*.

Las modificaciones de la Ley del Notariado de 1862 operadas por Ley 11/2023 que nos afectan para nuestro estudio[4] son:

El nuevo art. 17 ter que regula el otorgamiento y autorización a través de videoconferencia como cauce para el ejercicio de la función pública notarial.

El nuevo apartado 2 del artículo 23 que regula la comparecencia electrónica del interesado en la sede electrónica notarial, además de los apartados 2 y 3 del art. 17.

Hay que destacar que los nuevos preceptos de la LN entrarán en vigor a los seis meses desde la publicación en el BOE (9 de mayo de 2023), de acuerdo con la disp. final sexta número 5 y, por tanto, el 9 de noviembre de 2023.

---

4 Hay otras muy importantes. Son las siguientes:
- La nueva redacción de los apartados 2 y 3 y el nuevo apartado 4 del artículo 17 que regulan el Protocolo Notarial Electrónico y, en parte, la sede electrónica notarial.
- La nueva redacción del apartado 3 del artículo 17 bis, que permite al notario expedir copias autorizadas con su firma electrónica cualificada y copias simples electrónicas con mero valor informativo, a través de la sede electrónica notarial.
- La nueva redacción del art. 31 sobre inserción de un código seguro de verificación (CSV) en las copias autorizadas electrónicas de la escritura pública o testimonio electrónico de la intervención de póliza mercantil (esta última expresión es incorrecta. Debería ser: "testimonio electrónico de la póliza mercantil intervenida").
- Las modificaciones de los arts. 36, 37 y 38 son para dar coherencia las distintas menciones al Protocolo, Archivo de Protocolos o sustitución en el Protocolo de un notario por cese de éste con la existencia, ahora, además de uno en soporte papel, otro electrónico.
- La nueva disposición adicional segunda (introducida por enmienda en el Congreso de los Diputados) estableciendo la exigencia de que los sistemas electrónicos notariales sean interoperables con los sistemas de la Administración de Justicia.

Es obvio que las nuevas tecnologías forman parte integrante de la actividad notarial. Pero comparto la opinión de GARCÍA MAS[5] al decir que "las nuevas tecnologías están al servicio de la sociedad, del ciudadano, del sistema jurídico y de la seguridad jurídica y nunca al revés, y como consecuencia de ello, y en relación al tema en el que he trabajado más específicamente, de la función notarial, y al servicio de la seguridad jurídica preventiva. No hay que adaptar los sistemas jurídicos a las nuevas tecnologías, sino muy al contrario las nuevas tecnologías han de ser un instrumento exclusivamente tecnológico al servicio del ciudadano y de su Estado de Derecho [...]"

II.- SEDE ELECTRÓNICA NOTARIAL

Para que cualquier actuación telemática se requiere la existencia de una sede electrónica; las tienen todas las Administraciones Públicas. También para la interrelación con los Notarios hay un cauce electrónico: la Sede Electrónica Notarial.

Los precedentes de ésta se remontan al año 2002. El art. 107 ("Implantación obligatoria de sistemas telemáticos") de la Ley 24/2001, de 27 de diciembre, de Medidas Fiscales, Administrativas y del Orden Social[6] que si bien se modifica por el art. 27.2 de la Ley 24/2005, de 18 de noviembre, ya establecía su existencia.

---

5 F.J. García Más. "La intervención notarial en la contratación electrónica", *Contratación empresarial y Derecho Privado* (Dir: F. González Castilla y U. Nieto Carol), Tirant lo Blanch, Valencia, 2023, p. 164.

6 Según este precepto:
"1. Los notarios [y los registradores de la propiedad, mercantiles y de bienes muebles dispondrán obligatoriamente de sistemas telemáticos para la emisión, transmisión, comunicación y recepción de información. ...] dispondrán obligatoriamente de sistemas telemáticos para la emisión, transmisión, comunicación y recepción de información.

La Ley 11/2023 da nueva redacción al art. 17.2 LN, según el cual, *"la sede electrónica notarial estará integrada en el Consejo General del Notariado, siendo general y única a nivel nacional, y correspondiéndole al mismo su titularidad, desarrollo, gestión y administración*[7]. *Sus características técnicas serán comunicadas a la Dirección General de Seguridad Jurídica y Fe Pública. Deberá ser accesible y disponible para los ciudadanos a través de redes de comunicación seguras"*.

---

2. El Colegio de Registradores de la Propiedad y Mercantiles de España y el Consejo General del Notariado dispondrán de redes privadas telemáticas que deberán garantizar una interconexión segura por procedimientos exclusivos cuyos parámetros y características técnicas sean gestionadas por la organización corporativa. Todos los [...] notarios están obligados a integrarse en su respectiva red telemática. Tales redes deberán permitir que las oficinas públicas registrales se conecten entre sí y con los Sistemas de Información corporativos de su organización corporativa. De igual modo, deberán permitir la interconexión de las oficinas públicas notariales entre sí y con sus Sistemas de Información corporativos.

3. La Dirección General de los Registros y del Notariado, en desarrollo de lo previsto en la presente sección, determinará, mediante las Instrucciones oportunas, las características que hayan de reunir los indicados sistemas, con tecnologías periódicamente actualizadas, de conformidad con la legislación notarial [...] garantizando la ruptura del nexo de comunicación, de forma que se impida el televaciado y la manipulación del núcleo central de los sistemas de almacenamiento de la información".

7 Aquí se ha tenido en cuenta el Dictamen del Consejo de Estado de 29 de septiembre de 2022 (pp. 31 y 32): "el último inciso del apartado 3 indica que la sede electrónica notarial estará integrada en el Consejo General del Notariado. En línea con la regulación contenida en el proyectado artículo 240 de la Ley Hipotecaria incluido en el Anteproyecto en relación con la sede electrónica registral, y a la vista de lo observado por el Consejo General del Notariado, se sugiere valorar la inclusión de una referencia a que la titularidad, desarrollo, gestión y administración corresponden al Consejo General del Notariado y que deberá ser accesible y disponible para los ciudadanos a través de redes de comunicación seguras".

También da nueva redacción al artículo 23.2 LN que establece: *"el interesado o la interesada podrá comparecer electrónicamente*[8] *en la sede electrónica notarial operativa en la dirección electrónica correspondiente mediante la utilización de los sistemas de identifica-*

---

[8] Como dice Carmelo Llopis Benlloch ("La constitución telemática de sociedades y el otorgamiento en línea de documentos notariales", *Contratación empresarial y Derecho Privado* -Dir: F. González Castilla y U. Nieto Carol-, Tirant lo Blanch, Valencia, 2023), "debemos intentar transponer los conceptos actualmente analógicos al mundo digital, comenzando por uno de los más importantes para el notariado, el concepto de comparecencia: comparecer puede ser definido como presentarse o acudir a un lugar, generalmente ante otra persona que también se encuentra, al mismo tiempo, en el mismo lugar. Por esa definición, la única comparecencia posible es la comparecencia física, pues debe confrontarse quien comparece (el otorgante) con la persona ante la que se comparece (el notario) debiendo desecharse la idea de que la comparecencia meramente instrumental electrónica sea verdadera comparecencia.
Esta comparecencia física puede ser inmediata o mediata: la comparecencia física inmediata supone una presencia simultánea de la persona con otra en el mismo lugar, mientras que la mediata supone la presencia simultánea de la persona con otra en lugares distintos, como ocurre cuando se emplean medios de transmisión de audio y video en tiempo real, como la videoconferencia [...]
En el mundo físico pero inmediato, en que el otorgante está a la vez que el notario en el mismo espacio virtual (la sede electrónica notarial), la parte externa se cumplimenta mediante la autenticación de un medio de identificación electrónico, mientras que la parte interna se realiza cuando el notario llega a la conclusión, tras haber cotejado virtualmente la imagen digitalizada de dicho documento, o la imagen digitalizada del sujeto y de su firma con la apariencia física (y en ocasiones la firma) de la persona que comparece por videoconferencia, de que aquél pertenece a ésta y que por tanto no hay suplantación de identidad. El notario se cerciorará además de que es capaz mediante la interacción con el mismo utilizando el mismo sistema audiovisual en tiempo real que ha utilizado para el control de identidad, y una vez explicado y leído el documento en pantalla compartida firmará electrónicamente la matriz con el otorgante".

ción electrónica previstos en el artículo 9 de la Ley 39/2015, de 1 de octubre, de Procedimiento Administrativo Común de las administraciones públicas, debiendo proporcionar su teléfono, correo electrónico y, en su caso, los datos expresivos de su representación".

Por su parte, esta sede electrónica notarial deberá permitir al otorgante ejercer su derecho a la elección de notario con arreglo a la legislación aplicable, lo que parece obvio por ser uno de los principios básicos del sistema notarial.[9]

Otro de los requisitos esenciales de la sede electrónica notarial es que permita la apreciación de la capacidad jurídica del otorgante y que asegure "la inmediación electrónica". Más adelante entraremos más en detalle.

Continúa este art. 23,3 LN diciendo:

"El interesado podrá mediante la comparecencia electrónica:

a) Aportar los antecedentes precisos para la ulterior autorización de un documento público notarial.

b) Otorgar electrónicamente los actos o negocios jurídicos que se determine[10].

---

9 Así, el art. 3 RN: «Los particulares tienen el derecho de elección de notario sin más limitaciones que las previstas en el ordenamiento jurídico». Y el art. 126, primer párr.: «Todo aquél que solicite el ejercicio de la función pública notarial tiene derecho a elegir el notario que se la preste, sin más limitaciones que las previstas en el ordenamiento jurídico, constituyéndose dicho derecho en elemento esencial de una adecuada concurrencia entre aquellos».

10 Además: "*c) Solicitar que se le expida copia simple o autorizada previa apreciación de su interés.* [También lo establece el art. 17.3, párr. 5°, según el cual, "el otorgante o quien acredite interés legítimo, previa su comparecencia electrónica en la sede electrónica notarial mediante sistemas de identificación electrónica debidamente homologados, podrá solicitar al notario a cargo del protocolo, copia electrónica o en papel.]
d) Solicitar previa acreditación de su interés legítimo que se le identifiquen los documentos públicos notariales en que aquél hubiera podido intervenir, a los

Pues bien, si "tras la Ley 5/2019, de 15 de marzo, reguladora de los contratos de crédito inmobiliario y la IDGRN de 14 de junio de 2019, la de 31 de julio de 2019 y la nota del CGN de 1 de agosto 2019 se ha consolidado el principio general de que toda actuación que esté directamente relacionada con el ejercicio de la función notarial especialmente las comunicaciones, debe ser vehiculada a través de una red telemática segura exclusivamente notarial, lo que implica que la única vía válida para interconectarse con los otorgantes para realizar una videoconferencia es una plataforma notarial pública que sirve como punto de acceso seguro a los servicios notariales prestados en línea"[11], hoy, esto, ya tiene rango legal, a través del art. 17.3 último párr., 17 bis.3 (copias electrónicas) y 31.3 LN (verificación del CSV de las copias autorizadas electrónicas).

El acceso público a esta sede electrónica ya existe hace tiempo y recibe el nombre de "SEDE ELECTRÓNICA NOTARIAL. Portal Notarial del Ciudadano"[12]: https://www.portalnotarial.es.

---

efectos de solicitar al notario que custodia el protocolo, su sustituto o sucesor, la expedición de copia autorizada electrónica".

11 C. Llopis Benlloch. "La constitución telemática de sociedades y el otorgamiento en línea de documentos notariales", *Contratación empresarial y Derecho Privado* (Dir: F. González Castilla y U. Nieto Carol), Tirant lo Blanch, Valencia, 2023.

12 Como señala Carmelo Llopis Benlloch ("La identificación en el otorgamiento en línea de documentos notariales", *Revista Jurídica del Notariado* julio-diciembre 2021, nº 111, p. 410), "desde 2001 encontramos cobertura normativa explícita a un sistema electrónico de intercomunicación de los notarios con otros funcionarios públicos, pero también con potencial expansión a los particulares. Esa expansión a los particulares ha sido desarrollada recientemente en el denominado Portal Notarial del Ciudadano, cara visible y exterior de la sede electrónica notarial, que cuenta con las siguientes características:
- Cumple con las exigencias de seguridad del artículo 107 de la Ley 24/2001 y garantiza la protección de datos de carácter personal.

1.- Acceso a la sede electrónica notarial

De acuerdo con el número 2 del nuevo art. 17 ter LN, *"el otorgante accederá a la aplicación abierta en la sede electrónica notarial utilizando los sistemas de identificación electrónica previstos en el artículo 9 de la Ley 39/2015, de 1 de octubre, de Procedimiento Administrativo Común de las administraciones públicas. Dicha aplicación deberá garantizar los principios de neutralidad tecnológica e interoperabilidad para todos aquellos que accedan a su uso".*

Empezando por el final, es una exigencia de toda sede electrónica de naturaleza pública, sea quien sea su titular, la neutralidad tecnológica y la interoperabilidad. La Ley 11/2007, de 22 de junio, de acceso electrónico de los ciudadanos a los servicios

---

- El acceso como ciudadano es multiplataforma (móvil, tableta, pc, portátil), gratuito para el usuario (sin licencias ni costes adicionales) y seguro.
- El usuario puede ser simplemente registrado, en cuyo caso tiene limitadas las funciones que puede realizar, o acreditado (cuando ha procedido al registro con un certificado cualificado o por comparecencia personal ante el notario).
- Cuando el ciudadano ha sido acreditado, permite su identificación electrónica y por tanto el envío y la recepción de documentación por medio telemático seguro. Desde el punto de vista opuesto, también garantiza que ante quien se accede a la plataforma es efectivamente un funcionario público competente: un notario. Esa es la razón de que se exija que se emplee como requisito la identificación personal del notario mediante su certificado electrónico notarial.
- Está organizado de modo que el usuario pueda dirigirse a cualquier notario de su libre elección, dentro de los que sean competentes. Para el ejercicio de ese derecho, no hay otra ni mejor manera de asegurar en todo momento la conexión con la totalidad de los notarios, que aquella en que los notarios están legalmente obligados a integrarse, que no es otro que el sistema telemático notarial regulado en los artículos 106 y siguientes de la Ley 24/2001.
- La videoconferencia que incluye se basa en un sistema propio y cerrado que se aloja en los sistemas centrales de Ancert. El notario mantiene el control de la sesión de videoconferencia en todo momento. [...]"

públicos (ya derogada), recogía expresamente varios principios que no han sido trasladados en su totalidad en la Ley 39/2015, de 1 de octubre, de procedimiento administrativo común de las Administraciones públicas, entre ellos el de neutralidad tecnológica (artículo 4.9), el principio de neutralidad tecnológica y de adaptabilidad al progreso de las técnicas y sistemas de comunicaciones electrónicas garantizando la independencia en la elección de las alternativas tecnológicas por los ciudadanos y por las Administraciones Públicas, así como la libertad de desarrollar e implantar los avances tecnológicos en un ámbito de libre mercado. A estos efectos las Administraciones Públicas utilizarán estándares abiertos, así como, en su caso y de forma complementaria, estándares que sean de uso generalizado por los ciudadanos.

De acuerdo con el Glosario de Términos incluido en el anexo del Real Decreto 4/2010, de 8 de enero, por el que se regula el Esquema Nacional de Interoperabilidad en el ámbito de la Administración Electrónica, se entiende por tal, la "capacidad de los sistemas de información, y por ende de los procedimientos a los que éstos dan soporte, de compartir datos y posibilitar el intercambio de información y conocimiento entre ellos".

En cuanto a los sistemas de identificación electrónica previstos en el artículo 9 de la Ley 39/2015, de 1 de octubre, de Procedimiento Administrativo Común de las administraciones públicas, de acuerdo con el art. 9: "2. Los interesados podrán identificarse electrónicamente ante las Administraciones Públicas a través de los sistemas siguientes:

a) Sistemas basados en certificados electrónicos cualificados de firma electrónica expedidos por prestadores incluidos en la "Lista de confianza de prestadores de servicios de certificación".

b) Sistemas basados en certificados electrónicos cualificados de sello electrónico expedidos por prestadores incluidos en la "Lista de confianza de prestadores de servicios de certificación".

c) Cualquier otro sistema que las Administraciones públicas consideren válido en los términos y condiciones que se establezca, siempre que cuenten con un registro previo como usuario que permita garantizar su identidad y previa comunicación a la Secretaría General de Administración Digital del Ministerio de Asuntos Económicos y Transformación Digital. Esta comunicación vendrá acompañada de una declaración responsable de que se cumple con todos los requisitos establecidos en la normativa vigente. De forma previa a la eficacia jurídica del sistema, habrán de transcurrir dos meses desde dicha comunicación, durante los cuales el órgano estatal competente por motivos de seguridad pública podrá acudir a la vía jurisdiccional, previo informe vinculante de la Secretaría de Estado de Seguridad, que deberá emitir en el plazo de diez días desde su solicitud".

2.- Aportación de documentación previa

La aportación de documentación previa para la elaboración del instrumento público ya se hace hoy por medios electrónicos (correo electrónico, remisión de enlaces para descarga de archivos...). Lo que ocurre es que en la comparecencia física inmediata se presentan los originales de tales documentos (DNIs, certificación de la denominación, certificación bancaria del depósito, copias autorizadas de escrituras...) Ahora, a la vista de que no va a existir esa inmediatez física, tal documentación debe ser auténtica y hacerse llegar al Notario autorizante por un conducto seguro para ser verificada por éste.

Como ya se ha dicho, a tenor del nuevo apartado 2 del art. 23 LN, el interesado podrá comparecer electrónicamente en la sede electrónica notarial y mediante la comparecencia electrónica podrá *"aportar los antecedentes precisos para la ulterior autorización de un documento público notarial"*. Esto es necesario para poder elaborar el instrumento público que va a ser objeto de otorgamiento y autorización notarial.

Como señala el precepto, el notario debe verificar la documentación remitida para su identificación por el otorgante, y podrá, previo su consentimiento, contrastarla con la información obrante en el índice único y las bases de datos del Ministerio del Interior. Y, además, archivará copia electrónica de los documentos de identidad solo en los casos en los que lo exija la legislación de prevención de blanqueo de capitales y financiación del terrorismo.

Hay que tener en cuenta que esta aportación telemática de la documentación tiene su complicación y exige su tiempo. Ahora, se envía al Notario por correo electrónico los documentos de identidad de los otorgantes escaneados, las escrituras de poderes...Y en el acto de la firma se verifican los domicilios, se cumplimentan fechas de nacimiento, profesiones, estado civil y régimen económico matrimonial de los otorgantes. Si interviene alguna sociedad se cumplimentan todos los datos de constitución, nombramiento del representante... En fin, que la mayor parte del trabajo se hace en la propia Notaría y ahora deberá ser hecho por los otorgantes.

III.- OTORGAMIENTO TELEMÁTICO. SUPUESTOS

Para el otorgamiento telemático del instrumento público notarial eran necesarias algunas modificaciones legislativas en la legislación notarial que han tenido lugar mediante la Ley 11/2023. Como ya se ha dicho, de acuerdo con la nueva redacción del art. 23,3 LN, *"el interesado podrá mediante la comparecencia electrónica: b) Otorgar electrónicamente los actos o negocios jurídicos que se determine"*, lo que se realiza mediante videoconferencia[13].

---

13 A este procedimiento se le da un gran relieve, prueba de ello es que el art. 37 de la Ley 11/2023 modifica la Ley 14/2000, de 29 de diciembre, de Medidas fiscales, administrativas y del orden social

En España, como en otros países de nuestro entorno, el control de legalidad lo realiza el notario. Y, en especial, la identidad, la capacidad jurídica necesaria y, en su caso, el poder de representación, sólo pueden comprobarse en el momento del otorgamiento de la escritura de constitución.

Respecto al otorgamiento y autorización telemática de los instrumentos notariales hay que comenzar recordando el vigente art. 17 bis,1 LN, *"los instrumentos públicos a que se refiere el artículo 17 de esta Ley* [escrituras matrices, pólizas, actas, copias, testimonios, legitimaciones y legalizaciones], *no perderán dicho carácter por el sólo hecho de estar redactados en soporte electrónico con la firma electrónica avanzada del notario y, en su caso, de los otorgantes o intervinientes, obtenida la de aquél de conformidad con la Ley reguladora del uso de firma electrónica por parte de notarios y demás normas complementarias"*.

Y si bien se decía que "reglamentariamente se regularán los requisitos indispensables para la autorización o intervención y conservación del instrumento público electrónico en lo no previsto en este artículo", esto nunca se hizo. Pero el principio general sigue estando plenamente vigente: los instrumentos públicos son tales con independencia de que estén redactados en soporte papel o en soporte electrónico.

Por su parte, el número 2 de este precepto establece dos cuestiones esenciales: los requisitos de la autorización notarial y sus consecuencias y ello al decir:

---

que introduce en el apartado Dos ("Régimen disciplinario de los Notarios") del artículo 43 ("Régimen del Cuerpo único de Notarios") de la Ley 14/2000, de 29 de diciembre, de Medidas fiscales, administrativas y del orden social, una letra i) en el subapartado 2 A) ("Infracciones muy graves"), con la siguiente redacción: *«i) La autorización de cualquier instrumento público por videoconferencia sin observar los requisitos establecidos al efecto en la Ley del Notariado o en sus disposiciones concordantes con rango legal.»*

"En todo caso, la autorización o intervención notarial del documento público electrónico ha de estar sujeta a las mismas garantías y requisitos que la de todo documento público notarial y producirá los mismos efectos. En consecuencia:

a) Con independencia del soporte electrónico, informático o digital en que se contenga el documento público notarial, el notario deberá dar fe de la identidad de los otorgantes, de que a su juicio tienen capacidad y legitimación, de que el consentimiento ha sido libremente prestado y de que el otorgamiento se adecua a la legalidad y a la voluntad debidamente informada de los otorgantes o intervinientes.

b) Los documentos públicos autorizados por Notario en soporte electrónico, al igual que los autorizados sobre papel, gozan de fe pública y su contenido se presume veraz e íntegro de acuerdo con lo dispuesto en esta u otras leyes".

Por tanto, y esto es muy importante, en todo instrumento público el notario dará fe de la identidad de los otorgantes (o de su identificación por los medios supletorios establecidos en las leyes), de que a su juicio tienen capacidad y legitimación, de que su consentimiento se presta libremente y, por supuesto, de que el otorgamiento se adecua a la legalidad y a la voluntad debidamente informada de los otorgantes.

Y como consecuencia de ello, los documentos públicos autorizados por Notario gozan de fe pública y su contenido se presume veraz e íntegro de acuerdo con lo dispuesto en las leyes y ello con independencia de que en soporte electrónico o en papel.

1.- Supuestos de otorgamiento a través de videoconferencia

Como ya se ha dicho, uno de los aspectos más destacados de la reforma operada por la Ley 11/2023 es el otorgamiento y autorización a través de videoconferencia como cauce para el ejercicio de la función pública notarial que se introduce en la Ley del Notariado en un nuevo art. 17 ter para determinados actos o negocios jurídicos.

Estos son los siguientes:

"a) Las pólizas mercantiles. En este caso, la remisión de la póliza por la entidad de crédito a la sede electrónica notarial, implicará su consentimiento al negocio documentado, salvo que en el texto de la póliza se dispusiere lo contrario".

Como se señala en el art. 17.1 LN, "las pólizas intervenidas tienen como contenido exclusivo los actos y contratos de carácter mercantil y financiero que sean propios del tráfico habitual y ordinario de al menos uno de sus otorgantes, quedando excluidos de su ámbito los demás actos y negocios jurídicos, especialmente los inmobiliarios.

El Notario conservará en su Libro-Registro o en su protocolo ordinario el original de la póliza, en los términos que reglamentariamente se disponga".

La peculiaridad respecto a la intervención notarial de este tipo de instrumento público en el que, a diferencia de la escritura, no requiere unidad de acto[14], lo hace más apropiado para el sistema de otorgamiento por videoconferencia. Es, además, uno de los primeros supuestos que el Consejo General del Notariado propuso durante la pandemia[15].

El precepto añade que "la remisión de la póliza por la entidad de crédito a la sede electrónica notarial, implicará su consentimiento al negocio documentado, salvo que en el texto de la

---

14 De acuerdo con el artículo 197 ter RN: "En las pólizas objeto de intervención no se requerirá la concurrencia simultánea ante el notario de los distintos otorgantes, pudiendo, tener lugar en momentos diferentes, salvo que una disposición legal o reglamentaria, o el notario o cualquiera de los interesados la exija".

15 Véase U. Nieto Carol. "La intervención notarial de pólizas (y autorización de otros instrumentos públicos) mediante videoconferencia", *Aranzadi digital num.1/2020.* Editorial Aranzadi, BIB 2020\11082.

póliza se dispusiere lo contrario". Obsérvese que al redactor le traiciona el subconsciente porque está pensando en pólizas bancarias cuando, en general, el precepto se aplica a todas las pólizas mercantiles. Con esta disposición se pretende que los otorgamientos objeto de intervención sean sólo los de los clientes y no sea necesario el de los apoderados de las entidades bancarias que implican para ellos pérdidas de tiempo; la propia remisión de la póliza a la sede electrónica notarial implica su consentimiento expreso de la entidad con el negocio jurídico recogido en la póliza.

En todo caso, la referencia expresa a las pólizas bancarias implica que en el resto de las pólizas mercantiles deberá realizarse el otorgamiento por videoconferencia de todas las partes.

"b) La constitución de sociedades, nombramientos y apoderamientos mercantiles de toda clase previstos en la legislación mercantil, así como el otorgamiento de cualquier otro acto societario, siempre que en caso de contener aportaciones de los socios al capital social sean dinerarias"[16].

Todos estos supuestos han venido impuestos por la Directiva (UE) 2019/1151 del Parlamento Europeo y del Consejo de 20 de junio de 2019 por la que se modifica la Directiva (UE) 2017/1132 en lo que respecta a la utilización de herramientas y procesos digitales en el ámbito del Derecho de sociedades, transpuesta con retraso a nuestro Derecho interno a través de la ya citada Ley 11/2023[17].

---

16 Para un estudio completo a este respecto puede verse U. Nieto Carol: "Constitución en línea de sociedades limitadas", en U. Nieto Caril (dir.) *La Digitalización en el ámbito del Derecho de Sociedades*, Tirant lo Blanch, Valencia, 2023.

17 Las modificaciones necesarias para su transposición se recogen, como señala su Exposición de Motivos, en su título IV "que se compone de seis artículos, del 34 al 39, que contienen modificaciones de diferentes normas, en concreto de la Ley del Notariado de 28 de

De acuerdo con este precepto, el otorgamiento por videoconferencia podrá utilizarse en:

- "*La constitución de sociedades*". Realmente hay que limitarlo a las sociedades limitadas. Así se deduce del nuevo art. 22 bis LSC según el cual "*las sociedades de responsabilidad limitada podrán ser constituidas mediante el procedimiento íntegramente en línea sin perjuicio de la posibilidad de utilizar cualquier otro tipo de procedimiento legalmente establecido*". Y, además, no podrá utilizarse el procedimiento íntegramente en línea cuando la aportación de los socios al capital social se realice mediante aportaciones que no sean dinerarias.

La LSC no dice aquí qué se entiende por "procedimiento íntegramente en línea a diferencia de la Directiva (UE) 2019/1151 que introduce un nuevo art. 13 octies (*"Constitución en línea de sociedades: 1. Los Estados miembros se asegurarán de que la constitución en línea de sociedades pueda llevarse a cabo íntegramente en línea sin necesidad de que los solicitantes comparezcan en persona ante cualquier autoridad o persona u organismo habilitado en virtud del Derecho nacional para tratar cualquier aspecto de la constitución en línea de sociedades, incluido el otorgamiento de la escritura de constitución de una sociedad, a reserva de lo dispuesto en el artículo*

---

mayo de 1862; del Código de Comercio, publicado por el Real Decreto de 22 de agosto de 1885; de la Ley Hipotecaria, aprobada por el Decreto de 8 de febrero de 1946; de la Ley 14/2000, de 29 de diciembre, de Medidas fiscales, administrativas y del orden social; de la Ley 24/2001, de 27 de diciembre, de Medidas fiscales, administrativas y del orden social; y del texto refundido de la Ley de Sociedades de Capital, aprobado por el Real Decreto Legislativo 1/2020, de 2 de julio, con la finalidad de incorporar a nuestro ordenamiento la Directiva (UE) 2019/1151 del Parlamento Europeo y del Consejo, de 20 de junio de 2019, por la que se modifica la Directiva (UE) 2017/1132 en lo que respecta a la utilización de herramientas y procesos digitales en el ámbito del derecho de sociedades".

13 ter, apartado 4[18]*, y en el apartado 8 del presente artículo")*. Hay que esperar a que su artículo 40 quinquies.1 cuando regula precisamente las "excepciones" a este procedimiento cuando encontramos a qué se refiere: "*La constitución electrónica de la sociedad, en la observancia de los requisitos establecidos por los artículos precedentes, se llevará a cabo íntegramente en línea y sin necesidad de que los fundadores comparezcan presencialmente ante el notario*".

- "*Nombramientos*"[19] de administradores, miembros y cargos del consejo de administración, consejeros delegados, auditores...
- "*Apoderamientos mercantiles de toda clase previstos en la legislación mercantil*". La verdad es que hay que interpretar que son todos los poderes generales, incluidos los poderes para pleitos y los poderes especiales. Estos dos últimos no requieren su inscripción en el registro mercantil pero hay que entender que esto no es necesario para que se pueda realizar el otorgamiento por videoconferencia. Luego podrán dar lugar a copias autorizadas en soporte electrónico o en soporte papel.

---

18 "Cuando se justifique por razón de interés público en impedir el uso indebido o la alteración de identidad, los Estados miembros podrán, a los efectos de comprobar la identidad de un solicitante, adoptar medidas que requieran la presencia física de ese solicitante ante cualquier autoridad, persona u organismo habilitado en virtud del Derecho nacional para tratar cualquier aspecto de los procedimientos en línea a que se refiere el presente capítulo, incluido el otorgamiento de la escritura de constitución de una sociedad. Los Estados miembros se asegurarán de que solo pueda exigirse la presencia física de un solicitante caso por caso cuando existan razones para sospechar una falsificación de identidad, y de que cualquier otra fase del procedimiento pueda completarse en línea".

19 El término "nombramientos" no parece muy correcto. De hecho, el Consejo de Estado en su informe nº 1.394/2022 de 29 de septiembre de 2022 (pp. 33 y 34) propuso su sustitución por la expresión más adecuada de "*nombramientos de cargos sociales*", como se ve con poco éxito.

- *"Cualquier otro acto societario, siempre que en caso de contener aportaciones de los socios al capital social sean dinerarias"*. Así, modificaciones estatutarias, tales como modificación del objeto social, del domicilio social, ampliaciones y reducciones del capital social, siempre que las aportaciones o devoluciones sean dinerarias.

Todo lo anterior es coherente con el primer párrafo *in fin* del art. 20 bis LSC según el cual *"también podrán realizarse en línea las demás operaciones inscribibles y las dirigidas al cumplimiento de obligaciones legales de la vida de dichas sociedades"*.

"c) Los poderes de representación procesal, para la actuación ante las administraciones públicas, así como los electorales, y los poderes para actos concretos. No será posible la autorización por videoconferencia de poderes generales o preventivos".

En este precepto, en sentido positivo, determinados poderes en los que por su premura o por su trascendencia más relativa (actos concretos) exigen un control menos exhaustivo por parte del Notario. Y se excluyen aquellos poderes en los que el control de la capacidad y la libre prestación del consentimiento exigen un análisis muy intenso por parte del fedatario público, no en vano, son poderes de una gran trascendencia para el poderdante. Precisamente por ello, se otorgan después de una larga conversación con el Notario y sin que se encuentre presente en ese acto persona alguna distinta del otorgante y así el autorizante pueda asegurarse de que esa es la verdadera voluntad del poderdante.

"d) La revocación de poderes, excepto los generales preventivos".

Esto es coherente con lo anterior pero obsérvese que sí se admite el otorgamiento por videoconferencia para la revocación de poderes generales. Aquí la rapidez puede ser fundamental para evitar el mal uso que se pueda hacer de esos poderes.

Y al igual que para el otorgamiento, también se excluye esta forma de videoconferencia para su revocación. Y ello por la especial intensidad que tiene la intervención notarial en todo lo referente a poderes preventivos que son otorgados a veces por personas especialmente vulnerables por una situación de posible discapacidad.

"e) Las cartas de pago y las cancelaciones de garantías".

Son actos unilaterales por los que el acreedor se da por pagado o que cancela las garantías constituidas a su favor para los casos de incumplimiento de una obligación concreta. Además, hay que señalar que la mayoría de todas ellas son otorgadas por los apoderados de las entidades de crédito.

"f) Las actas de junta general y las de referencia en sentido estricto".

Respecto a las actas de junta general de sociedades de capital parece coherente con el principio general de otorgamiento en línea de los actos de la vida societaria que si bien el art. 22 bis limita a las sociedades limitadas, hay que entender, en este caso, aplicable a todas. Y ello porque la asistencia telemática a las Juntas generales (art. 182 LSC) y las Juntas exclusivamente telemáticas (art. 182 bis), son aplicables a sociedades anónimas y limitadas[20].

Hay que recordar, además, que fue uno de los primeros campos en los que se introdujeron los medios de comunicación a distancia en el ámbito notarial. Así se hizo en el art. 40.7 del Real Decreto-ley 8/2020, de 17 de marzo, de medidas

20 A este respecto pueden verse: A. Recalde Castells. "Asistencia telemática a Juntas y juntas generales totalmente telemáticas" y S. Álvarez Royo-Villanova: "Acta notarial de Juntas generales telemáticas" en U. Nieto Carol (dir.). *La Digitalización en el ámbito del Derecho de Sociedades*, Tirant lo Blanch, Valencia, 2023.

urgentes extraordinarias para hacer frente al impacto económico y social del COVID-19, según el cual "el notario que fuera requerido para que asista a una junta general de socios y levante acta de la reunión podrá utilizar medios de comunicación a distancia en tiempo real que garanticen adecuadamente el cumplimiento de la función notarial".

Frente a las actas de presencia están las de referencia o de manifestaciones. Como señala García Parra[21], "son aquellas en las que el Notario da fe a solicitud de una persona, de las manifestaciones que sin requerimiento previo hace dicha persona u otra, a presencia del Notario. Caben así dos modalidades: aquellas en que es el propio requirente el que hace las manifestaciones y aquellas otras en que sin requerimiento por parte del Notario, el interesado solicita que se hagan constar las manifestaciones de otra persona que voluntariamente comparece con él ante el Notario (normalmente se trata en tal caso de una declaración testifical o informe pericial)". Esto puede hacerse perfectamente por un sistema de videoconferencia.

"g) Los testimonios de legitimación de firmas".

Como señala el art. 256 RN, "la legitimación de firmas es un testimonio que acredita el hecho de que una firma ha sido puesta a presencia del notario, o el juicio de éste sobre su pertenencia a persona determinada". Y el art. 259 RN establece que "el notario podrá basar el testimonio de legitimación en el hecho de haber sido puesta la firma en su presencia, en el reconocimiento hecho en su presencia por el firmante, en su conocimiento personal, en el cotejo con otra firma original legitimada o en el cotejo con otra firma que conste en el protocolo

---

21 E. García Parra. "Actas Notariales", en U. Nieto Carol (dir.). *GPS Notarial,* Tirant lo Blanch, Valencia, 2019, p. 963.

o Libro Registro a su cargo, debiendo reseñar expresamente en la diligencia de testimonio el procedimiento utilizado.

Dentro del ámbito de los documentos susceptibles de testimonio, sólo podrán ser legitimadas cuando sean puestas o reconocidas en presencia del notario las firmas de letras de cambio y demás documentos de giro, de pólizas de seguro y reaseguro y, en general, las de los documentos utilizados en la práctica comercial o que contengan declaraciones de voluntad".

Pues bien, excluyendo el supuesto del cotejo en el que no se requiere la presencia del autor de la firma, a través del sistema de videoconferencia caben los otros dos sistemas de legitimación:

- Estampar la firma en presencia del Notario lo que entiendo sólo puede hacerse mediante firma electrónica ya que el documento será necesariamente electrónico. Y así, el art. 17 ter.3 LN establece que "en el acto del otorgamiento mediante videoconferencia, el notario habrá de exhibir al compareciente el documento a través de la plataforma, de modo que pueda hacer uso de su derecho a leerlo, sin perjuicio de la lectura alternativa por parte del notario y del asesoramiento que debe prestar acerca de su contenido".
- Reconocimiento de la firma en presencia del Notario, lo que podrá hacerse con el documento original en soporte papel firmado de forma manuscrita que el Notario tendría en su poder y que le exhibiría para que el firmante pueda reconocer la autoría de su firma.

"h) Los testamentos en situación de epidemia declarada mientras dure la obligación de confinamiento".

El testamento es un documento público de extrema cautela para el Notario dada su trascendencia. Por eso, la inmediación física es inexorable.

Ahora bien, en determinados supuestos excepcionales el propio Código Civil exceptúa la regla general del art. 694 ("El testamento abierto deberá ser otorgado ante Notario hábil para actuar en el lugar del otorgamiento"). Uno de esos supuestos es el testamento en caso de pandemia que de acuerdo con el art. 701 "puede igualmente otorgarse el testamento sin intervención de Notario ante tres testigos mayores de dieciséis años".

Pues bien, "mientras dure la obligación de confinamiento" difícilmente podría acudirse a tres testigos por lo que ahora podría solventarse el otorgamiento a través del sistema de videoconferencia transformándose el testamento en notarial.

Hay que recalcar que a esta forma de otorgamiento se puede recurrir siempre que se cumplan los dos requisitos acumulativamente: que la pandemia esté "declarada" y "mientras dure la obligación de confinamiento"

"i) Las declaraciones de obra nueva sin extinción de condominio, ni adjudicación de propiedad, y la división de la propiedad horizontal".

Una vez más estamos ante actos unilaterales del titular del suelo: la declaración de obra nueva y la división horizontal. La primera es el acto a través del que se deja constancia de que se ha construido o se está construyendo una determinada edificación (de viviendas, nave industrial, hotel...) sobre un terreno con el destino de su inmatriculación en el Registro de la Propiedad. Para Roca Sastre[22], la obra nueva es "la manifestación del propietario de una finca inmatriculada en el Registro de la Propiedad, consignada general en escritura pública, en la que se hace constar haberse terminado o estar en construcción en dicha finca edificaciones o mejoras que alteren su estructura o

---

22 R.Mª Roca Sastre y L. Roca-Sastre Muncunill. *Derecho Hipotecario* Tomo V, 8ª edición, Bosch, Barcelona, 1997, p. 1.

nuevas plantaciones o mejoras, todas ellas al efecto descritas, y cuya declaración se efectúa primordialmente a los fines de su inscripción en el Registro de la Propiedad".

Por su parte, la división horizontal es el acto mediante el cual una finca inmatriculada se divide en varias fincas registrales mediante su descripción individual y la asignación a cada uno de los elementos de un coeficiente de la copropiedad, para que queden configurados de forma completamente independiente y puedan ser objeto de negocios jurídicos.

"j) La conciliación, salvo que el notario considere conveniente la presencia física para el buen fin del expediente".

Como señala el art. 81 LN, "podrá realizarse ante Notario la conciliación de los distintos intereses de los otorgantes con la finalidad de alcanzar un acuerdo extrajudicial" que "podrá realizarse sobre cualquier controversia contractual, mercantil, sucesoria o familiar siempre que no recaiga sobre materia indisponible.

Sin perjuicio de que las cuestiones previstas en la Ley Concursal no podrán conciliarse siguiendo este trámite, "Son indisponibles:

a) Las cuestiones en las que se encuentren interesados los menores.

b) Las cuestiones en las que estén interesados el Estado, las Comunidades Autónomas y las demás Administraciones públicas, Corporaciones o Instituciones de igual naturaleza.

c) Los juicios sobre responsabilidad civil contra Jueces y Magistrados.

d) En general, los acuerdos que se pretendan sobre materias no susceptibles de transacción ni compromiso".

Dicho esto, es el Notario quien de forma libérrima y sin justificación alguna puede considerar conveniente la presencia física de las partes "para el buen fin del expediente".

"k) Aquellos actos y negocios jurídicos para los que, conforme a su naturaleza, se establezca reglamentariamente"[23].

De esta forma vemos que los supuestos antes apuntados no son *numerus clausus*. Este listado puede ampliarse con otros actos y negocios jurídicos que se establezcan reglamentariamente. Obsérvese que al incluir los "negocios jurídicos" ya estamos incluyendo la posibilidad de que concurran varias partes al otorgamiento.

En el PL todos los supuestos de otorgamiento a través de videoconferencia eran actos unilaterales con la salvedad de las pólizas mercantiles que no lo son cuando hay pluralidad de obli-

---

23 En el APL se incluía en el entonces apartado 1.i) -aún en el proyectado artículo 17 ter- una análoga "cláusula de apertura", «admitiendo que se realice el otorgamiento y autorización a través de videoconferencia en aquellos actos y negocios jurídicos que, conforme a su naturaleza, puedan otorgarse mediante videoconferencia, "previa Instrucción de la Dirección General de Seguridad Jurídica y Fe Pública"».
A juicio del Consejo de Estado en su informe nº 1.394/2022 de 29 de septiembre de 2022 (pp. 35 y 36), «en este punto se debe suprimir la remisión a una instrucción de la dirección general competente, sin perjuicio de que se pueda sustituir por una remisión reglamentaria. No parece coherente que, por una parte, se recoja la relación de actos o negocios jurídicos a que se refiere este apartado 1 en una norma de rango legal (con todo lo que ello supone) y, por otra, una parte de esos actos o negocios queden remitidos, no al Reglamento Notarial, sino a una instrucción de la dirección general mencionada. Cabe recordar, en relación con ello, que la Ley 39/2015 dispone que las habilitaciones para el desarrollo reglamentario de una ley serán conferidas, con carácter general, al Gobierno, y que la atribución directa a los titulares de los departamentos ministeriales, o a otros órganos dependientes o subordinados de ellos, tendrá carácter excepcional y deberá justificarse en la ley habilitante.
En suma, a juicio del Consejo de Estado, la remisión que el apartado 1.i) del proyectado artículo 17 ter de la Ley del Notariado hace a una previa Instrucción de la Dirección General de Seguridad Jurídica y Fe Pública debe suprimirse, sin perjuicio de que se pueda sustituir por una remisión al desarrollo reglamentario aprobado por el Gobierno».

gados, aunque se transforman en tales cuando no hay tal pluralidad ya que no hará falta el otorgamiento de la entidad bancaria porque la remisión de la póliza por la entidad de crédito a la sede electrónica notarial implicará su consentimiento. Realmente, el único negocio plurilateral que se incluye es la constitución de sociedades limitadas y se hace por imperativo de la Directiva.

En el trámite legislativo, a través de la enmienda número 111 del Grupo Parlamentario Socialista, se introduce "la conciliación" salvo que el notario considere conveniente la presencia física para el buen fin del expediente que evidentemente no es un acto unilateral.

Como señalaba Llopis Benlloch[24] a la vista de los anteproyectos de ley, "la reforma de la normativa notarial supone un cambio significativo en la forma en la que el notario debe proceder a identificar al otorgante, enjuiciar su identidad y capacidad, y proceder a la firma del documento público correspondiente. Pese a la trascendencia del cambio, no hay modificaciones sustantivas ni de procedimiento notarial, por lo que la reforma se centra en cuestiones que afectan a esos cuatro momentos: identificación, juicio de identidad, juicio de capacidad y firma".

Dado que de las exigencias que establece el art. 17 bis.2 LN la de que el otorgamiento se adecue a la legalidad no tiene especialidades a este respecto, sí conviene hacer mención de las otras: identificación, capacidad y legitimación, consentimiento libremente prestado, otorgamiento mediante la firma del otorgante y autorización del Notario.

Con carácter previo hay que destacar las reglas de competencia territorial aplicables a la presencia física no lo son al ámbito "electrónico". El art. 126 RN al regular la libre elección de notario,

---

24 J.C. Llopis Benlloch. "La identificación en el otorgamiento en línea de documentos notariales", *Revista Jurídica del Notariado*, julio-diciembre 2021, núm. 113, p. 405.

exceptúa la imposición de una de las partes a la otra de un notario que "carezca de conexión razonable con algunos de los elementos personales o reales del negocio". Pero esta regla es de poca o nula aplicación al ámbito de la constitución de sociedades dado que no hay intereses contrapuestos. Hoy los otorgantes pueden constituir una sociedad con un domicilio social fuera del ámbito de competencia territorial del Notario y sin que ningún otorgante tenga su domicilio dentro del mismo. Por ello veo difícil, salvo desarrollo reglamentario en contrario, establecer una limitación territorial al otorgamiento mediante videoconferencia de un instrumento público[25]. Evidentemente el notario deberá ser español para la constitución de una sociedad con domicilio social en España.

---

25 En el Decálogo para las escrituras notariales a distancia, según texto aprobado por el Consejo de Dirección de la Unión Internacional del Notariado de 26 de febrero de 2021 (http://www.onpi.org.ar/documentos/publicaciones/publicaciones-del-notariado-internacional/decalogo para las escrituras notariales a distancia.pdf) se señala a este respecto: "7) Hay que considerar atentamente el impacto que la introducción de la escritura «a distancia» puede tener en las normas que rigen la competencia territorial de los notarios, en los casos en que existan. Dado que el ciberespacio no tiene fronteras, se pueden considerar nuevos factores de vinculación para la videoconferencia o para todo otro medio técnico electrónico basados, por ejemplo, en la residencia o la nacionalidad de las partes o en la ubicación del bien objeto del contrato.
Se puede considerar que es el propio notario quien debe estar dentro del territorio de su competencia dentro de un concepto «ampliado»: el lugar de ejecución de la escritura notarial es el lugar donde se encuentra la oficina notarial, siempre dentro de los límites territoriales asignados por la ley, a pesar de la geolocalización factual de las partes de la escritura notarial.
8) Evaluar la posibilidad, para las escrituras «a distancia», de permitir el acceso a todos los ciudadanos, especialmente a favor de los usuarios que viven en el extranjero, bajo las mismas condiciones que los residentes. La legislación nacional debe determinar en sus normas de derecho internacional privado los factores de vinculación para determinar la validez del acto remoto sometido a su sistema jurídico cuando las partes se encuentran fuera del país.

IV.- ACTOS PREVIOS AL OTORGAMIENTO TELEMÁTICO

1.- Identificación

Como ya se ha apuntado antes, el primer paso, como en todo otorgamiento de un instrumento notarial, es identificar a los otorgantes. No hay que confundir esta identificación con la exigible para acceder a la sede notarial; esta última es una identificación electrónica. Ahora bien, para el otorgamiento se requiere una identificación propiamente dicha.

Esta identificación de los comparecientes tiene carácter obligatorio como veremos. A esto hay que añadir que serán nulos los instrumentos públicos en los que el Notario no dé fe de conocimiento de los otorgantes (art. 27,3° LN).

Como señala Alborch de la Fuente[26], "la identificación consiste en la comprobación y constatación, por los medios legalmente determinados, de que la persona que comparece es aquella a la que corresponden los datos atribuidos a su identidad.

Además, es importante evaluar la posibilidad de incorporar disposiciones legislativas relativa a los instrumentos tecnológicos nacionales y transfronterizos que permitan la comunicación entre las diferentes plataformas notariales digitales, (por ejemplo, para el uso transfronterizo de los medios de identificación nacionales), para la aceptación de los actos digitales, su circulación y ejecución, y de conocer las diferentes normativas de aceptación y reconocimiento por parte del legislador competente.
En este ámbito, se puede considerar la diferencia entre los actos auténticos digitales que, por su naturaleza o uso, están destinados a la circulación (como los poderes) y los actos auténticos digitales que deben ser extendidos por un notario designado en el Estado en el que se utiliza el acto (por ejemplo, en el ámbito del derecho inmobiliario y de sociedades)".

26 S. Alborch de la Fuente. "Partes en las que suele dividirse el instrumento público", en U. Nieto Carol (dir.). *GPS Notarial,* Tirant lo Blanch, Valencia, 2019, pp. 445 y 446.

Hay que tener en cuenta que, pese a adoptar todas las cautelas la certeza absoluta en esta materia nunca será posible y que, por otra parte, son numerosos los supuestos de falta de concordancia entre la apariencia física real y la que resulta del documento de identificación". Como veremos, esto es aún será más difícil, a través de videoconferencia.

No hay que olvidar lo que establece el art. 23 LN: *"Los Notarios darán fe en las escrituras públicas y en aquellas actas que por su índole especial lo requieran de que conocen a las partes o de haberse asegurado de su identidad por los medios supletorios establecidos en las leyes y reglamentos"*.

Por principio, la identificación del compareciente y la fe de conocimiento requieren la presencia física del mismo ante Notario (principio de inmediación), de ahí la forma en la que empiezan todas las escrituras: "ante mí". Por eso, la identificación a través de videoconferencia debe entenderse como "inmediación electrónica" que es una suerte de "inmediación mediata", entendiendo por tal la presencia ante el Notario a través de un sistema por el que se pueda interactuar con el otorgante: verle y oírle en tiempo real. Por eso dice el art. 23.2 que *"la sede electrónica notarial deberá permitir al otorgante ejercer su derecho a la elección de notario con arreglo a la legislación aplicable, así como la apreciación de su capacidad jurídica, asegurando la inmediación electrónica"*.

Continúa este autor diciendo que "la fe de conocimiento tiene la característica de personalísima, lo que implica que dicho juicio sólo lo puede emitir el Notario autorizante que ha tenido delante al compareciente". Es precisamente por ello, por lo que el Notario autorizante es el responsable personal de la identificación[27] y si a otro fedatario le ha sido suficiente el mismo documento identificatorio, esto en nada vincula al resto.

---

[27] Y por ello el art. 153 RN señala que «Los errores materiales, las omisiones y los defectos de forma padecidos en los documentos notaria-

No hay que olvidar que el art. 23 LN, establece medios supletorios de identificación, en defecto del conocimiento personal del Notario: "c) La referencia a carnets o documentos de identidad con retrato y firma expedidos por las autoridades públicas, cuyo objeto sea identificar a las personas".

Y *"el Notario en este caso responderá de la concordancia de los datos personales, fotografía y firma estampados en el documento de identidad exhibido, con las del compareciente"*. Y lo hará, de acuerdo con el art. 46 RN, *"civilmente de los daños y perjuicios ocasionados con su actuación cuando sean debidos a dolo, culpa o ignorancia inexcusable. Si pudieren repararse, en todo o en parte, autorizando una nueva escritura el Notario lo hará a su costa, y no vendrá éste obligado a indemnizar sino los demás daños y perjuicios ocasionados"*.

Como ya se ha señalado, a tenor del nuevo apartado 2 del art. 23 LN, "el interesado o la interesada podrá comparecer electrónicamente en la sede electrónica notarial [...] debiendo proporcionar su teléfono, correo electrónico y, en su caso, los datos expresivos de su representación. [...]. En todo caso, el notario verificará la documentación remitida para su identificación por el otorgante, y podrá, previo su consentimiento, contrastarla con la información obrante en el índice único y las bases de datos del Ministerio del Interior. El notario archivará copia electrónica de los documentos de identidad solo en los casos en los que lo exija la legislación de prevención de blanqueo de capitales y financiación del terrorismo.

Como se señala en el *Decálogo para las escrituras a distancia* aprobado por el Consejo de Dirección de la Unión Internacional del

---

les ínter vivos podrán ser subsanados por el Notario autorizante, su sustituto o sucesor en el protocolo, por propia iniciativa o a instancia de la parte que los hubiera originado o sufrido. Sólo el Notario autorizante podrá subsanar la falta de expresión en el documento de sus juicios de identidad o de capacidad o de otros aspectos de su propia actividad en la autorización».

Notariado el 26 de febrero de 2021, "cualquier sistema de identificación digital que se utilice, debe coexistir con el juicio directo y personal por parte del notario de la identidad o identificación del compareciente/requirente conforme su legislación de fondo. La ejecución a distancia también debe permitir que notario efectúe, con los medios adecuados, la comprobación de la capacidad y otros controles requeridos por su legislación nacional.

La constante evolución de la tecnología debe apoyar al notario en su proceso cognitivo de identificación de los comparecientes, con una función complementaria: se puede pensar en el uso de documentos de identidad electrónicos o en el acceso a una base de datos oficial.

La apreciación de sus datos personales digitalizados o digitales para identificar a su titular, el notario puede recurrir a ellos como un elemento más para formar convicción, pero nunca el único.

El notario debe seguir siendo el único responsable de la identificación de las partes, incluso si decide proceder con el apoyo de instrumentos digitales. También debe tener la facultad de elegir los instrumentos que utiliza para confirmar la identificación de las partes, ya sea su conocimiento personal o los medios digitales de identificación en el marco que establezca el legislador competente".

Pues bien, si la identificación no siempre es fácil teniendo al otorgante delante y con su documento identificatorio en las manos, mucho más complicada va a ser a través de una cámara. Sin perjuicio de que para darse de alta en la sede electrónica se produzca una identificación, además, en el perfil del ciudadano hay que subir las imágenes del anverso y reverso del DNI o documento indentificatorio[28]. Cuando es el primero, como ya se ha

---

28 En ese momento aparece una subpantalla en la que se le hacen todas las advertencias en materia de Protección de Datos y se le informa de que el responsable del tratamiento es el Consejo General Del Notariado y la finalidad: "la remisión del mismo al notario que

dicho, se verificará con la base de datos de la Dirección General de la Policía y así ocurre en la actualidad de forma que el ciudadano puede comprobar que su DNI aparece como "validado". A falta de medidas de desarrollo, entiendo que el otorgante debe exhibir su documento que deberá visualizar el Notario, si bien, éste, además, tendrá a la vista el que está digitalizado en la sede electrónica notarial. Y ante cualquier duda, como se dirá más adelante, se abstendrá de autorizar el instrumento público, pudiendo exigir la presencia física del otorgante.

2.- Capacidad y legitimación

Tal como establece el art. 17 bis,2, a) LN y, en coherencia con el mismo, el art. 145 RN, *"la autorización o intervención del instrumento público implica [...] que a su juicio tienen capacidad y legitimación [...] de los otorgantes e intervinientes"*.

Como señala Montero Ríos[29], "es necesaria la emisión de un juicio expreso y explícito; cuando se señala que la autorización o intervención «implica» no puede considerarse que por el mero hecho de realizar la autorización o intervención el notario ha emitido un juicio afirmativo o positivo de capacidad".

Y ello se deduce del art. 156.8 RN cuando señala que *"la comparecencia de toda escritura indicará: [...] 8.º La afirmación de que los otorgantes, a juicio del notario, tienen la capacidad legal o civil necesaria para otorgar el acto o contrato a que la escritura se refiera, en la forma establecida en este Reglamento, así como, en su caso, el juicio expreso de suficiencia de las facultades de representación"*. Del art. 167 RN que se-

---

preste el servicio solicitado por el ciudadano, para el cumplimiento de sus funciones públicas conforme a la Ley, así como el cumplimiento de dichas funciones por el Consejo General Del Notariado para la debida gestión de los usuarios.

29 J. Montero-Ríos Gil. "Juicio de capacidad", en U. Nieto Carol (dir.). *GPS Notarial*, Tirant lo Blanch, Valencia, 2019, p. 760.

ñala que *"el Notario [...], hará constar que, a su juicio, los otorgantes, en el concepto con que intervienen, tienen capacidad civil suficiente para otorgar el acto o contrato de que se trate"*. Del art. 95.1° CCom del que se deriva la obligación de *"asegurarse de la identidad y capacidad legal para contratar de las personas en cuyos negocios intervengan, y, en su caso, de la legitimidad de las firmas de los contratantes"*. Y del art. 197 quater RN según el cual, "como consecuencia del artículo 17 bis de la Ley del Notariado, la expresión *"«Con mi intervención» implica el control de legalidad por el notario y, en particular: c) El juicio de capacidad de los otorgantes para el acto o contrato intervenido [...]"*

Y por capacidad debemos entender, como hace el Diccionario de la RAEL, la "aptitud para ejercer personalmente un derecho y el cumplimiento de una obligación".

Al juicio de capacidad favorable se llegará en el caso que nos ocupa a través de videoconferencia, al igual que se hace cuando hay inmediación, con diálogo, explicaciones y preguntas al otorgante.

Distinto de la "capacidad" está la "legitimación". Como señala Tarracón Albella[30], "la doctrina clásica (Ferrera) distinguía la capacidad, como una aptitud intrínseca del sujeto, de la legitimación, como una particular relación del sujeto con el objeto del negocio o acto jurídico. La capacidad es, como señalaba Betti, un requisito subjetivo, mientras que la legitimación es un requisito subjetivo-objetivo del negocio. Ambos juicios de capacidad y legitimación, aun antes de su formulación legal explicita, ya los realizaba el notario al juzgar la capacidad no con carácter abstracto, sino por imposición reglamentaria en relación con el otorgamiento que pretendan".

Podemos decir que "capacidad" es la aptitud para ejercer personalmente un derecho y el cumplimiento de una obliga-

---

[30] E. Tarracón Albella. "La función notarial", U. Nieto Carol (dir.). *GPS Notarial*, Tirant lo Blanch, Valencia, 2019, p. 67.

ción y "legitimación" la posibilidad de hacerlo. Así, se puede tener "capacidad" para constituir una sociedad, pero carecer de "legitimación" para ello por no ser el titular del bien que se pretende aportar. A este respecto, no hay peculiaridades.

Un caso especial de "legitimación" es el de la representación que puede ser voluntaria o necesaria. El nuevo apartado 2 del art. 23 LN, dice que "el interesado o la interesada podrá comparecer electrónicamente en la sede electrónica notarial [...] debiendo proporcionar su teléfono, correo electrónico y, en su caso, los datos expresivos de su representación. [...]

En todo caso, el notario verificará la documentación remitida para su identificación por el otorgante, y podrá, previo su consentimiento, contrastarla con la información obrante en el índice único [...]"

Y más delante habla de "aportar los antecedentes precisos para la ulterior autorización de un documento público notarial.".

La representación voluntaria o necesaria podrá acreditarse aportando la consiguiente copia autorizada electrónica con la firma electrónica cualificada del Notario, con la indicación al pie de copia del destinatario que se remitirá a través de la sede electrónica notarial.

Continúa este autor señalando: "Si en el documento hay una intervención en nombre ajeno se precisa un juicio notarial explícito sobre la suficiencia de tal representación, que debe ser acreditada al notario con la correspondiente documentación auténtica. Como tiene declarado la Dirección General de Registros y Notariado (DGRN), entre otras, vale por todas, la resolución 14 de febrero 2007, el notario debe hacer constar en la escritura su juicio acerca de si las facultades representativas son suficientes, siendo así que no se cumpliría tal precepto si el notario se limita a transcribir una o más facultades de la escritura de poder sin incorporar su juicio acerca de las mismas, pues lo que la ley taxativamente le exige y demanda es que juzgue, esto es, que califique jurídicamente si las facultades representativas conferidas permiten al representante concluir el acto o negocio de que se trate por cuenta de su apoderado, lo que no es sino una muestra más de la atribución al notario del control o juicio de legalidad que su función le demanda respecto de la autorización o intervención de un instrumento público".

No hay que olvidar que según el art. 98-2º de la Ley 24/2001, de 27 de diciembre, de Medidas Fiscales, Administrativas y del Orden Social) la reseña que de los datos identificativos del documento auténtico aportado para acreditar la representación inserte el Notario y su valoración de la suficiencia de las facultades representativas «harán fe suficiente, por sí solas, de la representación acreditada, bajo la responsabilidad del Notario». Y, como se ha detallado mediante la modificación de este precepto legal (por el artículo 34 de la Ley 24/2005, de 18 de noviembre, de reformas para el impulso a la productividad), «el registrador limitará su calificación a la existencia de la reseña identificativa del documento, del juicio notarial de suficiencia y a la congruencia de éste con el contenido del título presentado, sin que el registrador pueda solicitar que se le transcriba o acompañe el documento del que nace la representación».

El juicio notarial de suficiencia de la representación, expresado en legal forma (lo que supone la reseña del poder, el juicio expreso de facultades y su congruencia con el acto o negocio jurídico documentado) tienen su fundamento en las presunciones de integridad, veracidad y de legalidad de que goza el documento público notarial.

3.- Consentimiento libremente prestado

Siguiendo con el art. 17 bis LN, el notario deberá dar fe [...] *"de que el consentimiento ha sido libremente prestado y de que el otorgamiento se adecua [...] a la voluntad debidamente informada de los otorgantes o intervinientes".*

Para que haya consentimiento "libre", obviamente el otorgante debe estar suficientemente informado y el instrumento que se otorga adecuarse a su voluntad.

Como señala Tarracón Albella[31], la imprescindible presencia del notario en ese momento impide por sí sola que pudiera haber violencia o intimidación sobre algunos de los otorgantes, ni por la otra parte, ni por terceros, a menos, claro, que la misma violencia o intimidación se ejerciera sobre el mismo notario, pues en otro caso, éste denegaría inmediatamente su actuación.

La obviedad del anterior planteamiento hace que la mención expresa de tal requisito de libertad de consentimiento no esté generalizada en la legislación notarial comparada; más bien es propia del derecho anglosajón, donde no hay control de legalidad alguno por parte del llamado Notary, y en ese mundo de documentos privados se exige como fórmula la expresión de otorgados libre y voluntariamente («freely and voluntarily»), como si con ello se evitara una causa de nulidad, olvidando que quien no es libre para otorgar un documento, tampoco lo es para omitir tal cláusula formal.

Por ello, cabe entender que la expresión de la libertad de prestación de consentimiento, recogida como formalidad en un precepto estrictamente notarial, no sólo puede estar pensada en los vicios de violencia o intimidación, sino también, y sobre todo, en los demás condicionantes que permiten la libre actuación de las personas. Somos libres, si podemos elegir, lo que supone conocer la existencia de distintas posibilidades de actuación y sus respectivos efectos, lo que, a su vez, precisa la previa información. Y en ese proceso mental de información, comprensión o formación de juicio y decisión o consentimiento, interviene decididamente la función notarial de asesoramiento y control de legalidad".

---

31 *Ibídem*, p. 67.

Es el Notario quien a través de la lectura del instrumento público bien por el otorgante o por el por el propio fedatario público, y con sus explicaciones y asesoramiento, debe asegurarse del recto conocimiento del instrumento y su correspondencia con la voluntad última del otorgante como paso previo a la prestación del consentimiento.

4.- Otorgamiento

De acuerdo con Ríos Segarra[32], "el otorgamiento se configura como un acto complejo por el que la escritura adquiere su especial singularidad. Siguiendo a Antonio Botia (Derecho Notarial, 2011, pág. 527), podríamos definirlo como «aquella parte final del instrumento público, previa a la autorización o intervención del notario, en la que las partes aprueban la redacción del mismo», por lo tanto en el otorgamiento se produce la simbiosis entre el negocio jurídico objeto del documento y la intervención notarial que ha interpretado y redactado este, adaptándolo y conformándolo a la normativa, por lo tanto y como señala el TS, es el momento en que la escritura pública plasma la relación definitiva entre las partes.

Esta simbiosis que resulta del otorgamiento supone la conjunción de una serie de elementos heterogéneos conducentes a la perfecta comprensión de la trascendencia del acto".

De acuerdo con el párr. 3º del art. 25 LN, *"los notarios darán fe de haber leído a las partes y a los testigos instrumentales la escritura íntegra o de haberles permitido que la lean, a su elección, antes de que la firmen, y a los de conocimiento lo que a ellos se refiera, y de haber advertido a unos y a otros que tienen el derecho de leerla por sí"*.

---

32 E. Ríos Segarra. "El otorgamiento", *en* U. Nieto Carol (dir.). *GPS Notarial*, , Tirant lo Blanch, Valencia, 2019, p. 859.

Por ello, el nuevo art. 17 ter.3 LN establece que *"en el acto del otorgamiento mediante videoconferencia, el notario habrá de exhibir al compareciente el documento a través de la plataforma, de modo que pueda hacer uso de su derecho a leerlo, sin perjuicio de la lectura alternativa por parte del notario y del asesoramiento que debe prestar acerca de su contenido".*

Este precepto que es innecesario por obvio en el otorgamiento presencial ya que el otorgante debe firmar el instrumento público y aunque lo tenga el Notario para su lectura, aquél puede pedir leerlo. Pero cuando el otorgamiento se hace a través de una plataforma electrónica por videoconferencia debe establecerse cuál es el cauce para que el otorgante pueda ver y comprobar, si lo desea, el instrumento público sin tener que limitarse a la lectura del Notario.

El otorgamiento finaliza con la firma del instrumento público que es la forma de prestar su consentimiento. Esto se hará necesariamente a través de su firma electrónica y si no dispone de la misma, se le podrá dotar gratuitamente de la misma, conforme a los medios previstos en el artículo 10 de la Ley 39/2015, de 1 de octubre, de Procedimiento Administrativo Común de las administraciones públicas[33]. El sistema propor-

---

[33] Artículo 10. Sistemas de firma admitidos por las Administraciones Públicas.
1. Los interesados podrán firmar a través de cualquier medio que permita acreditar la autenticidad de la expresión de su voluntad y consentimiento, así como la integridad e inalterabilidad del documento.
2. En el caso de que los interesados optarán por relacionarse con las Administraciones Públicas a través de medios electrónicos, se considerarán válidos a efectos de firma:
a) Sistemas de firma electrónica cualificada y avanzada basados en certificados electrónicos cualificados de firma electrónica expedidos por prestadores incluidos en la "Lista de confianza de prestadores de servicios de certificación".

cionado deberá limitar su ámbito y vigencia al documento público objeto de autorización o intervención.

A falta de un desarrollo reglamentario y técnico hay que entender que la firma de otorgante no se producirá sobre un archivo en formato "pdf" sobre el que se inserta la firma electrónica sino, como en otras sedes electrónicas, presionando el botón de firmar, seguida de la correspondiente ratificación del otorgante (bien mediante el tecleo de su clave de firma electrónica o sin ella si está instalada en su dispositivo sin que haya establecido la necesidad de nueva verificación). Y si es una firma de un único uso, tecleando el correspondiente PIN recibido a través del móvil.

VI.- AUTORIZACIÓN NOTARIAL

El último paso en el instrumento público es la autorización notarial. Por eso, tal como establece el art. 195.3º RN, el nota-

---

b) Sistemas de sello electrónico cualificado y de sello electrónico avanzado basados en certificados electrónicos cualificados de sello electrónico expedidos por prestador incluido en la "Lista de confianza de prestadores de servicios de certificación".
c) Cualquier otro sistema que las Administraciones públicas consideren válido en los términos y condiciones que se establezca, siempre que cuenten con un registro previo como usuario que permita garantizar su identidad y previa comunicación a la Secretaría General de Administración Digital del Ministerio de Asuntos Económicos y Transformación Digital. Esta comunicación vendrá acompañada de una declaración responsable de que se cumple con todos los requisitos establecidos en la normativa vigente. De forma previa a la eficacia jurídica del sistema, habrán de transcurrir dos meses desde dicha comunicación, durante los cuales el órgano estatal competente por motivos de seguridad pública podrá acudir a la vía jurisdiccional, previo informe vinculante de la Secretaría de Estado de Seguridad, que deberá emitir en el plazo de diez días desde su solicitud.

rio, a continuación de las firmas de otorgantes y testigos, *"autorizará la escritura, y en general los instrumentos públicos, signando, firmando y rubricando. Deberá estampar al lado del signo, el sello oficial de su Notaría".*

Esto no es posible en un instrumento público en soporte electrónico y, por eso, la firma del Notario debe ser también electrónica. Por eso, acaba el nuevo art. 17 ter con un número 6 cuyo tenor literal es el siguiente: *"Finalmente, el notario autorizará el documento con su firma electrónica cualificada".*

Esta redacción es fruto de una enmienda transaccional a la enmienda número 79 (apartado 6) del Grupo Popular cuya justificación, como la inmensa mayoría, era "mejora técnica". La verdad es que en este caso parece razonable que se hiciera constar que tras la firma electrónica del otorgante, viene la autorización del notario también con firma electrónica, en este caso, necesariamente "cualificada" que es la que tenemos obligatoriamente todos. Aunque no se dijera nada, obviamente, la matriz electrónica debía ser objeto de autorización notarial. Y si el otorgante firma electrónicamente, el Notario lo haría con su firma electrónica cualificada. Y, aunque no se diga nada, seguro que de alguna forma quedará también estampado el sello de la Notaría,

Con carácter previo, el número 5 del nuevo art. 17 ter establece que *"el notario habrá de denegar la intervención o autorización del documento cuando no concurran los presupuestos establecidos en la Ley del Notariado".* La verdad es que este precepto es obvio y redundante.

Y no olvidemos las consecuencias de su incumplimiento. El art. 37 (Modificación de la Ley 14/2000, de 29 de diciembre, de Medidas fiscales, administrativas y del orden social) de la Ley 11/2023, introduce en el apartado Dos del artículo 43 (Régimen disciplinario de los Notarios) de la Ley 14/2000, de 29 de diciembre, de Medidas fiscales, administrativas y del orden social, una letra i) en el subapartado 2 A) (infracciones muy graves), con la siguiente redacción:

"i) La autorización de cualquier instrumento público por videoconferencia sin observar los requisitos establecidos al efecto en la Ley del Notariado o en sus disposiciones concordantes con rango legal."

BIBLIOGRAFÍA

Alborch de la Fuente, S. "Partes en las que suele dividirse el instrumento público", en U. Nieto Carol (dir.). *GPS Notarial*, Tirant lo Blanch, Valencia, 2019.

Aznar Giner, E. *COVID-19 Medidas societarias y concursales*, 2ª edición, Tirant lo Blanch, Valencia, 2020.

Calvo Vidal, I. A. *Digitalización de la función notarial e intervención a distancia*, Bosch Walters Kluwer, Las Rozas (Madrid), 2020.

Cano Mora, G. "La perfección del contrato desde el punto de vista electrónico. La intervención notarial", en F. González Castilla y U. Nieto Carol (dirs.). *Retos de la Contratación mercantil moderna*, Tirant lo Blanch, Valencia, 2022.

García Más, F.J. "La intervención notarial en la contratación electrónica", en F. González Castilla y U. Nieto Carol (dirs.). *Contratación empresarial y Derecho Privado*, Tirant lo Blanch, Valencia, 2023.

Llopis Benlloch, J.C. "La identificación en el otorgamiento en línea de documentos notariales", *Revista Jurídica del Notariado*, julio-diciembre 2021, núm. 113.

Llopis Benlloch, J.C. "La constitución telemática de sociedades y el otorgamiento en línea de documentos notariales", en F. González Castilla y U. Nieto Carol (dirs.). *Contratación empresarial y Derecho Privado*, Tirant lo Blanch, Valencia, 2023.

Montero-Ríos Gil, J. "Juicio de capacidad", en U. Nieto Carol (dir.). *GPS Notarial*,, Tirant lo Blanch, Valencia, 2019.

Nieto Carol, U. "La constitución en línea de sociedades limitadas" en U. Nieto Carol (dir.). *La Digitalización en el Derecho de Sociedades*, Tirant lo Blanch, Valencia, 2023.

Ríos Segarra, E. "El otorgamiento", en U. Nieto Carol (dir.). *GPS Notarial*, Tirant lo Blanch, Valencia, 2019.

Roca Sastre, R.Mª y Roca-Sastre Muncunill, L. *Derecho Hipotecario*, Tomo V, 8ª edición, Bosch, Barcelona, 1997.

Tarracón Albella, E. "La función notarial", en U. Nieto Carol (dir.). *GPS Notarial*, Tirant lo Blanch, Valencia, 2019.

Impacto del metaverso y los NFTs en la Propiedad Intelectual e Industrial

ADARGELIO GARRIDO DE LA GRANA
Abogado. Profesor de Derecho de la Propiedad Industrial
Universidad Católica de Valencia San Vicente Mártir

I.- INTRODUCCIÓN AL TEMA

Cuando en el año 1992 se publica la novela de ciencia ficción *Snow Crash*[1], quién le iba a decir a su autor, Neal Stephenson, que sería el creador de dos términos que años después comenzarían a revolucionar el mundo: "metaverso" y "avatar". Stephenson describió el metaverso como un mundo virtual ficticio de interacción colectiva, creado por convergencia y compatibilización con la realidad externa, al cual podemos acceder los seres humanos a través de avatares.

---

1 N. Stephenson. *Snow Crash*, versión en castellano, editorial GIGAMESH, Barcelona, 2008.

A penas un año después de la publicación de la novela de Stephenson, la casa editorial norteamericana Steve Jackson Games lanzó "The Metaverse", un sistema de realidad virtual basado en texto. Y a partir de ese momento surgieron otras implementaciones relacionadas con el metaverso, como fue, en el año 2003, el mundo de realidad virtual 3D denominado "Second Life ", en el que los usuarios interactúan de diversas formas a través de avatares,[2] el lanzamiento de varios juegos en línea, o la creación de la plataforma "Decentraland" en 2015, en la que se realizan transacciones comerciales con monedas virtuales.[3]

Transcurrido más de 30 años, se puede definir el metaverso como una realidad digital a la que tenemos acceso a través de un avatar, en la que interactuamos en un mundo inmersivo con otros usuarios u objetos, a través de gafas de realidad virtual u otros dispositivos. No obstante, como en el caso del juego "Fortnite" (2017), también se puede acceder a través de un ordenador o móvil.[4] Según especialistas en la materia, el metaverso ha llegado para quedarse si consigue fusionar el mundo virtual y físico, pues ofrecerá a los usuarios una experiencia mucho más atractiva al adquirir los productos, asistir a eventos musicales o deportivos, e incluso, al realizar ejercicios. En 2022 existían más de 160 empresas trabajando con metaversos

---

2 R. Díaz Herrero. "Historia de los Metaversos," 2022, disponible en: https://vandal.elespanol.com/noticia/1350751369/historia-de-los-metaversos-20-anos-intentando-revolucionar-la-sociedad/, consulta realizada el 6 de junio de 2023.

3 Metaverso, https://es.wikipedia.org/wiki/Metaverso, consulta realizada el 16 de junio de 2023.

4 J. Sáez Hurtado. "Metaverso: concepto, arquitectura y oportunidades de negocios", 2022, disponible en: https://www.iebschool.com/blog/el-metaverso-origen-definicion-y-la-apuesta-de-facebook-tecnologia/, consulta realizada el 14 de junio de 2023.

como sistemas operativos alternativos.[5] Además, se prevé que las redes sociales adquirirán una dimensión mayor cuando se desarrollen dentro del metaverso, lo que ya fue anunciado por Facebook en el año 2021.[6] Y, en consecuencia, el metaverso se erigirá en un escenario muy importante para llevar a cabo transacciones comerciales o acciones publicitarias.

En el 2014, con la creación de "Quantum", una figura geométrica animada que va cambiando de forma y de color sobre un fondo negro, creada por el artista Kevin McCoy, se incorporó a la realidad digital un nuevo término: NFT (del inglés Non-Fungible Token, en español identificado como token no fungible). El NFT se considera una versión digital de un elemento tangible o intangible que existe gracias a la tecnología blockchain (cadena de bloques) [7], al que se le asigna un certificado digital de autenticidad y metadatos no modificables. Por lo tanto, se caracteriza por ser digital, indivisible, transferible y único. Esta última característica lo diferencia del token fungible, que puede ser intercambiado por otro, como es el caso de la criptomoneda.[8] Los NFTs constituyen una forma segura de

---

5 C. Moro Aguado. "Las claves del metaverso: el negocio del futuro inmediato", *El Economista*, 8 de abril de 2022.

6 La predicción de Zuckerberg sobre el futuro, el metaverso y el empleo, https://www.20minutos.es/noticia/5098136/0/prediccion-zuckerberg-futuro-metaverso-empleo/, consulta realizada el 5 de mayo de 2023.

7 Base de datos que recoge y almacena la información de manera compartida y descentralizada, a partir de la creación de un registro que es único pero que a su vez generan copias sincronizadas, lo que hace imposible manipular los datos. Telefónica. Área de comunicación-blog. "¿Qué es el Blockchain y para qué sirve esta tecnología?", disponible en: https://www.telefonica.com/es/sala-comunicacion/blog/que-es-el-blockchain-y-para-que-sirve-esta-tecnologia/, consulta realizada el 19 de junio de 2023.

8 Innova & Action, NFT. "La nueva forma de entender el arte", disponible en: https://innovayaccion.com/nft-la-nueva-forma-de-entender-el-arte#:~:text=El%20primer%20NFT%2C%20denominado%20

almacenar y transferir objetos digitales en el metaverso, porque permite que los usuarios de ese mundo virtual, además de crear y comercializar sus obras, lo hagan con la debida protección.[9]

Un NFT puede ser desde una zapatilla hasta un bolso, una canción, un coche o una obra de arte gráfico o escultórico. De hecho, grandes marcas de moda y de otros tipos de productos han comenzado su inmersión en el metaverso y la creación de NTFs, como son los casos de Gucci, Coca-Cola, Louis Vuitton, Nike y Hyundai,[10] o las marcas españolas Zara y Mango. Por lo tanto, en la misma medida que comenzaron a desarrollarse diferentes metaversos y a crearse NFTs, surgió en un inicio la interrogante de si las normativas de la propiedad intelectual[11]

'Quantum,la%20oferta%20ha%20crecido%20exponencialmente, consulta realizada el 20 de junio de 2023.

9 J. Merodio. "Usar NFT en el metaverso. La relación entre el metaverso y las NFT", disponible en: https://www.juanmerodio.com/metaverso-nft/, consulta realizada el 17 de junio de 2023.

10 E. Beelo. "Siete ejemplos de empresas y marcas que ya han abrazado el metaverso", disponible en: https://www.iebschool.com/blog/ejemplos-empresas-metaverso-tecnologia/, consulta realizada el 24 de febrero de 2022.

11 Según la Organización Mundial de la Propiedad Intelectual (OMPI), la propiedad intelectual se relaciona con las creaciones de la mente, como las invenciones, las obras literarias y artísticas, y los símbolos, nombres e imágenes utilizados en el comercio. https://www.wipo.int/about-ip/es/, consulta realizada el 23 de junio de 2023. No obstante, para el derecho español la propiedad intelectual sólo se refiere a los derechos de autor. En este sentido, se considera que "La propiedad intelectual está integrada por una serie de derechos de carácter personal y/o patrimonial que atribuyen al autor y a otros titulares la disposición y explotación de sus obras y prestaciones." España. Ministerio de cultura. "La propiedad intelectual. Preguntas frecuentes", disponible en: https://www.culturaydeporte.gob.es/cultura/propiedadintelectual/la-propiedad-intelectual/preguntas-mas-frecuentes/la-propiedad-intelectual.html, consulta realizada el 23 de junio de 2023.

e industrial[12] aplicables a los bienes intangibles de un mundo físico podrían extenderse a los bienes creados en un mundo digital. Sobre todo, porque, en paralelo, como era de esperar, también surgieron infracciones de derechos de propiedad industrial e intelectual, lo cual provocó la necesidad de recurrir a los tribunales para que los jueces se pronunciaran sobre la protección de los bienes intangibles en el metaverso.

No obstante, según la jurisprudencia que se va configurando puede que la observancia de los derechos de propiedad intelectual e industrial en este nuevo mundo no sea tan diferente a la del mundo físico[13]. De todas formas, la Comisión Europea ya trabaja en dos propuestas de normativas, para dar respuesta a los conflictos que puedan surgir: la Ley de servicios digitales[14] y la Ley del mercado digital[15]. La primera tiene por objetivo

---

12 "La propiedad industrial comprende un conjunto de instituciones de muy diversa naturaleza, cada una de las cuales persiguen fines y realizan funciones diferentes. Todas ellas confluyen en la regulación de tipos de interés que hacen relación de un modo directo a la industria y al comercio y constituyen formas de protección de una serie de medios y realidades que permiten a la sociedad de nuestros días organizar aspectos importantísimos de la vida económica de un país." H. Baylos Corroza. *Tratado de Derecho Industrial*, Civitas, Madrid, 1993, p. 687.

13 A. Ramos. "El metaverso, los TNF y los derechos de propiedad intelectual: ¿reglamentar o no reglamentar?, OMPI Revista 2/2022, disponible en: https://www.wipo.int/wipo_magazine/es/2022/02/article_0002.html, consulta realizada el 1 de julio de 2023.

14 Comisión Europea. "Ley de Servicios Digitales: para un entorno en línea seguro y responsable", disponible en: https://commission.europa.eu/strategy-and-policy/priorities-2019-2024/europe-fit-digital-age/digital-services-act-ensuring-safe-and-accountable-online-environment_es, consulta realizada el 29 de junio de 2023.

15 Parlamento Europeo. "La Ley de Mercados Digitales y la Ley de Servicios digitales, explicadas", disponible en: https://www.europarl.europa.eu/news/es/headlines/society/20211209STO19124/la-ley-de-mercados-digitales-y-la-ley-de-servicios-digitales-explicadas?gclid

crear un entorno digital más seguro para los usuarios y las empresas digitales, a través de la protección de los derechos fundamentales en línea. Y, la segunda, persigue igualar las condiciones para todas las empresas digitales, independientemente de su tamaño, para acabar con las prácticas injustas sobre las empresas y consumidores.

II.- INTERACCIÓN DEL METAVERSO Y LOS NFTS CON LA PROPIEDAD INDUSTRIAL

Dentro de las instituciones que comprende los derechos de propiedad industrial se encuentran: los signos distintivos (marcas, nombres comerciales e indicaciones geográficas), las invenciones (patentes, modelos de utilidad, certificados complementarios, variedades vegetales y topografías de productos semiconductores) y los diseños industriales. Algunas de dichas instituciones, como son los casos de las marcas, las patentes y los diseños industriales, de una u otra forma, se relacionan con el metaverso y los NFTs. En el caso de los diseños industriales las oportunidades que ofrece el metaverso son mayores que las del mundo físico, porque las posibilidades creativas son infinitas al no existir las limitaciones físicas en la ejecución de los diseños.

Por otra parte, es muy probable que en el futuro también surjan infracciones de derechos en el metaverso vinculadas a las indicaciones geográficas, a través de NFTs que evoquen de alguna forma una indicación geográfica o denominación origen renombrada. Esta pudiera ser una forma muy innovadora de hacer publicidad a productos infractores. Es una práctica muy recurrente en el mundo físico que no tiene por qué ser

=CjwKCAjw44mlBhAQEiwAqP3eVtWBRQWn0dYUFd-4JD12P1MGjDn-nP6TSWMkWTHinDqTnXZiwg9_LJxoCsrYQAvD_BwE, consulta realizada el 2 de julio de 2023.

ajena al mundo digital, sobre todo, cuando el uso de las nuevas tecnologías se impone cada vez más en el comercio.

En la observancia de los derechos de propiedad industrial impera el principio de territorialidad, el cual no es ajeno al metaverso. Este principio es aplicable a todas sus instituciones a diferencia de los derechos de propiedad intelectual. El principio de territorialidad se refiere a la obligatoriedad de proteger y defender los derechos de propiedad industrial territorialmente, es decir, país por país. En el caso de la propiedad intelectual, los derechos de autor sobre las obras se pueden hacer valer en cualquier territorio, con independencia de aquél en el que fue creado.

1.- Marcas y diseños industriales

El principio de territorialidad obliga a los titulares de marcas a protegerlas en todos los mercados en los que pueden ser explotadas, para en caso de infracciones poder iniciar las correspondientes acciones administrativas o judiciales. Y, de esta forma, hacer uso de los derechos conferidos en la materia, que otorgan a los titulares de marcas un derecho positivo para su explotación en exclusiva, y un derecho negativo que le permite prohibir a terceros el uso no autorizado.

El principio de territorialidad se vincula al principio de especialidad de las marcas, mediante el cual una marca se protege para determinados productos y/o servicios, de acuerdo con la actividad que realiza la empresa. Esta especialización evita que las marcas monopolicen todos los productos y servicios. Y también posibilita que una misma denominación pueda utilizarse para identificar productos o servicios de distintas empresas, siempre que no exista el riesgo de confusión en el consumidor sobre el origen empresarial de las prestaciones. Asociado al principio de especialización es que surge la Clasificación Internacional de Productos y Servicios, en lo adelante, la Clasificación de Niza.[16] Así, las marcas se deberán registrar en los territorios en los que se desarrollará la actividad empresarial y en las clases de productos y servicios vinculadas a dicha actividad.

Una de las primeras interrogantes que surgieron con relación a la protección de las marcas en el metaverso estuvo en determinar si las clases objeto de protección en el mundo físico se aplicaban también al entorno digital para garantizar una adecuada protección territorial. La Oficina de la Propiedad Intelectual de la Unión Europea, en adelante, la EUIPO en sus siglas en inglés, ha sido una de las primeras oficinas en reaccionar sobre este particular, al publicar las directrices para interpretar la edición 12ª de la Clasificación de Niza,[17] que se pueden resumir, como sigue:

(i) Incluir los "*productos virtuales*" dentro de la clase 9 al identificarlo como contenido digital. No obstante, el término "*productos virtuales*" por sí solo no es lo suficiente claro y concreto, por lo que será necesario que el solicitante del registro especifique de forma más precisa el contenido al que se refieren los productos virtuales. Por ejemplo, "bienes virtuales, principalmente, arte digital". De igual forma, se deberá incorporar en la clase 9 el tér-

---

16 Clasificación Internacional de Productos y Servicios (Clasificación de Niza). La Clasificación Internacional de Productos y Servicios para el Registro de las Marcas fue establecida en virtud de un arreglo concluido en la Conferencia Diplomática celebrada en Niza el 15 de junio de 1957, revisado en Estocolmo en 1967 y en Ginebra en 1977, y modificado en 1979, https://www.wipo.int/classifications/nice/es/preface.html.

17 Oficina de Propiedad intelectual de la Unión Europea (WUIPO). "Productos virtuales, tókenes no fungibles y el metaverso", disponible en: https://euipo.europa.eu/ohimportal/es/news-newsflash/-/asset_publisher/JLOyNNwVxGDF/content/pt-virtual-goods-non-fungible-tokens-and-the-metaverse, Consulta realizada el 3 de septiembre de 2022.

mino "*archivos digitales descargables autenticados por tokens no fungibles*" para hacer referencia a los NFTs. El uso por sí solo del término "NFTs" en la descripción de los productos no será aceptado en el proceso de registro, por lo que será necesario especificar el tipo de producto digital representado por el NFT.

(ii) Con relación a la protección de servicios en el metaverso, también se debe indicar dicho entorno virtual. Por ejemplo, incluir la redacción siguiente en la clase 35: "*suministro de un entorno virtual en línea para el comercio de arte virtual y fichas de arte virtual, través de redes mundiales de comunicación de productos virtuales descargables y autentificados por fichas no fungibles*" o, "*servicios de venta al por mayor y al detalle a través de redes mundiales de comunicación de productos virtuales descargables y autentificados por fichas no fungibles (NFT)*"; y en la clase 41: "*servicios de entretenimiento, a saber, proporcionar entornos virtuales en los que los usuarios pueden interactuar con fines recreativos, de ocio o de entretenimiento.*"

De acuerdo con las recomendaciones de la EUIPO, y según lo previsto en la Ley de Marcas española[18], por ejemplo, los titulares de marcas en las clases 9 y 41 podrán oponerse en España al uso no autorizado por terceros en el metaverso, cuando: (i) el signo sea idéntico y se utilice para productos o servicios idénticos a los que ampara la marca registrada; (ii) si existe riesgo de confusión con respecto a ese mismo tipo de signo y uso; y (iii) si el signo empleado en el metaverso es idéntico o similar a una marca que goce de renombre en España, cuando se utilice para productos o servicios que sean idénticos o sean o no similares a aquellos para los que esté registrada la marca.

---

[18] Ley 17/2001, de 7 de diciembre, de Marcas (Artículo 34), BOE núm. 294, de 8 de diciembre de 2001.

Asociado al registro de las marcas en el metaverso también surgen interrogantes con respecto al tipo de marca a proteger. Los ejemplos de explotación de marcas en el metaverso ratifican la necesidad de su protección en todos los tipos previstos en la normativa de cada país, de acuerdo con el uso en el entorno virtual y digital. Así, por ejemplo, de acuerdo con la normativa española se podrían registrar de forma enunciativa y no limitativa: marcas denominativas, figurativas, tridimensionales, sonoras, de color, de posición, patrón, movimiento, multimedia u holográficas.

Otro aspecto para tenerse en cuenta es la obligación de uso requerida para mantener el registro de las marcas, lo cual implicará que la marca tiene que utilizarse en el metaverso en la forma registrada, dentro del período previsto en cada legislación. Es decir, por ejemplo, no basta con que se comiencen a proteger las marcas en las clases 9 y 41 si no se prevé su desarrollo en el metaverso y como NFTs. De no tenerse en cuenta este aspecto, un tercero interesado en la marca para esos productos y servicios pudiera iniciar la correspondiente acción de caducidad por no uso, y solicitar el registro a su nombre.

Cabe también reflexionar sobre la aplicación de la noción de notoriedad de las marcas en el metaverso. La noción de notoriedad es una categoría que se aplica territorialmente, país por país, y que constituye una excepción al mencionado principio de especialidad, porque su reconocimiento va más allá de los productos y servicios por los cuales la marca se impuso en el mercado. De esta forma, la noción de notoriedad podrá ser alegada contra terceros que pretendan registrar o usar una marca en clases en las que su titular no las tenga protegida. Es previsible la proliferación de infracciones de marcas notorias físicas en el metaverso y, de hecho, ya existen algunos ejemplos, con independencia de que se haya o no alegado dicha condición. Pero, también existirán marcas que surjan en el metaverso cuya notoriedad pueda ser alegada por infracciones en la comercialización de productos físicos.

Con relación a los diseños industriales no existe la limitante de la clasificación por clases porque, aunque existe la Clasificación de Locarno,[19] esta no limita el alcance de la protección del diseño. La ausencia de limitación lo ratifica la Ley 20/2003, de 7 de julio, de Protección Jurídica del Diseño Industrial,[20] al disponer en su Artículo 45 que el titular del registro posee el derecho de impedir a un tercero su utilización, entendiéndose como tal "*...la fabricación, la oferta, la comercialización, la importación y exportación o el uso de un producto que incorpore el diseño, así como el almacenamiento de dicho producto para alguno de los fines mencionados*". Es decir, la Clasificación de Locarno sólo se utiliza a los efectos del registro sin que limite la protección del diseño.

Asimismo, con respecto a los diseños industriales, deberá definirse si de acuerdo con lo previsto en el Reglamento (CE) Nº 6/2002,[21] se extenderá la protección del dibujo o modelo comunitario no registrado al metaverso, siempre que reúnan los requisitos de novedad y singularidad. De acuerdo con lo previsto en el Artículo 11 de la referida normativa, los dibujos o modelos que cumplan con dichos requisitos quedarán protegidos durante un plazo de tres años a partir de la fecha en que el di-

---

19 La Clasificación de Locarno es el sistema de clasificación internacional para los dibujos y modelos industriales administrado por la OMPI.

20 Ley 20/2003, de 7 de julio, de Protección Jurídica del Diseño Industrial, BOE núm. 162, de 8 de julio de 2003.

21 REGLAMENTO (CE) Nº 6/2002 DEL CONSEJO de 12 de diciembre de 2001 sobre los dibujos y modelos comunitarios (DO CE nº L 3 de 5.1.2002, p. 1) modificado por el reglamento (CE) nº 1891/2006 del Consejo, de 18 de diciembre de 2006, por el que se modifican los Reglamentos (CE) no 6/2002 y (CE) no 40/94 para hacer efectiva la adhesión de la Comunidad Europea al Acta de Ginebra del Arreglo de La Haya relativo al Registro internacional de dibujos y modelos industriales (DO CE nº L 386 de 29.12.2006, p. 14), https://euipo.europa.eu/tunnel-web/secure/webdav/guest/document_library/contentPdfs/law_and_practice/cdr_legal_basis/62002_cv_es.pdf

bujo o modelo sea hecho público por primera vez dentro de la Comunidad. Por lo tanto, pudiera considerarse que si un dibujo o modelo se expone en un metaverso dentro del espacio de la Unión Europea gozará de la referida protección no registral.

1.1.- Caso MetaBirkin

Una de las primeras sentencias relacionadas con la infracción de marcas mediante NFTs confirma que las normas de propiedad industrial de los productos en el mundo físico son aplicables en el metaverso. La sentencia[22] resuelve en primera instancia una de las primeras infracciones de marcas denunciadas en el metaverso, asociada a NFTs que reproducen el icónico bolso "Birkin" de la empresa de lujo Hermès.

La casa de moda francesa ha registrado las marcas Hermès y Birkin en gran cantidad de países, incluyendo Estados Unidos, la Unión Europea y Japón. En el caso del diseño de Birkin lo ha hecho también como marca tridimensional. Las alarmas saltaron en París cuando en diciembre de 2021 se supo que el artista estadounidense Mason Rothschild había vendido en OpenSea, un mercado en línea dedicado al comercio de NFTs, cien NFTs con la imagen del bolso Birkin bajo la denominación "MetaBirkin". Rothschild los vendió por aproximadamente un millón de dólares de los Estados Unidos, indicando que era "un homenaje al bolso más famoso de Hermès, el Birkin, uno de los accesorios de lujo más exclusivos y bien hechos."[23]

---

22 Hermes International et al. v. Rothschild, Case No. 1:22-cv-00384 (S.D.N.Y.).

23 B. Tod jr. "NFTs and Trademark Law - Protecting IP Rights in the Digital Space", disponible en: https://www.lexology.com/library/detail.aspx?g=64ef2ce8-30d5-4c21-afad-7190f152cfb9&utm_source=Lexology+Daily+Newsfeed&utm_medium=HTML+email+-+Body+-+General+section&utm_campaign=Lexology+subscriber+daily+f

La respuesta de Hermès International fue inmediata: el 14 de enero de 2022 presentó una demanda contra Rothschild ante el Tribunal del Distrito Sur de Nueva York por: (i) riesgo de confusión con las marcas Birkin de Hermès, (ii) dilución del carácter distintivo de marca; y (iii) ciberocupación por el registro y uso del dominio metabirkins.com, según lo previsto en la Ley Lanham (Ley de marcas de los Estados Unidos).[24] Por su parte, Rothschild solicitó la desestimación de la demanda mediante una moción, basado en que su MetaBirkin era una expresión artística protegida por la Primera Enmienda en virtud del caso Rogers vs. Grimaldi.

La referida sentencia del año 1988 resuelve una demanda presentada por la actriz Ginger Rogers contra el productor cinematográfico Alberto Grimaldi y la empresa MGM por el uso de su nombre en el filme "Ginger and Fred". La decisión fue innovadora y ha trascendido por la denominada "Prueba de Rogers", que dispone la no infracción de los derechos de un titular si el uso de la marca se ajusta a determinados criterios descritos en la sentencia.[25]

Hermès respondió la moción alegando que la venta de los NFTs era un claro uso comercial engañoso de marca. En su decisión, el tribunal le dio la razón a Rothschild al considerar que el uso comercial no descartaba que fuera una expresión artística, pero, rechazó la moción porque no podía resolver sobre el fondo del asunto en la fase de alegaciones.

---

eed&utm_content=Lexology+Daily+Newsfeed+2023-04-04&utm_term=, consulta realizada el 10 de marzo de 2023.

24 La Ley Lanham, también conocida como Ley de Marcas Comerciales en Estados Unidos, es el estatuto federal que regula las marcas comerciales, también las marcas de servicio y la competencia desleal. https://www.bitlaw.com/source/15usc/index.html, consulta realizada el 25 de mayo de 2023.

25 Rogers v. Grimaldi, 695 F. Supp. 112 (S.D.N.Y. 1988), District Court, S.D. New York, https://www.courtlistener.com/opinion/2345732/rogers-v-grimaldi/, consulta realizada el 3 de marzo de 2023.

Después del rechazar las peticiones cruzadas de juicios sumarios presentadas por ambas partes, el caso fue a juicio ante un jurado de nueve personas que emitió su veredicto el 8 de febrero de 2023. La decisión fue favorable a Hermès al considerar que Rothschild era responsable de infracción y dilución de marca y ciberocupación. El tribunal determinó que la Primera Enmienda no protegía los NFTs de MetaBirkin, pues estos se asemejan más a productos de consumo protegidos por la ley de marcas que a obras de arte. Es decir, primó el engaño y el uso no autorizado de la reputación de una marca sobre la alegada expresión artística, porque Rothschild capitalizó el fondo de comercio de Hermès con fines lucrativos.[26]

1.2.- Caso Nike

La prestigiosa marca de ropa deportiva Nike también se ha visto involucrada de forma no autorizada en el nuevo mundo de los NFTs. No obstante, las características de esta infracción difieren del caso MetaBirkin, porque los NFTs se muestran como un gemelo de una zapatilla física, con el supuesto objetivo de certificar la existencia de la zapatilla almacenada en los almacenes del vendedor.[27]

El 18 de enero de 2022, StockX, empresa norteamericana que se dedica al comercio en línea multimarca de zapatillas, ropas, equipos electrónicos, cromos y accesorios, lanzó su colección denominada "Vault NFT", destinada a la venta de gemelos digi-

---

[26] M. Huq. "Hermès Successfully Defends its Trademark in the Metaverse", disponible en: https://www.mofo.com/resources/insights/230209-hermes-successfully-defends-trademark-metaverse, consulta realizada el 6 de marzo de 2023.

[27] L. Wilneff. "Nike v. StockX: "Running" to NFTs", disponible en: https://blogs.luc.edu/ipbytes/2022/11/19/nike-v-stockx-running-to-nfts/, consulta realizada el 27 de junio de 2023.

tales. Esta colección permite al cliente comprar un NFT que representa un par de zapatos que puede canjear por un par físico.

Apenas quince días después, el 3 de febrero de 2022, Nike presentó una demanda por infracción de marca contra StockX ante el Tribunal del Distrito Sur de Nueva York,[28] alegando que StockX acuñaba NFTs que utilizaban de forma destacada las marcas de Nike, comercializaba esos NFTs utilizando el fondo de comercio de Nike y vendía esos NFTs a precios muy inflados a clientes que creían o podían creer que esos NFTs estaban autorizados por Nike, cuando no era cierto. Los cargos de Nike fueron por: (i) infracción de marca, (ii) falsa denominación de origen empresarial; (iii) dilución de la marca; (iv) daño a la reputación comercial y (v) competencia desleal.

Nike argumentó que el uso del icónico logotipo "Swoosh", inspirado en el recorrido de las alas de la escultura "La Victoria de Samotracia", también conocida como Niké, confunde a los consumidores en cuanto al origen o patrocinio de las "Vault NFT", pues les hace creer que los NFTs estaban autorizados, patrocinados o licenciados por Nike.

El 31 de marzo de 2022, StockX contestó a la demanda de Nike, argumentando el uso legítimo de la marca. Este alegato lo sustentó en el principio de que una empresa puede utilizar las marcas de terceros cuando se hace referencia a los propios productos/servicios de la empresa demandante, a partir del cumplimiento de tres requisitos: (i) necesidad de uso de la marca, (ii) no uso de la marca por el demandado más allá de lo estrictamente necesario y, (iii) descripción precisa de la relación entre el demandado y el demandante.

---

28 A. Rossow. "The Nike v. StockX Lawsuit Could Determine What Type of NFTs Can Be Created", disponible en: https://nftnow.com/features/the-nike-v-stockx-lawsuit-could-determine-what-type-of-nfts-can-be-created/, consulta realizada el 15 de abril de 2023.

El 25 de mayo de 2022, tras realizar una prueba de mercado, Nike detectó que al menos 4 pares de zapatillas vinculadas con la plataforma StockX y los NFTs eran falsas, por lo que amplió los cargos de su demanda a falsificación y publicidad engañosa.

Vistos los argumentos generales de ambas partes, el análisis del tribunal deberá profundizar en si realmente existe una dilución de marca. Y, por otra parte, también tendrá que determinar si se cumplen los requisitos segundo y tercero que sustenta el supuesto uso legítimo por parte de StockX. La demandada tendrá que fundamentar que el uso de los NFTs no va más allá de lo estrictamente necesario, que existe una precisa relación entre ambas partes, y que no se ha aprovechado indebidamente de la notoriedad de la marca. El caso está pendiente de sentencia, pero, es probable que las partes lleguen a un acuerdo extrajudicial.

2.- Patentes

Las nuevas tecnologías digitales como la inteligencia artificial, el blockchain, web3[29], IoT[30], 3D, realidad virtual o realidad aumentada, permiten y consolidan el desarrollo del meta-

---

29 La wb3 permite tender un puente entre los mundos físico y virtual al introducir nuevos modelos de propiedad y transacción que se extienden y mezclan ambas realidades, https://www.pwc.com.ar/es/publicaciones/tecnologias-emergentes-web3-negocios.html#:~:text=La%20Web3%2C%20llamada%20%E2%80%9Cde%20lectura,extienden%20y%20mezclan%20ambas%20realidades, consulta realizada el 30 de junio de 2023.

30 IoT describe la red de objetos físicos ("cosas") que llevan incorporados sensores, software y otras tecnologías con el fin de conectarse e intercambiar datos con otros dispositivos y sistemas a través de Internet, https://www.oracle.com/es/internet-of-things/what-is-iot/#:~:text=%C2%BFQu%C3%A9%20es%20el%20IoT%3F,sistemas%20a%20trav%C3%A9s%20de%20Internet, consulta realizada el 30 de junio de 2023.

verso y los NFTs. Por lo tanto, facilitan la creación de equipos o soportes físicos identificados como hardware -por ejemplo, dispositivos que posibilitan la conexión entre ambos mundos- o la creación de software.

El objetivo de una patente consiste en brindar protección a los adelantos tecnológicos. Por lo tanto, los equipos o soportes físicos que conecten con el metaverso claramente podrían ser protegidos como patentes si cumplen las tres condiciones exigidas: novedad, que implique actividad inventiva y sean susceptibles de aplicación industrial. En estos casos, se impondrá como no puede ser de otra forma, la correcta definición de las reivindicaciones objeto de protección, para aumentar las posibilidades de concesión de las patentes, pues es de imaginar que preexistan una gran cantidad de patentes de tecnologías cuya aplicación al metaverso resulten evidentes.

Existen muchos ejemplos de invenciones asociadas al metaverso, como es el caso de las zapatillas deportivas "CryptoKick"[31] de Nike, que conectan las zapatillas físicas con el mundo virtual para que las usen los avatares creados por los compradores, gracias a la tecnología blockchain. Otro ejemplo es el de los guantes: uno que permite agarrar con la mano objetos virtuales, sentir sus formas e interactuar con ellos[32] o, el patentado por Apple que facilita medir con precisión en la realidad virtual el movimiento de partes de un solo dedo y de la mano.[33]

---

31 C. Labayen. "CryptoKicks: Nike apuesta por la tecnología blockchain", disponible en: https://marketinginsiderreview.com/cryptokicks-nike-zapatillas-tecnologia-blockchain/, consulta realizada el 30 de junio de 2023.

32 Crean un guante que permite manipular objetos virtuales, https://www.bolsamania.com/capitalbolsa/noticias/destacadas/crean-un-guante-que-permite-manipular-objetos-virtuales--6852102.html, consulta realizada el 30 de junio de 2023.

33 https://patents.google.com/patent/US10877557B2/en?oq=CN109582125B, consulta realizada el 4 de julio de 2023.

En el caso del software, se protegen como derecho de autor en virtud de la Ley de Propiedad Intelectual[34] española. Además, el Convenio de la Patente Europea excluye expresamente los programas de los ordenadores en su artículo 52.2 c)[35]. Ahora bien, esto no invalida la posibilidad de conceder patentes para invenciones implementadas en ordenador, siempre que resuelvan un problema técnico de forma inventiva, y se cumplan los dos restantes requisitos: novedad y aplicación industrial. El gran reto por enfrentar es que no se considere inventivo un proceso de implementación de un acto mental en un entorno informático. Por lo tanto, para las patentes de software referidas a aplicaciones en el metaverso será fundamental identificar y describir correctamente los pasos del procedimiento que son exclusivos para ejecutar la aplicación en el metaverso, particularizando en el problema técnico que el procedimiento pretende superar.[36]

III.- INTERACCIÓN DEL METAVERSO Y LOS NFTS CON LA PROPIEDAD INTELECTUAL

Tal como enuncia la Ley de Propiedad Intelectual de España (Artículo 2), "*La propiedad intelectual está integrada por derechos de carácter personal y patrimonial, que atribuyen al autor la plena disposición y el derecho exclusivo a la explotación de la obra,*

---

34 Los programas de ordenador se protegen mediante la Ley de Propiedad Intelectual, Título VII, Real Decreto Legislativo 1/1996, de 12 de abril, por el que se aprueba el texto refundido de la Ley de Propiedad Intelectual, regularizando, aclarando y armonizando las disposiciones legales vigentes sobre la materia, BOE núm. 97, de 22 de abril de 1996.

35 Convenio de la Patente Europea, Instrumento de Adhesión, BOE núm. 234 de 30 de septiembre de 1986.

36 Metaverse patents boom, https://www.hyaip.com/es/espacio/el-boom-de-las-patentes-en-el-metaverso/, consulta realizada el 21 de junio de 2023.

sin más limitaciones que las establecidas en la Ley." Por lo tanto, toda persona que pretenda utilizar una obra física como NFT o explotarla de cualquier forma en el metaverso, requerirá la autorización previa de su titular. Además, en virtud en la declaración concertada respecto del Artículo 1.4) del Tratado de la OMPI sobre Derecho de Autor,[37] se reconoce que el derecho de reproducción de las obras es aplicable al entorno digital e incluyen su utilización y almacenamiento

Ahora bien, en relación con la observancia de los derechos de propiedad intelectual en el metaverso, a diferencia de las marcas, los diseños industriales y las patentes que se protegen territorialmente, los derechos de autor nacen en el mismo momento de su creación, sin que sea necesario que medie un acto de reproducción, comunicación pública, distribución o transformación. Se recurre al Registro de la Propiedad Intelectual para poseer un acto declarativo de la creación de la obra, que facilite la acreditación de la titularidad frente a posibles infracciones en cualquier país del mundo. En consecuencia, como en virtud de lo previsto en el artículo 5 del Convenio de Berna los autores de las obras gozan fuera del país de origen de los mismos derechos de los nacionales de los demás países miembros, los titulares de las obras tendrán que recurrir a la legislación y tribunales del país en que se detecte la infracción en el metaverso o en el que se comercialice el NFT infractor.

Una de las dificultades de los titulares de derechos de propiedad intelectual -y también para los propietarios de derechos de propiedad industrial- en la observancia de sus derechos se relaciona con la necesidad de identificar la identidad del infractor real. Ello se debe a que, por un lado, el blockchain ga-

---

[37] Tratado de la OMPI sobre Derecho de Autor, adoptado en Ginebra el 20 de diciembre de 1996, por el que se adapta el Convenio de Berna al entorno digital, https://www.wipo.int/wipolex/es/text/295158, consulta realizada el 5 de junio de 2023.

rantiza la privacidad al utilizar criptografía para proteger la integridad de los datos y garantizar que no puedan ser alterados o borrados y, además, porque los términos y condiciones de las plataformas en el metaverso se exoneran de responsabilidad en caso de infracciones realizadas por los usuarios.

Por otro lado, en cuanto a los medios para detectar las infracciones, aunque existen normativas como la Digital Millennium Copyright Act[38] de Estados Unidos o la Directiva de Comercio Electrónico[39] en la Unión Europea, en adelante, la Directiva, que protegen a los proveedores de servicios en línea de la responsabilidad por infracción de los derechos de autor causada por sus usuarios, no está claro si pueden aplicarse a los NFTs, o si será necesario incluir alguna modificación para facilitar su aplicación[40]. Ambas normativas prevén un procedimiento de aviso, mediante el cual, los titulares de derecho de autor pueden enviar una notificación al proveedor de servicios donde está alojado la supuesta infracción de la obra para que se retire el contenido o el enlace. Es así como funcionan las redes sociales como Facebook o Instagram. De acuerdo con lo dispuesto en el Artículo 14 de la Directiva, los alojamientos en línea no son responsables de la actividad ilegal o de la información introducida en sus sistemas

---

38 THE DIGITAL MILLENNIUM COPYRIGHT ACT OF 1998, U.S. Copyright Office Summary, December 1998.

39 DIRECTIVA 2000/31/CE DEL PARLAMENTO EUROPEO Y DEL CONSEJO de 8 de junio de 2000, relativa a determinados aspectos jurídicos de los servicios de la sociedad de la información, en particular el comercio electrónica en el mercado interior (Directiva sobre el comercio electrónico).

40 T. Hu. "5 Top NFT Questions Attys Want IP Agencies To Explore", disponible en: https://www.lexology.com/library/detail.aspx?g=4fbbf928-fdf2-4102-aa91-d310f0d88ffd&utm_source=Lexology+Daily+Newsfeed&utm_medium=HTML+email+-+Body+-+General+section&utm_campaign=Lexology+subscriber+daily+feed&utm_content=Lexology+Daily+Newsfeed+2022-08-29&utm_term=, consulta realizada el 29 de agosto de 2022.

por un usuario, siempre que el alojamiento en línea no tenga "conocimiento efectivo" de la actividad o la información.

Desde el punto de vista de la observancia de los derechos de propiedad intelectual en el metaverso y los NFTs existen varios aspectos de interés a tenerse en cuenta. Uno de ellos se relaciona con la cesión de derechos. En el caso de la propiedad intelectual sólo se transmiten los derechos de explotación de la obra, pues los derechos naturales nunca se desprenden de su autor. Dicho esto, en la venta y reventa de un NFT no se transfiere automáticamente los derechos de autor del activo digital subyacente, a menos que exista una cesión de derechos de autor en el contrato inteligente que se suscriba.[41]

En la misma línea del razonamiento anterior, también debe tenerse en cuenta que cuando una persona adquiere una obra física, no le asiste el derecho a su explotación en la forma que estime pertinente, a menos que exista una autorización por escrito del autor autorizando la explotación acordada. Así, por ejemplo, cuando una persona compra una obra de Picasso, no adquiere el derecho para reproducirla o venderla al público en general. Este fue el caso de Spice DAO, una organización autónoma descentralizada, que creó una serie de animación inspirada en el libro *Dune*, pensando que podría hacerlo al haber comprado un manuscrito inédito[42].

Por otra parte, en cuanto a limitaciones al derecho de propiedad intelectual, cabe mencionar que en Estados Unidos

---

41 Los contratos inteligentes son programas almacenados en una cadena de bloques que se ejecutan cuando se cumplen condiciones predeterminadas. Por lo general, se utilizan para automatizar la ejecución de un acuerdo sin la participación de ningún intermediario. Definición de contratos inteligentes, https://www.ibm.com/es-es/topics/smart-contracts, consulta realizada el 2 de julio de 2023.

42 J. Nelson. "Spice DAO to Dissolve After Infamous 'Dune' Book Auction", disponible en: https://decrypt.co/106196/spice-dao-to-dissolve-after-infamous-dune-book-auction, consulta realizada el 3 de julio de 2023.

también se ha alegado con algunos resultados positivos para los demandados la ya mencionada "Prueba de Roger". Uno de los casos más representativos fue la demanda presentada por Solid Oak Sketches, en adelante, la demandante, titular de los derechos de autor de varios tatuajes, contra Take Two & 2K Games, en adelante, la demandada, editor de la conocida franquicia de videojuegos NBA 2K. La demandante era titular de los derechos de varios diseños gráficos que aparecían en los tatuajes de famosos jugadores de baloncesto, por lo que argumentó que la demandada había infringido sus derechos de autor al reproducirlos en los avatares digitales de los deportistas en el videojuego. El tribunal del Distrito Sur de Nueva York, en atención a la naturaleza artística de los videojuegos[43], consideró que existía una licencia implícita y uso leal, sobre la base de las excepciones por uso de mínimos de la "Prueba de Roger", lo que significa que el uso de una porción pequeña de la obra protegida no constituye una infracción.

No obstante, existen sentencias que sí han reconocido los derechos de autor de las obras subyacentes, como son los casos Miramax vs. Tarantino en Estados Unidos, VEGAP vs. Mango en España y "No soy un tigre gordito" vs. "Un tigre regordete que se vacuna" en China.

1.- Miramax vs. Tarantino

Aunque no existe sentencia porque las partes llegaron a un acuerdo extrajudicial, merece la pena comentarse este caso por haber sido uno de los primeros conflictos de propiedad intelectual relacionados con los NFTs.

---

43 M. Budowsky. "Solid Oak Sketches v. 2k Games Sends a Shockwave Through Licensing Law", disponible en: https://lawreview.law.miami.edu/solid-oak-studios-v-2k-games-sends-shockwave-licensing-law/, consulta realizada el 30 de junio de 2023.

El caso se inicia cuando Miramax, distribuidora en 1994 del filme Pulp Fiction, demanda a Tarantino en noviembre de 2021, al conocer que el proveedor de blockchain Secret Network vendería varios NFTs de escenas inéditas del filme. Miramax alegó poseer todos los derechos de "Pulp Fiction", excepto los reservados para Tarantino, los que, según manifestó, no incluían los NFTs. En consecuencia, demandó a Tarantino por incumplimiento de contrato, infracción de derechos de autor, infracción de marca y competencia desleal. Además, solicitó una indemnización por daños y perjuicios, y que se paralizara la venta de los NFTs.[44]

En junio de 2022, los abogados de Tarantino solicitaron una resolución anticipada de la demanda. En el escrito se argumentaba que Miramax hacía una interpretación errónea del derecho de autor al considerar que los NFTs constituyen una obra derivada de la película "Pulp Fiction", cuando realmente, la película es una obra derivada del guión. Por lo tanto, los derechos sobre el guión -incluyendo los diálogos, los personajes, la trama y la descripción de las escenas- residen en su autor: Tarantino.

Por su parte, Miramax insistió en que Tarantino cedió a Miramax todos los derechos sobre "Pulp Fiction", lo cual incluye todos los elementos de la película, por lo que el desarrollo, la comercialización y la venta de los NFTs infringen los derechos de marca y de autor de Miramax.

A los pocos meses de la solicitud de la resolución anticipada de la demanda, ambas partes comunicaron haber firmado

---

44 Boodle Hatfield's July NFT Litigation Roundup: Court allows service by NFT airdrop, and Tarantino files for early determination of Miramax's claim, https://www.lexology.com/library/detail.aspx?g=7175c3b4-c76a-467e-b3f8-6368a50b3b4&utm_source=Lexology+Daily+Newsfeed&utm_medium=HTML+email+-+Body++General+section&utm_campaign=Lexology+subscriber+daily+feed&utm_content=Lexology+Daily+Newsfeed+2022-08-10&utm_term=, consulta realizada el 9 de septiembre de 2023.

un acuerdo poniendo fin a sus discrepancias, y que trabajaban en futuras colaboraciones, incluyendo el desarrollo de posibles proyectos de NFTs[45].

2.- VEGAP vs. Mango

En España contamos con una primera sentencia relacionada con el uso de abras de artes en el desarrollo de NFTs, emitida por el Juzgado de lo Mercantil de Barcelona,[46] en el expediente incoado por Visual Entidad de Gestión de Artistas Plásticos, en adelante, VEGAP o la demandante, contra la empresa titular de los derechos de la marca del mundo de la moda Mango, en adelante, Mango o la demandada, con domicilio social en la Ciudad Condal.

El uso de obras de artes aplicadas a la moda femenina o masculina es una práctica en el sector, sobre todo cuando se exponen exuberantes prendas de vestir en las grandes pasarelas. No obstante, los creadores de las colecciones deben contar con las correspondientes autorizaciones de los titulares de las obras, para evitar reclamaciones por infracción de derechos de autor. Esto tampoco es ajeno a la incursión de las marcas de moda en el metaverso ni en el desarrollo de NFTs.

No obstante, el grupo de moda español Mango, en ocasión de la apertura de su tienda en Nueva York, decidió como parte de la campaña de lanzamiento, crear cinco NFTs que reinter-

---

45 J. Queen. "Tarantino, Miramax settle copyright suit over 'Pulp Fiction' NFTs", disponible en; https://www.reuters.com/legal/tarantino-miramax-settle-copyright-suit-over-pulp-fiction-nfts-2022-09-09/, consulta realizada el 15 de diciembre de 2022.

46 AJM B 1900/2022 - ECLI:ES:JMB:2022:1900ª, Medidas cautelares, Juzgado de lo Mercantil de Barcelona, Resolución 468/2022, 21/10/2022, https://www.poderjudicial.es/search/AN/openDocument/fb7c927281ec693aa0a8778d75e36f0d/20221121

pretaban obras creadas por los famosos pintores Joan Miró, Antoni Tapiès y Miquel Barceló, que habían sido adquiridas por la empresa catalana. Los NFTs se expusieron en el "Museum District" de la plataforma "Decentraland".

La reacción de VEGAP, representante de los artistas plásticos, no se hizo esperar. El 29 de julio de 2022, la demandante interpuso ante el Juzgado de lo Mercantil de Barcelona una demanda de juicio ordinario contra la demandada en ejercicio de una acción declarativa de infracción de derechos de propiedad intelectual y de las acciones de cesación, de remoción y de indemnización. La demandante alegó que la demandada está infringiendo los derechos patrimoniales y morales que los tres artistas sin que mediara consentimiento ni autorización. Por lo tanto, solicita que se le condene a cesar en dicho uso, con la correspondiente indemnización de los daños morales y patrimoniales causados y a la publicidad de la sentencia.

En España, el sistema de derecho de autor protege la obra en sí, y no el medio en el que se incorpora. Por ejemplo, en el caso de una obra literaria se protege el texto y no la forma en que este se reproduzca. Por lo tanto, la persona que compra el libro no adquiere el derecho sobre la obra. Pero, en el caso de las obras de artes visuales, en las que el soporte y la obra están unidas, la Ley de Propiedad Intelectual concede al comprador de la obra el derecho de exhibición pública, salvo oposición expresa del autor. En consecuencia, Mango tiene el derecho de exponer las obras en sus tiendas, e incluso, muchos pudieran considerar que podrían exponerlas mediante soportes digitales.

Ahora bien, en la práctica, lo que Mango ha hecho es adaptar o reinterpretar unas obras físicas dando lugar a obras derivadas (NFTs). Por lo tanto, puede considerarse que la demandada ha reproducido las obras, sin que mediase una licencia o cesión de derechos, cuando la reproducción es un derecho patrimonial que le corresponde al autor. Con relación a este particular existe una sentencia del Tribunal de Justicia de la

Unión Europea sobre una cuestión prejudicial vinculada a la reproducción y agotamientos de los derechos sobre una obra. El Tribunal dispuso que "… *la regla de agotamiento del derecho de distribución no se aplica a una situación en la que una reproducción de una obra protegida, tras haber sido comercializada en la Unión Europea con el consentimiento del titular del derecho de autor, ha sido objeto de una sustitución de su soporte, como, por ejemplo, la transferencia sobre un lienzo de tal reproducción, que aparecía en un póster de papel, y ahora se comercializa de nuevo con esa nueva forma.*" [47]

En la decisión relativa a las medidas cautelares, la jueza dispuso, entre otros, requerir que la sociedad Ozone Networks Inc., responsable de la plataforma OpenSea, transfiriera los NFTs a la wallet física que la actora designe, para que quedasen bajo la custodia del Letrado de la Administración de Justicia hasta que el procedimiento finalice por resolución firme.

En la sentencia núm. 776/2022 del Juzgado de lo Mercantil 9 de Barcelona, de 11 de enero de 2024, se desestimó la demanda de VEGAP. El juzgado tuvo en cuenta los fundamentos siguientes: (i) Con relación al derecho de divulgación (que forma parte de los derechos morales), que este derecho se agotó desde la primera divulgación de las obras por sus autores en la

---

47 Sentencia del Tribunal de Justicia (Sala Cuarta) de 22 de enero de 2015 (petición de decisión prejudicial planteada por el Hoge Raad der Nederlanden — Países Bajos) — Art & Allposters International BV / Stichting Pictoright, (Asunto C-419/13) 1, (Procedimiento prejudicial — Propiedad intelectual — Derechos de autor y derechos afines a los derechos de autor — Directiva 2001/29/CE — Artículo 4 — Derecho de distribución — Regla de agotamiento — Concepto de «objeto» — Transferencia de la imagen de una obra protegida de un póster de papel a un lienzo de pintor — Sustitución del soporte — Incidencia sobre el agotamiento), https://curia.europa.eu/juris/document/document.jsf?text=&docid=162889&pageIndex=0&doclang=ES&mode=lst&dir=&occ=first&part=1&cid=36802.

década de los años 70 y 90; (ii) El propietario de las obras físicas ostenta el derecho de exposición pública de la obra, salvo que el autor lo hubiera excluido expresamente dicha facultad o que la exposición perjudique al honor o reputación del autor, lo cual no fue el caso; (iii) Y con relación al derecho de transformación, el Juzgado aplicó la doctrina norteamericana del "*fair use*"[48], considerando que el uso de las obras realizado por MANGO fue justo y legítimo. Es muy probable que se cuestione la aplicación de esta doctrina asociada al derecho de transformación en el previsible recurso que interponga VEGAP.

3.- "No soy un tigre gordito" vs. "Un tigre regordete que se vacuna"

Este caso se refiere a una decisión de un tribunal chino, que ha declarado la infracción de un derecho de propiedad intelectual por la comercialización de un NFT no autorizado por el titular de los derechos patrimoniales. La sentencia se considera la primera en el gigante asiático y, puede que también sea una de las primeras en el mundo, por no decir la primera, relacionada con la infracción de derechos de propiedad intelectual por un NFT.

La empresa cultural Qice, en adelante, la demandante, titular de los derechos patrimoniales de la obra gráfica "No soy un tigre gordito", en lo adelante la obra, demandó a la empresa tecnológica BigVerse, en adelante, la demandada, que tiene por objeto la gestión de una plataforma de NFTs. La demanda se motivó porque un usuario de la plataforma publicó y vendió un NFT llamado "Un tigre regordete que se vacuna". La obra infractora era similar a la obra cuya explotación había sido cedi-

---

48 La doctrina del "*fair use*" es una doctrina que aplican los tribunales de EE. UU. Según ella, se permite el uso legítimo de las obras que estén protegidas por copyright para propósitos críticos, de análisis, informativos, enseñanza o investigaciones. Para su aplicación se exigen determinadas condiciones, como la finalidad, carácter y naturaleza del uso.

da a Qice por su autor (el Sr. MA Qianli), previamente publicada por éste en Weibo, una red social china similar a Facebook.[49]

De acuerdo con las pruebas examinadas, se pudo constatar que, durante el proceso de acuñación, la demandada sólo solicita a sus usuarios una imagen de la obra de arte asociada al NFT, el nombre de la obra, su descripción, etc., pero no requiere ninguna prueba que evidencie la autoría de la obra. Por lo tanto, la demandante alegó que la demandada debía asumir la obligación de examinar previamente la posible infracción de la propiedad intelectual en los NFTs publicados en su plataforma, en lugar de notificar y borrar a posteriori. Sobre este particular, la demandante argumentó que dicha obligatoriedad se fundamenta en el hecho de que una vez que el NFT se acuña y carga, en el supuesto de que se detecte una infracción de un derecho de propiedad intelectual resulta difícil eliminar la obra infractora, a diferencia de lo que sí sucede con las obras que se publican en Internet.

La demandante solicitó el cese de la infracción y una indemnización por daños y perjuicios, por considerar que el comportamiento de la demandada, además de infringir los derechos de propiedad intelectual, constituían una infracción del derecho de difusión a través de la red de información, y porque había cobrado un determinado porcentaje por la venta del NFT.

Por su parte, la demandada alegó no ser responsable de la infracción de los derechos de propiedad intelectual, porque: (i) los NFTs los suben a la plataforma los usuarios, (ii) su obligación se limita a notificar y eliminar los NFTs denunciados, (iii) los derechos de propiedad intelectual se han agotado, y (iv) al

49 Vaccination of a tiger: first NFT litigation in China, https://www.lexology.com/library/detail.aspx?g=17c4b666-a94e-420d-ae8e-62ace3052e8c&utm_source=Lexology+Daily+Newsfeed&utm_medium=HTML+email+-+Body+-+General+section&utm_campaign=Lexology+subscriber+daily+feed&utm_content=Lexology+Daily+Newsfeed+2022-05-20&utm_term=, consulta realizada el 15 de mayo de 2022.

no existir ninguna disposición explícita en la legislación china sobre la infracción de NFT, la plataforma no tiene la obligación de revelar la cadena de bloques específica, la dirección del NFT ni el contenido del contrato inteligente utilizado por el NFT.

Contrario a la alegado por la demandada, el Tribunal decidió que la plataforma sí había infringido el derecho de difusión del demandante, y dispuso la inmediata eliminación de NTF "Un tigre regordete que se vacuna" e indemnizar a la demandante por las pérdidas económicas y gastos razonables ocasionados.

La importancia de esta sentencia radica en los razonamientos desarrollados por el tribunal para llegar a su decisión, los que se pueden resumir, como sigue:

- La acuñación y venta de obras digitales NFT cumple con las características de la difusión en las redes de información, porque ocurre en el entorno público de Internet. Por lo tanto, el acto de comerciar con obras digitales NFT está controlado por el derecho que regula la difusión de dichas obras a través de la red de información.
- El comercio de obras digitales NFT implica la reproducción, venta y difusión de las obras de arte protegidas por los derechos de propiedad intelectual. Mediante la transacción de un NFT el comprador obtiene un derecho de propiedad; no una licencia de uso de una propiedad digital, ni una autorización de uso de un derecho de propiedad intelectual.
- El tribunal definió la plataforma como un servicio de red y no como una plataforma de suministro de contenidos. En consecuencia, la plataforma no sólo debe cumplir con las responsabilidades de una plataforma normal de Internet, sino que también debe establecer un conjunto de mecanismos de revisión, con el objeto de realizar una investigación preliminar de los aspectos de los derechos de propiedad intelectual de las obras asociadas a los NFTs. En caso contrario, la plataforma deberá asumir las responsabilidades legales que correspondan.

- A pesar de que el NFT es inmutable una vez que se acuña, pues siempre existirá en la cadena de bloques, el tribunal confirmó que la infracción puede ser detenida mediante la "quema" del NFT, lo cual significa retirarlo de la circulación y enviarlo a un agujero negro.
- El NFT no debe ser controlado por el derecho de distribución y, por lo tanto, no resulta aplicable el "agotamiento de los derechos". En tal sentido, el tribunal tuvo en cuenta que el principio del "agotamiento de los derechos" en el ámbito de los derechos de propiedad intelectual se basa en la inseparabilidad de la obra de su soporte tangible. Sin embargo, Internet ha cambiado la distribución de las obras, y las copias de estas están a disposición del público sin necesidad de transferir un soporte tangible.

IV.- CONCLUSIÓN

A manera de conclusión, como puede apreciarse de los casos comentados, la jurisprudencia que se va desarrollando comienza a evidenciar que no existe tanta diferencia en la aplicación de las normativas de la propiedad intelectual e industrial actuales al mundo digital. Al final, el metaverso y los NFTs constituyen un paso más dentro del desarrollo de Internet, en el que se insertaron las redes sociales y los videojuegos. Además, al igual que en el mundo físico y en Internet, en el metaverso debe existir el respeto por los derechos de propiedad intelectual e industrial por parte de los que lo desarrollan, y de los que lo utilizan con fines comerciales. Por lo tanto, puede que solo sea necesario introducir las correspondientes modificaciones o actualizaciones a las normativas actuales, y definir determinadas recomendaciones, como ya ha hecho la EUIPO con respecto a la Clasificación de Niza. Y, por supuesto, no se puede descartar la necesidad de legislar sobre determinados aspectos relacionados con el mundo digital, como, por ejemplo, los proyectos de leyes para regular en la Unión Europea el mercado y los servicios digitales.

BIBLIOGRAFÍA

Baylos Corroza, H. *Tratado de Derecho Industrial*, Civitas, Madrid, 1993.

Beelo, E. Siete ejemplos de empresas y marcas que ya han abrazado el metaverso,

https://www.iebschool.com/blog/ejemplos-empresas-metaverso-tecnologia/, consulta realizada el 24 de febrero de 2022.

Budowsky, M. "Solid Oak Sketches v. 2k Games Sends a Shockwave Through Licensing Law", disponible en:

https://lawreview.law.miami.edu/solid-oak-studios-v-2k-games-sends-shockwave-licensing-law/, consulta realizada el 30 de junio de 2023.

Comisión Europea. "Ley de Servicios Digitales: para un entorno en línea seguro y responsable". disponible en: https://commission.europa.eu/strategy-and-policy/priorities-2019-2024/europe-fit-digital-age/digital-services-act-ensuring-safe-and-accountable-online-environment_es, consulta realizada el 29 de junio de 2023.

Díaz Herrero, R. "Historia de los Metaversos, 2022, disponible en:

https://vandal.elespanol.com/noticia/1350751369/historia-de-los-metaversos-20-anos-intentando-revolucionar-la-sociedad/, consulta realizada el 6 de junio de 2023.

España. Ministerio de Cultura. "La propiedad intelectual. Preguntas frecuentes", disponible en: https://www.culturaydeporte.gob.es/cultura/propiedadintelectual/la-propiedad-intelectual/preguntas-mas-frecuentes/la-propiedad-intelectual.html, consulta realizada el 23 de junio de 2023.

Hu, T. "5 Top NFT Questions Attys Want IP Agencies To Explore", disponible en: https://www.lexology.com/library/detail.aspx?g=4fbbf928-fdf2-4102-aa91-d310f0d88ffd&utm_source=Lexology+Daily+Newsfeed&utm_medium=HTML+email+-+Body+-+General+section&utm_campaign=Lexology+subscriber+daily+feed&utm_content=Lexology+Daily+Newsfeed+2022-08-29&utm_term=, consulta realizada el 29 de agosto de 2022.

Huq, M. "Hermès Successfully Defends its Trademark in the Metaverse" disponible en: https://www.mofo.com/resources/insights/230209-hermes-successfully-defends-trademark-metaverse, consulta realizada el 6 de marzo de 2023.

Labayen, C. "CryptoKicks: Nike apuesta por la tecnología blockchain", disponible en: https://marketinginsiderreview.com/cryptokicks-nike-zapatillas-tecnologia-blockchain/, consulta realizada el 30 de junio de 2023.

Merodio, J. "Usar NFT en el metaverso. La relación entre el metaverso y las NFT", disponible en:

https://www.juanmerodio.com/metaverso-nft/, consulta realizada el 17 de junio de 2023.

Moro Aguado, C. "Las claves del metaverso: el negocio del futuro inmediato", *El Economista*, 8 de abril de 2022.

Nelson, J. "Spice DAO to Dissolve After Infamous 'Dune' Book Auction", disponible en: https://decrypt.co/106196/spice-dao-to-dissolve-after-infamous-dune-book-auction, consulta realizada el 3 de julio de 2023.

Oficina de Propiedad Intelectual de la Unión europea (EUIPO). "Productos virtuales, tókenes no fungibles y el metaverso", disponible en: httpE://euipo.europa.eu/ohimportal/es/news-newsflash/-/asset_publisher/JLOyNNwVxGDF/content/pt-virtual-goods-non-fungible-tokens-and-the-metaverse, Consulta realizada el 3 de septiembre de 2022.

Parlamento europeo. "La Ley de Mercados Digitales y la Ley de Servicios digitales, explicadas" disponible en: https://www.europarl.europa.eu/news/es/headlines/society/20211209STO19124/la-ley-de-mercados-digitales-y-la-ley-de-servicios-digitales-explicadas?gclid=CjwKCAjw44mlBhAQEiwAqP3eVtWBRQWn0dYUFd4JD12P1MGjDn-nP6TSWMkWTHinDqTnXZiwg9_LJxoCsrYQAvD_BwE, consulta realizada el 2 de julio de 2023.

Queen, J. "Tarantino, Miramax settle copyright suit over 'Pulp Fiction' NFTs", disponible en: https://www.reuters.com/legal/tarantino-miramax-settle-copyright-suit-over-pulp-fiction-nfts-2022-09-09/, consulta realizada el 15 de diciembre de 2022.

Ramos, A. "El metaverso, los TNF y los derechos de propiedad intelectual: ¿reglamentar o no reglamentar?". OMPI Revista 2/2022, Disponible en: https://www.wipo.int/wipo_magazine/es/2022/02/article_0002.html, consulta realizada el 1 de julio de 2023.

Rossow, A. "The Nike v. StockX Lawsuit Could Determine What Type of NFTs Can Be Created", disponible en: https://nftnow.com/features/the-nike-v-stockx-lawsuit-could-determine-what-type-of-nfts-can-be-created/, consulta realizada el 15 de abril de 2023.

Sáez Hurtado, J. "Metaverso: concepto, arquitectura y oportunidades de negocios, 2022", disponible en: https://www.iebschool.com/blog/el-metaverso-origen-definicion-y-la-apuesta-de-facebook-tecnologia/, consulta realizada el 14 de junio de 2023.

Stephenson, N. *Snow Crash*, versión en castellano, editorial Gigamesh, Barcelona, 2008.

Telefónica. Área de comunicación-blog. "¿Qué es el Blockchain y para qué sirve esta tecnología?", disponible en: https://www.telefonica.com/es/sala-comunicacion/blog/que-es-el-blockchain-y-para-que-sirve-esta-tecnologia/, consulta realizada el 19 de junio de 2023.

Todd, jr. B. "NFTs and Trademark Law - Protecting IP Rights in the Digital, Space", disponible en: https://www.lexology.com/library/detail.aspx?g=64ef2ce8-30d5-4c21-afad-7190f152cfb9&utm_source=Lexology+Daily+Newsfeed&utm_medium=HTML+email+-+Body+-+General+section&utm_campaign=Lexology+subscriber+daily+feed&utm_content=Lexology+Daily+Newsfeed+2023-04-04&utm_term=, consulta realizada el 10 de marzo de 2023.

Wilneff, L. "Nike v. StockX: "Running" to NFTs" disponible en: https://blogs.luc.edu/ipbytes/2022/11/19/nike-v-stockx-running-to-nfts/, consulta realizada el 27 de junio de 2023.

Derechos de autor del software

FRANCISCO J. ADÁN CASTAÑO
Abogado. Profesor de Derecho de la propiedad Intelectual

I.- INTRODUCCIÓN

En sus primeros momentos tanto el hardware como el *software* se fusionaban en una sola entidad, siendo indistinguibles la máquina y el soporte lógico. En esa fase inicial, las cuestiones legales que protegían las invenciones y avances tecnológicos en el naciente campo de la informática pertenecían claramente al ámbito de la propiedad industrial. Numerosos desarrollos se patentaron sin distinguir los componentes físicos (*hardware*) de los lógicos (*software*).

La protección se centraba principalmente en los elementos físicos y tangibles por lo que se utilizaban patentes y modelos de utilidad. Aunque en algunos casos se mencionaba la parte lógica de las computadoras en las patentes, en su mayoría quedaba desprotegida o se mantenía como secreto industrial de los fabricantes o desarrolladores.

La comercialización separada del *software*, atribuida a menudo a IBM por razones legales y tributarias, abrió una incipiente línea de negocio. A medida que el *software* adquirió un valor económico considerable, surgieron importantes conflictos entre los participantes del mercado, que carecían de mecanismos de protección, como patentes, para sus desarrollos. Esto condujo a que los juristas de aquel entonces interpretaran el *software* como una obra literaria.

Esta asimilación permitió obtener automáticamente protección desde el momento de creación del *software*, sin necesidad de registro o concesión de derechos. En la actualidad, se acepta ampliamente considerar el *software* como una obra literaria, y los opositores a las patentes de *software* defienden firmemente esta naturaleza, aunque no siempre resulte obvia.

A pesar de las disputas generadas por las patentes de *software*, el régimen principal de protección es el de los derechos de autor. Según el artículo 96 del Texto Refundido de la Ley de Propiedad Intelectual (TRLPI), el *software* se define como "toda secuencia de instrucciones o indicaciones destinadas a ser utilizadas, directa o indirectamente, en un sistema informático para obtener un resultado determinado, sin importar su forma de expresión y fijación".

Dicha definición también engloba la documentación preparatoria del *software*, y tanto la documentación técnica como los manuales de uso gozan de la misma protección según la Ley de Propiedad Intelectual (LPI), artículo 96. Los programas de ordenador, ya sean programas fuente o programas objeto, se protegen como obras literarias en virtud del Convenio de Berna.

II.- DEFINICIÓN DE SOFTWARE

El derecho se encontró con la realidad del *software*, quizá, con cierta visión escéptica o quizá, reduccionista. El Título VII de nuestra Ley de propiedad intelectual no deja de ser un espejo de lo que el legislador entendía que era el *software* [1] y, digo entendía porque, la definición de *software* de nuestra actual ley del año 1996 [2] no deja de ser una copia de la de 1987.

El legislador europeo tampoco andaba fino con la justificación del por qué se ha de proteger el *software* cuando, en el considerando 2 de su DIRECTIVA 2009/24/CE DEL PARLAMENTO EUROPEO Y DEL CONSEJO de 23 de abril de 2009 sobre la protección jurídica de programas de ordenador, daba por sentado que "*El desarrollo de los programas de ordenador exige una considerable inversión de recursos humanos, técnicos y financieros*", tal vez en 1987 de forma genérica pero, en el año 2023, desde luego que no todo *software* tiene esa necesidad, incluso, la propia Inteligencia Artificial está empezando a sustituir cierta actividad de los programadores, pero, es que, además, ni siquiera la actividad del *software* se circunscribe ya a al ordenador. La expresión "Programas de ordenador" es similar a la de jugar a "marcianitos" para referirse a los videojuegos y, sí, suena desactualizada. Tanto se encuentra desactualizada que la gran parte de los "programas de ordenador", hoy en día, son programados para dispositivos móviles[3]

---

1 Título VII Programas de ordenador

2 Art. 96.1. A los efectos de la presente Ley se entenderá por programa de ordenador toda secuencia de instrucciones o indicaciones destinadas a ser utilizadas, directa o indirectamente, en un sistema informático para realizar una función o una tarea o para obtener un resultado determinado, cualquiera que fuere su forma de expresión y fijación. A los mismos efectos, la expresión programas de ordenador comprenderá también su documentación preparatoria. La documentación técnica y los manuales de uso de un programa gozarán de la misma protección que este Título dispensa a los programas de ordenador.

3 P. Barberán Molina. *Propiedad intelectual para estudios de grado,* Tecnos, Madrid 2020.

La RAE establece que *software* es "*Conjunto de programas, instrucciones y reglas informáticas para ejecutar ciertas tareas en una computadora.*"[4] siendo la palabra "*computadora*" *también*, un vocablo en desuso, o por su definición, insuficiente para lo que significa el concepto que buscamos para aquello en lo que insertamos el *software*.[5]

Incluso la apreciación de que un programa de ordenador sirve para solucionar un problema en concreto [6] podría parecer algo simplista aunque no alejada de la realidad.

Otros autores se centran el "*conjunto de órdenes o instrucciones que, siguiendo una lógica determinada, guían o dirigen las actividades del sistema (ordenador), indicándole las acciones u operaciones a realizar para lograr el fin deseado*"[7]

Lo cierto es que el *software*, hoy en día, va más allá de la solución de un problema en concreto y sugiere la posibilidad de ser un multiusos y solucionar múltiples problemas. Pero, dentro de lo que es la definición de *software*, nos sumergimos en diversidad de definiciones que navegan en el uso de la lógica como elemento esencial[8] y acaban con el popular dicho de

---

4 https://dle.rae.es/software

5 https://dle.rae.es/computador computadora electrónica
1. f. Máquina electrónica que, mediante determinados programas, permite almacenar y tratar información, y resolver problemas de diversa índole.

6 E. Fernández Masiá. "Artículo 96 Objeto de la Protección" en F. Palau Ramírez, G. Palao Moreno. *Comentarios a la ley de propiedad intelectual* [Recurso electrónico] / (1a edición, Tirant lo Blanch, Valencia, 2017.

7 M.A. Davara Rodríguez. Manual de Derecho infomrático", Aranzadi Thomson Reuters, 2015.

8 E.G. Maida; J. Pacienzia. "*Metodologías de desarrollo de software*" [en línea]. Tesis de Licenciatura en Sistemas y Computación. Facultad de Química e Ingeniería "Fray Rogelio Bacon". Universidad Católica Argentina, 2015. Disponible en: http://bibliotecadigital.uca.edu.ar/repositorio/tesis/metodologias-desarrollo-software.pdf

"*Software es lo que insultas y hardware lo que golpeas*" cuando algo no funciona y que, pese a lo simplista de la diferenciación no deja de expresar metafóricamente lo que realmente importa en el mundo de la propiedad intelectual y es el mundo de lo intangible aunque, realmente, la propiedad intelectual protege "la plasmación" de una idea y, por lo tanto, la concreción en un libro, en un cuadro o en una partitura.

El *software,* quizá, tiene una composición más alta de inmaterialidad en cuanto no es algo que se pueda tocar sino, en todo caso, leer en una pantalla lo que nos da una visión material/digital de la obra.

Podríamos describir la secuencia: hay un problema, el programador comienza a escribir en algún lenguaje informático una serie de instrucciones encaminadas a crear una solución informática, ese sería el código fuente, pero ese código, cuando se inserta en un sistema informático lo transforma en lenguaje binario, el conocido como de ceros y unos, y es ese código fuente transformado en ceros y unos, lo que se llama código objeto.

III.- SOFTWARE Y LA LEY DE PROPIEDAD INTELECTUAL

La LPI establece un criterio específico pero asimilado a las obras literarias. Lo que en un principio supuso más que una crítica[9] porque lo calificaron de "galimatías" no ha sido sino la clara contextualización de la falta de flexibilidad legislativa continental en comparación con la anglosajona con la que tuvimos que hacerle un hueco, incluso, en la Directiva 91/250/CEE del Consejo, de 14 de mayo de 1991, sobre la protección jurídica de programas de

---

9 E. Fernández Maisá. "Sumario I La confusión de los conceptos de autoría y titularidad y sus consecuencias" en F. Palau Ramírez; G. Palao Moreno. *Comentarios... Op. cit.*

ordenador establece que "*cuando la legislación de un Estado miembro conozca las obras colectivas, la persona física o jurídica que, según dicha legislación haya creado el programa, será considerada su autor*".

De todas formas, conviene hacer una retrospectiva internacional. Comencemos por el Convenio para la Protección de las Obras Literarias y Artísticas, firmado en Berna. Este convenio establece que el derecho de autor es el sistema más adecuado para proteger los programas de ordenador. Así es, los programas fuente y programas objeto reciben la misma protección que las obras literarias. Una sorprendente similitud literaria para nuestros queridos códigos informáticos.

Pero aquí viene el protagonista principal: el Acuerdo sobre los Aspectos de los Derechos de Propiedad Intelectual relacionados con el Comercio, o ADPIC. Este acuerdo ratifica el derecho de autor como la forma más adecuada de proteger los programas de ordenador. Y sí, esto incluye tanto a los programas fuente como a los programas objeto.

En nuestra legislación nacional hemos de recurrir, como no podría ser de otro modo tras lo dicho, al Real Decreto Legislativo 1/1996, de 12 de abril del Texto Refundido de la Ley de Propiedad Intelectual concretamente a los artículos 95 a 104 contenidos en el Título VII del Capítulo I del Libro I y por supuesto a todos aquellos que les sean de aplicación en el resto del cuerpo legal así lo establece el artículo 95 que reza: " *El derecho de autor sobre los programas de ordenador se regirá por los preceptos del presente Título y, en lo que no esté específicamente previsto en el mismo, por las disposiciones que resulten aplicables de la presente Ley*".

No hemos de olvidar que como dice Dreier[10] el hecho de que los programas de ordenador sean protegidos bajo el techo

---

10 T. Dreier. "La Directiva Directiva del Consejo de la CE sobre protección Legal de los programas de Computación", *Revista Derecho de la Alta Tecnología Buenos Aires*, enero 1992 pp. 1 y ss.

de los derechos de autor "sigue la corriente mundial y tiene la ventaja de integrar la protección internacional que provee "trato nacional" y ciertos derechos mínimos, incluyendo derechos morales. Cualquier enfoque "sui generis" o de "derechos vecinos" hubiera impuesto la necesidad de la creación de un nuevo instrumento internacional de protección"

Realmente estos sistemas occidentales equilibraban, como hemos visto antes, esas consideraciones éticas y económicas del trabajo intelectual y el artístico, por las cuales la Propiedad Intelectual servía, de forma inexorable, para proteger el trabajo del creador.

Podríamos decir que es la manera por la que el creador puede llegar a vivir de su obra y le facilita crear más, quizá por aquello de que, sin dinero, o sea, sin comer, difícilmente alguien puede dedicarse a la creación.

1.- La originalidad

En este punto trataremos de dar explicación a esa cara de asombro que se le queda a toda persona que descubre que el *software* es como una obra artística o literaria. Y sí, a modo de apunte personal, creo que la protección dada es una camisa que se queda pequeña para todo lo que significa y aporta el *software*. Llegados a este punto conviene atender a las características que ha de tener una obra para ser protegida.

La originalidad podríamos definirla como "la característica" y es que, sobre ésta se ha escrito mucho y sobre ella recae el verdadero núcleo decisivo. Doctrinalmente se ha venido diferenciando entre originalidad subjetiva y objetiva, no hablamos tanto de "novedad", algo más reservado al ámbito industrial[11] . La sentencia STSCE de 16/7/2009 caso *Infopac se* volcaba más hacia esa subjetividad.

---

[11] Artículos 4.1 y 6 de la Ley 24/2015, de 24 de julio, de Patentes.

Hablamos de una subjetividad por cuanto el autor traslada su ser en la obra, traslada su personalidad. Y qué duda cabe que esa traslación parece más pensada para ese artista que crea obras pictóricas, narrativas...ese tipo de obras que buscan la reacción del que lo está viendo[12] . Esto, directamente, incidía en lo que se ha denominado "altura creativa" lo que, desde luego, incentivaba a los autores a trasladar ese grado de creatividad a la obra que la hacía distinta, en cuanto a su esencia, del resto.

Pero actualmente este tipo de originalidad subjetiva ha quedado distorsionada[13] y ahora es la originalidad objetiva, por la que se inclina el propio Bercovitz[14], sin perjuicio de que, esta cuestión *subjetividad vs objetividad* no ha quedado resuelta.

Prueba de ello es que la novedad objetiva no deja de tener roces con la patente, como hemos dicho anteriormente.

Al final podríamos decir aquello de que para que una obra sea considerada nueva sea, a la vez, original en el sentido de novedosa, y que, esta novedad (objetiva) surja de la creatividad.[15]

Lo cierto es que toda esta discusión doctrinal aparece cuando empiezan a surgir obras donde el factor "subjetivo" comienza a desaparecer, o a ser difícilmente reconocible, y obliga a reaccio-

---

[12] STAP Madrid 14034/2017 de 2/10/2017. En esta sentencia realiza un análisis sobre lo que es necesario tener en cuenta para registrar una obra en Méjico, y si aquí hablamos de originalidad allá habla de "grado de aprecio" "la obra debe generar sensaciones en quien lo aprecie" o sea y sigue "ésta genere sensaciones en las personas que lo aprecian, por lo que sus elementos no basta que sean originales"

[13] R. Bercovitz Rodriguez Cano. *Manual de Propiedad Intelectual,* Tirant lo Blanch, Valencia, 2015.

[14] R. Bercovitz Rodriguez Cano. *Comentarios a la Ley de Propiedad Intelectual",* 4ª edición; Tecnos, Madrid, 2017.

[15] J. Plaza Penadés. "Artículo 1 Hecho Gerenador", en F. Palao Ramirez, F y G. Palao Moreno (dirs.) *Comentarios a la Ley de propiedad intelectual,* Tirant Lo Blanch, Valencia, 2017.

nar para acomodar la norma al objeto de protección. Tal cuestión se puede observar con las "excepciones" de las "meras fotografías", "los derechos suigéneris" y, por supuesto con el *software.*

Qué duda cabe de que nadie se va a emocionar ante una línea de código, aunque bien es cierto que una línea de código puede ser original en el sentido de que ninguna persona hubiera creado nada antes parecido. Desde mi punto de vista, tal y como se ha reseñado más arriba, la inserción de los "programas de ordenador" en la propiedad intelectual fuerza los límites de lo que, en esencia, debe de ser una obra protegible por derechos de autor.

2.- Los derechos morales: el artículo 14 de la LPI

Por todos son conocidos los derechos morales del artículo 14 de la Ley de Propiedad intelectual. Aunque pudiera parecer extraño, la tipificación de los derechos morales no es especialmente antigua[16], más bien al contrario, pero resulta extraño que las principales necesidades de los autores o la figura del autor ya nacieran en la antigua Grecia, [17]aunque las verdaderas necesidades de ser reconocido como autor, la figura del autor moderno surge con la imprenta[18]

Como hemos dicho, el artículo establece de forma taxativa y lapidaria que los derechos morales son inalienables e irrenunciables y, aunque no haya tampoco en la UE, una regulación armonizada, en el Convenio de Berna, en su artículo 6 bis, habla claramente del derecho de paternidad como un derecho opo-

---

16 C. Vendrell Fernández. "Artículo 14: Introducción y Antecedentes" en F. Palau Ramírez; G. Palao Moreno. *Op cit.*

17 A. Bennett. *The author*, Routledge, Oxford, 2005

18 M. Rose. *Authors and Owners. The Invention of Copyright.* Harvard University Press, Massachusetts, 1994.

nible en cualquier país firmante y, como facultades especiales para oponerse a cualquier deformación, mutilación u otra modificación de la misma o a cualquier atentado a la misma que cause perjuicio a su honor o a su reputación.

La irrenunciabilidad es aquella prerrogativa por la que el titular de ese derecho, no puede deshacerse de él. Una cualidad bastante típica del derecho continental que viene a proteger a los titulares de una posible situación de abuso dominante. Existen otras situaciones jurídicas donde el derecho protege "al más débil", el más claro ejemplo lo podemos tener en el derecho laboral donde el trabajador, ni siquiera queriendo, puede renunciar a ciertos derechos, aunque en este caso podría tratarse más de una prohibición de negociar sobre los mínimos que establece la Ley[19].

En el caso de la irrenunciabilidad de derechos morales parece taxativa, se podría hablar de la prohibición de renuncia de forma general y previa, aunque sí que podría hacerlo en casos concretos o a actos de ejercicio de ese derecho[20]. Hablamos de una imposibilidad de abdicar[21] de esos derechos.

Realmente, la intransmisibilidad permite que el titular del derecho pueda facilitar la entrada a un tercero para que adquiera esa posición frente al objeto, pero no hemos de olvidar que esta transmisión debería ser revocable por una aplicación por analogía de lo estipulado en el artículo 2.3º de la Ley Orgá-

---

19 Artículo 3.5 Real Decreto Legislativo 2/2015, de 23 de octubre por el que se aprueba el texto refundido de la Ley del Estatuto de los Trabajadores *"Los trabajadores no podrán disponer válidamente, antes o después de su adquisición, de los derechos que tengan reconocidos por disposiciones legales de derecho necesario. Tampoco podrán disponer válidamente de los derechos reconocidos como indisponibles por convenio colectivo"*

20 P. Martínez Espin. "artículo 14", en R. Bercovitz Rodríguez-Cano (coord.) *Comentarios a la Ley de prop… Op. cit.*, p. 228.

21 C. Vendrell Fernández. *Op. cit.*, p. 229.

nica 1/1982, de 5 de mayo, de protección civil del derecho al honor, a la intimidad personal y familiar y a la propia imagen.[22]

Esto deja claro que, pese a que se podría dar una situación de cierta flexibilidad con respecto a la irrenunciabilidad del derecho, no existe una transmisión total del mismo como pudiera ocurrir con cualquier otro derecho de propiedad sobre un bien físico.

El titular de estos derechos morales siempre tiene la posibilidad de recuperarlos y no hay una cesión total y absoluta teniendo, como norma de referencia, la ya citada Ley Orgánica 1/85.

La inalienabilidad ofrece menos problemas. Es un dique de contención que impide el embargo sobre estos derechos.

La doctrina[23] reconoce otras características de los derechos morales como la perpetuidad, la imprescriptibilidad, inexpropiabilidad aunque no parece ser un derecho absoluto.

Según el artículo 14 de la Ley de Propiedad Intelectual, los derechos irrenunciables e inalienables que corresponden al autor son los siguientes:

- El autor tiene el derecho de decidir si su obra será divulgada y en qué forma. (Divulgación);
- El autor tiene el derecho de exigir que se reconozca su condición de autor de la obra y determinar si la divulgación de su obra se realizará con su nombre, seudónimo, de manera anónima, etc. (paternidad)
- El autor tiene el derecho de exigir que se respete la integridad de su obra y evitar cualquier deformación, mo-

---

22 P. Martínez Espín. "Artículo 14" en R. Bercovitz Rodriguez–Cano (coord.) *Comentarios a la Ley de propiedad intelectual,* 4ª edición, Tecnos, Madrid, 2017, p. 229.

23 *Ibídem,* p. 230.

dificación, alteración o acto que pueda perjudicar sus intereses legítimos o dañar su reputación. (integridad)

- El autor tiene el derecho de acceder al ejemplar único o raro de su obra, que se encuentre en posesión de otra persona, con el fin de ejercer su derecho de divulgación u otros derechos que le correspondan.(Acceso)
- El autor puede modificar su obra, siempre y cuando respete los derechos adquiridos por terceros y las exigencias de protección de bienes culturales. (Modificación)
- El autor tiene el derecho de retirar su obra del comercio si cambia sus convicciones intelectuales o morales, previa compensación a los titulares de derechos de explotación. (Retirada)

Dicho lo cual, parece evidente que estos derechos inalienables e irrenunciables, son el núcleo duro de la propiedad intelectual y suponen un claro ejemplo de aquellas prerrogativas que cualquier creador necesita tener para que su obra, sea reconocida, respetada y dominada por su creador.

IV-. EL SOFTWARE LIBRE

En el centro de los derechos de propiedad intelectual se encuentra el "ius prohibiendi", que ayuda al titular a impedir que se pueda usar, copiar o distribuir su obra sin su autorización. Corresponde al titular el ejercicio exclusivo de los derechos de explotación de su obra, como reproducción, distribución, comunicación pública y transformación, que no pueden ser realizadas sin su autorización, salvo en los casos previstos legalmente.

El artículo 99 del Texto Refundido de la Ley de Propiedad Intelectual establece el contenido de los derechos de explotación del *software*. Los derechos exclusivos de la explotación de un programa de ordenador incluyen el derecho de reproducción total o parcial, la traducción, adaptación, arreglo o transformación del programa, y la distribución pública, incluido el alquiler del programa original o de sus copias. La primera venta en la Unión Europea de una copia de un programa, agota el derecho de distribución de dicha copia, excepto el derecho de controlar el subsiguiente alquiler del programa.

Los derechos de explotación pueden transmitirse mortis causa (por herencia) o por actos inter-vivos (mediante contratos de cesión de derechos). La cesión de derechos de *software* se asimila a la transmisión de derechos "en exclusiva", lo que otorga al cesionario la facultad de explotar la obra con exclusión de otras personas y perseguir las violaciones que afecten a las facultades concedidas.

En el ámbito del *software*, existen las licencias de uso, en las que el propietario retiene la propiedad pero autoriza a un tercero a usar o explotar el *software* de acuerdo con los términos y condiciones establecidos en el contrato de licencia. La licencia de *software* puede permitir restricciones de uso, acceso al código fuente, modificaciones y distribución. Dependiendo de las libertades concedidas en la licencia, se puede clasificar el *software* como propietario o libre.

El *software* propietario está protegido por derechos de propiedad intelectual y no permite acceso y uso sin restricciones. Podríamos decir que el *software* propietario es aquel que queda delimitado por la Ley, aquel que está condicionado por la Ley. Por otro lado, el *software* libre otorga libertades amplias, como acceso al código fuente, modificaciones y distribución sin restricciones. Existen también otras categorías de *software*, como el freeware, shareware, *software* comercial y código abierto (opensource).

Es importante tener en cuenta que estas clasificaciones pueden generar confusión debido a las diversas combinaciones de derechos y obligaciones establecidos en los contratos de licencia.

1.- El *software* libre ¿revolución o rebelión?

El *software* libre es el resultado de una larga lucha por la libertad y los derechos de los usuarios de tecnología, o al menos, así lo ven sus defensores. En la década de 1980, Richard Stallman, un programador y activista estadounidense, comenzó a preocuparse por las restricciones que las empresas imponían a los usuarios de *software*. Estas restricciones incluían la prohibición de compartir, modificar o distribuir el *software*.

Para luchar contra estas restricciones, Stallman creó la Fundación del *Software* Libre y desarrolló la Licencia Pública General de GNU. Esta licencia garantiza a los usuarios de *software* cuatro libertades esenciales: la libertad de usar el *software* para cualquier propósito, la libertad de estudiar cómo funciona el *software*, la libertad de distribuir copias del *software* y la libertad de modificar y mejorar el *software*.

La filosofía del *software* libre se basa en la idea de que el conocimiento y la tecnología deben ser accesibles para todos, y que el *software* es un medio para lograrlo. Los defensores del *software* libre creen que el *software* propietario, que es controlado por empresas y restricciones de derechos de autor, limita la libertad y la creatividad de los usuarios.

Sin embargo, esta filosofía choca con los derechos de autor y las leyes de propiedad intelectual. La Ley de Derechos de Autor de los Estados Unidos, por ejemplo, protege los derechos de los creadores de *software* y les permite controlar cómo se utiliza su trabajo. Las licencias de *software* propietario también imponen restricciones a los usuarios, como la prohibición de compartir o modificar el *software*.

A pesar de estas limitaciones legales, el *software* libre ha tenido un impacto significativo en la industria tecnológica y ha demostrado que es posible desarrollar tecnología de alta calidad sin sacrificar la libertad de los usuarios. La lucha por los derechos de los usuarios de tecnología continúa, y el *software* libre sigue siendo una herramienta importante en esta lucha.

1. El sistema operativo Linux: Uno de los ejemplos más conocidos del *software* libre. Linux es un sistema operativo de código abierto que ha revolucionado la forma en que se desarrollan y utilizan los sistemas operativos en general.
2. Apache HTTP Server: Este es un servidor web de código abierto que ha sido ampliamente utilizado en internet. Es uno de los servidores web más populares y ha permitido que miles de sitios web sean alojados y gestionados de manera eficiente.
3. Mozilla Firefox: Es un navegador web de código abierto que ha desafiado el dominio del navegador web Internet Explorer de Microsoft. Firefox ha introducido muchas características innovadoras y ha mejorado la experiencia de navegación en línea.
4. MySQL: Este es un sistema de gestión de bases de datos de código abierto que ha sido ampliamente utilizado en Internet. MySQL ha permitido que muchas aplicaciones web sean desarrolladas y gestionadas de manera eficiente.

Dentro de la web GNU[24] podemos encontrar una definición concreta de lo que es el *software* libre y, si bien ya lo hemos descrito anteriormente, respecto al *software*, la propia web establece que "los usuarios tienen la libertad de ejecutar, copiar, distribuir, estudiar, modificar y mejorar el *software*"

---

[24] https://www.gnu.org/philosophy/free-sw.es.html#four-freedoms .

Fig.1. Logotipo de GNU

Se establece que un *software* es libre si dispone las cuatro libertades, a saber:

Libertad 0	La libertad de ejecutar el programa como se desee, con cualquier propósito
Libertad 1	La libertad de estudiar cómo funciona el programa, y cambiarlo para que haga lo que se desee, para ello se ha de tener acceso al código fuente.
Libertad 2	La libertad de redistribuir copias para ayudar a otros
Libertad 3	La libertad de distribuir copias de sus versiones modificadas a terceros. Esto le permite ofrecer a toda la comunidad la oportunidad de beneficiarse de las modificaciones. El acceso al código fuente es una condición necesaria para ello.

Este tipo de libertades pueden verse modificadas en mayor o menor medida, lo que no impedirá que sigamos hablando de *free software*, de hecho, la versión más pura de ese *free software* se llama copyleft que es aquel que impide poner restricciones en las licencias de uso posteriores.

Además, no creamos que el *free software*, es una especie de propuesta que pretende romper el mercado dando gratis lo que otros programadores hacen pagando porque nada impide que el free sotware sea de pago ya que, como hemos visto en el cuadro, son esas libertades las que lo definen.

Pero hemos dicho que el *software* libre rompe ese núcleo duro de derechos morales del artículo 14 ¿en qué sentido?.

Hemos de recordar que el código fuente de un programa de ordenador, por usar la expresión vetusta de la ley, es el verdadero objeto de protección: es la obra.[25] Por ello, para hacerlo mucho más visual, el siguiente cuadro viene a aclarar qué derechos "irrenunciables e inalienables" se ven afectados, por la vía de los hechos consumados, por la aplicación de la licencia de *software* libre.

Libertad	Descripción	Derechos morales afectados
Libertad 0: uso del programa	La libertad de ejecutar el programa como se desee, con cualquier propósito	No se quebrantan derechos morales en esa libertad
Libertad 1: acceso al código fuente	La libertad de acceder al código fuente del programa permite estudiar cómo funciona, realizar modificaciones y adaptarlo a las necesidades concretas.	Derecho moral a la integridad de la obra, ya que las modificaciones pueden alterar la visión original del autor.
Libertad 2: distribución de copias	La libertad de redistribuir copias del programa, de modo que permita ayudar a otros ofreciéndoles *software* libre	Derecho moral a la divulgación y control de la obra, ya que se permite la distribución sin restricciones por parte del autor

25 Conviene aclarar que, conforme al Artículo 96 de Real Decreto Legislativo 1/1996, de 12 de abril, por el que se aprueba el texto refundido de la Ley de Propiedad Intelectual, establece, como objeto protegible, *"la expresión programas de ordenador comprenderá también su documentación preparatoria. La documentación técnica y los manuales de uso de un programa gozarán de la misma protección que este Título dispensa a los programas de ordenador"*

Libertad 3: distribución de versiones modificadas	La libertad de distribuir versiones modificadas del programa, lo que te permite contribuir a la comunidad del *software* libre y compartir tus mejoras con otros usuarios.	Derecho moral a la integridad de la obra y el derecho moral a la paternidad, ya que las modificaciones pueden alterar la visión original del autor y eliminar su reconocimiento como creador original.

2.- Otras clases de *software* propietario

No conviene dejarse engañar porque hay infiltrados dentro del *free software* que no lo son aunque pueden hacerse pasar por él siendo *software* propietario. Hablamos de :

- *Software* gratuito o *freeware*: Es un tipo de *software* privativo o propietario que se puede utilizar sin pagar, pero tiene restricciones como el acceso al código fuente, que está limitado o prohibido, y su distribución.

- *Software* de prueba o *shareware*: También es un subtipo de *software* privativo o propietario, conocido como *trialware* o *demoware*. Se proporciona a los usuarios con limitaciones, como el uso de prueba por un tiempo determinado, y generalmente impone restricciones relacionadas con los beneficios comerciales del *software*.

- *Software* privado: Es otro tipo de *software* privativo o propietario, desarrollado para uso interno de una persona u organización y que no se ha comunicado o distribuido al público. Aunque algunas organizaciones como GNU lo consideran en cierta medida *software* libre, su total restricción a terceros lo convierte en *software* privativo en esencia.

- *Software* comercial: Es una categoría que va más allá de los límites del *software* privativo o libre, ya que se caracteriza por ser distribuido en el mercado, generalmente con compensación económica. Si bien la mayoría del *software* comercial es privativo, también existe *software* libre que se comercializa, así como *software* privativo no comercial, como el *software* privado mencionado anteriormente.

- Código abierto o Opensource: Esta categoría es similar al *software* libre, pero no es necesariamente lo mismo. El *software* de código abierto es aquel en el que el funcionamiento interno no se mantiene en secreto. Permite a los licenciatarios acceder al código y examinar su funcionamiento. Las licencias de código abierto no siempre permiten la modificación del *software*, ya que el titular puede imponer ciertas restricciones.

V.- CONCLUSIÓN

En general, la legislación, sobre todo continental, se queda corta para regular algo tan tremendamente cambiante como es el *software*. Desde su terminología casi condescendiente, como a la falta de altura de vistas en la concepción del software, que no obtiene de forma nítida la categoria de obra creativa, ignorando que nace del trabajo inventivo de los programadores. Se aleja dicha regulación del espiritu originario cuyo objeto era proteger la creatividad en su aspecto más puro y evidente: el trabajo meramente artístico y que sirve para promover la creatividad[26]. Para el progreso y la promoción tecnológica existe la propiedad industrial, y sería conveniente pensar si el *software* está correctamente incluido en los derechos de autor aunque sólo sea para llegar a la conclusión de que si o de que ésta es la solución menos mala.

---

[26] En artículo primero de la Constitución de Estados Unidos , octava sección, en su punto octavo establece como punto esencial proteger e impulsar "*a los autores e inventores, por un tiempo limitado, el derecho exclusivo sobre sus respectivos escritos y descubrimientos*".

La intención del presente capítulo es plantear al lector las dudas razonables que se suscitan sobre la correcta inclusión del *software* dentro de los derechos de autor. Creo que si hemos de recurrir a los principios teleológicos de la norma para llegar a esa conclusión, quizás, esa no sea la mejor opción.

Además, el *software* permite esquivar los preceptos más esenciales de la norma, no sólo en la cuestión estudiada en este capítulo sino en otros elementos como la autoría empresarial, coautoría en las obras colectivas o el *collage* de las obras complejas como los videojuegos.

VI.- EPÍLOGO

Una de las invenciones más interesantes del cine actual es invitar al espectador a ver todos los créditos de una película para poder ver una escena, muy corta, divertida (o no) y que adelanta lo que va a pasar en las siguientes ediciones, pues bien, mi escena postcrédito es la de una IA generando códigos de *software*[27].

BIBLIOGRAFÍA

Barberán Molina, P. *Propiedad intelectual para estudios de grado.* Tecnos, Madrid, 2020.

Bennett, A. *The author*, Routledge, Oxford, 2005

Bercovitz Rodríguez Cano, R. *Comentarios a la Ley de Propiedad Intelectual"*, 4ª edición; Tecnos, Madrid, 2017.

Bercovitz Rodríguez Cano, R. *Manual de Propiedad Intelectual,* Tirant lo Blanch, Valencia, 2015.

Davara Rodríguez M.A. *Manual de Derecho informático,* 11 edición, Aranzadi Thomson Reuters, 2015.

27 https://www.xataka.com/basics/que-copilot-github-como-funciona-esta-inteligencia-artificial-que-te-ayuda-a-programar

Dreier, T. "La Directiva del Consejo de la CE sobre protección Legal de los programas de Computación", *Revista Derecho de la Alta Tecnología Buenos Aires*, enero 1992, pp. 1 y ss.

Fernández Masiá, E. "Artículo 96 Objeto de la Protección" en F. Palau Ramírez, G.; Palao Moreno. *Comentarios a la ley de propiedad intelectual* [Recurso electrónico], 1a edición, Tirant lo Blanch, Valencia, 2017.

Fernández Masiá, E. "Sumario I La confusión de los conceptos de autoría y titularidad y sus consecuencias", en F. Palau Ramírez; G. Palao Moreno. *Comentarios a la ley de propiedad intelectual* [Recurso electrónico] / (1a edición, Tirant lo Blanch, Valencia, 2017.

Maida, EG, Pacienzia, J. "*Metodologías de desarrollo de software*" [en línea]. Tesis de Licenciatura en Sistemas y Computación. Facultad de Química e Ingeniería "Fray Rogelio Bacon". Universidad Católica Argentina, 2015. Disponible en: http://bibliotecadigital.uca.edu.ar/repositorio/tesis/metodologias-desarrollo-software.pdf

Martínez Espín, P. "Artículo 14", en R. Bercovitz Rodriguez–Cano (coord.) *Comentarios a la Ley de propiedad intelectual*, 4ª edición, Tecnos, Madrid, 2017.

Plaza Penadés, J. "Artículo 1 Hecho Gerenador", en F. Palau Ramírez; G. Palao Moreno. *Comentarios a la ley de propiedad intelectual* [Recurso electrónico], 1a edición, Tirant lo Blanch, Valencia, 2017.

Rose, M. *Authors and Owners. The Invention of Copyright*. Harvard University Press, Massachusetts, 1994.

Vendrell Fernández., C "Artículo 14: Introducción y Antecedentes" en F. Palau Ramírez; G. Palao Moreno. *Comentarios a la ley de propiedad intelectual* [Recurso electrónico], 1a edición, Tirant lo Blanch, Valencia, 2017.

INTELIGENCIA ARTIFICIAL Y TECNOLOGÍAS EN LOS SERVICIOS Y DECISIONES PÚBLICAS

El uso de algoritmos en la toma de decisiones públicas

JOSÉ VICENTE BELENGUER MULA
Abogado. Profesor de Derecho administrativo
Universidad Católica de Valencia San Vicente Mártir

I.- INTRODUCCIÓN

El 14 de julio de 2022 entró en vigor la Ley 15/2022, de 12 de julio, integral para la igualdad de trato y la no discriminación, cuyo artículo 23 resulta especialmente novedoso, ya que establece obligaciones para las Administraciones Públicas en relación con los algoritmos de inteligencia artificial (en adelante IA)[1] que estas utilicen para la toma de decisiones.

Este precepto se enmarca en la Estrategia Nacional de IA, la Carta de Derechos y las iniciativas europeas en torno a la IA que tienen como objetivo crear un marco de referencia para el desarrollo de una IA inclusiva, sostenible, fiable, centrada en el ser humano y respetuosa con los derechos fundamentales.

En concreto, el art. 23 de la Ley 15/2022 establece que las AAPP favorecerán la puesta en marcha de mecanismos para que los algoritmos involucrados en sus tomas de decisiones tengan en cuenta los criterios de: (i) minimización de sesgos; (ii) transparencia; y (iii) rendición de cuentas, siempre que sea factible técnicamente.

Sin duda hemos de congratularnos por la positivización de estos principios e interrogarnos al mismo tiempo cuál será su materialización práctica.

A aportar algunas ideas en este sentido va dirigido este capítulo.

---

1 La Comunicación de la Comisión al Parlamento europeo, al Consejo Europeo, al Consejo, al Comité Económico y Social Europeo y al Comité de las Regiones. COM(2018) 237 final SWD(2018) 137 final señala que "*El término "inteligencia artificial" (IA) se aplica a los sistemas que manifiestan un comportamiento inteligente, pues son capaces de analizar su entorno y pasar a la acción –con cierto grado de autonomía– con el fin de alcanzar objetivos específicos.*" Puede consistir simplemente en un programa informático (p. ej. asistentes de voz, programas de análisis de imágenes, motores de búsqueda, sistemas de reconocimiento facial y de voz), pero la IA también puede estar incorporada en dispositivos de hardware (p. ej. robots avanzados, automóviles autónomos, drones o aplicaciones del internet de las cosas). Los pilares básicos de la IA son los algoritmos, redes neuronales artificiales y patrones de razonamiento, en principio, similares a los humanos. Se trata de nociones necesariamente interconectadas, que llevan al tránsito entre algoritmos, IA hacia los sistemas de aprendizaje autónomo avanzado y la robótica inteligente.

II.- LAS DECISIONES DE LA ADMINISTRACIÓN PÚBLICA BASADAS EN ALGORITMOS: UNA PRÁCTICA QUE NO TIENE RETROCESO

El Reglamento del Parlamento Europeo y del Consejo por el que se establecen normas armonizadas en materia de IA y se modifican determinados actos legislativos de la Unión (en adelante, "*el Reglamento IA*"), todavía en fase de elaboración y sobre el que el Consejo de la Unión Europea tomo una posición común el pasado 6 de diciembre de 2022 define "*sistema de inteligencia artificial*" como "*el software que se desarrolla empleando una o varias de las técnicas y estrategias que figuran en el anexo I y que puede, para un conjunto determinado de objetivos definidos por seres humanos, generar información de salida como contenidos, predicciones, recomendaciones o decisiones que influyan en los entornos con los que interactúa*" [2].

A esto llamamos IA, es decir, con este nombre identificamos las aplicaciones que, a partir del análisis de grandes cantidades de datos, llevado a cabo con fórmulas matemáticas muy potentes ("*algoritmos*") producen predicciones o juicios que sirven para tomar decisiones. Por sintetizar, para profanos, las predicciones algorítmicas que produce el uso de la IA implican (i) obtener cuantos más datos mejor; (ii) procurar un análisis de esos datos matemáticamente para intentar hallar correlaciones; y (iii) generar así una especie de baremo compuesto por una serie de parámetros ponderados que aplicar para tomar una decisión.

---

2 El Anexo primero enumera las siguientes técnicas: (i) "Estrategias de aprendizaje automático, incluidos el aprendizaje supervisado, el no supervisado y el realizado por refuerzo, que emplean una amplia variedad de métodos, entre ellos el aprendizaje profundo; (ii) Estrategias basadas en la lógica y el conocimiento, especialmente la representación del conocimiento, la programación (lógica) inductiva, las bases de conocimiento, los motores de inferencia y deducción, los sistemas expertos y de razonamiento (simbólico); (iii) Estrategias estadísticas, estimación bayesiana, métodos de búsqueda y optimización".

Qué duda cabe que la IA así concebida ofrece una enorme potencialidad a la hora de adoptar decisiones en situaciones y entornos predecibles (y la actuación administrativa en gran medida es un ejemplo de ello) es algo evidente. Y obviamente no tiene sentido que las Administraciones públicas no aprovechen estas capacidades. Simplemente, ello obliga a estar alerta y a activar las instituciones del Derecho Administrativo [3] como disciplina encargada de garantizar la defensa de los derechos de los ciudadanos y de control del ejercicio de las potestades administrativas.

Cierto que existe una enorme barrera de entrada en esta materia puesto que el Derecho Administrativo sólo podrá intervenir en relación con este fenómeno si comprende bien en qué consiste, si aprehende sus utilidades presentes y futuras. Y ello no es fácil.

La Administración Pública española nunca se ha caracterizado por ser puntera a la hora de incorporar la tecnología en sus procesos. Salvo contadas excepciones (y quizás aquí se deba destacar como ejemplo a la Administración Tributaria en su conjunto) la Administración no ha sido todo lo ágil que debiera en desarrollar un modo de actuar, llamémoslo así genéricamente "tecnológico", sin duda por los altos costes que ello comporta, pero también – y hay que reconocerlo- por la falta de personal especializado. Y como consecuencia de ello muy probablemente, salvo honrosas excepciones, la doctrina administrativista no ha estado muy preocupada por estudiar este fenómeno, hasta que no ha quedado más remedio, cuando es notoria la incidencia que tiene en el ejercicio de los derechos de los ciudadanos.

---

3 Sobre esta cuestión clásica puede verse como ejemplo a G. Ariño Ortiz. "Sobre el estudio y comprensión del Derecho Público. Guía para su estudio", *Revista Jurídica de Investigación e Innovación Educativa*, Nº 6, 2012, p.10.

Creo que a nadie se le escapará que este modo de proceder que he llamado genéricamente *"una Administración tecnológica"* integrando los conocimientos científicos y tecnológicos actuales y futuros en su quehacer cotidiano, se impondrá irremediablemente al modo tradicional de actuación de la Administración y en este sentido resultará muy probable que en breve plazo – de hecho, ya hay experiencias en este sentido- se integren los sistemas de IA en la toma de decisiones públicas. Y en ese momento el Derecho Administrativo deberá tener respuestas, tendrá que dar explicaciones sobre las peculiaridades del fenómeno desde los principios generales que lo rigen.

Vayamos de lo general a lo particular. Indudablemente la integración de la IA en el funcionamiento normal de la Administración no podrá suponer una quiebra de los principios básicos que rigen el funcionamiento de las Administraciones Públicas como el principio de eficacia (art.103 CE). Y para ello habrá que recordar que el art. 18.4 CE señala que la Ley debe asegurar *"el uso de la informática para garantizar (…) el pleno ejercicio de (los) derechos (de los ciudadanos)".*

Así pues, el punto de arranque del análisis que vamos a realizar tiene esos dos principios fundamentales: (1) integración en la actividad de la Administración de los sistemas de IA por supuesto, en la medida en que a través de ellos se pueda conseguir mejorar la eficacia como principio rector de la actuación de la Administración; pero (2) cautela [4] en todo lo referente

---

4 A. Boix Palop. "Los algoritmos son reglamentos: La necesidad de extender las garantías propias de las normas reglamentarias a los programas empleados por la administración para la adopción de decisiones", *Revista de Derecho Público. Teoría y Método*, nº 1, 2020. Habla en este sentido de "*principio de precaución*" en una expresión que nos parece particularmente atinada para explicar cual debe ser la posición del jurista en relación con esta cuestión.

a esa integración en la medida en que ello pudiera comprometer derechos y libertades fundamentales de los ciudadanos.

El primero de esos principios considero que es ajeno a la disciplina del Derecho Administrativo, más bien entiendo que es un campo multidisciplinario en el que se mezclan conocimientos de ingeniería, ciencia y organización de la Administración, a través de los cuales se deben diseñar e implementar esas soluciones tecnológicas que contribuyan con eficacia al logro de los objetivos de la Administración.

Sin embargo, en relación con el segundo de los principios citados, el de cautela, el Derecho Administrativo tiene un papel esencial.

III.- EL DÉFICIT REGULATORIO CON RELACIÓN AL USO DE LOS SISTEMAS DE INTELIGENCIA ARTIFICIAL POR PARTE DE LA ADMINISTRACIÓN

Podemos señalar sin temor a equivocarnos que existe un importante déficit de regulación del uso de sistemas de IA por parte de la Administración. Quizás la novedad del fenómeno lo explique, aunque empezamos a llegar tarde a la necesidad de contar con una regulación directamente dirigida contemplar las peculiaridades de esta materia, y en este sentido no puede merecer sino un juicio positivo el contenido de la Ley 15/2022, de 12 de julio, integral para la igualdad de trato y la no discriminación, y en particular su artículo 23 como punto de partida de esa regulación que estamos echando de menos.

Hasta la fecha la regulación aplicable a la implementación por parte de la Administración de los sistemas de IA proviene esencialmente del ámbito de la Protección de Datos, el cual sólo contempla lo que podríamos considerar es una parte – y no la principal- de la IA.

En este sentido existe todo un conjunto de normas (que no regulan directamente el fenómeno de la IA) en las que se contemplan una serie de garantías para el caso de que la Administración haga uso de sistemas automatizados y por lo tanto pueden ser aplicadas al supuesto en que la Administración utilice la IA.

Me refiero en concreto al denominado *"Esquema Nacional de Seguridad"*, regulado por el Real Decreto 311/2022, de 3 de mayo, y en lo que pudiera resultar aplicable, también a la Ley 19/2013, de 9 de diciembre, de transparencia, acceso a la información pública y buen gobierno.

Estas dos normas nos ofrecen una mínima estructura jurídica en la que apoyarnos, en defecto de normativa específica, cuando la Administración utilice la IA y a su amparo considerar preceptiva: (i) la designación del órgano competente al que referir el resultado de la aplicación del sistema; (ii) la definición de las especificaciones técnicas del algoritmo, etc.

También con anterioridad a la Ley 15/2022 se han aprobado algunas normas referidas a lo que se conoce como *"la actuación administrativa automatizada"*, pero no confundamos ese concepto con la aplicación de la IA.

Todos tenemos hoy perfectamente interiorizado que no hay ninguna diferencia jurídica entre escribir una resolución al teclado de un ordenador o que un programa instrumental elabore un texto predeterminado rellenando campos previamente predefinidos.

La IA es otra cosa. Implica que el sistema informático sustituya la labor del ser humano en aspectos típicamente valorativos (v.gr. en nuestra vida cotidiana nos estamos refiriendo al papel que utiliza nuestro navegador para la elección de la mejor ruta para llegar a un determinado sitio en atención a datos tales como la distancia, el nivel de congestión, etc...).

Tenemos, pues, *"actuación automatizada"* cuando un acto se dicta SIN intervención humana (v.gr. el borrador de nuestra declaración del IRPF se genera automáticamente por un sistema informático), pero en ello no hay IA o predicción algorítmica porque el contenido del acto resulta simplemente de la constatación de unos hechos previstos en la norma y de la aplicación de la regla prevista en esta.

El artículo 41 de la Ley 40/2015, desarrollado por el artículo 13 del Reglamento de actuación y funcionamiento del sector público por medios electrónicos, aprobado por Real Decreto 203/2021, de 30 de marzo ha regulado este fenómeno de producción de actos administrativos "*...realizados íntegramente...*" por medios electrónicos en los que no hay intervención alguna de forma directa de un empleado público.

El punto de partida de esa regulación es que resulte necesario una norma que autorice este modo de actuar automatizado por parte de la Administración.

Un ejemplo lo encontramos en el ámbito de las infracciones y sanciones en materia social y de seguridad social, en el que, a partir del Real Decreto-ley 2/2021, de 26 de enero, de refuerzo y consolidación de medidas sociales en defensa del empleo, desarrollado por el Real Decreto 688/2021, de 3 de agosto, por el que se modifica el Reglamento general sobre procedimientos para la imposición de sanciones por infracciones de orden social y para los expedientes liquidatarios de cuotas de la Seguridad Social, aprobado por el Real Decreto 928/1998, de 14 de mayo, se permite, no sólo la adopción y notificación automatizada de resoluciones en los procedimientos de gestión de las prestaciones de la Seguridad Social, sino también la producción de actas de infracción automatizadas, que se transforman en propuesta de sanción si el presunto infractor no presenta alegaciones.

Pero, insistimos, la actuación administrativa automatizada no equivale a la aplicación de sistemas de IA, a cuyo estudio va dirigido este trabajo

Por ello destaco que nos encontramos en una situación de escasa regulación y por lo tanto de ahí la necesidad de desarrollar una labor regulatoria en esta materia, máxime cuando hablamos de decisiones "*plenamente*" automatizadas, en las que el algoritmo suple la labor del ser humano y por lo tanto respecto de las que las exigencias de seguridad jurídica y garantías de los derechos individuales de la persona se incrementan.

Aparentemente cualquier profano podría considerar que una decisión basada en millones de datos tratados matemáticamente sin intervención del ser humano incrementa la objetividad en la toma de la decisión. Y en ello se podría apreciar un valor positivo. Es cierto, el algoritmo elimina el factor subjetivo (es una predicción, fundada en correlaciones matemáticas, no en casualidades, por lo que la predicción ya no será "una corazonada, un sentimiento") [5].

Pero no todo es de color de rosa. Por ejemplo, coincido con los autores que han considerado que los algoritmos son "*conservadores*" [6] en el sentido de que parten de la base de que el futuro será como el pasado. Por esa razón, si se parte de datos

---

5 Por poner un ejemplo real y bien conocido, así actúa Netflix para hacer recomendaciones de series o películas adaptadas a cada usuario. Cada vez que un usuario accede a su servicio el algoritmo le recomienda una serie o una película para que el usuario tenga que aplicar el mínimo esfuerzo: el algoritmo calcula la probabilidad de que te guste el título que te recomienda partiendo de el historial de visualización del usuario; los gustos y preferencias de otros usuarios con gustos similares, la hora del día en que ves Netflix, los dispositivos que utilizas para verlo y durante cuánto tiempo lo utilizas. Con todas estas entradas el algoritmo predice que te gustará una serie o una película uy te la recomienda en primer lugar (Vide https://help.netflix.com/es-es/node/100639)

6 A. Huergo Lora. "Administraciones Públicas e inteligencia artificial: ¿más o menos discrecionalidad?" *El Cronista del Estado Social y Democrático de Derecho*, núm. 96-97, (Iustel, octubre-noviembre 2021), pp. 78-95

pasados es posible que determinados grupos sociales desfavorecidos puedan estar en desventaja en relación a determinada cuestión, o decisión de la Administración, lo que plantea relevantes problemas en un Estado Social y Democrático de Derecho como el nuestro en el que el artículo 9.2 de la Constitución obliga a los poderes públicos a promover *"las condiciones para que la libertad y la igualdad del individuo y de los grupos en que se integra sean reales y efectivas; remover los obstáculos que impidan o dificulten su plenitud y facilitar la participación de todos los ciudadanos en la vida política, económica, cultural y social"*.

Con este ejemplo quiero señalar que no todo es como parece a simple vista y que en el empleo de los algoritmos en la toma de decisiones por parte de la Administración se encuentran directamente implicados los derechos fundamentales de los ciudadanos, así como pilares básicos de nuestro sistema constitucional.

La mayor necesidad de una regulación específica se aprecia con el uso de los algoritmos en la toma de decisiones públicas puesto que el algoritmo es capaz de retroalimentarse con nuestra actuación (*aprender de cómo actuamos*), lo que se conoce como *deep learning* [7], es capaz de replicar el razonamiento humano

---

7 En este sentido, E. Gutiérrez David. "Trazabilidad y Explicabilidad de los algoritmos públicos", *Observatorio Cátedra Pagoda Transformación digital del Sector público*, 27 de diciembre de 2020, disponible en: https://www.uv.es/catedra-pagoda/es/actualidad/trazabilidad-explicabilidad-algoritmos-publicos-estrella-gutierrez-1286053802801/Novetat.html?id=1286162435736. En esa conferencia a la que se puede acceder en Youtube se explica que los algoritmos de deep learning se entrenan con los datos existentes en la vida real, que pueden contener sesgos y, por lo tanto, el proceso dará un resultado sesgado, de manera que, al utilizarse el sistema con otros datos, parte de la población puede quedar fuera de ayudas o procesos, porque el sistema no los reconoce, o los clasifica erróneamente.
Por estos motivos, en Estados Unidos, se solicitó información pública sobre la implantación del programa FAST (Future Attributes

aplicado para tomar una decisión y en base a ese aprendizaje es capaz de realizar predicciones, clasificaciones o asociaciones de datos a partir del análisis profundo y la correlación de estos.

Esto mismo aplicado a un procedimiento administrativo implica que ese análisis predictivo realizado por el sistema informático será el que es tenido en cuenta por la Administración a la hora de tomar su decisión[8]. Téngase en cuenta que la

---

Screening Technology), que evaluaba la probabilidad de que una persona, sin ser sospechosa y sin antecedentes policiales, pudiera cometer actos delictivos en el futuro, según la evaluación de sus comportamientos y características psicológicas.
En Reino Unido También se pidió acceso a la información sobre el algoritmo Norfolk, que determinaba la probabilidad para resolver denuncias por delitos contra la propiedad, ya que, de 971 casos, el sistema decidió archivar 362.

8 Solo a modo de ejemplo señalaré para que se aprecie la potencialidad y el alcance sobre los derechos individuales de la persona que desde el año 2017, la policía de Durham en el Reino Unido ha venido desarrollando y testando el sistema HART («Harm Assessment Risk Tool») que, a partir de un algoritmo «random forest» y de 34 variables distintas, clasifica a los detenidos bajo custodia policial, según la probabilidad (alta, moderada y baja) de que cometan un delito violento en los dos años siguientes a su detención, con la finalidad de remitirlos o no a un programa de rehabilitación, descongestionando así el sistema judicial. Sin embargo, en un estudio publicado donde se evaluaban los riesgos de la implementación del sistema HART, se comprobó que la variable relativa al código postal correspondiente al domicilio de los detenidos condiciona una mayor probabilidad de reincidencia, lo que condicionaba la acción policial en unas zonas en detrimento de otras.
Otro ejemplo: la herramienta IMPACT se implementó en 2009 por el Distrito de Columbia para evaluar, a partir de un modelo algorítmico, el desempeño del profesorado de los colegios públicos en función de los resultados académicos de los alumnos. La herramienta implementada buscaba "optimizar" el sistema escolar público y reducir las tasas de abandono escolar, desarrollando un modelo algorítmico que calculaba la contribución de un profesor al aprendi-

implementación de algoritmos de aprendizaje automatizado puede implicar la "priorización" de determinados datos en detrimento de otros con el riesgo de prácticas discriminatorias de los interesados; pueden existir correlaciones estadísticas erróneas sin que exista una causalidad real; o el "filtrado" puede incluir o excluir información de acuerdo con unos criterios o reglas que no siempre garantizan el interés general desvirtuando así la implementación de las políticas públicas.

En general, en los sistemas de aprendizaje automatizado, donde las reglas que rigen su código interno son dinámicas y adaptativas, su evolución autónoma a medida que se van utilizando, redefiniendo constante y autónomamente las reglas a partir de los inputs recibidos o recabados, puede quebrar el principio básico de igualdad ante ley y de no discriminación.

Así pues, estamos ante un fenómeno imparable que aporta elementos positivos en la toma de decisiones por parte de la Administración, frente al que debemos de ser críticos. De ahí la necesidad de que exista una regulación que contemple este fenómeno desde esta perspectiva.

En definitiva, sin perjuicio de lo novedoso que pueda resultar el lenguaje informático, los ciudadanos deben de seguir teniendo los mismos derechos que los que tienen frente a decisiones, llamémoslas, "tradicionales" de la Administración y por

---

zaje de un alumno comparando los resultados académicos actuales de sus alumnos en matemáticas y lengua con los resultados de esos alumnos en cursos académicos anteriores y con los de otros alumnos del mismo curso. La consecuencia inmediata de la aplicación de esta herramienta fue el despido de más de 200 profesores en el curso académico 2010-2011, con la paradoja de que, entre los despedidos había también profesores con encuestas de evaluación docente muy positivas por parte de los alumnos y del propio centro. Cuando los docentes cuestionaron la arbitrariedad de las evaluaciones, la respuesta era: "Es el algoritmo y es muy complejo.

lo tanto, cuando la Administración integre algoritmos en la toma de sus decisiones, como no puede ser menos, se proyectarán sobre esa actuación, exactamente, todos los principios constitucionales que determinan cómo han de actuar la Administración independientemente de cómo lo haga[9].

En todo caso y en espera de esa regulación específica, tan necesaria, es una obligación desarrollar los principios que contempla el art. 23 de la Ley 15/2022, de 12 de julio, integral para la igualdad de trato y la no discriminación con todo el bagaje que nos ofrecen muchas de las instituciones básicas del Derecho Administrativo.

IV.- ELEMENTOS BÁSICOS PARA UN CONTROL DE LA INTELIGENCIA ARTIFICIAL APLICADA A LA ACTIVIDAD ADMINISTRATIVA

1.- El carácter reglamentario de los algoritmos que emplea la Administración en la toma de sus decisiones

El primero de esos elementos básicos a través del cual construir una interpretación jurídica que permita, en su caso, sostener ante los Tribunales la legalidad de decisiones de la Administración que han aplicado sistemas de IA sería el de clarificar la naturaleza jurídica del propio sistema de IA, si es que la tiene.

La doctrina administrativista [10] que ha estudiado esta cuestión no ha dudado en considerar que los sistemas de IA deben ser considerados como una norma reglamentaria en la medida en que cumplen todas y cada una de las características que

---

[9] A. Cerrillo i Martínez. "El impacto de la inteligencia artificial en el derecho administrativo, ¿nuevos conceptos para nuevas realidades técnicas?", *Revista general de Derecho administrativo*, núm. 50, 2019.

[10] A. Boix Palo. *Op. cit.*

doctrinalmente han venido estableciéndose para distinguir los actos administrativos y los reglamentos.

Desde mi punto de vista aunque en apariencia pudiera pensarse que son mundos diferentes, la analogía es evidente: (1) los algoritmos pre-ordenan y obligan a la Administración una vez son aprobados a actuar en un determinado sentido, por lo que no hay dificultad para aplicar sobre ellos el principio general de inderogabilidad singular regulado en el art. 37 de la Ley 39/2015 LPAC, para evitar así un uso arbitrario de los mismos; (2) y no sólo eso sino que además cumplen el resto de características propias de los reglamentos: (i) generan efectos jurídicos dirigidos a grupos indeterminados de sujetos, de tal manera que su autor, al dictarlos, no sabe quiénes serán los concretos destinatarios de estos efectos; (ii) no se agotan con su cumplimiento en un caso concreto; (iii) producen efectos jurídicos generales con vocación de permanencia, etc…

Es decir, rompiendo todas las barreras mentales que pudiéramos tener al respecto un algoritmo empleado por la Administración para adoptar sus decisiones es una norma reglamentaria y como tal debe de ser tratada.

La utilidad de la analogía que analizamos es evidente. Como señala Boix Palop[11] no parece que resulte excesivamente difícil aplicar sobre los algoritmos aprobados por la Administración todas las garantías que se han ido generando en el ordenamiento jurídico administrativo que, desde luego, juegan un papel equivalente y aportan protecciones y garantías evidentes también en este nuevo entorno y frente al nuevo paradigma tecnológico. En este sentido, sería perfectamente aplicable sobre la aprobación de los sistemas de IA el procedimiento administrativo previsto en la Ley 39/2015 LPAC para la elaboración de los reglamentos, y por lo tanto la aplicación de los prin-

---

11 *Ibidem.*

cipios de "*necesidad, eficacia, proporcionalidad, seguridad jurídica, transparencia y eficiencia*" (ex. art. 129.1 Ley 39/2015), lo cual no es nada desdeñable.

La traslación a este ámbito de toda la doctrina y toda la jurisprudencia a propósito del procedimiento de aprobación de los reglamentos en el caso de los sistemas de IA es un escenario sugerente para el jurista que se tropiece con una cuestión de este tipo y, probablemente por este camino pueda encontrar soluciones a los problemas que tenga que analizar.

De entre todos los principios del art. 129.1 de la Ley 39/2015, destacaría la relevancia de traer a este ámbito de la utilización de los algoritmos en la toma de decisiones por la Administración del principio de transparencia, pues hasta la fecha muchos de los problemas que han existido obedecen a las reticencias de la Administración a la hora de ofrecer el código fuente del algoritmo utilizado.

Recordaremos que como señala el art. 129.5 Ley 39/2015 LPAC, "*en aplicación del principio de transparencia, las Administraciones públicas posibilitarán el acceso sencillo, universal y actualizado a la normativa en vigor y los documentos propios de su proceso de elaboración, en los términos establecidos en el art. 7 de la Ley 19/2013 de 9 de diciembre, de Transparencia, Acceso a la información pública y buen gobierno; definirán claramente los objetivos de las iniciativas normativas y su justificación en el Preámbulo o Exposición de Motivos; y posibilitarán que los potenciales destinatarios tengan participación activa en la elaboración de las normas.*

Y si estamos ante una norma jurídica será una necesidad no excusable el que se produzca la publicación oficial del algoritmo para que entre en vigor.

Obsérvese que a este carácter reglamentario del algoritmo se le opone su consideración como "*acto de instrucción*" (art. 75 de la Ley 39/2015) en particular el apartado 2 del precepto que citamos que de una forma reduccionista señala que "*las aplica-*

ciones y sistemas de información utilizados para la instrucción de los procedimientos deberán garantizar el control de los tiempos y plazos, la identificación de los órganos responsables y la tramitación ordenada de los expedientes, así como facilitar la simplificación y la publicidad de los procedimientos", precepto que se utiliza por nuestros Tribunales para restar relevancia a la utilización del algoritmo en la toma de decisiones, en un planteamiento que, sinceramente, considero debería ser revisado, superando las dificultades conceptuales que puedan existir sobre el verdadero sentido del empleo de un algoritmo en la toma de decisiones, en modo alguno asimilable a un acto de instrucción.

Donde a mi modo de ver tiene más utilidad la concepción del algoritmo como reglamento es en relación con la posibilidad de una *impugnación indirecta* del mismo con ocasión de los actos aplicativos que se produzcan por parte de la Administración, lo que permitiría expulsar del ordenamiento jurídico aquellos algoritmos en los que se apreciase que su aplicación provoca efectos discriminatorios o no cumplen con los estándares exigidos.

En definitiva, partir del concepto de norma reglamentaria del algoritmo que se utiliza para la toma de decisiones por parte de la Administración comporta un plus de valor, de tal forma que los criterios conforme a los cuales la Administración incorpora a los algoritmos en la toma de sus decisiones ya no son sólo directrices de buena gobernanza pública, sino principios jurídicos exigibles judicialmente.

Todo ello puede parecer difícil, complejo, referido a un sistema informático, pero a mi modo de ver es irrenunciable cumplir esos principios y concebir los algoritmos que emplea la Administración como normas reglamentarias es una manera de garantizar que el uso de estas herramientas respeta los derechos y garantías de los ciudadanos.

2.- El ámbito específico del empleo del algoritmo en la toma de decisiones por parte de la Administración. Consecuencias

El ámbito propio del empleo de los algoritmos en la toma de decisiones por parte de la Administración hasta la fecha viene siendo el propio de las potestades administrativas regladas, en las que las capacidades de la IA son escasas.

Si, como es normal, el presupuesto de hecho es un dato real y objetivo (por ejemplo, la comisión de una infracción), la predicción algorítmica no servirá para probarlo, porque el algoritmo nos suministra una predicción, una tendencia, nunca la demostración de un hecho. La relevancia no deja de ser escasa, sino todo lo contrario.

Pensemos en que un algoritmo hubiera podido establecer coincidencias matemáticas de millones de datos para determinar la tipología de establecimientos que inspeccionar (por su mayor probabilidad de incumplimiento normativo) sustituyendo de este modo la labor de un funcionario o grupo de funcionarios que hasta el empleo de ese sistema de IA habrán adoptado esa decisión de selección de una muestra de establecimientos a inspeccionar basada en su propia experiencia, su pálpito o intuición o como diríamos coloquialmente, simplemente a ojo.

Pensemos que la iniciación de un procedimiento se considera un acto de trámite no cualificado y, por tanto, no recurrible autónomamente. En la práctica, no se exige motivar por qué se opta por inspeccionar determinado tipo de establecimiento comercial, turístico etc., en lugar de otro.

Cuando el art. 59 de la Ley 39/2015 LPAC dispone que el procedimiento administrativo se puede iniciar por "*propia iniciativa*" se está refiriendo precisamente a la discrecionalidad del órgano de la Administración competente por razón de la materia para adoptar una decisión que bien podría estar confiada a un proceso predictivo de IA, dejando así de depender del criterio subjetivo del titular de ese órgano administrativo.

¿No debería existir un control sobre esas decisiones de inicio de un expediente cuando se actúa con este tipo de sistemas de IA? ¿Quién asegura que esos datos que se utilizan no van a arrojar siempre el mismo resultado y por lo tanto unos establecimientos serán reiteradamente inspeccionados mientras que otros no lo serán nunca?.

Ahora bien, ¿qué sucede si el algoritmo se emplea para el ejercicio de potestades discrecionales?. Como venimos señalando, a priori puede resultar fácil afirmar que la utilización de algoritmos en la toma de decisiones discrecionales presenta la ventaja, precisamente, de la reducción de la discrecionalidad. La predicción algorítmica sustituye el juicio individual, basado en la experiencia o el *"ojo clínico"*, por un juicio basado en datos.

Sin embargo, no sería correcto afirmar como principio general que la reducción de la discrecionalidad es positiva. Para algo ha atribuido la Ley una facultad de apreciación entre soluciones igualmente válidas para el Derecho o la aplicación de conceptos jurídicos indeterminados, supuestos éstos en los que parece requisito inexcusable que esa labor la realice un ser humano, no un sistema informático.

Por esa razón, en mi opinión, siempre que la predicción algorítmica aporte algo en la toma de decisiones de la Administración tendrá que estar sometida a control.

Por ejemplo, en el caso de que no se considere que el algoritmo es un reglamento, de lo que no quedará la menor duda es que, si la predicción algorítmica se integra entre los elementos de juicio a considerar por la Administración en la toma de decisiones, esa predicción formará parte del expediente administrativo, y como tal caerá bajo los derechos que con relación al mismo reconoce la Ley a todos los posibles interesados, incluido el derecho/deber de motivación de los actos administrativos.

Ese deber de motivación resultará particularmente complejo cuando la decisión se basa en un algoritmo inteligente, que evoluciona en sus decisiones mediante procesos que ignoramos y no somos capaces de explicar. En este caso la motivación consistiría en explicar el proceso y reconocer abiertamente su impredecibilidad, pero aceptando como premisa de partida que la programación del algoritmo es acertada.

Dicho lo cual, ¿podríamos afirmar que es objetiva una decisión que no sabemos por qué se toma, aunque sepamos cómo se toma?, o más aún, ¿cabría hablar de una suerte de delegación del órgano competente de la Administración en un "sistema informático inteligente, no persona humana"? o formulado de otro modo ¿es condición sine qua non para aplicar el art. 9 de la ley 40/2015 que regula la "delegación de competencias" que el receptor sea un ser humano? ¿puede serlo un sistema informático?.

Ya anticipo que con esta suerte de reflexiones el lector podrá apreciar de los campos de investigación que se abren, a fecha de hoy sin una respuesta clara, lo que justifica más si cabe esa regulación específica del fenómeno que estamos reivindicando en este trabajo. En todo caso anticipo que desde mi punto de vista no creo que se pueda sostener válidamente esa suerte de "delegación" cuando el receptor de esta no es una persona humana sino un sistema informático. En mi opinión el sistema informático será una herramienta, pero los efectos de las decisiones adoptadas siempre deben tener un referente último en el órgano administrativo competente al que referir el ejercicio de los derechos que como interesados en un procedimiento corresponden a un ciudadano.

V.- LA POSITIVIZACIÓN DE LOS PRINCIPIOS GENERALES EN EL USO DE ALGORITMOS POR PARTE DE LA ADMINISTRACION EN LA TOMA DE DECISIONES.

Todas las reflexiones que anteceden nos sirven de contexto para apreciar en todo su significado los tres principios que la Ley 15/2022, de 12 de julio, integral para la igualdad de trato y la no discriminación ha venido a positivizar en su artículo 23, que la Administración ha de tener en consideración a la hora de utilizar algoritmos en la toma de decisiones.

Más en detalle los analizamos a continuación.

1.- Minimización de sesgos discriminatorios en la puesta en práctica de algoritmos

El primero de los principios del art. 23 de la Ley 15/2022 es el de la minimización de los sesgos.

La norma que analizamos no define que se entiende por "*sesgo*" si bien es cierto que existen aproximaciones, como por ejemplo las Directrices éticas para una IA fiable[12] (las "Directrices") que definen, a estos efectos, sesgo como "*una inclinación que favorece o perjudica a una persona, objeto o posición*".

El Reglamento del Parlamento Europeo y del Consejo por el que se establecen normas armonizadas en materia de IA y se modifican determinados actos legislativos de la unión ("*el Reglamento IA*"), todavía en fase de elaboración y sobre el que el Consejo de la Unión Europea tomo una posición común el pasado 6 de diciem-

---

12 Comisión Europea, Dirección General de Redes de Comunicación, Contenido y Tecnologías, *Directrices éticas para una IA fiable*, Oficina de Publicaciones, 2019, disponible en: https://data.europa.eu/doi/10.2759/14078

bre de 2022, se refiere a los sesgos discriminatorios, dentro de los riesgos más comunes de los sistemas de IA, en particular aquellos destinados a la Administración de Justicia y los procesos democráticos, dado que pueden tener efectos potencialmente importantes para la democracia, el Estado de Derecho, las libertades individuales y el derecho a la tutela judicial efectiva y a un juez imparcial.

En este sentido, el Considerando 44 del Reglamento IA y sus arts. 10.2 f), 10.5, 14.4 b) y 15 advierten de la necesidad de instaurar prácticas adecuadas de gestión y gobernanza de datos para lograr que los conjuntos de datos de entrenamiento, validación y prueba sean de buena calidad, esto es, sean suficientemente pertinentes y representativos, carezcan de errores y tengan las propiedades estadísticas adecuadas, también en lo que respecta a las personas o los grupos de personas en las que en un principio se usará el sistema de IA. En concreto, los conjuntos de datos de entrenamiento, validación y prueba deben tener en cuenta, en la medida necesaria en función de su finalidad prevista, los rasgos, características o elementos particulares del entorno o contexto geográfico, conductual o funcional específico en el que se pretende utilizar el sistema de IA,

Y es que a diferencia de lo que sucede con la "*discriminación*" en el sentido que habitualmente la utilizamos en términos jurídicos, el sesgo algorítmico, que sería una especie de la anterior no implica necesariamente que exista un tratamiento desigual de ciertos colectivos, sino que lo que provoca es un impacto desigual en determinados colectivos, debido a las correlaciones de las categorías de datos, parámetros y atributos utilizados por los algoritmos para alcanzar una decisión, recomendación o predicción.

Precisamente por ello el art. 23 de la Ley 15/2022 exige que los algoritmos utilizados por la Administración en la toma de decisiones incluyan el diseño y datos de entrenamiento y aborden su potencial impacto discriminatorio, estableciendo que la Administración realizará "evaluaciones de impacto" que determinen el posible sesgo discriminatorio de su utilización.

Debería haber sido algo más explícita la Ley a la hora de indicar en qué consistirán esa evaluación de impacto.

A falta de mayor precisión nos inclinamos por considerar que esa evaluación debería seguir, analógicamente, las líneas marcadas por el art. 35 del Reglamento General de Protección de Datos [13], es decir, incorporará: a) una evaluación sistemática y exhaustiva de aspectos personales de personas físicas que se base en un tratamiento automatizado, como la elaboración de perfiles, y sobre cuya base se tomen decisiones que produzcan efectos jurídicos para las personas físicas o que les afecten significativamente de modo similar; b) con especial atención a la prohibición del tratamiento a gran escala de aquellos datos personales que revelen el origen étnico o racial, las opiniones políticas, las convicciones religiosas o filosóficas, la afiliación sindical y el tratamiento de datos genéricos como los biométricos dirigidos a identificar de manera unívoca a una persona física, datos relativos a la salud o datos relativos a la vida sexual u orientación sexual de una persona[14].

---

13 REGLAMENTO (UE) 2016/679 DEL PARLAMENTO EUROPEO Y DEL CONSEJO de 27 de abril de 2016 relativo a la protección de las personas físicas en lo que respecta al tratamiento de datos personales y a la libre circulación de estos datos y por el que se deroga la Directiva 95/46/CE (Reglamento general de protección de datos) (Texto pertinente a efectos del EEE)

14 En Reino Unido se ha creado la Office for Statistics Regulation, que junto al Ada Lovelace Institute, ha investigado uno de los casos más sonados de mal uso de algoritmos en el sector público: el escándalo Ofqual, que, ante la imposibilidad de celebrar el equivalente a nuestra EBAU (prueba de selectividad para el acceso a la universidad), decidió asignar calificaciones a los estudiantes en función de bases de datos históricas. El resultado fue que alumnos mediocres de buenas escuelas y distritos de renta alta fueron sobre-puntuados, y que buenos alumnos de malos institutos y distritos menos favorecidos fueron sistemáticamente calificados a la baja. La aplicación de este tipo de herramientas en el sector local británico ha revelado, además, que

Es decir, la Administración deberá exigir al proveedor del sistema algorítmico una evaluación del comportamiento del algoritmo a emplear en lo que respecta a la generación de perfiles sobre cuya base se tomen decisiones que produzcan efectos jurídicos para las personas físicas o que les afecten significativamente, debiendo incluir esa evaluación al menos a) una descripción sistemática de las operaciones de tratamiento previstas y de los fines del tratamiento, inclusive, cuando proceda, el interés legítimo perseguido por el responsable del tratamiento; b) una evaluación de la necesidad y la proporcionalidad de las operaciones de tratamiento con respecto a su finalidad; c) una evaluación de los riesgos para los derechos

---

miles de familias han tenido dificultades de acceso a sus legítimas y correspondientes ayudas públicas, aumentando las sospechas de fraude y multiplicando los controles de manera desproporcionada. Algo muy similar ha ocurrido en Holanda. En enero de 2021,el gobierno liderado por Mark Rutte se vio obligado a dimitir por un escándalo relacionado con el uso de algoritmos para vigilar y castigar -Foucault dixit- las percepciones de determinadas prestaciones públicas. Miles de familias de origen extranjero sufrieron las consecuencias: muchas tuvieron que endeudarse para devolver lo que supuestamente habían percibido de manera incorrecta; otras optaron por volver a sus países de origen; se investigaron varios suicidios e incluso hubo familias que perdieron la custodia de sus hijos. Un verdadero drama basado en los sesgos de un algoritmo diseñado para perseguir el fraude a pequeña escala. Organizaciones como Algorithm Watch, Amnesty International, Human Rights Watch, Saidot y otras muchas están liderando el debate europeo de respuesta a los casos detectados de discriminación y sesgos al aplicar este tipo de herramientas. Si, por ejemplo, la misión del Tribunal de Cuentas Europeo es "contribuir a mejorar la gestión financiera de la UE, fomentar la transparencia y la rendición de cuentas", parece obvio que hay que prestar atención al proceso en curso de "automatización del Estado del Bienestar" (Thewissen y Rueda, 2019). Los tribunales nacionales de Alemania, Holanda, Reino Unido, Noruega y Finlandia ya lo han entendido: en octubre de 2020 publicaron un documento conjunto titulado "Auditing machine learning algorithms".

y libertades de los interesados y d) las medidas previstas para afrontar los riesgos, incluidas garantías, medidas de seguridad y mecanismos que garanticen la no discriminación.

Sobre los datos usados para entrenar los sistemas de IA y sus redes neuronales, el art. 10 Reglamento de IA explicita los requisitos para su utilización. Entre otros, su carácter pertinente y representativo, completo y carente de errores, teniendo en cuenta, además, en función de su finalidad prevista, las características o elementos particulares del contexto geográfico, conductual o funcional específico en el que se pretende utilizar el sistema de IA de alto riesgo.

2.- La Transparencia Algorítmica

El segundo de los principios positivizados en el art. 23 de la Ley 15/2022 es el de la transparencia.

Este principio tiene su correlación en los arts. 13 (sistemas de alto riesgo) y 52 (determinados sistemas de IA) del Reglamento IA, que regulan la información que ha de comunicarse. Por ejemplo, en el caso de los sistemas de alto riesgo: (i) la identidad y los datos de contacto del proveedor; (ii) las características, capacidades y limitaciones del funcionamiento del sistema de IA y sus cambios; o (iii) las medidas de vigilancia humana incorporadas.

Sobre la transparencia algorítmica ya hemos dicho que, en estos momentos constituye un elemento clave para la legitimación del uso de los sistemas de IA así como que considero que la tesis que sostiene la naturaleza reglamentaria de los algoritmos debería servir, principalmente para garantizar la aplicabilidad de este principio de transparencia en todo caso.

Sin embargo, llama poderosamente la atención la parquedad con la que se regula este principio cuando habría sido necesario, que se hubiera expresamente contemplado la necesidad de dar a conocer el Código fuente de los algoritmos utilizados por la

Administración, y se debería de haber declarado su consideración como aspecto de obligada "*información pública*", según la descripción de las leyes de transparencia, con independencia *"del lenguaje en que se exprese"*, incluido el matemático o el informático.

No seremos nosotros quienes no destaquemos que en esta materia la transparencia tiene un obstáculo en la complejidad de los sistemas. Evidentemente que ello es así y que nos encontraremos ante sistemas informáticos de funcionamiento complejo respecto de los que aunque sea posible saber qué factores tiene en cuenta para llegar a su conclusión, no será fácil determinar el peso exacto de cada uno de ellos y, por tanto, por qué un ciudadano recibe una determinada calificación, que le coloca más lejos o más cerca de una prestación (favorable) o de una consecuencia desfavorable (como una inspección o la aplicación de peores condiciones en un préstamo o un seguro). No sólo eso, sino que, precisamente por la complejidad matemática de los algoritmos y por la cantidad y variedad ("granularidad") de los datos manejados, tampoco es fácil (a veces, ni siquiera es posible) saber por qué se ha llegado a ese particular baremo y no a otro.

Sobre esta cuestión querría señalar que la transparencia (absoluta o parcial) de los sistemas algorítmicos es esencial para garantizar que se pueda ejercer un control efectivo sobre estos[15] y que en otros muchos ámbitos de la actividad de la Administración ya hace tiempo se ha superado el hecho de que *"la dificultad en la interpretación de los elementos que definen o configuran un contenido concreto de una norma reglamentaria"* sirva de pretexto para omitir la preceptiva información pública y audiencia a los sectores afectados o interesados.

---

15 A.G. Orofino. "The Implementation of the Transparency Principle in the Development of Electronic Administration", *European Review of Digital Administration & Law*, 1(1-2), 123-142, disponible en: https://doi.org/10.4399/978882553896012

En realidad, si lo analizamos correctamente cuando se somete a información pública un proyecto técnico complejo tampoco cualquier persona tiene capacidad para analizar e interpretar su contenido. ¿Qué diríamos si un Plan General de Ordenación Urbana o un proyecto de urbanización o el proyecto de una planta de una industria compleja que solicita una Autorización Ambiental Integrada no se sometiera a información pública?

En todo caso, además del derecho a saber de todos los ciudadanos y en particular de todos los interesados, sobre el funcionamiento de los sistemas de IA, su complejidad lo que va a requerir es refuerzos específicos para hacer efectivo ese derecho mediante estructuras de responsabilidad institucional. Me refiero a la necesidad de dar a conocer a los responsables del diseño, implantación e integración del algoritmo en el proceso de toma de decisiones.

Sobre todo será necesario conocer qué órgano debe ser considerado como responsable a efectos de impugnación de los resultados aplicativos del algoritmo o incluso al que referir un posible supuesto de responsabilidad patrimonial de la Administración.

Desde nuestro punto de vista, como bien señala Soriano Arnanz[16] no sólo será necesario ofrecer transparencia sobre la elaboración de los algoritmos mediante un trámite de participación ciudadana y audiencia en el proceso de aprobación de los mismos, sino que debería ser algo irrenunciable el que los sistemas de IA utilizados por las Administraciones públicas puedan ser al menos examinados por órganos o entidades con cierto grado de independencia, si bien las Administraciones públicas están siendo marcadamente reticentes a ello.

Precisamente por ello la referencia en el art. 23 de la Ley 15/2022, de 12 de julio, a la transparencia y al establecimiento de

---

16 A. Soriano Arnanz. *Data protection for the prevention of algorithmic discrimination*. 1ª edición, Thomson Reuters – Aranzadi, Navarra, 2021.

mecanismos de control por parte de las Administraciones públicas puede resultar esencial al posibilitar una evolución de la jurisprudencia en aras a favorecer la implementación de estos principios.

Las consecuencias de una actividad administrativa algorítmica opaca e incomprensible para los ciudadanos empiezan a ser evaluadas por los Tribunales.

Quizás la polémica que más ha trascendido públicamente es la referida a la demanda de la Fundación CIVIO por la transparencia del código fuente del programa (denominado BOSCO) que utilizan las empresas eléctricas para determinar quiénes podían ser beneficiarios del denominado bono social eléctrico, después de detectar quejas de personas que supuestamente tenían derecho a esta ayuda, pero a quienes les había sido denegada. La solicitud de acceso de información en concreto de CIVIO se refería al resultado de las pruebas realizadas para comprobar que la aplicación implementada cumple la especificación funciona, al código fuente de la aplicación actualmente en producción y cualquier otro entregable que permitiera conocer el funcionamiento de la aplicación.

Frente a la desestimación por silencio administrativo del Ministerio CIVIO acudió al Consejo de Transparencia y Buen Gobierno quien estimó parcialmente su reclamación, pero sin concederle el acceso al código fuente, frente a lo que se interpuso recurso contencioso administrativo que fue desestimado por Juzgado Central de lo Contencioso-administrativo, Sentencia 143/2021 de 30 Dic. 2021, Rec. 18/2019 con el argumento particularmente criticable a mi criterio de que ese algoritmo en realidad no tiene verdaderos efectos jurídicos pues su utilización es un mero acto de instrucción y el que toma la decisión final sobre si se concede o deniega dicha ayuda es el órgano administrativo ya que el sistema automatizado constituye una mera herramienta de apoyo.

Y es particularmente significativa esta Sentencia porque la línea seguida por otros Tribunales Europeos no va en esa misma dirección. El Tribunal Supremo ha admitido la preparación del recurso de casación contra esta Sentencia y por lo tanto tendrá la oportunidad de clarificar esta cuestión tan relevante.

Cierto que son pocos los pronunciamientos habidos hasta la fecha sobre esta cuestión, pero en una línea distinta a la seguida por el Juzgado Central de lo Contencioso Administrativo podemos citar la Sentencia núm. 3769 de 22 de marzo de 2017 del Tribunal Administrativo de Lazio-Roma, que reconoció que la parte demandante debía tener pleno acceso al algoritmo utilizado para gestionar la movilidad de los profesores, ya que determinó la existencia de un "interés directo, concreto y efectivo correspondiente a una situación jurídicamente protegida y vinculada al documento al que el acceso [fue] solicitado". También estableció que este mandato de transparencia no se limitaba a explicaciones generales, sino al código fuente completo del programa informático utilizado.

En el mismo sentido la Sentencia de 17 de agosto de 2018, del Tribunal Supremo de los Países Bajos (Hoge Raad) consideró que un contribuyente tenía derecho a conocer los datos y parámetros utilizados por el programa informático utilizado por la agencia tributaria en la valoración de un inmueble de su propiedad a efectos del devengo del correspondiente impuesto. El Tribunal estimó que esta información "fáctica y relevante" forma parte del expediente administrativo al que debe tener acceso el interesado y constituye una "garantía específica" del correspondiente control jurisdiccional de la decisión administrativa. Para el Hoge Raad, con independencia de que la decisión administrativa, sea total o parcialmente el resultado de un sistema automatizado, el interesado tiene derecho a comprobar y, en su caso, impugnar, la corrección de los datos, parámetros y por el modelo, para lo cual el órgano administrativo deberá garantizar la transparencia y la verificación de tal información.

3.- La Rendición de Cuentas.

La rendición de cuentas se inserta en el proceso de justificación de la utilización de los sistemas de IA, es decir, los sistemas de IA representan actores con poder de decisión, pero no representan a una persona que pueda ser considerada responsable.

En este sentido cabría interrogarse si es posible construir una suerte de "*responsabilidad algorítmica*" a pesar de que ese concepto cuenta con una limitación fundamental ya que es posible que no siempre se pueda juzgar las acciones del agente, entre otras razones porque el agente entendido como "ser humano", como tal no existe.

El concepto de responsabilidad algorítmica también sería en estos momentos una aplicación analógica de las técnicas de responsabilidad "proactiva, "demostrada" o "accountability" que existen en materia de protección de datos.

Como recuerda Martínez Martínez[17] el principio de responsabilidad proactiva incorpora una filosofía de acción que apuesta por el valor del diseño tecnológico basado en el cumplimiento normativo. Y, precisamente, los usos del big data y la IA son claros candidatos a que dicha evaluación de impacto sea obligatoria, por cuanto suelen suponer la elaboración de perfiles y porque sobre el resultado del tratamiento se basan decisiones que produce efectos jurídicos sobre el individuo, o que pueden afectar de manera significativa a los individuos (art. 35. 3º Reglamento).

De hecho, la prevención de la discriminación y los sesgos algorítmicos pasa en muy buena medida por incorporar estas técnicas preventivas de evaluación de impacto.

---

17 R. Martínez Martínez. "Cuestiones de ética jurídica al abordar proyectos de Big Data. El contexto del Reglamento general de protección de datos, *Dilemata,* Núm. 24 (2017): Ética de datos, sociedad y ciudadanía, p. 160. Acceso en https://dialnet.unirioja.es/servlet/articulo?codigo=6066833

El Parlamento de la UE en su resolución de 16 de febrero de 2017, con recomendaciones destinadas a la Comisión sobre normas de Derecho civil sobre robótica considera "crucial" la fijación de la responsabilidad por cuanto que los robots "interactúan con su entorno y pueden modificarlo de forma significativa". A mayor autonomía del robot, "más difícil será considerarlos simples instrumentos en manos de otros agentes" (humanos) (letra AA) y, por tanto, seguir el general esquema de responsabilidad. Como punto de partida se afirma que "independientemente del instrumento jurídico futuro que se escoja en materia de responsabilidad civil por los daños y perjuicios causados por robots" en ningún caso hay que "limitar el tipo o el alcance de los daños y perjuicios que puedan ser objeto de compensación, ni tampoco limitar la naturaleza de dicha compensación, por el único motivo de que los daños y perjuicios hayan sido causados por un agente no perteneciente a la especie humana" (nº 52)

En esta línea debería considerarse que la toma de decisiones independiente por parte de los sistemas de IA no puede eximir a los creadores, propietarios y gerentes de estos sistemas de la responsabilidad por violaciones de los derechos humanos cometidas con estos sistemas, incluso en casos en que un acto responsable no haya sido ordenado directamente por un humano. Y por esa razón política, normativa y jurisprudencialmente deben asentarse criterios de los riesgos y daños asumibles para el uso de las tecnologías en el ámbito del que se trate.

En todo caso no dejaremos de señalar que atribuir la responsabilidad a un sistema inteligente autónomo hoy día es un "*callejón sin salida*" porque se requiere el reconocimiento de la personalidad jurídica de Ios robots cosa que hoy día no es posible.

No obstante, el Parlamento UE en su resolución citada sobre robótica destaca la necesidad de crear a largo plazo una personalidad jurídica específica para los robots, de forma que como mínimo los robots autónomos más complejos puedan ser considerados personas electrónicas responsables de reparar los daños que puedan causar, y posiblemente aplicar la personalidad electrónica a aquellos supuestos en los que los robots tomen decisiones autónomas inteligentes con terceros de forma independiente."

Como ya se ha dicho los algoritmos son dinámicos y con esta característica son algo distinto de sus diseñadores y desarrolladores. De ahí que la responsabilidad aplicada a los algoritmos esté sujeta a controversia.

En todo caso bajo el principio general de rendición de cuentas, aludimos a (i) la necesidad de evaluar las consecuencias potencialmente negativas de los sistemas de IA; (ii) a la objetivación de la responsabilidad en que se podría incurrir con su utilización; y (iii) al proceso de notificación e información posterior a sus damnificados.

En este sentido, resultará esencial la auditabilidad de los sistemas de IA, pues no cabe esperar que cada ciudadano comprenda en toda su extensión el funcionamiento y los efectos de los algoritmos. Será fundamental configurar un sistema de certificación de sellos de calidad de los sistemas de IA, como ocurre en el sector sanitario o alimentario.

Tal y como exponen las Directrices y otros informes de las instituciones europeas la estandarización y la certificación serán elementos que contribuirán a garantizar la fiabilidad de la IA. Precisamente el Reglamento de IA se refiere a los sistemas de gestión, procedimientos y criterios de la calidad que habrán de cumplir los algoritmos, en sus arts. 10 y 17 y anexo VII.

V.- RECAPITULACIÓN: LA DIFICULTAD DE ESTABLECER UNA REGULACIÓN DESDE EL DERECHO ADMINISTRATIVO DE LA IA

Llegados a este punto no nos quedará más que reconocer que esos principios positivizados en nuestro ordenamiento jurídico en el art. 23 de la Ley 15/2022, de 12 de julio, que la Administración tiene que respetar cuando utilice la IA en sus procesos y procedimientos, no nos puede dejar satisfechos.

La preocupación sobre el efecto de la IA en el ejercicio de los derechos de los ciudadanos, debería ser suficiente motivación para abordar una regulación específica que combinase los aspectos técnicos y los jurídicos. En palabras precisas de R. CALO[18] "*el pragmatismo interdisciplinar debe informar el diálogo entre una infraestructura jurídica y el desarrollo tecnológico*".

No es fácil. Las dificultades son muchas porque en primer lugar es imposible predecir cual será la evolución futura de la IA (al menos para profanos de las tecnologías), hasta donde será capaz de llegar y sobre todo cómo será capaz de incidir en la esfera del ejercicio de los derechos de los ciudadanos.

El hecho de que los algoritmos sean dinámicos y "*vayan aprendiendo*" a medida que se van aplicando, cuestiona esencialmente el principio de seguridad jurídica, pues por lógica su utilización tenderá a consolidar patrones de desigualdad preexistentes que por mor de la aplicación de los datos analizados reiterada y repetitivamente tenderán a perpetuarse[19]. De ser así cuando la Administración utilice esos sistemas en la toma de decisiones públicas, podría estar afectando el concepto mismo de Estado

---

18 R. Calo. "Robotics and the Lessons of Cyberlaw", *California Law Review*, nº 103, 2015, páginas 513-563.

19 Y lo que decimos no es un supuesto de laboratorio , ya que los medios de comunicación se han hecho hecho de fenómenos como el indicado: V.gr. 'Google arregla su algoritmo 'racista' borrando a los gorilas'. El País, 15 de enero de 2018, en el que se da noticia de que el algoritmo de Google Photos confundía personas negras con simios; 'Microsoft retira un robot que hizo comentarios racistas en Twitter'. El País, 24 de marzo de 2016, en la que se informa sobre el chabot Tay de Twitter que aprendió una conducta racista, sexistas y xenófobos de otros usuarios.

Social de Derecho y su obligación de remover todos los obstáculos para que la igualdad de los individuos sea real y efectiva.

En este sentido adquiere especial relevancia el *"principio de precaución"* al que ya hemos aludido anteriormente en este trabajo [20], a partir del cual ofrecer una respuesta inmediata ante una amenaza de riesgo que, aun de manera incierta o incompleta, cuenta ya con indicios científicos creíbles que alertan de sus graves consecuencias, de tal forma que a partir del mismo sea posible rechazar o no aplicar determinados algoritmos en tanto no se pueda demostrar su carácter inocuo o no perjudicial respecto del ejercicio de los derechos de los ciudadanos.

En ese contexto el Derecho Administrativo tiene que tener respuestas a las cuestiones que plantea el uso de la IA, y quizás necesite asirse para ello a la virtualidad jurídica de los principios éticos esenciales o básicos en la medida en que los mismos pueden dar respuestas a cómo debe comportarse un algoritmo cuando existe colisión de distintos bienes o derechos (v.gr.¿ cómo debe actuar la Administración pública ante una información revelada por un algoritmo a partir del análisis de datos que es desconocida por el propio interesado?) [21].

---

20 Vide. A Boix Palop. *Op. cit.*

21 Precisamente esta orientación es la que inspiró la Declaración Final del II Seminario Internacional de Derecho Administrativo e Inteligencia Artificial en el Sector Público organizado por la Facultad de Derecho de la Universidad de Valencia los días 10-11 de octubre de 2019, en el que se reflejó en toda su importancia e intensidad entre otras conclusiones sumamente importantes, que (1) el sector público tiene que compartir, interna y externamente, sus experiencias de uso de la IA para cumplir con la ley y para el avance colaborativo; (2) que especialmente hay que conocer el uso de la IA en las fases previas o de asistencia a las decisiones humanas, para evitar la huida del Derecho; (3) que l nivel y tipos de garantías exigibles son variables, pero en todo caso, hay que seguir el modelo de ética y privacidad proactiva en el diseño marcado en la Unión Europea para consensuar un catálogo de estándares para la IA pública.

En esta línea es destacable el Documento “Directrices éticas para una IA fiable” publicado el 08.04.2019, elaborado por el Grupo Independiente de Expertos sobre Inteligencia Artificial creado por la Comisión Europea que aporta elementos relevantes para poner en práctica esos principios éticos tan importantes (respeto a la autonomía humana, prevención del daño, equidad y explicabilidad).

Indudablemente una empresa puede basarse en sistemas de IA para tomar sus decisiones de producción, inversión, desinversión, comercialización, etc., en ejercicio de la libertad de empresa. El problema surge cuando se utilizan algoritmos o sistemas de IA predictiva en entornos marcadamente reglados como el Derecho Administrativo en los que es necesario justificar que las decisiones que se toman se ajustan a lo previsto, contenido, contemplado o regulado en el ordenamiento jurídico y sobre todo en los que es esencial que se pueda garantizar el control judicial de las decisiones adoptadas. Ese es el gran reto.

Es evidente que el uso de la IA puede contribuir a racionalizar y agilizar la tarea de la Administración, reducir los recursos necesarios para llevarla a cabo, puede facilitar la adopción de actos reglados y en general en aquellas decisiones públicas basadas en la evidencia. etc... Y en este sentido cuanta mayor sea la discrecionalidad de la Administración más difícil será el uso de la IA por la dificultad, al menos en estos momentos, de reproducir a través de la IA los procesos cognitivos de un funcionario público.

VI.- CONCLUSIONES

La toma de decisiones dentro de la Administración basadas en el empleo de algoritmos va a ser un fenómeno imparable. Más tarde o más temprano el Derecho Administrativo tendrá que asumir esta nueva realidad, y articular una respuesta acorde al cambio de paradigma que ello supone. Una respuesta que desde mi punto de vista debe partir de la aplicación de las estructuras e instituciones tradicionales, en la medida que ello implica la proyección de todo el bagaje interpretativo de las mismas realizado por la Doctrina y por la Jurisprudencia, en el que tan sólo se precisa tener la mente abierta, conocer el significado y el alcance del fenómeno para así trasladar la interpretación jurídica realizada hasta ese momento.

Los algoritmos y los programas y modelos que componen su código fuente actúan en la práctica como verdaderas normas jurídicas, independientemente del modo de expresión o lenguaje que se haya utilizado para su configuración, pues en definitiva no hacen sino establecer reglas que predeterminan las consecuencias jurídicas frente a la concurrencia de ciertas circunstancias de hecho.

Por ello, es tan acertada la analogía de considerarlos como reglamentos que la doctrina citada anteriormente ha señalado.

Ahora bien, la labor jurídica no puede quedarse ahí, sino que se ha de llevar ese análisis hasta las últimas consecuencias. Si asumimos que el código fuente que integramos en la adopción de decisiones administrativas tiene materialmente valor normativo, dado que esos algoritmos y programas son empleados como elementos que ayudan a determinar la concurrencia o no de ciertas circunstancias de hecho o que establecen la conveniencia o no de asociar ciertas consecuencias jurídicas a los hechos disponibles, debemos extraer de ello las consecuencias jurídicas asociadas.

Lo más importante es recordar en todo momento que sin perjuicio de lo novedoso de los sistemas informáticos empleados, su lenguaje, su capacidad evolutiva o de aprendizaje con su repetida utilización, los ciudadanos seguirán teniendo los mismos derechos frente a las decisiones de la Administración que los utilicen o empleen, que los que tienen frente a decisiones de la Administración que no utilizan esos sistemas. El empleo de los mismos no puede implicar un retroceso en los derechos y garantías de los ciudadanos ni poner en crisis los valores más relevantes de nuestro ordenamiento jurídico y nuestro sistema constitucional.

BIBLIOGRAFIA

Ariño Ortiz, G. *"Sobre el estudio y comprensión del Derecho Público. Guía para su estudio"*, Revista Jurídica de Investigación e Innovación Educativa, No. 6, 2012, pp. 9-26.

Boix Palop, A. "*Los algoritmos son reglamentos: La necesidad de extender las garantías propias de las normas reglamentarias a los programas empleados por la administración para la adopción de decisiones"*, *Revista de Derecho Público. Teoría y Método,* nº 1, 2020, pp. 223-269.

Calo, R. "Robotics and the Lessons of Cyberlaw", en *California Law Review,* nº 103, 2015, páginas 513-563

Cerrillo i Martínez, A. "El impacto de la inteligencia artificial en el derecho administrativo, ¿nuevos conceptos para nuevas realidades técnicas?", *Revista general de Derecho administrativo,* núm. 50, 2019.

Comisión Europea, Dirección General de Redes de Comunicación, Contenido y Tecnologías, *Directrices éticas para una IA fiable,* Oficina de Publicaciones, 2019, disponible en: https://data.europa.eu/doi/10.2759/14078

Gutiérrez David, E. "Trazabilidad y Explicabilidad de los algoritmos públicos", *Observatorio Cátedra Pagoda Transformación digital del Sector público,* 27 de diciembre de 2020, disponible en: https://www.uv.es/catedra-pagoda/es/actualidad/trazabilidad-explicabilidad-algoritmos-publicos-estrella-gutierrez-1286053802801/Novetat.html?id=1286162435736

Huergo Lora, A "Administraciones Públicas e inteligencia artificial: ¿más o menos discrecionalidad?" *El Cronista del Estado Social y Democrático de Derecho,* núm. 96-97, (Iustel, octubre-noviembre 2021), pp. 78-95.

Martínez Martínez, R. "Cuestiones de ética jurídica al abordar proyectos de Big Data. El contexto del Reglamento general de protección de datos, *Dilemata,* Núm. 24 (2017): Ética de datos, sociedad y ciudadanía, pp. 151-164,.Acceso en https://dialnet.unirioja.es/servlet/articulo?codigo=6066833

Orofino, A. G. "The Implementation of the Transparency Principle in the Development of Electronic Administration", *European Review of Digital Administration & Law,* 1(1-2), 123-142, disponible en: https://doi.org/10.4399/97888255389601 2

Soriano Arnanz, A. *Data protection for the prevention of algorithmic discrimination.* 1ª edición, Thomson Reuters – Aranzadi, Navarra, 2021.

¿Puede aplicarse el principio de precaución en el campo de la Inteligencia Artificial?

BORJA SÁNCHEZ BARROSO
Profesor acreditado como Contratado Doctor y Profesor de Universidad Privada
Universidad Católica de Valencia San Vicente Mártir

SUMARIO. I.- INTRODUCCIÓN. II.- CONSIDERACIONES GENERALES SOBRE EL PRINCIPIO DE PRECAUCIÓN. III. -POSIBILIDAD DE APLICAR EL PRINCIPIO DE PRECAUCIÓN EN RELACIÓN CON LA IA. IV.- DIMENSIONES DEL PRINCIPIO DE PRECAUCIÓN. 1.- Dimensión material. 2.- Dimensión procedimental. V.- CONCLUSIONES. BIBLIOGRAFÍA.

I.- INTRODUCCIÓN

En una obra colectiva sobre Derecho Digital como la presente, que nunca podremos agradecer lo suficiente a su directora, la Prof. Dra. Rosa Cernada, por su acierto a la hora de proponerla, su pertinencia en estos momentos y su necesidad a la vista de los avances que venimos observando en los últimos tiempos, no podían faltar uno o varios capítulos dedicados a la inteligencia artificial (IA). No en vano la IA ha sido calificada como una tecnología auténticamente disruptiva[1], llamada a marcar una "era"[2], cauce y motor de una transformación social sin precedentes[3], y símbolo incluso de una cuarta revolución industrial[4].

Como es de sobra conocido, el concepto mismo de "inteligencia artificial" no queda libre de ambigüedades, en parte favorecidas por la diversidad de tecnologías englobadas bajo el mismo paraguas[5] y su profunda interrelación con otros procesos afines y complementarios, pero distintos, como el tratamiento masivo de datos -Big Data-, la robótica o el internet de las cosas[6]. Por eso se ha popularizado la distinción entre mecanismos de IA "fuerte" y "débil"[7]. Tanto unos, todavía en proceso de desarrollo, como los otros, ya ampliamente extendidos, han suscitado dudas jurídicas en casi todos los campos del Derecho, que han sido ampliamente abordadas por la doctrina pese a su carácter relativamente reciente. Los requisitos y garantías necesarios para la toma de decisiones administrativas mediante IA, la naturaleza de este tipo de decisiones, su aplicación en el

---

1 R. Girasa. Artificial Intelligence as a Disruptive Technology, Palgrave Macmillan, Londres, 2020.

2 V. Sucha y J-P. Gammel. *Humans and societies in the age of artificial intelligence*, Oficina de Publicaciones de la Unión Europea, Luxemburgo, 2021.

3 Comisión Europea. *Comunicación* COM(2018) 237 final *"Inteligencia artificial para Europa"*, Bruselas, 2018, p. 2.

4 K. Schwab. *The Fourth Industrial Revolution*, Foro Económico Mundial, Ginebra, 2016, p. 7.

5 K. Crawford. *The Atlas of AI: Power, Politics, and the Planetary Costs of Artificial Intelligence*, Yale University Press, New Haven, 2021, p. 9.

6 L. Cotino Hueso. "Riesgos e impactos del Big Data, la inteligencia artificial y la robótica. Enfoques, modelos y principios del Derecho", *Revista General de Derecho Administrativo*, nº 50, 2019, pp. 1-8.

7 La distinción, aunque precisada a posteriori, viene de J. R. Searle. "Minds, brains, and programs", *Behavioral and Brain Sciences*, Vol 3, nº 3, 1980, p. 417. *In extenso*, R. López de Mántaras. "Algunas reflexiones sobre el presente y futuro de la Inteligencia Artificial", *Novática*, nº 234, 2015, pp. 97-100.

ámbito privado para fomentar los llamados *smart contracts*, su implementación para mejorar las herramientas de mediación civil y laboral, o su problemática relación -en algunos casos- con la protección de los derechos fundamentales son solo algunos de los aspectos abordados hasta ahora por la doctrina.

En nuestro caso, el tema que hemos escogido para abordar la IA es su relación con el principio de precaución (también conocido como principio de cautela). Un tema más general que los anteriores, que permite analizar la IA de forma global, con un enfoque mucho más amplio. De hecho, al situarse a medio camino entre la ética, la filosofía de la ciencia y el Derecho, permitirá ofrecer una guía de actuación común a muy diversas ramas del Derecho, sin perder de vista, no obstante, el planteamiento de guías y recomendaciones jurídicas concretas para alguna de ellas. En especial, aquellas que se refieren a la actuación de los poderes públicos (Gobierno, Administración, legislador estatal u autonómico, órganos jurisdiccionales, etc.).

Así planteado, especialmente cuando formulamos hace algunos meses nuestra propuesta de contribución, el tema podría parecer excesivamente teórico: hasta hace poco tiempo, en efecto, no éramos muchos quienes abogábamos por aplicar el principio de precaución frente a una IA cada vez más potente y omnipresente. Hoy, por el contrario, sería difícil no ver que se trata de un problema de primerísima actualidad y trascendencia práctica, especialmente gracias a la notoriedad que ha adquirido en la controversia generada por la herramienta "ChatGPT". Es uno de los muchos ejemplos -aunque ni siquiera de los más urgentes o significativos- en los que el principio de precaución podría desempeñar y está desempeñando de hecho un importante papel. Recuérdese por ejemplo la prohibición temporal, por vía de urgencia, de esta herramienta en Italia[8],

---

8 GPDP, "Intelligenza artificiale: il Garante blocca ChatGPT. Raccolta illecita di dati personali. Assenza di sistemi per la verifica dell'età dei minori",

la llamada formal de más de 27.000 expertos y personalidades del mundo tecnológico para pausar durante 6 meses los experimentos a gran escala con versiones de IA más fuertes que GPT-4, a la vista de los riesgos existentes[9], o las recientes declaraciones del Presidente de los Estados Unidos sobre los riesgos de la IA y la necesaria cautela en este ámbito[10].

En la presente contribución, nos interrogaremos sobre las líneas que el Derecho debe seguir para abordar jurídicamente el desarrollo exponencial de la IA, lo que no significa necesariamente restringirla u obstaculizarla (desde luego no en todos sus aspectos), pero sí institucionalizar la respuesta frente a sus manifestaciones más problemáticas, en el sentido que más adelante se indicará. Para ello, propondremos acudir al principio de precaución como norma que ofrece directrices de actuación jurídica tanto desde un punto de vista formal como material. Tras recordar los rasgos básicos del principio de precaución y su progresivo desarrollo (apartado II), mostraremos cómo se cumplen, en el caso de la IA, los requisitos necesarios para poder aplicarlo (apartado III). De esta forma, podremos analizar alguna de las principales dimensiones del principio de precaución y los efectos y límites que tendría su aplicación en este ámbito (apartado IV), para extraer al fin algunas conclusiones generales (apartado V).

---

31 de marzo de 2023, disponible en https://www.gpdp.it/web/guest/home/docweb/-/docweb-display/docweb/9870847#english (15-05-23).

9 Varios. "Pause Giant AI Experiments: An Open Letter", 22 de marzo de 2023, disponible en https://futureoflife.org/open-letter/pause-giant-ai-experiments/ (15-05-23).

10 s.a. "Biden llama a la precaución ante el desarrollo de la inteligencia artificial", 5 de abril de 2023, disponible en https://www.vozdeamerica.com/a/biden-precaucion-ante-desarrollo-inteligencia-artificial/7037307.html (15-05-23).

II. CONSIDERACIONES GENERALES SOBRE EL PRINCIPIO DE PRECAUCIÓN

El principio de precaución ha sido desde su origen fuente de un gran número de controversias, entre otras sobre su pertinencia, su alcance, su eficacia o su definición[11]. Sin embargo, se ha ido asentando en numerosos ordenamientos jurídicos y ha cristalizado también en otras normas jurídicas de diversa naturaleza, la mayoría de ellas reglas, que concretan su contenido en cada sector. Dichas normas siempre suelen hacer referencia a tres elementos, adoptados como requisitos básicos del principio o las reglas de precaución:

(i) la percepción de un riesgo relevante (por su gravedad o especial naturaleza) como presupuesto inicial de la norma;

(ii) la constatación de cierto grado de incertidumbre científica o técnica en torno a dicho riesgo[12]; y

(iii) el establecimiento de medidas generales de gestión de riesgo (o la legitimación para su adopción posterior) para minimizar o evitar aquellos riesgos inciertos que resulten inaceptables.

Según la definición y combinación de los tres elementos anteriores, la doctrina mayoritaria agrupa las formulaciones del

---

11 Se han llegado a identificar cerca de veinte formulaciones diferentes del principio, en más de cincuenta instrumentos normativos o documentos oficiales de distinto alcance (P. Sandin. "Dimensions of the precautionary principle", *Human and Ecological Risk Assessment: an international journal*, Vol. 5, nº 5, 1999, pp. 902-905; o J. Peel. *The precautionary principle in practice: environmental decision-making and scientific uncertainty*, The Federation Press, Sydney, 2005, Appendix B).

12 Sobre el concepto de incertidumbre científica o técnica, y sus diferentes fuentes, A. Stirling. *On Science and Precaution In the Management of Technological Risk - Volume I: A Synthesis Report of case studies*, European Science and Technology Observatory ESTO, Sevilla, 1999, p. 17.

principio de precaución en dos grandes categorías: las versiones "débiles" y las versiones "fuertes" del principio[13]. Algunos autores amplían estas categorías a tres, ya sea mediante la inclusión de una versión "debilísima"[14] o de una versión "intermedia" del principio, que parece haber hecho cierta fortuna[15]. En todos estos casos, no obstante, la incertidumbre científica es la que distingue al principio de precaución de otros principios que le son próximos, como el de prevención[16].

Entre estas opciones, en el ámbito de la Unión Europea y en el ordenamiento jurídico interno español, se ha desarrollado lo que la doctrina llamaría una "versión fuerte" del principio. Ello ha provocado la aparición de un gran número de reglas que desarrollan el principio de precaución en una dirección similar: ante la apreciación de un "riesgo incierto", la regla legitima o incluso impone que los poderes públicos adopten las medidas de gestión necesarias –que no se especifican, pero suelen ser medidas restrictivas– para reducir el riesgo a un nivel aceptable para la sociedad.

---

13 C. R. Sustein. *Laws of Fear: beyond the precautionary principle*, Cambridge University Press, 2005, p. 18; o J. Esteve Pardo. "La operatividad del principio de precaución en materia ambiental", en Berberoff Ayuda (dir.), *El principio de precaución y su proyección en el derecho administrativo español*, Manuales de formación continuada nº 26, Madrid, 2004, p. 196.

14 J. Morris. "Defining the precautionary principle", en J. Morris. *Rethinking Risk and the Precautionary Principle*, Butterworth-Heinemann, Oxford, 2000, p. 14.

15 Entre otros, J. B. Wiener y M. Rogers. "Comparing precaution in the United States and Europe", *Journal of Risk Research*, Vol. 5, nº 4, 2002, pp. 320-321.

16 O. Godard. "Le principe de précaution comme norme de l'action publique, ou la proportionnalité en question", Revue économique, Vol. 54, nº 6, 2003, p. 1245; o L. González Vaqué. "La aplicación del principio de precaución en la legislación alimentaria: ¿una nueva frontera de la protección del consumidor?", *Estudios sobre consumo*, nº 50, 1999, p. 12.

Estas normas se han extendido más allá de la protección del medio ambiente, ámbito original en que nació el principio de precaución, para regular otro tipo de riesgos (contra la salud pública, la seguridad alimentaria, la seguridad de los productos, etc.), hasta hacer que el principio de cautela sea reconocido como un verdadero principio general del Derecho[17]. En caso de duda, estas normas imponen a los poderes públicos optar por un exceso de protección antes que por una protección insuficiente[18]. Especialmente si la lesión que el riesgo provocaría en caso de materializarse es considerada como potencialmente irreversible, o si afecta a valores esenciales para la comunidad (más allá de los intereses económicos).

III.- POSIBILIDAD DE APLICAR EL PRINCIPIO DE PRECAUCIÓN EN RELACIÓN CON LA IA

Para la posible aplicación del principio de precaución en relación con la IA, basta constatar la existencia de los dos primeros requisitos señalados anteriormente, es decir, la existencia de riesgos rodeados de incertidumbre científica o técnica. En ese sentido, sería difícil negar la existencia de posibles riesgos asociados a la IA, puesto que incluso sus impulsores han

---

17 En el ámbito de la Unión Europea, vid. Sentencia del TPICE de 26 de noviembre de 2002, caso Artegodan, apartado 184; o la Sentencia del TGUE de 17 de marzo de 2016, caso Zoofachhandel Züpke, apartado 51. A nivel nacional, vid. Sentencias de la Sala de lo Contencioso-Administrativo del Tribunal Supremo (Sección 3ª), de 16 de junio de 2006 y de 30 de octubre de 2006.

18 D. Bodansky. "The precautionary principle in US environmental law", en T. O'Riordan y J. Cameron, *Interpreting the Precautionary Principle*, Routledge, Londres, 1994, p. 203; o D. Santillo et al. "Principio de Precaución y evaluación del riesgo" en J. Riechmann y J. Tickner. *El principio de precaución. En* medio *ambiente y salud pública: de las definiciones a la práctica*, pp. 83-98, Icaria, Barcelona, 2002, p. 85.

reconocido esta circunstancia. La gravedad de dichos riesgos, cualquiera que fueran los parámetros empleados para definirla (esencialmente, la magnitud de las consecuencias y/o su carácter irreversible), también parece fuera de duda. Por ejemplo, en la conocida declaración de Principios de Asilomar de 2017, firmada por más de 5700 científicos y desarrolladores del ámbito de la IA, uno de estos principios se refiere a la mitigación y control de riesgos catastróficos y existenciales (principio 21). Otro de ellos se refiere a la precaución en cuanto a las capacidades de la IA, teniendo en cuenta la falta de consenso sobre los resultados y el nivel que ésta pueda alcanzar. Otros finalmente, en el campo de la investigación, llaman a analizar cómo evitar que la IA pueda funcionar erróneamente o ser hackeada, que los recursos naturales y los objetivos humanos sean respetados, o que los riesgos puedan ser abordados correctamente desde un punto de vista legal[19].

De forma todavía más clara, en una revisión crítica de estos principios, la Federación de Científicos Alemanes (VDW) apuntó en 2018 que incluso las aplicaciones de IA débiles ya pueden modificar el comportamiento social, la comunicación y la cultura cotidiana, con consecuencias altamente negativas. La IA puede ser, según este organismo, peligrosa para las personas y para la humanidad debido a su actividad autónoma siguiendo tres grandes líneas:

a) Las decisiones intencionadas por el ser humano pero adoptadas mediante IA pueden tener como efectos secundarios o colaterales un perjuicio grave para las personas, incluida la eventual subyugación o aniquilación completa de la humanidad (incluso aunque la IA no lo haya "querido deliberadamente");

---

19 Varios. *AI Principles*, 11 de agosto de 2017, disponible en https://futureoflife.org/open-letter/ai-principles/ (15-05-23).

b) Una IA que tenga intención destructiva (como un sistema autónomo de armas) aumenta su eficacia de manera exponencial; y

c) Una IA puede desarrollar competencias no intencionadas en un inicio y perseguir objetivos auto-fijados que pongan en peligro a personas concreto o a la humanidad en su conjunto.

Por eso, la VDW no dudaba en afirmar que el "principio de precaución de la UE es la "brújula legal a considerar" en este ámbito[20]. Más recientemente todavía, la llamada del mundo tecnológico a pausar durante 6 meses los experimentos a gran escala con versiones de IA relativamente fuertes, a la que ya hemos hecho referencia, comenzaba afirmando que los sistemas de IA con competencias similares a la inteligencia humana entrañan "riesgos profundos para la sociedad y la humanidad, mostrados ya por numerosas investigaciones y reconocidos por los principales desarrolladores de IA"[21].

En cuanto al segundo requisito, tampoco resulta difícil afirmar que la IA esté rodeada, a día de hoy, de numerosas incertidumbres técnicas o, más concretamente, que muchas de sus principales manifestaciones entrañan riesgos sobre las que la ciencia y la técnica no pueden pronunciarse todavía de forma concluyente. Si adoptamos la clasificación de la incertidumbre técnica o científica propuesta por A. Stirling y otros, tomada como base por el Servicio de Investigación del Parlamento Europeo, podemos comprobar cómo la mayoría de sistemas de IA

---

20 VDW. *Informe sobre los principios Asilomar en Inteligencia Artificial*, Berlín, 2018, pp. 5-8, disponible en https://vdw-ev.de/wp-content/uploads/2019/05/Informe-sobre-los-principios-Asilomar-en-Inteligencia-Artificial_final.pdf (15-05-23).

21 Véase la carta abierta para pausar los experimentos gigantes de IA (Varios, "Pause... *op. cit.;* y las numerosas fuentes que allí se citan). En ella se aborda la IA como un posible riesgo existencial.

actuales no constituyen sistemas ordinarios o familiares, con condiciones controladas de desarrollo (lo que implicaría un alto grado de confianza en su impacto y probabilidades equiparable a la certeza). Al contrario, se ven rodeados, la mayoría de ellos, de alguna de estas características asimilables a la incertidumbre:

a) Focos de ignorancia, pues desconocemos todavía muchos de sus efectos potenciales (que solo podemos intuir en ocasiones, pero rara vez cuantificar, datar o analizar de forma probabilística), las condiciones que pueden alterar el desarrollo de los sistemas de IA fuerte, o nuevos mecanismos que no existen todavía y que pueden hacer variar el rumbo y la velocidad de crecimiento de la IA en el mundo;

b) Complejidad, al descansar la IA sobre sistemas abiertos y no lineares, con una potencial intervención disruptiva del ser humano en la propia configuración de cada sistema o en su control, que la hace todavía más impredecible; y

c) Ambigüedad, pues los valores en juego y los principios éticos que deben guiar su desarrollo no se encuentran plenamente definidos, y su desarrollo y utilización se basan en tratar de comparar lo incomparable (como la IA y la inteligencia humana, de la que ni siquiera conocemos plenamente todo su funcionamiento y potencial)[22].

Es más, ante los sistemas de IA más sofisticados, que en muchos casos funcionan como "cajas negras" de decisión, y de los que desconocemos por tanto alguno de sus "razonamientos", podemos encontrarnos incluso los llamados "*unknown unknowns*", es decir, lo que todavía desconocemos que desconocemos (llamados también "ignorancia al cuadrado" o "meta-

---

22 D. Bourguignon. *The precautionary principle: definitions, applications and governance*, European Parliamentary Research Service, Bruselas, 2015, p. 7

ignorancia")[23]. Una situación que imposibilita por el momento la adopción de algunas de las medidas de gestión de riesgo que, sin duda, tocará adoptar en el futuro y cuya posibilidad el principio de precaución debe preservar.

Cuando estos riesgos inciertos resulten inaceptables, y muchos de ellos parece que lo serían, deben adoptarse medidas generales para proteger los principales valores en juego, o habilitar a los poderes públicos para su adopción posterior en cada caso concreto. Este último requisito –el carácter inaceptable del riesgo– no resulta tan fácil de definir y, por tanto, de apreciar de forma consistente en cada caso. En particular, este requisito puede considerarse de forma teórica-abstracta (inaceptable conforme a algún tipo de criterio técnico) pero también de forma política-concreta (inaceptable, en la práctica, para una determinada comunidad). Sin embargo, según cualquiera de estas dos interpretaciones, parece que al menos determinados riesgos relacionados con la IA podrían ser calificados como tal. En un plano teórico-abstracto, por ejemplo, algunos de los riesgos asociados a la IA han sido calificados como riesgos catastróficos o riesgos existenciales, pues amenazan la preservación de las sociedades tal y como las conocemos, basadas en valores compartidos de libertad e igualdad, o la supervivencia de la humanidad en su conjunto[24]. Serían los conocidos como "riesgos-Pandora": cambios a gran escala, persistentes e irreversibles, de los que no cabe identificar con

---

23 A. Kerwin. "None Too Solid: Medical Ignorance", *Knowledge*, Vol. 15, nº 2, p. 176; G- Bammer et al. "The nature of uncertainty", en G. Bammer y M. Smithson (eds.), *Uncertainty and Risk. Multidisciplinary Perspectives*, Earthscan, Londres, 2008, p. 293; o J. R. Ravetz. "The Sin of Science: Ignorance of Ignorance", *Knowledge: Creation, Diffusion, Utilization*, Vol. 15, nº 2, 1993.

24 Sobre los riesgos existenciales, N. Bostrom. "Existential Risks Analyzing Human Extinction Scenarios and Related Hazards", *Journal of Evolution and Technology*, Vol. 9, nº 1, 2002.

precisión una única causa[25]. En el plano político-concreto, por su parte, también implicaría consecuencias sociales o económicas altamente indeseables para la mayoría de la población. El carácter inaceptable de estos riesgos se pone especialmente de manifiesto cuando afectan a la población más vulnerable, que no puede participar en el diseño y control de la IA pero sí sufrir sus consecuencias.

IV.- DIMENSIONES

Una vez comprobada la concurrencia de los requisitos necesarios para poder aplicar el principio de precaución en el ámbito de la IA, queda saber cuáles serían los efectos y límites de dicha aplicación. En ese sentido, el principio de precaución es asociado por algunos a la prohibición o suspensión temporal del desarrollo científico o tecnológico y a la adopción de medidas altamente restrictivas que pondría en peligro la innovación en numerosos campos. De ahí la existencia de numerosos detractores del principio y su contraposición, excesivamente simplista en muchas ocasiones, con el principio de *favor libertatis*. Sin embargo, la adopción de medidas restrictivas, o de prohibiciones provisionales, es solo una parte (la más incisiva) de una de las dimensiones (material) del principio de precaución. Existen otras manifestaciones de esta dimensión material, y otras dimensiones también (por ejemplo, la dimensión procedimental), que pueden orientar el desarrollo de la IA en estos momentos.

---

[25] A. Klinke y O. Renn. "A new approach to risk evaluation and management: risk-based, precaution based, and discourse based strategies', *Risk Analysis*, nº 22, 2002, pp. 1080-1082.

1.- Dimensión material

Desde el punto de vista material, el principio de precaución no obliga necesariamente a prohibir el desarrollo de la IA, ni siquiera a pausarlo o suspenderlo como han solicitado alguno de sus desarrolladores, sino únicamente a adoptar medidas adecuadas para gestionar los riesgos inciertos que la IA implica. En esencia, como se dijo anteriormente, si existen dudas fundadas sobre la existencia de un posible riesgo inaceptable o sobre alguna de sus características esenciales (magnitud, causa, probabilidad, etc.), los poderes públicos no pueden abstenerse de adoptar medidas al respecto y deben priorizar un exceso de protección a un posible defecto, cuando no existan datos concluyentes. Ello implica, más concretamente, que el principio de precaución puede desarrollarse a lo largo de tres grandes ejes, en función de los sistemas de IA particulares a los que afecte:

(i) Permitir sin ningún tipo de condición jurídica previa únicamente aquellos sistemas sobre las que exista un consenso científico, ético y social suficiente en relación con la aceptabilidad de los riesgos que dichos sistemas provoquen. Esto ocurrirá con la mayoría de sistemas de IA débil, especialmente los que la Propuesta de reglamento europeo de IA califica como de riesgo bajo.

(ii) Impedir provisionalmente la realización de aquéllos que puedan razonablemente derivar en consecuencias todavía no plenamente probadas o controvertidas en el ámbito científico / técnico pero que, en caso de confirmarse, implicarían una lesión grave e irreversible a un determinado bien o valor jurídicamente protegido (como puede ser la dignidad humana, el trabajo o la igualdad en el seno de una sociedad).

(iii) Condicionar los sistemas de IA sobre los que existan dudas sobre su potencial lesivo pero no indicios de que puedan llegar a causar daños irreversibles a un seguimiento exhaustivo por parte de los poderes públicos, que puede materializarse en medidas de distinto alcance como:

(a) la monitorización de los avances técnico-científicos en este ámbito a través de organismos públicos especializados, ya sea con carácter general o en relación con un determinado sistema en particular (en ese sentido, es de alabar la creación en España de la Agencia Española de Supervisión de la Inteligencia Artificial);

(b) la imposición de una obligación de comunicar resultados y posibles riesgos a las autoridades públicas, y de un requisito general de transparencia (cuya interacción con el derecho al secreto empresarial también debería regularse específicamente);

(c) la imposición de requisitos éticos y jurídicos de diversa índole para desarrollar cada sistema, además de los que ya existen con carácter general en diversos ámbitos, y un control exhaustivo de su cumplimiento (por ejemplo, aquellos ligados a la eliminación de sesgos contrarios a la igualdad y no discriminación); o

(d) el establecimiento de mecanismos de participación pública y de información sobre las grandes líneas de actuación presentes y futuras en este ámbito, junto con el fomento del debate público sobre el uso y los límites de los sistemas de IA en cada campo.

Contrariamente a lo que han postulado algunos en otros ámbitos, el Derecho no contempla, ni debería contemplar, un simple "imperativo de progreso tecnológico"[26], que haya que imponer a la comunidad. Pero sí contiene, en Estados democráticos,

---

[26] M. More. "The proactionary principle: optimizing technological outcomes", en M. More y N. Vita-More (eds.). *The Transhumanist Reader: Classical and Contemporary Essays on the Science, Technology, and Philosophy of the Human Future*, Wiley-Blackwell, Hoboken, 2013, p. 267.

el imperativo de que la propia comunidad decida *cómo* entiende y quiere que sea ese "progreso"[27]. En general, la dimensión sustantiva de del principio de precaución aboga así por transformar la posición que el riesgo desempeña para la sociedad, de forma que los poderes públicos no se encuentren únicamente en posición reactiva frente al mismo[28], sino que ayuden también a canalizar, a institucionalizar, las diferentes propuestas que la sociedad puede formular[29]. Esta proactividad frente al riesgo demuestra que el principio de precaución no tiene por qué implicar necesariamente la adopción de medidas restrictivas, sino que engloba también, por ejemplo, medidas de fomento[30].

Por otro lado, la dimensión material del principio de precaución se traduce también en una subordinación de los criterios científicos y económicos a otros bienes y valores proclamados por el ordenamiento jurídico y defendidos por la sociedad,

---

27 Como señalaba en otro contexto C. S. Lewis. "el progreso consiste en acercarse al lugar en el que quieres estar. Y, si tomas la mala dirección, entonces avanzar no te acerca en nada a tu objetivo. Si estás en el mal camino, el progreso significaría dar media vuelta y desandar el camino hasta el camino correcto; y en ese caso el hombre que antes da marcha atrás sería el más progresista" (C. S. Lewis. Mere Christianity (reed.), Harper Collins, Nueva York, 2001, p. 20).

28 B. Bender et. al. Umweltrecht: Grundzüge des öffentlichen Umweltschutzrechts (4ª ed.), C. F. Müller, Heidelberg, 2000, p. 30.

29 En un sentido similar M. L. De Torres Soto. "El principio de precaución como principio general del derecho", *Revista Española de Derecho Militar*, nº 108, 2017, p. 131.

30 El pasado 4 de mayo de 2023, por ejemplo, el Gobierno de Estados Unidos anunció una inversión multimillonaria en nuevos institutos de investigación públicos sobre IA, para promover el desarrollo ético de una IA orientada al bien común (El País. "The White House unveils measures to mitigate the risks of artificial intelligence", 4 de mayo de 2023, disponible en https://english.elpais.com/usa/2023-05-04/the-white-house-unveils-measures-to-mitigate-the-risks-of-artificial-intelligence.html, 15-05-23).

de forma que las consideraciones científicas y económicas, que no deben desaparecer, adquieran una posición más equilibrada dentro del proceso global de toma de decisiones en relación con actividades que, en alguna de sus vertientes, puedan suponer riesgos inaceptables para la sociedad[31]. Esta subordinación de los criterios científicos y económicos a los criterios jurídicos, que los integran pero también los superan, se traduce en tres enfoques complementarios, en los que el Derecho orienta el desarrollo tecnológico, y no al revés:

(i) la necesidad de investigar en profundidad no sólo las hipótesis más probables, sino también las hipótesis más pesimistas en cuanto a la existencia y la magnitud de los riesgos enfrentados, a fin de poder adoptar posteriormente medidas basadas en peores escenarios posibles según el estado actual de los conocimientos científicos y técnicos;

(ii) la necesidad de investigar medidas que no sólo reduzcan el riesgo enfrentado a un nivel aceptable, sino que busquen reducirlo a la menor entidad posible, en lo que se conoce como los enfoques ALARA o ALATA por sus siglas en inglés (*as low as reasonably achievable* o *as low as technically achievable*), a fin de permitir a los poderes públicos un abanico más amplio de decisión;

(iii) la necesidad de actuar sobre la base de un conocimiento científico lo más actualizado y completo posible, así como de promover una reevaluación constante del conocimiento científico y técnico para tomar conciencia de posibles cambios en el nivel de riesgo incluso después de haber adoptado las primeras medidas de protección frente al mismo. Es de-

---

31 J. Cazala. *Le principe de précaution en Droit international*, Anthemis, Louvain-la-Neuve, 2006 ; o A. Cortina. "Fundamentos filosóficos del principio de precaución", en C. Romeo Casabona (ed.). *Principio de precaución, biotecnología y Derecho*, Comares, Granada, 2004, p. 6.

cir, seguir promoviendo la investigación sobre sistemas de IA una vez prohibidos, condicionados o permitidos, como parte esencial de una precaución sostenida en el tiempo.

En esa línea, la distinción por parte de la Propuesta de Reglamento europeo por el que se establecen normas armonizadas en materia de inteligencia artificial entre sistemas de IA con diferente nivel de riesgo, y la identificación política de valores especialmente importantes que aumentan el nivel de control necesario (infraestructuras esenciales, decisiones que afecten al acceso a la educación o decidan sobre la progresión profesional, sistemas ligados a los servicios públicos, etc.) parece claramente inspirada por el principio de precaución, aunque la Propuesta no lo cite expresamente[32]. La prohibición de algunos sistemas de IA, en el Título II de la Propuesta, equivaldría a la decisión de no permitir determinados riesgos por considerarse inaceptables para la comunidad.

2.- Dimensión procedimental

Si la dimensión material del principio de precaución ofrece criterios para saber qué decidir en relación con cada sistema de IA, la dimensión procedimental del principio, igual o más desarrollada incluso que la anterior, ofrece orientaciones sobre quién y cómo debe adoptar dichas decisiones. Quién debe hacerse cargo, en otras palabras, de abordar los riesgos observados. Si tomamos como referencia, por ejemplo, el Principio 15 de la Declaración de Río sobre el Medio Ambiente y el Desarrollo (una de las versiones más conocidas del principio de precaución), los Estados firmantes de la misma acordaron que "*cuando haya peligro de daño grave o irreversible, la falta de certeza científica absoluta no deberá utilizarse como razón para postergar la adopción de medidas* [...]".

---

32 Disponible en https://eur-lex.europa.eu/legal-content/ES/TXT/?uri=celex:52021PC0206 (15-05-23).

En su vertiente material, como vimos, ello implica la necesidad de actuar. Sin embargo, desde el punto de vista procedimental, también nos ofrece una pauta relevante, aunque ésta se suela pasar más fácilmente por alto: al indicar que la falta de certeza científica no es impedimento para la acción, lo que nos viene a decir es que la ciencia no tiene la última palabra sobre las medidas que en cada caso se deben adoptar. Al contrario, la ciencia ofrecerá datos relevantes para identificar y caracterizar riesgos, pero la decisión última sobre las medidas de gestión corresponde a los poderes públicos, no a los expertos. Y esto es algo que frecuentemente se olvida, sobre todo cuando un riesgo empieza a materializarse y se desata una crisis. La llamada a que sean los "expertos" quienes tomen las medidas más adecuadas es recurrente en estos casos, algo que el principio de precaución no avala ni aconseja. En efecto, el verdadero fundamento jurídico de este principio no es, como a veces se ha propuesto, la ética de la responsabilidad (que obliga a los responsables a hacerse cargo del riesgo que han creado), o la sociedad del riesgo (que sitúa el riesgo, omnipresente, en el centro de toda decisión), sino el Estado social y democrático de Derecho[33]. Las decisiones sobre la gestión de cada riesgo, aunque intensamente informadas por las autoridades científicas, solo pueden ser adoptadas por los representantes democráticamente elegidos de una determinada sociedad, tomando en consideración valores mucho más amplios que los contemplados a nivel puramente científico (consideraciones sociales, económicas, nivel de riesgo que la propia sociedad considera aceptable, protección de valores relevantes para dicha sociedad, etc.).

Desde una perspectiva formal, esto significa que las decisiones para contener los eventuales riesgos provocados por la IA

---

[33] *In extenso*, B. Sánchez Barroso. *El principio de precaución en España. Precisiones sobre el papel de los poderes públicos frente al riesgo en un Estado constitucional*, Congreso de los Diputados, Madrid, 2021.

no pueden depender de la autorregulación de los actores privados, o de un comité de expertos, sino de las Cortes Generales como representantes de la comunidad y órgano deliberativo por excelencia en el Estado constitucional. También, en otro plano, del Gobierno como impulsor de la agenda política de dichas Cortes y director de la política exterior, y de la Administración para desarrollar y aplicar las normas elaboradas por dichos poderes con la mayor objetividad posible, al servicio de los intereses generales. En el ámbito de la Unión Europea y en el ámbito internacional, a los que un fenómeno como la IA inmediatamente apela, los poderes públicos y las instituciones que a ellos se asimilan en el orden regional o global son los que deberían tener un papel central en el proceso, por estar subordinados a los intereses generales, gozar de una mayor legitimidad democrática aun de segundo grado, y aplicar procesos de decisión más participativos y transparentes. Esto último, que parece evidente, conlleva consecuencias prácticas relevantes.

En primer lugar, a la luz del principio de precaución, debe evitarse que el desarrollo de la IA sea ajeno y opaco a dichas instituciones públicas. Son éstas las que deben tratar de canalizar y representar, de forma abierta y transparente, todos los valores e intereses afectados, con miras al conjunto de la sociedad y al interés general, tratando de evitar así que su desarrollo quede en manos de poderes fácticos que puedan impulsarlo al margen de la comunidad y del Derecho. La creación de la Agencia Española de Supervisión de la Inteligencia Artificial, a la que ya nos hemos referido, o del Centro Europeo para la Transparencia Algorítmica en Sevilla son pasos importantes en esa dirección, a fin de garantizar el control y la monitorización de la IA por parte de los poderes públicos. A nivel normativo, la Propuesta de Reglamento europeo por el que se establecen normas armonizadas en materia de inteligencia artificial, ya mencionada, también es una iniciativa imprescindible, en un camino normativo que debe profundizarse, también a nivel interno.

En segundo lugar, el principio de precaución impone estructurar la toma de decisión en relación con la IA y sus riesgos potenciales, tanto a nivel general (en sede parlamentaria) como en decisiones individuales (a nivel administrativo). Esta estructuración de las decisiones es la que más ha desarrollado la jurisprudencia y la doctrina hasta ahora[34]. Se ha generalizado así una aproximación al riesgo dividida en dos grandes: (i) la identificación y análisis del posible riesgo, calificada como la fase de "*evaluación científica*"; y (ii) la adopción de una decisión específica sobre cómo enfrentarlo por parte de los poderes públicos, calificada como fase de "*gestión del riesgo*"[35]. Para la evaluación científica, es especialmente importante identificar los concretos efectos que cada sistema de IA pueda tener y qué valores pueden verse afectados por los mismos, tratando de caracterizar la afectación de la forma más precisa posible. En ese sentido, el conocimiento del que dispongan los poderes públicos antes de adoptar cualquier medida debe ser lo más exhaustivo posible dentro de lo que permitan las circunstancias concretas del caso[36]. De hecho, la falta de exhaustividad en el análisis ha dado lugar en algunos casos a la anulación de medidas amparadas en el "principio de precaución", especialmente en ámbitos donde las reglas que desarrollan el principio de precaución resultan especialmente detalladas, como en el ámbito

---

34 F. De Leonardis. "Il principio di precauzione", en M. Renna y F. Saitta (eds.). *Studi sui principi del Diritto amministrativo,* Giuffrè, Milán, 2012, pp. 416-418.

35 Comisión Europea, Comunicación sobre el recurso al principio de precaución, de 2 de febrero de 2000 COM (2000) 1 final, pp. 14-17; o Sentencia del Tribunal General de la Unión Europea, de 17 de mayo de 2018, asunto T-584/13, caso BASF Agro y otros, apartado 60).

36 Sentencias del TPICE de 11 de septiembre de 2002, asunto T-13/99, caso Pfizer Animal Health/Consejo y asunto T-70/99, caso Alpharma/Consejo, apartados 162 y 175 respectivamente.

medioambiental[37]. Es decir, en nuestro caso, no bastaría con identificar que el sistema puede afectar a la igualdad y no discriminación, sino que debe analizarse cómo, con qué alcance y en qué forma se afectaría a este valor, tanto desde el punto de vista cuantitativo como cualitativo. Para la gestión, es importante adecuar las medidas al nivel de riesgo observado, respetando el principio de proporcionalidad (debidamente adaptado a la situación de incertidumbre existente)[38]. también actualizar las medidas adoptadas en función de los avances continuos del conocimiento científico o tecnológico y de los posibles cambios en la percepción social del riesgo. Como parte de esta fase de gestión tienen cabida también, por tanto, instrumentos de evaluación y reforma de las medidas inicialmente adoptadas, como las cada vez más habituales evaluaciones *ex post* de las normas o la revisión periódica de las medidas singulares adoptadas[39].

V.- CONCLUSIONES

Tal y como hemos analizado en la presente contribución, en estos momentos se dan los requisitos necesarios para poder aplicar el principio de precaución en el ámbito de la IA. Aunque este principio estaba originariamente pensado para otros campos (medio ambiente, salud, etc.), sus efectos pueden extenderse a cualquier ámbito en el que existan riesgos rodeados de incer-

---

37 Véanse las Sentencias del TJUE de 28 de enero de 2010, Comisión/Francia, C-333/08, EU:C:2010:44, apartados 88-89 y 103; y de 19 de enero de 2017, asunto C-282/15, caso Queisser Pharma, apartado 66.

38 Lo hemos abordado en B. Sánchez Barroso, "Beyond the Principle of Proportionality: Controlling the Restriction of Rights under Factual Uncertainty", *Oslo Law Review*, Vol. 9, nº 2, pp. 74-91.

39 *In extenso,* F. De Montalvo Jääskeläinen. "La evaluación ex post de las normas: un análisis del nuevo modelo español", *Asamblea: revista parlamentaria de la Asamblea de Madrid,* nº 36, 2017, pp. 139-177.

tidumbre técnica o científica. En la actualidad, los potenciales riesgos de la IA han sido apuntados por los propios expertos que la están desarrollando (a nivel social, económico e incluso existencial). La incertidumbre sobre la magnitud y las concretas características de estos riesgos también parece difícil de negar.

Sin embargo, los efectos del principio de precaución en este ámbito no pasan necesariamente, como a veces se asocia erróneamente al abordar este principio, por prohibir o restringir la IA, ni siquiera temporalmente. Al contrario, los principales efectos sustantivos del principio obligan a profundizar y promover la investigación en este campo, para conocer mejor sus riesgos, y a incidir en la necesaria proactividad de los poderes públicos en este campo. A nivel procedimental, el principio subraya el protagonismo de los poderes públicos a la hora de regular o adoptar medidas sobre los diferentes riesgos que se identifiquen, sin dejar todo el peso de su gestión en los actores privados y su autorregulación (que sigue siendo importante, pero debe ser equilibrada con la actuación de los poderes públicos). También obliga a estructurar los procesos de toma de decisiones frente a cada sistema de IA, tratando de obtener la mayor información posible sobre cada riesgo para facilitar la adopción de medidas de gestión proporcionadas por parte de los poderes públicos. El principio de precaución puede ofrecer así una orientación material y formal imprescindible para abordar los indudables retos que la IA plantea, tratando de aprovechar sus innumerables beneficios sin asumir por ello riesgos que la sociedad considere inaceptables.

BIBLIOGRAFÍA

Bammer, G., et al. "The nature of uncertainty", en G. Bammer y M. Smithson (eds.), *Uncertainty and Risk. Multidisciplinary Perspectives*, Earthscan, Londres, 2008

Bender, B. et al. Umweltrecht: Grundzüge des öffentlichen Umweltschutzrechts (4ª ed.), C. F. Müller, Heidelberg, 2000, p. 30Bodansky,

D., "The precautionary principle in US environmental law", en T. O'Riordan y J. Cameron. *Interpreting the Precautionary Principle*, Routledge, Londres, 1994

Bostrom, N. "Existential Risks Analyzing Human Extinction Scenarios and Related Hazards", *Journal of Evolution and Technology*, Vol. 9, nº 1, 2002

Bourguignon, D. *The precautionary principle: definitions, applications and governance*, European Parliamentary Research Service, Bruselas

Cazala, J. *Le principe de précaution en Droit international*, Anthemis, Louvain-la-Neuve, 2006

Comisión Europea. *Comunicación COM (2000) 1 "Sobre el recurso al principio de precaución"*, Bruselas, 2000

—*Comunicación COM(2018) 237 "Inteligencia artificial para Europa"*, Bruselas, 2018

Cortina, A. "Fundamentos filosóficos del principio de precaución", en C. Romeo (ed.). *Principio de precaución, biotecnología y Derecho*, Comares, Granada, 2004

Cotino Hueso, L. "Riesgos e impactos del Big Data, la inteligencia artificial y la robótica. Enfoques, modelos y principios del Derecho", *Revista General de Derecho Administrativo*, nº 50, 2019

Crawford, K. The Atlas of AI: Power, Politics, and the Planetary Costs of Artificial Intelligence, Yale University Press, New Haven, 2021

De Montalvo Jääskeläinen, F. "La evaluación ex post de las normas: un análisis del nuevo modelo español", *Asamblea: revista parlamentaria de la Asamblea de Madrid*, nº 36, 2017, pp. 139-177

De Torres Soto, M. L. "El principio de precaución como principio general del derecho", *Revista Española de Derecho Militar*, nº 108, 2017

El El País. "The White House unveils measures to mitigate the risks", 4 de mayo de 2023, en https://english.elpais.com/usa/2023-05-04/the-white-house-unveils-measures-to-mitigate-the-risks-of-artificial-intelligence.html (15-05-23).

Esteve Pardo, J. "La operatividad del principio de precaución en materia ambiental", en Berberoff Ayuda (dir.). *El principio de precaución y su proyección en el derecho administrativo español*, CGPJ, Madrid, 2004

GPDP. "Intelligenza artificiale: il Garante blocca ChatGPT. Raccolta illecita di dati personali. Assenza di sistemi per la verifica dell'età dei minori", 31 de marzo de 2023, disponible en https://www.gpdp.it/web/guest/home/docweb/-/docweb-display/docweb/9870847#english (15-05-23).

Girasa, R. *Artificial Intelligence as a Disruptive Technology*, Palgrave Macmillan, Londres, 2020

Godard, O. "Le principe de précaution comme norme de l'action publique, ou la proportionnalité en question", Revue économique, Vol. 54, nº 6, 2003

González Vaqué, L. "La aplicación del principio de precaución en la legislación alimentaria: ¿una nueva frontera de la protección del consumidor?", *Estudios sobre consumo*, nº 50, 1999

Kerwin, A. "None Too Solid: Medical Ignorance", *Knowledge*, Vol. 15, nº 2, 1993

Klinke, A. y Renn, O. "A new approach to risk evaluation and management: risk-based, precaution based, and discourse based strategies', *Risk Analysis*, nº 22, 2002

Lewis, C. S. *Mere Christianity* (reed.), Harper Collins, Nueva York, 2001

López de Mántaras, R. "Algunas reflexiones sobre el presente y futuro de la Inteligencia Artificial", *Novática*, nº 234, 2015

More, M. "The proactionary principle: optimizing technological outcomes", en M. More y N. Vita-More (eds.). *The Transhumanist Reader: Classical and Contemporary Essays on the Science, Technology, and Philosophy of the Human Future*, Wiley-Blackwell, Hoboken, 2013

Morris, J. "Defining the precautionary principle", en J. Morris, *Rethinking Risk and the Precautionary Principle*, Butterworth-Heinemann, Oxford, 2000

Peel, J. *The precautionary principle in practice: environmental decision-making and scientific uncertainty*, The Federation Press, Sydney, 2005, Appendix B

Ravetz, J-R. "The Sin of Science: Ignorance of Ignorance", *Knowledge: Creation, Diffusion, Utilization*, Vol. 15, nº 2, 1993

s.a. "Biden llama a la precaución ante el desarrollo de la inteligencia artificial", 5 de abril de 2023, disponible en https://www.vozdeamerica.com/a/biden-precaucion-ante-desarrollo-inteligencia-artificial/7037307.html (15-05-23).

Sánchez Barroso, B. *El principio de precaución en España. Precisiones sobre el papel de los poderes públicos frente al riesgo en un Estado constitucional*, Congreso de los Diputados, Madrid, 2021

—"Beyond the Principle of Proportionality: Controlling the Restriction of Rights under Factual Uncertainty", *Oslo Law Review*, Vol. 9, nº 2, pp. 74-91

Sandin, P. "Dimensions of the precautionary principle", *Human and Ecological Risk Assessment: an international journal*, Vol. 5, nº 5, 1999

Santillo, D. et al. "Principio de Precaución y evaluación del riesgo" en J. Riechmann y J. Tickner (coords.), *El principio de precaución. En* medio *ambiente y salud pública: de las definiciones a la práctica*, pp. 83-98, Icaria, Barcelona, 2002, p. 85.

Schwab, K. *The Fourth Industrial Revolution*, Foro Económico Mundial, Ginebra, 2016

Searle, J. R. "Minds, brains, and programs", *Behavioral and Brain Sciences*, Vol 3, nº 3, 1980

Stirling, A. *On Science and Precaution In the Management of Technological Risk - Volume I: A Synthesis Report of case studies*, European Science and Technology Observatory ESTO, Sevilla, 1999

Sucha, V. y Gammel, J-P. *Humans and societies in the age of artificial intelligence*, Oficina de Publicaciones de la Unión Europea, Luxemburgo, 2021

Sunstein, C. R. *Laws of Fear: beyond the precautionary principle*, Cambridge University Press, 2005

Varios. *AI Principles*, 11 de agosto de 2017, disponible en https://futureoflife.org/open-letter/ai-principles/ (15-05-23)

—"Pause Giant AI Experiments: An Open Letter", 22 de marzo de 2023, disponible en https://futureoflife.org/open-letter/pause-giant-ai-experiments/ (15-05-23)

VDW. *Informe sobre los principios Asilomar en Inteligencia Artificial*, Berlín, 2018, disponible en https://vdw-ev.de/wp-content/uploads/2019/05/Informe-sobre-los-principios-Asilomar-en-Inteligencia-Artificial_final.pdf (15-05-23).

Wiener, J. B. y Rogers, M. "Comparing precaution in the United States and Europe", *Journal of Risk Research*, Vol. 5, nº 4, 2002

La salud electrónica en el marco de la Unión Europea: de la prestación transfronteriza de servicios de eHealth al Espacio Europeo de Datos Sanitarios

ROSA CERNADA BADÍA
Profesora de Derecho Administrativo
Universidad Católica de Valencia San Vicente Mártir

1.- LA SALUD ELECTRÓNICA: LA DIFICULTAD DE OFRECER UN MARCO CONCEPTUAL A UN FENÓMENO IMPARABLE EN LA UNIÓN EUROPEA

1.- El intento inacabado de definir la salud electrónica

En su conocida colección de ensayos sobre la Conducta de la Vida publicada en 1860, Ralph Waldo Emerson afirmaba que *la primera riqueza es la salud*[1]. En efecto, la promoción y la protección de la salud ha sido una aspiración humana a lo largo de la historia, que culminó con su reconocimiento internacional como derecho en el artículo 25 de la Declaración Universal de los Derechos Humanos de 1948[2]. Esta evolución ha seguido su cauce y ha engendrado una nueva noción de joven factura, pero de indudable significación mundial. Se trata del concepto de la salud electrónica o *eHealth* que se ha venido a definir por la Organización Mundial de la Salud, en adelante OMS, como "el apoyo que la utilización costoeficaz (sic) y segura de las tecnologías de la información y las comunicaciones ofrece a la salud y a los ámbitos relacionados con ella, con inclusión de los servicios de atención de salud, la vigilancia y la documentación sanitarias, así como la educación, los conocimientos y las investigaciones en materia de salud".[3] Y en particular incluye

---

1 R.W. Emerson. *The conduct of Life*, Ticknor and Fields, Boston, 1860. Disponible en: https://archive.org/details/conductlife00emerrich/page/n5/mode/2up?view=theater [UAV 10 de septiembre de 2023].

2 Naciones Unidas. Declaración Universal de los Derechos Humanos. Resolución 217 A (III), de 10 de diciembre de 1948. Texto original accesible: https://documents-dds-ny.un.org/doc/RESOLUTION/GEN/NR0/046/82/PDF/NR004682.pdf?OpenElement [UAV 8 de julio de 2023].

3 Organización Mundial de la Salud. Resolución WHA58.28 Cibersalud. En WHA58/2005/REC/1, 58ª Asamblea Mundial de la Salud, Ginebra, Suiza: OMS; 2005, p. 115. Disponible en: https://apps.who.

en el concepto de *eHealth* el uso de dispositivos móviles por los pacientes-usuarios digitales, así como el uso de soluciones de inteligencia artificial, robótica, internet de las cosas o análisis de *big data* con fines de promoción de la salud.

Sin embargo, entender la salud electrónica como un proceso de mera digitalización resulta reduccionista. En este sentido, ya en 2001 Gunther Eysenbach ponía el énfasis en el carácter multidisciplinar de esa materia, como la intersección entre informática médica, salud pública y empresa. No obstante, reconocía que el término se refiere no sólo a un desarrollo tecnológico sino "a un modo de pensar, una actitud y un compromiso para una reflexión en torno a la mejora local, regional y global de la salud usando las tecnologías de la información y la comunicación"[4].

A partir de esta definición, muy diversos conceptos de salud electrónica fueron propuestos si bien la doctrina se lamentaba (incluso en términos de frustración universal)[5] de la ausencia de una noción unívoca y generalizada de salud electrónica, que

---

int/gb/ebwha/pdf_files/WHA58-REC1/A58_2005_REC1-sp.pdf [UAV 10 de septiembre de 2023].

4 Y completa esta definición con las diez "e" (en inglés) que caracterizan, a su entender, la salud electrónica (eficiencia, mejora de la calidad asistencial, medicina basada en la evidencia; empoderamiento de consumidores y pacientes, fomento de una relación de carácter asociativo entre paciente y profesional sanitario, educación online de médicos y usuarios de servicios sanitarios, intercambio de comunicación estandarizada entre establecimientos de salud, extensión de la atención médica más allá de sus límites convencionales, ética y equidad). *Vid.* G. Eysenbach. "What is e-health?", *Journal of Medical Internet Research* 2001; ISSN 1438-8871, 3(2):e20 Disponible en: https://doi.org/10.2196/jmir.3.2.e20 [UAV 10 de septiembre de 2023].

5 D.K. Ahren, J.M. Kreslake, J.M. Phalen. "What Is eHealth (6): Perspectives on the Evolution of eHealth Research", *Journal of Medical Internet Research* 2006; ISSN 1438-8871, 8(1):e4. Disponible en: https://doi.org/10.2196/jmir.8.1.e4 [UAV 10 de septiembre de 2023].

permitiera distinguirla de otros conceptos relacionados con ella, como la telemedicina o la salud 2.0. Quizá precisamente en esta circunstancia radica su virtud, en tanto que la salud electrónica resulta en último término un concepto contingente, que evoluciona junto con la tecnología que le sirve de sustrato.

En todo caso, a modo meramente ejemplificativo, pueden citarse[6] algunos elementos o componentes de los servicios de salud electrónica en la actualidad. Así, entre otros:

- la implementación de la historia clínica electrónica, la prescripción o receta electrónica;
- sistemas de información en salud, por ejemplo, aplicativos de gestión, agenda, citación de pacientes y trabajos administrativos o establecimiento de indicadores y explotación de bases de datos[7];
- sistemas de apoyo al diagnóstico y al tratamiento o cuidados (CDSS), ya sea mediante el uso de algoritmos, sistemas probabilísticos, etc[8];

---

6 C. Díaz de León-Castañeda. "Salud electrónica (e-Salud): un marco conceptual de implementación en servicios de salud", *Gaceta Médica de México,* versión On-line ISSN 2696-1288, Vol. 155, nº 2, Cuidad de México, marzo-abril 2019, pp. 177-119.

7 I. Herrera, F. Gascón. "Nuevas herramientas en salud", *Medicina clínica;* ISSN 0025-7753, Vol. 139, nº 8, 2012, pp. 365-366.

8 Debe tenerse en cuenta que estos sistemas abarcan desde la aplicación de la inferencia bayesiana, hasta los sistemas de decisiones automatizadas y sistemas de inteligencia artificial. *Vid.* E. Ocampo Edye. *Estudio de aplicabilidad de técnicas de aprendizaje y razonamiento automáticas para el apoyo al diagnóstico clínico y tratamiento de enfermedades,* Tesis doctoral dirigida por D. Rodríguez García (dir. tes.), M.A: Sicilia Urbán (codir. tes.), Universidad de Alcalá, 2010. Disponible en: https://www.educacion.gob.es/teseo/imprimirFicheroTesis.do?idFichero=FN2xxpM8Pr0%3D [UAV 30 de septiembre de 2023].

- imagen médica y realidad aumentada o virtual, que se utiliza tanto en un ámbito académico como con fines preventivos o terapéuticos;
- robótica aplicada al tratamiento quirúrgico;
- sistemas de inteligencia artificial y *big data* con fines, entre otros, de control epidemiológico y promoción de la salud pública, así como sistemas de seguimiento digital (*eHealth apps*).

Atendidos los diversos sistemas, aplicaciones y funcionalidades que se incardinan en la noción de salud electrónica, los beneficios de su implantación resultan innegables. Así por ejemplo, la promoción de una prestación sanitaria de calidad y de la prestación sanitaria transfronteriza, la mejora en la investigación médica y gestión de sistemas sanitarios o la participación activa del paciente en los procesos sanitarios, enrolándolo en la gestión de su propio tratamiento, tanto desde la perspectiva de la información disponible como de los medios de comunicación con los profesionales de la sanidad.

Junto a estos beneficios más centrados, quizá, en la gestión asistencial, la adopción de sistemas de salud electrónica puede y debe tener un impacto global, desde el punto de vista subjetivo e incluso ontológico, puesto que su implantación: i) beneficia a los diversos actores o *stakeholders* de los servicios sanitarios (proveedores públicos y privados, profesionales y usuarios finales), ii) facilita la propia gobernanza de la salud al permitir la racionalización del gasto público y iii) permite abordar el necesario cambio de paradigma en la gestión sanitaria, superando el tradicional enfoque hospitalario y poniendo el foco en la comunidad y en el carácter proactivo de salud integral.

Estos beneficios se enfrentan a diversos obstáculos para la digitalización y la integración que abarcan aspectos muy variados: la interoperabilidad, la adecuada gestión de datos sanitarios, brecha digital, etc. Precisamente para hacer frente a estos retos, los Estados y la comunidad internacional[9] se han preocupado por desarrollar estrategias específicas en materia de salud digital. Así puede citarse la preocupación en el Reino Unido por garantizar, entre otras cuestiones, la interoperabilidad y el empoderamiento del paciente a través de diversas iniciativas como la extinta *Connecting for health*[10] o la creación de NHS Digital con una dotación presupuestaria sin precedentes[11]: 201.700 millones de libras en el presupuesto de 2021[12].

Asimismo, puede citarse la Estrategia española de Salud Digital aprobada en 2021[13] que, adoptando el modelo europeo y las estrategias de otros Estados miembros de la Unión, se cen-

---

9 Así en el caso de la OMS la Estrategia mundial sobre salud digital que, por razones metodológicas, no debe analizarse aquí, pero para cuyo estudio cabe remitirse al siguiente documento: Organización Mundial de la Salud. *Estrategia mundial sobre salud digital 2020–2025 [Global strategy on digital health 2020-2025]*. ISBN 978-92-4-002757-2 (versión electrónica). GINEBRA: OMS, 2021, LICENCIA CC BY-NC-SA 3.0 IGO. Disponible en: https://www.who.int/es/publications/i/item/9789240020924 [UAV 10 de septiembre de 2023].

10 C. Pagliari, et al. "What Is eHealth (4): A Scoping Exercise to Map the Field", *Journal of Medical Internet Research* 2005; ISSN 1438-8871, Mar 31;7(1):e9. Disponible en: 10.2196/jmir.7.1.e9 [UAV 10 de septiembre de 2023].

11 *Vid.* P. García León. *Oficia Económica y Comercial de España en Londres. Ficha sector. Salud Digital (e-Health) en el Reino Unido 2021*, ICEX España Exportación e Inversiones, 2021, disponible en: https://www.icex.es/content/dam/es/icex/oficinas/069/documentos/2021/06/documentos-anexos/DOC2021883622.pdf [UAV 30 de septiembre de 2023].

12 En un loable ejercicio de transparencia, el seguimiento presupuestario del sistema (publicado y actualizado hasta marzo de 2023 en el momento de la remisión del presente estudio) puede consultarse en: https://digital.nhs.uk/about-nhs-digital/corporate-information-and-documents/publication-scheme/nhs-digital-spend-information [UAV 25 de septiembre de 2023].

13 Gobierno de España. Ministerio de Sanidad. "Estrategia de salud digital. Sistema Nacional de Salud". 2 de diciembre de 2021. Disponible

tra en tres líneas fundamentales de acción: i) el desarrollo de servicios públicos digitales en el sector de la salud con fines de diagnóstico y mejora terapéutica; ii) el impulso a la interoperabilidad en la información sanitaria y iii) el refuerzo de la analítica de datos y explotación de la información. La estrategia se acompaña, asimismo, de una significativa dotación presupuestaria. Así por ejemplo, a la luz de las carencias advertidas en la atención primaria durante la gestión del Covid 19, se han dotado de más de 230 millones de euros durante 2022 para la transformación digital de la atención primaria en tres grandes áreas: i) CSI Centro Sanitario Inteligente Digital; ii) Atención Personalizada y iii) Transformación digital de los servicios de soporte de la actividad sanitaria[14].

La inversión global en la Estrategia durante 2023 se ha cifrado en más de 400 millones de euros destinados a atender a fines diversos, entre otros, la financiación del Plan de Atención Digital Personalizada (130 millones), Espacio nacional de Datos de Salud (65 millones), sin olvidar la consolidación de la transformación digital de la atención primaria con 160 millones, entre otras finalidades[15].

En todo caso, las estrategias de los Estados miembros de la Unión Europea vienen en este punto inspiradas por la propia ac-

---

en: https://www.sanidad.gob.es/areas/saludDigital/doc/Estrategia_de_Salud_Digital_del_SNS.pdf [UAV 22 de septiembre de 2023].

14 Gobierno de España. Moncloa. "El Gobierno de España destina más de 230 millones de euros a la transformación digital de la Atención Primaria en el SNS". Nota de Prensa, de 11 de agosto de 2022. Disponible en: https://www.lamoncloa.gob.es/serviciosdeprensa/notasprensa/sanidad14/Paginas/2022/110822_ap-digital.aspx [UAV 22 de septiembre de 2023].

15 Gobierno de España. Moncloa. Nota de Prensa, de 28 de febrero de 2023. Disponible en: https://www.lamoncloa.gob.es/serviciosdeprensa/notasprensa/sanidad14/Paginas/2023/280223-darias-estrategia-salud-digital.aspx [UAV 30 de septiembre de 2023].

ción europea en la materia en tanto que la Unión, como sujeto de Derecho internacional tras el Tratado de Lisboa, está llamada a ocupar un papel protagonista en esta materia a nivel mundial.

2.- La acción europea en materia de salud electrónica

La Unión Europea ha desarrollado una acción específica en materia de salud electrónica con el fin de fomentar la digitalización de la salud en Europa y abordar los obstáculos que se presentan en la consecución de este objetivo.

Una de las primeras acciones más significativas en esta materia vino dada por la aprobación del Primer plan de salud electrónica[16], que se adoptó en 2004 y que se ha venido acompañando de diversas iniciativas políticas en la materia. Pueden citarse, entre otras:

- La iniciativa en favor de los mercados líderes de Europa[17] y la hoja de ruta sobre la salud electrónica asociada de 2007[18].
- La recomendación de la Comisión sobre la interoperabilidad transfronteriza de los sistemas de historiales médicos electrónicos de 2008[19].

---

16 Comisión Europea. *Comunicación de la Comisión al Consejo, al Parlamento Europeo, al Comité Económico y Social Europeo y al Comité de las Regiones. La salud electrónica – hacia una mejor asistencia sanitaria para los ciudadanos europeos: Plan de acción a favor de un Espacio Europeo de la Salud Electrónica.* Bruselas, 30.4.2004 COM (2004) 356 final.

17 Comisión Europea. *Comunicación de la Comisión al Consejo, al Parlamento Europeo, al Comité Económico y Social Europeo y al Comité de las Regiones. Iniciativa en favor de los mercados lideres de Europa* {SEC(2007) 1729} {SEC(2007) 1730} Bruselas, 21.12.2007 COM(2007) 860 final.

18 Texto del documento disponible en: https://eur-lex.europa.eu/legal-content/EN/TXT/HTML/?uri=CELEX:52007SC1729&from=EN [UAV 10 de septiembre de 2022].

19 Comisión Europea. *Recomendación de la Comisión de 2 de julio de 2008 sobre la interoperabilidad transfronteriza de los sistemas de historiales médi-*

- La comunicación sobre la telemedicina en beneficio de los pacientes, los sistemas sanitarios y la sociedad, también de 2008[20].
- El Plan de acción sobre la salud electrónica 2012-2020: atención sanitaria innovadora para el siglo XXI[21].

La acción de la Unión Europea está condicionada por el sistema competencial en la materia. En efecto, la organización y prestación de servicios sanitarios corresponde a los Estados miembros y, en particular, a las autoridades regionales en los Estados descentralizados de tipo regional, autonómico o federal (es el caso de España, Italia o Alemania).

Con pleno respeto a este marco competencial, el artículo 168 del Tratado de Funcionamiento de la Unión Europea[22] establece el marco de acción de la Unión en la materia, de forma que permite a la Comisión:

i) Promover la salud pública y prevención de enfermedades;

ii) Respaldar la cooperación de los Estados miembros con fines diversos, entre otros, mejorar la complementariedad de sus sistemas sanitarios;

---

cos electrónicos [notificada con el número C(2008) 3282] (2008/594/CE) «DOUE» L 190/37, de 17 de julio de 2008.

20 Comisión Europea. *Comunicación de la Comisión al Consejo, al Parlamento Europeo, al Comité Económico y Social Europeo y al Comité de las Regiones. La telemedicina en beneficio de los pacientes, los sistemas sanitarios y la sociedad.* Bruselas, 4.11.2008 COM(2008)689 final.

21 Comisión Europea. *Comunicación de la Comisión al Consejo, al Parlamento Europeo, al Comité Económico y Social Europeo y al Comité de las Regiones. Plan de acción sobre la salud electrónica 2012-2020: atención sanitaria innovadora para el siglo XXI.*{SWD(2012) 413 final} {SWD(2012) 414 final}, Bruselas, 6.12.2012 COM(2012) 736 final.

22 «DOUE» C83/47, de 30 de marzo de 2010.

iii) Estimular la innovación, crecimiento económico y desarrollo del mercado único (*sanitario*) en coordinación con los Estados Miembros.

Por último, la Comisión genera estructuras de cooperación de ámbito jurídico-público o jurídico-privado o los planes de acción sobre la sanidad electrónica de 2004 y 2012, ya citados. En particular y a la vista de los objetivos derivados de este marco normativo, la Comisión en su plan de acción se ha planteado diversos ámbitos de acción en la materia. Uno de ellos es lograr una mayor interoperabilidad de los servicios de *eHealth* con el fin de fomentar la prestación transfronteriza de servicios sanitarios en la Unión Europea.

II.- LOS SERVICIOS DE SALUD ELECTRÓNICOS EN LA UNIÓN EUROPEA

1.- La prestación transfronteriza como presupuesto de la salud electrónica en la Unión Europea: la liberalización del mercado sanitario

La política de salud electrónica parte de un cambio de paradigma. En concreto, de una redefinición de los servicios de salud como prestación integral a un paciente dinámico, que se mueve con libertad a lo largo de los Estados miembros de la Unión y que pasa a ser protagonista de la prestación sanitaria que recibe. Este cambio de perspectiva exige una acción específica de la Unión Europea para afrontar la fragmentación del mercado sanitario y permitir una mayor interconexión de los servicios de salud prestados en los diferentes Estados miembros de la Unión.

En efecto, uno de los objetivos fundamentales de la implantación de sistemas de sanidad electrónica es permitir la prestación sanitaria transfronteriza. Esto es, la posibilidad de que un ciudadano de un Estado pueda recibir prestación médica en otro Estado. Para ello, es necesario un adecuado intercambio transfronterizo de datos sanitarios. Este objetivo no es sencillo y plantea, entre otros desafíos, la liberalización del mercado sanitario y el gran escollo de la interoperabilidad.

La prestación transfronteriza de servicios de salud parte del reconocimiento del principio a la libre circulación de pacientes en el ámbito de la Unión Europea. Esta cuestión originariamente se ligó con el derecho a la libre circulación y residencia y se reguló por Reglamento CEE nº 1408/71 del Consejo, de 14 de junio de 1971, relativo a la aplicación de los regímenes de Seguridad Social a los trabajadores por cuenta ajena y a sus familias que se desplazan dentro de la Comunidad[23]. Este sistema se mantuvo vigente, con diversas modificaciones, hasta su sustitución por el Reglamento CEE nº 883/2004, del Parlamento Europeo y del Consejo, de 29 de abril de 2004, sobre coordinación de los sistemas de seguridad social y por el Reglamento 987/2009 del Parlamento Europeo y del Consejo de 16 de septiembre de 2009 por el que se adoptan las normas de aplicación del Reglamento (CE) 883/2004, sobre la coordinación de los sistemas de seguridad social.

El nuevo sistema permitía el desplazamiento de personas y familias para recibir tratamientos médicos previa obtención de una autorización al efecto y se complementó con la implementación de la tarjeta sanitaria europea en el mismo año 2004. Sin embargo, el sistema incorporaba limitaciones a la movilidad de los pacientes en tanto que sometía la autorización a dos condiciones[24]:

i) que el tratamiento estuviera previsto por la legislación del Estado miembro de residencia;

---

23 «DOCE» L 149/2, de 5 de julio de 1971.

24 Previstas en el artículo 20 del Reglamento sobre coordinación de los sistemas de seguridad social de 2004 ya citado.

ii) que atendido su estado de salud, dicho tratamiento no pudiera serle dispensado en su Estado de origen en un plazo razonable.

Junto a este sistema, a finales del siglo XX se desarrolló otro sistema paralelo sobre la base de la liberalización de los servicios sanitarios a golpe de jurisprudencia (por entonces comunitaria[25]) y que se basa en la obtención flexible de prestación sanitaria transfronteriza, ya sea de ámbito público o privado, con posible reembolso posterior de dichas prestaciones con arreglo a las tarifas del Estado de afiliación[26] en tanto que el sometimiento a previa autorización puede considerarse una limitación a la libre circulación de personas.

La línea jurisprudencial[27] que vino a consolidar este segundo sistema basado en la liberalización de los servicios sanita-

---

25 Fundamentalmente las Sentencias del Tribunal de Justicia de la Unión Europea de 28 de abril de 1998 en asuntos C-120/95 (caso Kohll) y C-158/96 (caso Decker). Al respecto puede consultarse: Tribunal de Justicia de la Unión Europea, División de Prensa e Información. *Comunicado de Prensa nº 26/98*, de 28 de abril de 1998. Disponible en: https://curia.europa.eu/es/actu/communiques/cp98/cp9826es.htm [UAV 25 de septiembre de 2023].

26 Sobre la evolución de estas dos perspectivas y la dificultad de su gestión resulta de interés la consulta del trabajo de J. Cantero Martínez. "Los servicios autonómicos de salud ante la movilidad transfronteriza de pacientes: su nuevo marco de obligaciones", *DS; Derecho y salud*, ISSN 1133-7400, Vol. 27, nº extra 1, 2017 (Ejemplar dedicado a: XXVI Congreso 2017: Derecho sanitario y ciudadanía europea: los retos), pp. 107-122.

27 Cuya evolución, codificación y efectos puede consultarse en el completo documento: Tribunal de Justicia de la Unión Europea. *El Tribunal de Justicia y la asistencia sanitaria*, septiembre de 2018, ISBN 978-92-829-2960-5, DOI 10.2862/565335. Disponible en: https://curia.europa.eu/jcms/upload/docs/application/pdf/2019-06/qd-04-18-747-es-n_2019-06-03_12-10-10_994.pdf [UAV 25 de septiembre de 2023].

rio, fue objeto de posterior codificación, entre otras normas[28], por la Directiva 2011/24/UE sobre los derechos de los pacientes en la asistencia sanitaria transfronteriza de 9 de marzo de 2011[29] (en adelante DDPT).

La DDPT abarca la cobertura de prestación sanitaria en sentido más amplio, incluyendo el tratamiento médico y la dispensación de medicamentos y productos sanitarios recetados en el marco de un servicio sanitario. Al efecto, permite a los pacientes optar por la asistencia sanitaria transfronteriza abonando los gastos que se produzcan y solicitando a posteriori el reembolso en el Estado Miembro de afiliación.

Por cuestiones metodológicas no corresponde aquí realizar un examen detallado de esta normativa y su aplicación práctica, que ha sido ampliamente estudiada[30]. Sin embargo, es necesa-

---

28 Reglamento (CE) nº 883/2004 del Parlamento Europeo y del Consejo de 29 de abril de 2004, sobre la coordinación de los sistemas de seguridad social «DOUE» L 166/ 1, de 3 de abril de 2004 y Reglamento (CE) n o 987/2009 del Parlamento Europeo y del Consejo, de 16 de septiembre de 2009 , por el que se adoptan las normas de aplicación del Reglamento (CE) nº 883/2004, sobre la coordinación de los sistemas de seguridad social (Texto pertinente a efectos del EEE y de Suiza), «DOUE» L 284/1, de 30 de octubre de 2009.

29 «DOUE» L88/45, de 4 de abril de 2011.

30 M.T. Díaz Aznabarte. "La salud tiene fronteras en la Unión Europea. Límites al reembolso de gastos médicos en los Tratamientos programados", *RTSS. CEF*, nº 417 (diciembre 2017), pp. 89-123; A. Contreras Torres. "El marco europeo del derecho a la asistencia sanitaria: de los reglamentos de coordinación a la asistencia sanitaria transfronteriza", *Revista General del Derecho del Trabajo y de la Seguridad Social*, nº 42, 2016, pp. 329-364; M.J. Cervell Hortal. "Pacientes en la Unión Europea: libertad restringida y vigilada", *Cuadernos de Derecho Transnacional*, Vol. 3, nº 2, pp. 51-70, entre otras.

ria su mención en la medida en que sobre este texto descansan tres elementos básicos para el desarrollo de políticas de *eHealth*:

- Se refiere refiere expresamente a la sanidad electrónica, basada en el intercambio de información entre los Estados miembros sobre la base de la creación de la red de la sanidad electrónica (artículo 14) así como al uso de las tecnologías sanitarias y el establecimiento de sistemas de cooperación de ámbito europeo en su evaluación (artículo 15);
- Establece las bases de la receta electrónica interoperable (artículo 11.2.b);
- Favorece la interoperabilidad organizativa al crear una red de contactos nacionales para facilitar el intercambio de información sobre la asistencia sanitaria transfronteriza (artículo 6).

La DDPT es, por lo tanto, el texto clave que sirve de bisagra para el necesario paso de una prestación transfronteriza testimonial para los contados casos de movilidad del último cuarto del siglo XX, a una prestación transfronteriza de servicios sanitarios electrónicos, que fomenta la movilidad de personas y trabajadores y que atiende a los principios de accesibilidad, asequibilidad y calidad de unos servicios sanitarios interoperables sobre la base de la cooperación sanitaria transfronteriza[31]. Al efecto, y como ya se ha advertido, el gran reto a abordar descansa en la interoperabilidad de los sistemas sanitarios implicados.

---

31 Sin perjuicio de reconocer que la solución del reembolso por la que opta este sistema genera un cierto efecto disuasorio y una posición de desventaja respecto a aquellas personas con menos capacidad económica. *Vid.* M.T. Díaz Aznabarte. *Op. cit.*, p. 109.

2.2.- La Interoperabilidad o cómo los sistemas de salud de la Unión Europea están llamados a entenderse

La interoperabilidad se define como «la capacidad de que organizaciones diversas y dispares interactúen con vistas a alcanzar objetivos comunes que sean mutuamente beneficiosos y que hayan sido acordados previa y conjuntamente, recurriendo a la puesta en común de información y conocimientos entre las organizaciones, a través de los procesos empresariales a los que apoyan, mediante el intercambio de datos entre los sistemas de TIC respectivos»[32]. Desde una perspectiva más sencilla, puede considerarse la capacidad que tienen los sistemas de intercambiar información de forma comprensible[33]. De esta forma, la interoperabilidad actúa como el presupuesto para la prestación transfronteriza de servicios públicos, en tanto que dicha prestación se dificulta enormemente si los sistemas no son capaces de interconectarse y compartir los datos necesarios para la efectiva prestación de servicios. Esta necesidad es especialmente clave en la prestación transfronteriza de servicios sanitarios, puesto que de la disponibilidad de tales datos depende, en último término, la garantía última del derecho a la salud de los ciudadanos.

---

32 Artículo 2.a) de la Decisión Nº 922/2009/CE DEL PARLAMENTO EUROPEO Y DEL CONSEJO, de 16 de septiembre de 2009, relativa a las soluciones de interoperabilidad para las administraciones públicas europeas (ISA) (Texto pertinente a efectos del EEE). «DOUE» nº 260, de 3 de octubre de 2009, pp. 20-27 (8 páginas.)

33 Indra, Instituto para el Desarrollo e Integración de la Sanidad (ISDIS). *Estudio de Interoperabilidad en el Sector Sanitario. El paciente como actor principal*, Fundación ISDIS, Madrid, Octubre de 2015, p. 14, disponible en: https://www.fundacionidis.com/es/informes/sanidad-privada-aportando-valor-an%C3%A1lisis-de-situaci%C3%B3n-2016 [UAV 2 de septiembre de 2023].

La interoperabilidad constituye un ámbito de especial dificultad en la implantación de servicios públicos electrónicos en la medida que requiere un intenso esfuerzo multinivel. Precisamente con la finalidad de promover la digitalización de los servicios públicos, la Comisión adoptó en 2010 la Comunicación "Hacia la interoperabilidad de los servicios públicos europeos"[34] complementada por la Estrategia Europea de Interoperabilidad (EIS) y el Marco Europeo de Interoperabilidad (EIF)[35]. Este Marco Europeo ha sido asimismo objeto de modificación con el fin de mejorar la fragmentación digital del mercado europeo. Al efecto, en marzo de 2017 la Comisión presentaba la comunicación Marco Europeo de Interoperabilidad-Estrategia de aplicación[36].

Así pues, a partir del objetivo europeo de establecer un mercado digital único, los diferentes Estados de la Unión Europea han optado abiertamente por la digitalización de los servicios públicos. Si bien en todos los Estados la interoperabilidad supone un desafío, quizá éste resulte especialmente intenso en Estados descentralizados, de corte federal, regional o autonómico, puesto que la implantación de servicios públicos digitales requiere alcanzar la interoperabilidad interna y externamente. Es decir, estos Estados deben trabajar en la interoperabilidad

---

34 Comisión Europea. *Comunicación de la Comisión al Consejo, al Parlamento Europeo, al Comité Económico y Social Europeo y al Comité de las Regiones. Hacia la interoperabilidad de los servicios públicos europeos.* Bruselas, 16.12.2010 COM(2010) 744 final.

35 COM(2010) 744 final, Anexo 1 y Anexo 2. Disponible en: https://eur-lex.europa.eu/legal-content/ES/TXT/HTML/?uri=CELEX:52010DC0744&from=CS [UAV 27 de septiembre de 2023].

36 Comisión Europea. *Comunicación de la Comisión al Consejo, al Parlamento Europeo, al Comité Económico y Social Europeo y al Comité de las Regiones.* Marco Europeo de Interoperabilidad – Estrategia de aplicación {SWD(2017) 112 final}{SWD(2017) 113 final} Bruselas, 23.3.2017 COM(2017) 134 final.

en un ámbito nacional, por interconexión de servicios públicos descentralizados y la interoperabilidad de alcance europeo, para garantizar ese mercado digital único europeo. En esta tarea, los Estados miembros adoptan el Marco Europeo de Interoperabilidad como base para construir sus propios marcos nacionales de interoperabilidad. Por ejemplo, en España el Esquema Nacional de Interoperabilidad[37].

La referencia a los ordenamientos jurídicos nacionales en esta materia es fundamental puesto que la implantación de mecanismos de salud electrónica es una competencia propia de los Estados miembros. Sin embargo, en el ejercicio de sus competencias, la Comisión en sus planes de acción sobre salud electrónica de 2004 y de 2012 se ha planteado el desarrollo de la interoperabilidad con fines de promoción de servicios transfronterizos de salud. A tal efecto, la Comisión adopta diversas medidas de impulso y cooperación.

Estas medidas vienen determinadas por los tres niveles clásicos de la interoperabilidad que reconoce el Marco europeo: interoperabilidad semántica, técnica y organizativa.

1.- De acuerdo con la definición del Marco europeo de interoperabilidad en su apartado 3.2, la dimensión semántica de la interoperabilidad "garantiza que el formato y el significado exacto de la información intercambiada se comprendan y conserven en todos los intercambios entre las partes". Es decir, que se comprenda debidamente la información transmitida. A la consecución de esta dimensión se atiende a través de la armonización o el establecimiento de sistemas de cooperación jurídica que permitan el flujo de información entre distintos sistemas sanitarios, de for-

---

37 Real Decreto 4/2010, de 8 de enero, por el que se regula el Esquema Nacional de Interoperabilidad en el ámbito de la Administración Pública. «BOE» nº 25, de 29 de enero de 2010.

ma que dicha información pueda ser leída y comprendida por otros sistemas. Asimismo, la interoperabilidad semántica permite la posibilidad de interpretación automática y reutilización de información sanitaria por aplicaciones diferentes a las que participaron en su creación, un ámbito en el que los sistemas de inteligencia artificial están llamados a ocupar un lugar progresivamente central.

En este ámbito, con el objeto de favorecer la prestación transfronteriza de servicios de salud, es fundamental lograr una normalización terminológica, de forma que los datos sanitarios y, en particular, la información contenida en las historias clínicas electrónicas pueda ser comprendida con precisión por el personal sanitario de cualquier Estado miembro de la Unión. Al efecto, se han desarrollado diversos proyectos terminológicos con el fin de alcanzar este objetivo fundamental de normalización terminológica en materia de salud[38], si bien existen dos proyectos terminológicos de referencia de alcance internacional que permiten la armonización de la terminología médica: UMSL (por sus siglas en inglés) creado por la US National Library of Medicine y fundamentalmente SNOMED-CT (*Systematized Nomenclature of Medicine-Clinical Terms*) creado por la Organización Internacional de Desarrollo de Estándares de Terminología de la Salud, de la que España es miembro y que constituye “terminología clínica avanzada más importante a nivel mundial” diseñada especialmente para facilitar la interoperabili-

---

38 G. Marco Cuenca. *Interoperabilidad semántica y normalización de la historia clínica electrónica. Modelo de producción de activos semánticos basados en estándares,* Tesis doctoral dirigida por J.A. Salvador Oliván (dir. tes.), L.F. Ramos Simón (dir. tes.), Universidad Complutense de Madrid, 2015, p. 138. Disponible en: https://eprints.ucm.es/id/eprint/36505/ [UAV 10 de septiembre de 2023].

dad semántica en registros médicos y, en particular, en la Historia Clínica electrónica[39].

2.- Por su parte, de acuerdo con el Marco europeo de interoperabilidad, la interoperabilidad técnica "abarca las aplicaciones e infraestructuras que conectan sistemas y servicios" y remite entre otros a servicios de interconexión o de integración de datos (apartado 3.6). Respecto a esta dimensión de la interoperabilidad técnica, la Unión Europea se compromete a financiar iniciativas para la implantación de sistemas de salud electrónica conforme con los objetivos de los planes de acción en *eHealth.* Esta acción concreta se realiza a través de varias herramientas, entre otras:

i) El programa de investigación Horizonte 2020 (Programa Marco de Investigación e Innovación de la Unión Europea para el periodo 2014-2020) que apoya la innovación tecnológica en salud y bienestar y que ha sido sustituido por el Programa Horizonte Europa para el periodo 2021-2027[40];

ii) El mecanismo Conectar Europa[41] que financia iniciativas en materia de telecomunicaciones, transporte

---

39 *Ibidem,* p. 201.

40 La página web del programa puede consultarse en el Portal de la Comisión europea a través del siguiente enlace: https://ec.europa.eu/info/funding-tenders/find-funding/eu-funding-programmes/horizon-europe_es [UAV 26 de septiembre de 2023].

41 Regulado en el REGLAMENTO (UE) 2021/1153 DEL PARLAMENTO EUROPEO Y DEL CONSEJO de 7 de julio de 2021 por el que se establece el Mecanismo «Conectar Europa» y se derogan los Reglamentos (UE) nº 1316/2013 y (UE) nº 283/2014 (Texto pertinente a efectos del EEE), «DOUE» L 249/38, de 14 de julio de 2021. Más información en su portal específico: https://ec.europa.eu/info/funding-tenders/find-funding/eu-funding-programmes/connecting-europe-facility_es [UAV 26 de septiembre de 2023].

y energía, y el tercer programa de salud 2014-2020[42] que financia proyectos concretos y que se sustituye por el programa EU4Health para 2021-2027[43].

3.- Por último, la interoperabilidad organizativa se define en el Marco europeo de interoperabilidad como "la manera en que las administraciones públicas adaptan sus procesos empresariales, responsabilidades y expectativas para alcanzar las metas adoptadas de común acuerdo y mutuamente beneficiosas." (apartado 3.4). A tal efecto, aplica al esquema organizativo las exigencias de accesibilidad y disponibilidad propias del servicio público, centradas en el paciente como protagonista de la prestación sanitaria. En general, por lo que se refiere a la prestación transfronteriza de servicios sanitarios, y desde la perspectiva de la interoperabilidad organizativa, la Comisión se compromete con el diseño de plataformas que faciliten la colaboración entre Estados miembros. Para ello cuenta con una estructura clave: la red de sanidad electrónica y su infraestructura de servicios digitales.

---

42 Propuesta de REGLAMENTO DEL PARLAMENTO EUROPEO Y DEL CONSEJO, de 9 de noviembre de 2011, por el que se establece el Programa de Salud para el Crecimiento, tercer programa plurianual de acción de la UE en el ámbito de la salud para el periodo 2014-2020 [COM(2011) 709 final– no publicada en el Diario Oficial]. Texto pertinente a efectos del EEE) {SEC(2011) 1322 final} {SEC(2011) 1323 final} Bruselas, 9.11.2011 COM(2011) 709 final, 2011/0339 (COD).

43 Establecido por el REGLAMENTO (UE) 2021/522 DEL PARLAMENTO EUROPEO Y DEL CONSEJO, de 24 de marzo de 2021, por el que se establece un programa de acción de la Unión en el ámbito de la salud («programa UEproSalud») para el período 2021-2027 y por el que se deroga el Reglamento (UE) nº 282/2014 (Texto pertinente a efectos del EEE), «DOUE» L 107/1, de 26 de marzo de 2021.

III.- ESTRUCTURA ORGANIZATIVA DE LA PRESTACIÓN TRANSFRONTERIZA DE SERVICIOS SANITARIOS ELECTRÓNICOS

1.- La red sanitaria electrónica y la infraestructura de servicios digitales

La red de sanidad electrónica (*eheath network*) se creó en 2015 con base en el artículo 14 de la DDPT. Esta red está prevista para la adhesión voluntaria de autoridades nacionales encargadas de la salud electrónica. España se adhirió desde la creación de la red e interactúa en ella a través del Ministerio de Sanidad. Su finalidad principal es la de promover la sanidad electrónica en Europa y fomentar políticas que aboguen por la interoperabilidad como presupuesto de la prestación transfronteriza. En todo caso, al amparo de esta normativa, el ciudadano recibe asistencia sanitaria en un país distinto a su país de origen reembolsando en su caso los gastos generados.

En el marco de la red de sanidad electrónica, y desde una perspectiva técnica, la infraestructura de servicios digitales de sanidad electrónica, conocida por sus siglas en inglés (eHDSI) garantiza la prestación sanitaria transfronteriza. En la actualidad, los servicios transfronterizos electrónicos fundamentalmente incorporados en la infraestructura de la red de sanidad electrónica europea (e identificados como MyHealth@EU) son dos: la receta electrónica y los historiales resumidos de los pacientes.

2.- La receta electrónica

La receta electrónica se ha definido como un sistema de prescripción y dispensación de medicamentos sin el soporte físico de la receta en papel[44]. Constituye por lo tanto un servicio digital de apoyo a los facultativos para cuya concurrencia, en sentido estricto, se exigen dos requisitos: i) una automatización de los procesos de prescripción, control y dispensación de medicamentos; ii) un proceso administrativo para la facturación a los Servicios de Salud de las recetas dispensadas[45]. Por lo tanto, advierte Ruiz García, partiendo del sistema tradicional de prescripción y dispensación, la receta electrónica incluye otros componentes o módulos que, integrando a todos los participantes en el proceso, se propone una mejor atención al paciente, como objetivo fundamental[46].

Así, la receta electrónica constituye el primer paso para la digitalización de la prestación sanitaria y por ende como elemento clave para la prestación transfronteriza. Su implantación en clave nacional se inicia en algunos Estados miembros de la Unión Europea a finales de los años noventa del siglo XX. Así, por ejemplo, en España puede hablarse de receta electrónica a partir de 2003[47] si bien el primer texto jurídico que se refiere a ella data de 2006, en concreto, el artículo 33 de la ya derogada Ley 29/2006, de garantías y uso racional de los medicamentos y productos sanitarios[48], que abogaba por su

---

44 N.F. Andrés Rodríguez. "Receta electrónica y atención farmacéutica: ¿son incompatibles". *Farmacéuticos comunitarios*, ISSN 1885-8619, Vol. 1, nº 2, p. 43.

45 L. Usera. "La receta electrónica". En *Escritura pública*, ISSN 1695-6508, nº 35, 2005, p. 22.

46 E. Ruiz García. *Receta electrónica y adherencia al tratamiento farmacoterapéutico en pacientes dislipémicos*, Tesis doctoral dirigida por E. García Giménez (dir. tes.), J. Espejo Guerrero (codir. tes.), F. Martínez Martínez (codir. tes.), Universidad de Granada, 2011, p. 51. Disponible en: https://digibug.ugr.es/bitstream/handle/10481/19433/20014569.pdf?sequence=1&isAllowed=y [UAV 10 de septiembre de 2023],

47 L. Usera. *Op. cit.*, p. 22.

48 «BOE» nº 178, de 27 de julio de 2006.

implantación con la participación de los colegios de médicos y farmacéuticos. La normativa técnica en la materia se concreta con la aprobación del Real Decreto 1718/2010, sobre receta médica y órdenes de dispensación[49].

En el ámbito europeo, se articula sobre un marco regulatorio conformado por la Directiva ya citada de aplicación de los derechos de los pacientes en la asistencia sanitaria transfronteriza, y la Directiva de ejecución 2012/52/UE de la Comisión, de 20 de diciembre de 2012 que establece las bases para el reconocimiento en un Estado Miembro de las recetas médicas expedidas en otro Estado miembro. Junto con estas dos normas, la Recomendación (UE) 2019/243 de la Comisión, de 6 de febrero de 2019 sobre un formato de intercambio de historiales médicos de ámbito europeo.

Los aspectos fundamentales en la implantación de la receta europea electrónica[50] pueden analizarse atendiendo a los sujetos implicados y a la dispensación de medicamentos en términos objetivos, es decir, en referencia a la receta y al medicamento recetado.

1.- En primer lugar, por lo que respecta a los sujetos y desde una perspectiva descendente, la implantación de la receta electrónica presenta tres grandes requisitos:

- En un ámbito supranacional, exige la coordinación entre la Unión Europea y los Estados miembros. Esta coordinación se realiza desde el enfoque nacional, que se concreta en dos aspectos: i) el establecimiento de un único punto nacional de comunicación y ii) el

---

49 «BOE» nº 17, de 20 de enero de 2011, pp. 6306-6329.

50 J.A. Martínez Navarro. "El proyecto europeo de interoperabilidad de receta electrónica: Una aproximación desde la experiencia del modelo español", *IDP: revista de Internet derecho y política,* ISSN-e1699-8154, nº 36, 2022, pp. 7-9.

desarrollo de un software de ámbito nacional para el intercambio transfronterizo de la información.

- Por lo que se refiere a las partes interesadas (profesionales de la salud, pacientes, técnicos) requiere la alineación de sus intereses, visión y beneficios, poniendo en todo caso al paciente como centro del sistema[51].
- En último término, y desde una perspectiva más práctica, el éxito de la receta electrónica exige asegurar la identificación del paciente. Para ello resulta clave el uso de la tarjeta sanitaria europea, que se define[52] como "el documento personal e intransferible que acredita el derecho a recibir las prestaciones sanitarias que resulten necesarias[53], desde un punto de vista médico, durante una estancia temporal en el territorio del Espacio Económico Europeo, Suiza y Reino Unido, teniendo en cuenta la naturaleza de las prestaciones y la duración de la estancia prevista, de acuerdo con la legislación del país de estancia, independientemente de que el objeto de la estancia sea el turismo,

---

51 Varios autores. "Percepción y satisfacción del paciente con el sistema de receta electrónica: resultados del cuestionario PERSA-RE", *Farmacéuticos comunitarios*, ISSN 1885-8619, Vol. 14, nº 2, p. 10.

52 Gobierno de España. Ministerio de Inclusión, Seguridad Social y Migraciones. "Nota informativa sobre la Tarjeta sanitaria europea". Disponible en: https://www.seg-social.es/wps/wcm/connect/wss/7d991011-1d15-4418-b8f3-ab30f4695c6d/C-078+BIS_Castellano_2_Accesibilidad.pdf?MOD=AJPERES [28 de septiembre de 2023].

53 Normalmente se refiere a enfermedades crónicas y otras prestaciones, siempre que no se viaje con el fin de obtenerlas. Para ahondar en este concepto, puede consultarse la siguiente nota explicativa: Comisión Europea. "Explanatory notes on modernised social security coordination Regulations (EC) nº 883/2004 & nº 987/2009". Disponible en: https://ec.europa.eu/social/BlobServlet?docId=6481&langId=en [UAV 24 de septiembre de 2023].

una actividad profesional o los estudios". Por lo tanto, permite recibir la prestación en el país de destino con el mismo coste que los ciudadanos asegurados en dicho país. La tarjeta se emite por la oficina de la seguridad social del país de origen[54].

2.- Por su parte, desde una perspectiva objetiva, la receta específicamente debe contener una serie de datos determinados para que el medicamento pueda dispensarse en otro Estado. En este sentido, puede citarse el contenido que detalla el artículo 15 bis apartado segundo del ya citado Real Decreto sobre receta médica y órdenes de dispensación de 17 de diciembre de 2010[55], que debe complementarse con la normativa europea en la materia, en particular, las Guías sobre el intercambio electrónico de datos sanitarios con arreglo a la Directiva transfronteriza 2011/24/UE tanto en lo referido a las normas generales[56] como a las directrices específicas en materia de prescripción y dispensación electrónicas de medicamentos autorizados[57].

---

[54] Estas oficinas también emiten, en su caso, las tarjetas nacionales. Es el caso de la tarjeta sanitaria individual española, que constituye el documento administrativo que acredita al titular y da acceso a los servicios del Sistema Nacional de Salud, se regula por Real Decreto 702/2013, de 20 de septiembre, por el que se modifica el Real Decreto 183/2004, de 30 de enero, por el que se regula la Tarjeta sanitaria individual. «BOE» nº 238 238, de 4 de octubre de 2013, pp. 81573-81577.

[55] De acuerdo con el apartado 5 del precepto, este contenido debe entenderse sin perjuicio de las particularidades que reviste la prescripción de medicamentos que están sujetos a receta médica especial.

[56] Unión Europea, Ehealth network. *Guideline on the electronic exchange of health data under Cross-Border Directive 2011/24/EU, General guidelines (release 2),* Bruselas, 21 de noviembre de 2016, disponible en https://www.ncpehealth.gr/files/01_01_general_guidelines.pdf [UAV 5 de septiembre de 2023].

[57] Unión Europea, Ehealth network. *Guideline on the electronic exchange of health data under Cross-Border Directive 2011/24/EU, ePrescription and eDis-*

Así pues, con carácter general, una receta electrónica debe consignar:

a) los datos identificativos del paciente: nombre y apellidos completos y fecha de nacimiento;

b) la autenticación de la receta. Al respecto, la norma española prescribe que se haga constar la fecha de expedición y las directrices europeas exigen el número de identificación de la prescripción;

c) los datos identificativos del profesional sanitario prescriptor: nombre y apellidos completos, cualificación profesional, datos de contacto directo (incluidos correo electrónico y teléfono o fax), dirección profesional (y Estado miembro), y firma, que será digital. Debe matizarse que las directrices europeas exigen consignar el código de país ISO 3166 del profesional sanitario que prescribe la receta;

d) identificación adecuada del medicamento o producto sanitario. Reglamentariamente se exige consignar la denominación común[58] y, en su caso, la marca comercial si se trata de un medicamento biológico o el profesional sanitario prescriptor lo considera necesario desde un punto de vista médico. En este supuesto, se debe acompañar de una breve justificación así como el detalle de posología.

---

pensation (release 3), París, 1 de junio de 2022, *vid* sección 4, pp. 21-29, disponible en: https://health.ec.europa.eu/system/files/2022-06/ehn_guidelines_eprescriptions_en.pdf https://www.ncpehealth.gr/files/01_01_general_guidelines.pdf [UAV 5 de septiembre de 2023].

58 En los términos previstos en al artículo 1 de la Directiva 2001/83/CE del Parlamento Europeo y del Consejo, de 6 de noviembre de 2001, por la que se establece un código comunitario sobre medicamentos para uso humano. En este respecto, la Agencia Europea del Medicamento aboga por el Inventario de medicamentos previsto en el artículo 57.1.l) del Reglamento 1235/2010, de 15 de diciembre de 2010 y que publica en su página web, *vid.* J.A. Martínez Navarro. *Op. cit.*, p. 8.

En todo caso, el sistema de receta electrónica presenta innegables ventajas, en particular:

- una más adecuada gestión del tiempo en la prestación sanitaria al disminuir las visitas de carácter administrativo a las consultas[59];
- el fomento de la seguridad de la prestación, al incorporar toda la medicación que recibe el paciente;
- el ahorro público, al evitar la sobre prescripción;
- en este sentido, el acceso por parte del farmacéutico a la información de la receta electrónica se ha manifestado como imprescindible para el seguimiento farmacoterapéutico, pues permite una dispensación más profesional precisamente en la línea del empoderamiento del paciente. En efecto, la implantación de la *e-receta* libera al farmacéutico y le concede mayor disposición de tiempo que puede dedicar para informar adecuadamente al paciente de las pautas de uso de los medicamentos. De esta manera, se asegura de que va a realizar un uso adecuado y se minoran los posibles efectos negativos derivados de posologías erróneas[60].

3.- El acceso al historial resumido de pacientes y a la futura Historia clínica electrónica

Por su parte, junto con la receta electrónica en la actualidad se está implantando el acceso a historiales resumidos de los pacientes. En el desarrollo de esta acción en concreto, junto a la DDPT, destaca el cumplimiento de las Directrices de la red de sanidad electrónica sobre Historiales resumidos de los

---

59 R. Azagra Ledesma; A. Aguyé Batista. "La prescripción electrónica en España". *Atención primaria,* mayo de 2005, Nº 35(9), Vol. 35, nº 9, p. 459.

60 N.F. Andrés Rodríguez. *Op. cit.*, p. 43.

pacientes de junio de 2023[61], que constituye la tercera versión en sustitución de las Directrices de 2016.

El acceso a historiales resumidos permite el intercambio de información sanitaria esencial (alergias, medicación dispensada, enfermedades o cirugías previas). Esta herramienta resulta especialmente indicada en casos de prestación transfronteriza con dificultades idiomáticas, si bien plantea el reto fundamental de la interoperabilidad semántica, cuyas implicaciones ya se han tratado *supra*.

El servicio de acceso a historiales resumidos se incardina en un proyecto de mayor alcance que está llamado a permitir, dentro de la Unión Europea, la disponibilidad transfronteriza de otras pruebas (imágenes médicas, altas, entre otros) para terminar abarcando la historia clínica electrónica completa. Este objetivo redunda en el fomento de una mejor prestación asistencial transfronteriza (y también en clave nacional), en la medida en que el acceso a la historia clínica electrónica favorece el seguimiento sistemático del paciente desde una perspectiva diagnóstica y farmacológica, aumentando la eficiencia y garantizando la coordinación y la continuidad[62].

Así pues, la implantación de la historia clínica electrónica que presenta indudables beneficios, pues con carácter general:

a) Facilita la comunicación entre profesionales de la salud, reduciendo los fallos;

---

61 Unión Europea. Ehealth network. *Guideline on the electronic exchange of health data under Cross-Border Directive 2011/24/EU Patient Summary*, Release 3.3 June 2023. Disponible en: https://health.ec.europa.eu/system/files/2023-10/ehn_guidelines_patientsummary_en.pdf [UAV 5 de septiembre de 2023].

62 En este punto, *vid.*, M. Alfaro, et al. "Nuevas tecnologías en atención primaria: personas, máquinas, historias y redes. Informe SESPAS 2012." *Gaceta Sanitaria*, 2012, nº 26 (S), p. 108.

b) Mejora el acceso a la información médica (antecedentes, situación clínica, tratamiento);

c) Evita fallos en la prescripción y la dispensación.

Este proyecto en todo caso exige la previa implantación generalizada de los actuales servicios de MyHealth@EU en un proceso que se encuentra todavía en fase de impulso. Sin embargo, para 2025 está previsto que se implante en 25 de los 27 países de la Unión[63].

IV.- A MODO DE CONCLUSIÓN: HACIA UN ESPACIO EUROPEO DE DATOS SANITARIOS

Más allá del fomento sin ambages de la interoperabilidad de los datos sanitarios con la finalidad de atender a la prestación transfronteriza de los servicios de salud, la Comisión presentó el 3 de mayo de 2022 una propuesta de Reglamento sobre el espacio europeo de datos sanitarios[64], sobre cuyo texto el Parlamento europeo adoptó su posición el 13 de diciembre de 2023. La propuesta, en la línea de la Estrategia Europea de Datos de

---

63 La actual implantación de ambos servicios puede consultarse en el portal de Public health mantenido por la Comisión europea, accesible en: https://health.ec.europa.eu/ehealth-digital-health-and-care/electronic-cross-border-health-services_es

64 Comisión Europea. Propuesta de REGLAMENTO DEL PARLAMENTO EUROPEO Y DEL CONSEJO sobre el Espacio Europeo de Datos Sanitarios (Texto pertinente a efectos del EEE) {SEC(2022) 196 final} - {SWD(2022) 130 final} - {SWD(2022) 131 final} - {SWD(2022) 132 final} Estrasburgo, 3.5.2022 COM(2022) 197 final 2022/0140 (COD).

2020[65], la ley europea de datos[66] o el libro banco de la inteligencia artificial[67], está llamada a un objetivo más amplio, la creación de un mercado único de datos que, desde la acción conjunta de la mayoría de estados europeos, facilite la gobernanza y la soberanía digital de Europa, ordene de acuerdo con las premisas europeas de privacidad, los principios FAIR para la gestión de los datos científicos[68] y el uso secundario de datos sanitarios, es decir, para usos distintos a los que motivaron su recogida. Por ejemplo, investigación científica o vigilancia pública, entre otras.

Este proyecto, de una magnitud incuestionable, se articula en la línea de la evolución de la gestión sanitaria de la Unión Europea que ha podido identificarse a lo largo de este trabajo. Es decir, desde la reorientación de la salud como un verdadero mercado. En consecuencia, el rol de la Unión Europea en materia de salud ha cambiado significativamente en los últimos años, adoptando un papel protagonista en la gobernanza global de la salud y pasando institucionalmente por fomentar

---

65 Comisión Europea. *Estrategia Europea de Datos.* Accesible en: https://commission.europa.eu/strategy-and-policy/priorities-2019-2024/europe-fit-digital-age/european-data-strategy_es [UAV 10 de septiembre de 2023].

66 Comisión Europea. Propuesta de REGLAMENTO DEL PARLAMENTO EUROPEO Y DEL CONSEJO sobre normas armonizadas para un acceso justo a los datos y su utilización (Ley de Datos) (Texto pertinente a efectos del EEE) {SEC(2022) 81 final} - {SWD(2022) 34 final} - {SWD(2022) 35 final} Bruselas, 23.2.2022 COM(2022) 68 final 2022/0047 (COD)

67 Comisión Europea. *Libro Blanco sobre la inteligencia artificial - un enfoque europeo orientado a la excelencia y la confianza.* Bruselas, 19.2.2020 COM(2020) 65 final.

68 Datos encontrarles, accesibles, interoperables y reutilizables. Unos principios enunciados en el conocido trabajo: Wilkinson, M. et al. "The FAIR Guiding Principles for scientific data management and stewardship", *Scientific Data* 3, 160018, 2016. Disponible en: https://doi.org/10.1038/sdata.2016.18 [UAV 10 de septiembre de 2023].

la riqueza personal, pero también nacional, regional y mundial a la que Emerson se refería hace más de siglo y medio. Al efecto, y sin renunciar a los valores que inspiran su fundación y que constituyen el sustrato del ser europeo, la Unión opta por la innovación y la interoperabilidad, no sólo como requisitos de la prestación sanitaria transfronteriza, sino también como motor de crecimiento, de soberanía en un entorno global y de garantía multidisciplinar de los derechos de los ciudadanos europeos en un Estado del bienestar redefinido por el uso de las tecnologías. El camino es largo, pero si duda, apasionante y decisivo en el futuro de la salud mundial.

BIBLIOGRAFÍA

Ahren, D.K., Kreslake, J.M. Phalen, J.M. "What Is eHealth (6): Perspectives on the Evolution of eHealth Research", *Journal of Medical Internet Research* 2006; ISSN 1438-8871, 8(1):e4. Disponible en: https://doi.org/10.2196/jmir.8.1.e4 [UAV 10 de septiembre de 2023].

Alfaro, M. et al. "Nuevas tecnologías en atención primaria: personas, máquinas, historias y redes. Informe SESPAS 2012", *Gaceta Sanitaria,* 2012, N° 26 (S), pp. 107-112.

Andrés Rodríguez, N.F. "Receta electrónica y atención farmacéutica: ¿son incompatibles", *Farmacéuticos comunitarios,* ISSN 1885-8619, Vol. 1, n° 2, p. 43.

Azagra Ledesma, R; Aguyé Batista, A. "La prescripción electrónica en España", *Atención primaria,* mayo de 2005, Vol. 35, n° 9, pp. 457-459.

Cantero Martínez, J. "Los servicios autonómicos de salud ante la movilidad transfronteriza de pacientes: su nuevo marco de obligaciones", *DS; Derecho y salud,* ISSN 1133-7400, Vol. 27, n° extra 1, 2017 (Ejemplar dedicado a: XXVI Congreso 2017: Derecho sanitario y ciudadanía europea: los retos), pp. 107-122.

Cervell Hortal, M.J. "Pacientes en la Unión Europea: libertad restringida y vigilada", *Cuadernos de Derecho Transnacional,* Vol. 3, n° 2, pp. 51-70.

Comisión Europea. Propuesta de REGLAMENTO DEL PARLAMENTO EUROPEO Y DEL CONSEJO sobre el Espacio Europeo de Datos Sanitarios (Texto pertinente a efectos del EEE) {SEC(2022) 196 final} - {SWD(2022) 130 final} - {SWD(2022) 131 final} - {SWD(2022) 132 final} Estrasburgo, 3.5.2022 COM(2022) 197 final 2022/0140 (COD).

Comisión Europea. Propuesta de REGLAMENTO DEL PARLAMENTO EUROPEO Y DEL CONSEJO sobre normas armonizadas para un acceso justo a los datos y su utilización (Ley de Datos) (Texto pertinente a efectos del EEE) {SEC(2022) 81 final} - {SWD(2022) 34 final} - {SWD(2022) 35 final} Bruselas, 23.2.2022 COM(2022) 68 final 2022/0047 (COD) .

Comisión Europea. *Libro Blanco sobre la inteligencia artificial - un enfoque europeo orientado a la excelencia y la confianza*. Bruselas, 19.2.2020 COM(2020) 65 final.

Comisión Europea. *Estrategia Europea de Datos*. Accesible en: https://commission.europa.eu/strategy-and-policy/priorities-2019-2024/europe-fit-digital-age/european-data-strategy_es [UAV 10 de septiembre de 2023].

Comisión Europea. *Comunicación de la Comisión al Consejo, al Parlamento Europeo, al Comité Económico y Social Europeo y al Comité de las Regiones*. Marco Europeo de Interoperabilidad – Estrategia de aplicación {SWD(2017) 112 final}{SWD(2017) 113 final} Bruselas, 23.3.2017 COM(2017) 134 final.

Comisión Europea. *Comunicación de la Comisión al Consejo, al Parlamento Europeo, al Comité Económico y Social Europeo y al Comité de las Regiones. Plan de acción sobre la salud electrónica 2012-2020: atención sanitaria innovadora para el siglo XXI*. {SWD(2012) 413 final} {SWD(2012) 414 final}, Bruselas, 6.12.2012 COM(2012) 736 final.

Comisión Europea. *Comunicación de la Comisión al Consejo, al Parlamento Europeo, al Comité Económico y Social Europeo y al Comité de las Regiones. Hacia la interoperabilidad de los servicios públicos europeos*. Bruselas, 16.12.2010 COM(2010) 744 final.

Comisión Europea. *Comunicación de la Comisión al Consejo, al Parlamento Europeo, al Comité Económico y Social Europeo y al Comité de las Regiones. La telemedicina en beneficio de los pacientes, los sistemas sanitarios y la sociedad*. Bruselas, 4.11.2008 COM(2008)689 final.

Comisión Europea. *Recomendación de la Comisión de 2 de julio de 2008 sobre la interoperabilidad transfronteriza de los sistemas de historiales médicos electrónicos* [notificada con el número C(2008) 3282] (2008/594/CE) «DOUE» L 190/37, de 17 de julio de 2008.

Comisión Europea. *Comunicación de la Comisión al Consejo, al Parlamento Europeo, al Comité Económico y Social Europeo y al Comité de las Regiones. Iniciativa en favor de los mercados líderes de Europa* {SEC(2007) 1729} {SEC(2007) 1730} Bruselas, 21.12.2007 COM(2007) 860 final.

Comisión Europea. *Comunicación de la Comisión al Consejo, al Parlamento Europeo, al Comité Económico y Social Europeo y al Comité de las Regiones. La salud electrónica – hacia una mejor asistencia sanitaria para los ciudadanos europeos: Plan de acción a favor de un Espacio Europeo de la Salud Electrónica.* Bruselas, 30.4.2004 COM (2004) 356 final.

Comisión Europea. "Explanatory notes on modernised social security coordination Regulations (EC) nº 883/2004 & No 987/2009", disponible en: https://ec.europa.eu/social/BlobServlet?docId=6481&langId=en [UAV 24 de septiembre de 2023].

Contreras Torres, A. "El marco europeo del derecho a la asistencia sanitaria: de los reglamentos de coordinación a la asistencia sanitaria transfronteriza", *Revista General del Derecho del Trabajo y de la Seguridad Social,* nº 42, 2016, pp. 329-364.

Díaz Aznabarte, M.T. "La salud tiene fronteras en la Unión Europea. Límites al reembolso de gastos médicos en los Tratamientos programados", *RTSS. CEF,* nº 417 (diciembre 2017), pp. 89-123.

Díaz de León-Castañeda, C. "Salud electrónica (e-Salud): un marco conceptual de implementación en servicios de salud", *Gaceta Médica de México,* versión On-line ISSN 2696-1288, Vol. 155, nº 2, Cuidad de México, marzo-abril 2019, pp. 176-183.

Emerson, R. W. *The conduct of Life,* Ticknor and Fields, Boston, 1860. Disponible en: https://archive.org/details/conductlife00emerrich/page/n5/mode/2up?view=theater [UAV 10 de septiembre de 2023].

Eysenbach, G. "What is e-health?", *Journal of Medical Internet Research* 2001; ISSN 1438-8871, 3(2):e20 Disponible en: https://doi.org/10.2196/jmir.3.2.e20 [UAV 10 de septiembre de 2023].

García León, P. *Oficina Económica y Comercial de España en Londres. Ficha sector. Salud Digital (e-Health) en el Reino Unido 2021,* ICEX España Exportación e Inversiones, 2021, disponible en: https://www.icex.es/content/dam/es/icex/oficinas/069/documentos/2021/06/documentos-anexos/DOC2021883622.pdf [UAV 30 de septiembre de 2023].

Gobierno de España. Ministerio de Inclusión, Seguridad Social y migraciones. "Nota informativa sobre la Tarjeta sanitaria europea", disponible en: https://www.seg-social.es/wps/wcm/connect/wss/7d991011-1d15-4418-b8f3-ab30f4695c6d/C-078+BIS Castellano 2 Accesibilidad.pdf?MOD=AJPERES [28 de septiembre de 2023].

Gobierno de España. Ministerio de Sanidad. "Estrategia de salud digital. Sistema Nacional de Salud". 2 de diciembre de 2021. Disponible en:

https://www.sanidad.gob.es/areas/saludDigital/doc/Estrategia_de_Salud_Digital_del_SNS.pdf [UAV 22 de septiembre de 2023].

Gobierno de España. Moncloa. "El Gobierno de España destina más de 230 millones de euros a la transformación digital de la Atención Primaria en el SNS". Nota de Prensa, de 11 de agosto de 2022. Disponible en: https://www.lamoncloa.gob.es/serviciosdeprensa/notasprensa/sanidad14/Paginas/2022/110822_ap-digital.aspx [UAV 22 de septiembre de 2023].

Herrera, I; Gascón, F. "Nuevas herramientas en salud", *Medicina clínica*; ISSN 0025-7753, Vol. 139, nº 8, 2012, pp. 364-368.

Indra, Instituto para el Desarrollo e Integración de la Sanidad (ISDIS). *Estudio de Interoperabilidad en el Sector Sanitario. El paciente como actor principal*, Fundación ISDIS, Madrid, Octubre de 2015, disponible en: https://www.fundacionidis.com/es/informes/sanidad-privada-aportando-valor-an%C3%A1lisis-de-situaci%C3%B3n-2016 [UAV 2 de septiembre de 2023].

Marco Cuenca, G. *Interoperabilidad semántica y normalización de la historia clínica electrónica. Modelo de producción de activos semánticos basados en estándares,* Tesis doctoral dirigida por J.A. Salvador Oliván (dir. tes.), L.F. Ramos Simón (dir. tes.), Universidad Complutense de Madrid, 2015. Disponible en: https://eprints.ucm.es/id/eprint/36505/ [UAV 10 de septiembre de 2023].

Martínez Navarro, J.A. "El proyecto europeo de interoperabilidad de receta electrónica: Una aproximación desde la experiencia del modelo español", *IDP: revista de Internet derecho y política,* ISSN-e1699-8154, nº 36, 2022, pp. 1-13.

Naciones Unidas. Declaración Universal de los Derechos Humanos, Resolución 217 A (III), de 10 de diciembre de 1948, texto original accesible: https://documents-dds-ny.un.org/doc/RESOLUTION/GEN/NR0/046/82/PDF/NR004682.pdf?OpenElement [UAV 8 de julio de 2023].

Ocampo Edye, E. *Estudio de aplicabilidad de técnicas de aprendizaje y razonamiento automáticas para el apoyo al diagnóstico clínico y tratamiento de enfermedades,* Tesis doctoral dirigida por D. Rodríguez García (dir. tes.), M.A: Sicilia Urbán (codir. tes.), Universidad de Alcalá, 2010. Disponible en: https://www.educacion.gob.es/teseo/imprimirFicheroTesis.do?idFichero=FN2xxpM8Pr0%3D [UAV 30 de septiembre de 2023].

Organización Mundial de la Salud. *Estrategia mundial sobre salud digital 2020–2025 [Global strategy on digital health 2020-2025].* ISBN 978-92-4-002757-2 (versión electrónica). Ginebra: OMS, 2021, LICENCIA CC BY-NC-

SA 3.0 IGO. Disponible en: https://www.who.int/es/publications/i/item/9789240020924 [UAV 10 de septiembre de 2023].

Organización Mundial de la Salud. Resolución WHA58.28 Cibersalud. En WHA58/2005/REC/1, 58ª Asamblea Mundial de la Salud, Ginebra, Suiza: OMS; 2005, página 115. Disponible en: https://apps.who.int/gb/ebwha/pdf_files/WHA58-REC1/A58_2005_REC1-sp.pdf [UAV 10 de septiembre de 2023].

Pagliari, C. et al. "What Is eHealth (4): A Scoping Exercise to Map the Field", *Journal of Medical Internet Research* 2005; ISSN 1438-8871, Mar 31;7(1):e9. Disponible en: 10.2196/jmir.7.1.e9 [UAV 10 de septiembre de 2023].

Ruiz García, E. *Receta electrónica y adherencia al tratamiento farmacoterapéutico en pacientes dislipémicos*, Tesis doctoral dirigida por E. García Giménez (dir. tes.), J. Espejo Guerrero (codir. tes.), F. Martínez Martínez (codir. tes.), Universidad de Granada, 2011. Disponible en: https://digibug.ugr.es/bitstream/handle/10481/19433/20014569.pdf?sequence=1&isAllowed=y [UAV 10 de septiembre de 2023]

Tribunal de Justicia de la Unión Europea. *El Tribunal de Justicia y la asistencia sanitaria,* septiembre de 2018, ISBN 978-92-829-2960-5, DOI 10.2862/565335. Disponible en: https://curia.europa.eu/jcms/upload/docs/application/pdf/2019-06/qd-04-18-747-es-n_2019-06-03_12-10-10_994.pdf [UAV 25 de septiembre de 2023].

Tribunal de Justicia de la Unión Europea, División de Prensa e Información. *Comunicado de Prensa nº 26/98,* de 28 de abril de 1998. Disponible en: https://curia.europa.eu/es/actu/communiques/cp98/cp9826es.htm [UAV 25 de septiembre de 2023].

Unión Europea, Ehealth network. *Guideline on the electronic exchange of health data under Cross- Border Directive 2011/24/EU, General guidelines (release 2),* Bruselas, 21 de noviembre de 2016, disponible en https://www.ncpehealth.gr/files/01_01_general_guidelines.pdf [UAV 5 de septiembre de 2023].

Unión Europea. Ehealth network. *Guideline on the electronic exchange of health data under Cross-Border Directive 2011/24/EU Patient Summary,* Release 3, June 2021. Disponible en: https://health.ec.europa.eu/system/files/2021-07/ehn_guidelines_patientsummary_en_0.pdf [UAV 10 de septiembre de 2023].

Unión Europea, Ehealth network. *Guideline on the electronic exchange of health data under Cross-Border Directive 2011/24/EU, ePrescription and eDispensation (release 3),* París, 1 de junio de 2022, *vid* sección 4, páginas a 29, disponible en: https://health.ec.europa.eu/system/files/2022-06/ehn_guidelines_eprescriptions_en.pdf https://www.ncpehealth.gr/files/01_01_general_guidelines.pdf [UAV 5 de septiembre de 2023].

Usera, L. “La receta electrónica”, *Escritura pública*, ISSN 1695-6508, nº 35, 2005, pp. 22-23.

Varios autores. “Percepción y satisfacción del paciente con el sistema de receta electrónica: resultados del cuestionario PERSA-RE”, *Farmacéuticos comunitarios*, ISSN 1885-8619, Vol. 14, nº 2, pp. 9-16.

Wilkinson, M. et al. “The FAIR Guiding Principles for scientific data management and stewardship”, *Scientific Data* 3, 160018, 2016. Disponible en: https://doi.org/10.1038/sdata.2016.18 [UAV 10 de septiembre de 2023].

HUMANISMO DIGITAL

El humanismo digital en la pantalla: reflexiones sobre la interacción entre la tecnología y la humanidad

MARÍA JOSÉ SALAR SOTILLOS
Profesora Antropología y Ética y Deontología Profesional
Facultad de Ciencias Jurídicas, Económicas y Sociales
Universidad Católica San Vicente Mártir

"El principal riesgo de la IA es la estupidez humana".
Elena González-Blanco García

I. INTRODUCCIÓN

La era digital ha transformado de manera profunda nuestra vida cotidiana. Desde la invención del ordenador personal hasta la omnipresencia de los dispositivos móviles y la proliferación de las redes sociales, hemos entrado en una nueva era de interacción entre la tecnología y la humanidad. Lo sabemos muy bien quienes hemos transitado del ordenador off line y el correo postal al smartphone y la mensajería instantánea, pasando por el fax y la impresora matricial. Del soporte físico a la realidad digital en pocas décadas. Nunca la humanidad ha avanzado tanto en tan poco tiempo[1].

Últimamente se acumulan varias noticias relacionadas con la inteligencia artificial (IA en adelante) que han causado más de una alarma. Ya no se trata simplemente de la aparición de contenidos que provocan desinformación en las redes sociales, sino de auténticos ataques a la dignidad de las personas[2]. El debate sobre los límites que se deben poner a la IA vuelve a estar sobre la mesa.

En un mundo cada vez más interconectado por la tecnología, la humanidad se enfrenta a un desafío sin precedentes. La omnipresencia de la digitalización y la tecnología en nuestras vidas ha transformado la forma en que vivimos, trabajamos y nos relacionamos. La aparición de nuevas tecnologías, en especial la IA, conlleva riesgos nuevos por el posible mal empleo de las nuevas potencialidades. Pero, ¿las tecnologías solo tienen ventajas?, ¿las utilizamos del modo correcto?, ¿cómo podemos responder a este desafío tecnológico y asegurar que la tecnología siga siendo una fuerza para el bien en lugar de una amenaza?

El humanismo digital es la respuesta a esta pregunta; la respuesta a los nuevos desafíos que supone la transformación tecnológica. Representa un enfoque que busca equilibrar el avan-

---

1 V. Ortega. "Riesgos y retos de la inteligencia artificial". *Revista del Consejo General de la Abogacía Española,* nº 142, Septiembre 2023, p. 2.

2 Como ha ocurrido con el caso de los menores que han difundido en redes sociales falsos desnudos, generados por IA, de varias niñas y jóvenes de un pueblo de España (Almendralejo). Cfr. J. Sánchez Cañizares. "Por qué la Inteligencia Artificial solo será útil si se usa de manera ética" [en línea]. Publicado 25/09/2023. Disponible en: https://theconversation.com/por-que-la-inteligencia-artificial-solo-sera-util-si-se-usa-de-manera-etica-214054 . [Última consulta 3 de octubre de 2023].

ce tecnológico con los valores humanos fundamentales. No se trata de rechazar la tecnología, sino de abrazarla de manera consciente y ética, "de establecer los cauces por los que ésta debe desarrollarse para no atropellar derechos más que relevantes para el conjunto de la sociedad"[3]. Es una filosofía que reconoce que la tecnología no es una entidad separada de nosotros, sino una extensión de nuestra humanidad.

Por ello, en este capítulo, exploraremos el concepto del llamado "humanismo digital" (ya que la interacción entre la tecnología y la humanidad es un tema central en la sociedad contemporánea), así como la visión del humanismo digital en el cine, analizando películas emblemáticas que han tocado temas como la ética en la tecnología, la relación entre humanos y máquinas, el impacto social de la tecnología y la visión de futuros tecnológicos. A través de este análisis, podremos comprender cómo el cine ha contribuido a la conversación entre la tecnología y la humanidad.

II.- HUMANISMO DIGITAL

1.- Orígenes

Antes de centrarnos en el concepto de humanismo digital, debemos referirnos al humanismo renacentista, que puso el foco, en el siglo XV, en recuperar el legado cultural y la filosofía clásica poniendo al ser humano en valor tras un largo período teocéntrico. Se centraba en la promoción de la educación, la literatura y las artes, así como en la importancia de los valores humanos y la dignidad. La restauración de valores, revolución de ideas y difusión del conocimiento con la imprenta, marcaron una época de exaltación del ser humano y su desarrollo intelectual y cultural. Sin duda, la llegada de la imprenta

---

3 V. Ortega. *Op. cit.* p.3.

en 1450[4] "rompió con todos los paradigmas de la sociedad del siglo XV; la posibilidad de publicar y compartir el conocimiento y la ciencia"[5] permitiría más adelante la apertura de grandes universidades. El pensamiento y la acción en el humanismo renacentista nacieron de la preocupación genuina por el funcionamiento del mundo y el papel del ser humano en él.

Cinco siglos más tarde la sociedad se ha transformado de forma radical y la tecnología ha contribuido a ello significativamente. En la década de 1950, se desarrollaron los primeros sistemas de inteligencia artificial, pero su uso se limitó en gran medida a aplicaciones militares y de investigación[6].

"Enmarcada en lo que se ha catalogado como la Cuarta Revolución Industrial, la inteligencia artificial ocupa la mayoría de los espacios de la vida. A diferencia de los anteriores desarrollos tecnológicos, no solo está dirigida a la industria y la producción masiva de bienes y servicios, sino también a las labores cotidianas, el ocio, las relaciones interpersonales y los espacios más íntimos de la existencia, deshumanizándolos o, por lo menos, tecnificándolos como nunca se había imaginado"[7].

---

4 Inventada por Johannes Gutenberg.

5 F.A. Ribero, J.M. Karam, A.J. Beltrán. "Los nuevos escenarios del humanismo digital" en C. Noguera y S. Rodríguez (Editores). *El humanismo cívico y la civilización digital.* Universidad Sergio Arboleda, Bogotá, Colombia, 2022, p. 16.

6 R. Cárdenas. "Ética en la inteligencia artificial: Cómo asegurarnos de que la IA sea utilizada de manera justa y ética" [en línea]. Publicado 11/04/2023. Disponible en: https://www.linkedin.com/pulse/%C3%A9tica-en-la-inteligencia-artificial-c%C3%B3mo-asegurarnos-ricardo/?originalSubdomain=es [Última consulta 3 de octubre de 2023].

7 C. Sánchez Vásquez y J. Toro-Valencia. "El derecho al control humano: Una respuesta jurídica a la inteligencia artificial". *Revista chilena de derecho y tecnología,* Vol. 10, nº 2, 2021, p. 212.

Por ello, "es fundamental aclarar que la humanidad y su relación con lo digital ha cambiado drásticamente en los últimos años, particularmente con la crisis sanitaria derivada del Covid-19"[8]. Ahora el mundo se entiende en digital, donde barreras espacio/tiempo se difuminan, el conocimiento se democratiza y los datos e inteligencias artificiales proliferan[9]. En otras palabras, lo digital ha dejado de ser una irrupción para convertirse en un sentido pleno de vida[10].

A medida que los avances en la tecnología permitieron la creación de sistemas más complejos y sofisticados, también surgieron preocupaciones sobre los posibles riesgos asociados con su uso[11]. De ahí la necesidad del "humanismo digital".

2.- Definiendo el Humanismo Digital.

El "humanismo digital" destaca la importancia de centrar la tecnología en la mejora del bienestar humano, la ética y los valores humanos en lugar de simplemente en el desarrollo tecnológico por sí mismo.

Su concepto abarca un amplio espectro de ideas, y como tal resulta algo difícil de definir. En términos generales, puede describirse como una filosofía o corriente ideológica centrada en la intersección entre la ética y la innovación tecnológica. En ese sentido, defiende el uso responsable de la tecnología innovado-

---

8 F.A. Ribero, J.M. Karam, A.J. Beltrán. *Op. cit.* p. 18.

9 J. Clotet. "Humanismo digital" [en línea]. Publicado 18/05/2020. Disponible en: https://joanclotet.com/humanismo-digital/ [Última consulta 3 de octubre de 2023].

10 F.A. Ribero, J.M. Karam, A.J. Beltrán. *Op. cit.* p. 29.

11 R. Cárdenas. *Op. cit.*

ra al servicio de la sociedad, y promueve la innovación dentro de unos cauces éticos que velen por el desarrollo del ser humano[12].

El humanismo digital es una corriente filosófica que sostiene que la tecnología digital y la conectividad deben utilizarse para mejorar la vida humana y promover valores humanísticos, como la empatía, la inclusión y la justicia[13]. En concreto, "el humanismo entrega coordenadas éticas y antropológicas que encauzan lo digital hacia el florecimiento humano y no hacia su esclavitud y alienación"[14].

La tecnología ha traído consigo innumerables beneficios, transformando la forma en que nos comunicamos, trabajamos y vivimos. Sin embargo, también ha planteado desafíos significativos en términos de privacidad, autonomía y desigualdad. El humanismo digital reconoce que la tecnología no es ni buena ni mala en sí misma; es la forma en que la aplicamos lo que determina su impacto.

Por ello, el humanismo digital busca colocar a la humanidad en el centro de la revolución tecnológica. A medida que la tecnología avanza a pasos agigantados, es esencial recordar que su objetivo principal debería ser mejorar la vida de las personas y elevar la condición humana en lugar de reemplazarla o alienarla. En este sentido, el humanismo digital nos llama a

---

12 s/f. "El Humanismo Tecnológico: Qué es y cuestiones éticas al respecto" [en línea]. Publicado 22/12/2021. Disponible en: https://mobileworldcapital.com/humanismo-tecnologico-etica/ [Última consulta 3 de octubre de 2023].

13 G. Sánchez del Real. "Humanismo digital, una corriente de pensamiento clave para crear un futuro prometedor", [en línea]. Publicado 19/01/2023. Disponible en: https://www.linkedin.com/pulse/humanismo-digital-una-corriente-de-pensamiento-clave-gracia/?originalSubdomain=es [Última consulta 3 de octubre de 2023].

14 C. Noguera Pardo. "Introducción" en C. Noguera y S. Rodríguez (Editores). *El humanismo cívico y la civilización digital.* Universidad Sergio Arboleda, Bogotá, Colombia, 2022, p. 7.

reflexionar sobre cómo utilizamos la tecnología para enriquecer nuestras vidas y comunidades. Al mismo tiempo, busca preservar valores como la privacidad, la autonomía y la equidad en un mundo cada vez más digital.

En definitiva, los valores del humanismo digital se basan en poner a las personas en el centro de cualquier avance tecnológico y en la idea de que la tecnología y la innovación digital deben ser utilizadas para mejorar la calidad de vida de las personas y para construir una sociedad más justa y equitativa.

3.- Valores clave del Humanismo Digital.

El humanismo digital se basa en la premisa de que la tecnología debe estar al servicio de la humanidad, y no al revés[15]. Siguiendo a Gracia Sánchez del Real (CEO de Infinity Group),[16] algunos de los valores clave del humanismo digital incluyen:

1. Dignidad humana: El respeto por la dignidad humana debe ser el cimiento sobre el cual se edifica cualquier avance digital.
2. Empatía: El humanismo digital fomenta la empatía y la comprensión hacia los demás, y busca crear una sociedad en la que todos se sientan valorados y apoyados.
3. Inclusión: El humanismo digital aboga por una sociedad diversa e inclusiva en la que todos tengan acceso a las mismas oportunidades y recursos, independientemente de su origen o situación económica.

---

15 A. Barco Andrade. "La ruta es el Humanismo Digital: El camino de la coexistencia entre tecnología y humanidad", [en línea]. Publicado 09/07/2023. Disponible en: https://www.linkedin.com/pulse/la-ruta-es-el-humanismo-digital-camino-de-entre-y-barco-andrade/?originalSubdomain=es [Última consulta 3 de octubre de 2023].

16 G. Sánchez del Real. *Op. cit.*

4. Responsabilidad social: El humanismo digital reconoce que las empresas y los individuos tienen una responsabilidad social de utilizar la tecnología de manera ética y responsable, y de proteger los derechos y la privacidad de los usuarios.
5. Sostenibilidad: El humanismo digital aboga por un uso sostenible de la tecnología y por un futuro en el que la tecnología se utilice para resolver los desafíos globales, como el cambio climático y la pobreza.

4.- Los retos éticos del Humanismo Digital

Como señala Ricardo Cárdenas[17], el "desarrollo y uso de la inteligencia artificial (IA) plantea importantes retos éticos que deben ser abordados para asegurar su uso responsable y justo". Estos serían:

Privacidad y protección de datos: La tecnología debe respetar y preservar los datos personales de los usuarios.

Responsabilidad y Transparencia: Las decisiones algorítmicas y la recopilación de datos deben ser transparentes para que los usuarios comprendan cómo se toman y se utilizan.

Equidad y no discriminación: La tecnología debe ser diseñada de manera que no perpetúe ni amplíe las desigualdades existentes en la sociedad (no utilizar datos sesgados y no obviar las diferencias culturales y de género.

Autonomía: Los individuos deben tener control sobre su información personal y la capacidad de tomar decisiones informadas sobre su interacción con la tecnología.

---

17 R. Cárdenas. *Op. cit.*

5.- La necesidad de una educación ética

Como señala López Quintas, "existe una desproporción entre el poder técnico y la madurez ética de quien debería usarlo"[18]. "El reto que tenemos por delante, ante el que la IA nos sitúa sin escapatoria posible, es la educación ética"[19]. Y no nos referimos solo a enseñar ética a nuestros hijos, sino a la educación ética de cada uno de nosotros, aquello que no se puede en modo alguno delegar"[20].

"El desarrollo imparable de la IA demanda nuevos marcos legales en los que se lleva tiempo trabajando desde muchas instituciones. Hay una sensibilidad creciente a este respecto en prácticamente todos los sectores de la sociedad y se están dando pasos en buenas direcciones.

No obstante, establecer marcos legales actualizados ante los potenciales riesgos de la IA, aun siendo algo necesario e irrenunciable, no debe hacernos perder de vista lo que está en juego. Por muy bien intencionada que sea, la legalidad no puede impedir por sí sola y a cualquier coste el mal empleo de la IA"[21].

III.- HUMANISMO DIGITAL: REFLEXIONES A TRAVÉS DEL CINE

El cine es un poderosísimo medio de comunicación, uno de los más eficaces de la historia. Entre otros motivos por ser una de las alternativas de ocio más baratas, si se compara con las otras artes audiovisuales o escénicas que existen.

---

18 A. López Quintas. "Pasión de verdad y dialéctica en Romano Guardini" en R. Guardini. *El ocaso de la edad moderna*, Guadarrama, Madrid, 1958, p. 171.

19 J. Sánchez Cañizares. *Op. cit.*

20 *Ibídem.*

21 *Ibídem.*

Además, es el medio de transmisión de masas que más sentidos implica en su disfrute, pero sólo precisa de la disposición pasiva del espectador, que únicamente tiene que sentarse, ver y escuchar.

El cine es arte, espectáculo u ocio; a veces las tres cosas. Y es que, el cine, aunque ha sido una de las últimas disciplinas en alcanzar la consideración de arte, una vez adquirida, con sus luces y sombras, permanece[22].

Pero lo que queremos destacar en las próximas páginas es el cine, como medio poderoso para explorar y reflexionar sobre la condición humana. Para cualquier tema que nos interese tratar, encontraremos películas que reflejen, como en un espejo, cualquier faceta o dimensión esencial de la vida sobre las que queramos reflexionar[23].

Por ello nos gustaría reflexionar, en las siguientes líneas, sobre cómo el cine ha explorado de diversas formas el impacto del avance tecnológico y la digitalización en la sociedad y en la experiencia humana. Además, hay varias películas que han abordado temas relacionados con el humanismo digital, cuestionando cómo la tecnología afecta a nuestras vidas, nuestras relaciones y nuestros valores. Cuando se conecta el humanismo digital con el cine, se pueden explorar varias dimensiones interesantes:

1.- Representación de la tecnología

El cine ha representado la tecnología y su impacto en la humanidad de muchas maneras a lo largo de la historia del cine. Desde películas clásicas como *2001: Una odisea del espacio* (Kubrick, 1968) hasta filmes más recientes como *Her* (Spike Jonze, 2013), el

---

[22] G.M. Tomás y Garrido. "La sexualidad humana en el cine" en D. Arasa. (Coord.). *Cine y familia*. Sekotia, Córdoba, 2023, p. 156.

[23] M.A. Almacellas. *Op. cit.* p. 84.

cine ha explorado cómo la tecnología puede ser una extensión de la humanidad y cómo puede afectar a nuestras vidas y relaciones.

2001 (1968) es la película de ciencia-ficción por excelencia de la historia del cine y HAL 9000 probablemente sea la Inteligencia Artificial más célebre del séptimo arte. En ella, el protagonista es HAL, y sólo HAL, y sus sentimientos de desesperación al saber que le van a borrar la memoria[24]. HAL 9000 se ha programado para cumplir con la misión, aunque deba sacrificar a toda la tripulación.

Cortocircuito (Badham, 1986) tiene como protagonista a un prototipo de robot llamado Número 5, destinado a un uso militar por parte del Ejército de los Estados Unidos, que escapa de sus creadores. Esta Inteligencia Artificial que es Número 5, es un ser sensible con el que el espectador se encariña desde el primer momento. Comprende el valor de la vida y tiene miedo al desguace ya que considera que para él sería la muerte. Esta película nos invita a reflexionar sobre temas de conciencia, amistad y el potencial de las máquinas para poseer cualidades similares a las humanas.

Otra película que no podía faltar en esta lista, obviamente, es *I. A. Inteligencia artificial* (Spielberg, 2001). Este film, dirigido por Steven Spielberg y basado en una historia corta de Brian Aldiss, nos cuenta la historia de David, el primero niño androide que está diseñado para experimentar emociones humanas. "Las ramificaciones morales que se desprenden de comprar un superjuguete de última tecnología, un niño capaz de sentir y dar amor, son interesantísimas, y están tratadas por Spielberg con audacia y talento. El incontrolable amor maternal, la alie-

---

24 A. Massanet. "Es el gran clásico de la ciencia ficción pero también la cumbre de un estilo inhumano: '2001, una odisea del espacio' marcó un antes y un después en la obra de Stanley Kubrick" [en línea]. Publicado 05/02/2023. Disponible en: https://www.espinof.com/criticas/gran-clasico-ciencia-ficcion-tambien-cumbre-estilo-inhumano-2001-odisea-espacio-marco-antes-despues-obra-stanley-kubrick

nación infantil, el abandono de un ser querido, la certeza de la muerte, el hogar como una cápsula de felicidad, pero también de frustración, la rivalidad entre hermanos"[25]...

Por su parte, la película *Her* (2013) presenta una historia en la que un escritor solitario acaba manteniendo una relación romántica con una inteligencia artificial con conciencia propia. La película explora temas de conexión emocional, soledad y las relaciones de los humanos con las tecnologías. Nos hace plantearnos varias preguntas: ¿La inteligencia Artificial nos puede facilitar y mejorar la vida? ¿Cuáles son los límites de la IA? ¿Que nos diferencia a los humanos de la IA? ¿Hasta qué punto necesitamos la tecnología?

2.- La ética en el desarrollo y uso de la tecnología.

Una de las dimensiones más críticas del humanismo digital es la ética en el desarrollo y uso de la tecnología. El cine ha sido un medio eficaz para plantear preguntas éticas y desafíos relacionados con la tecnología. Películas como *Yo, Robot* (2004) dirigida por Alex Proyas y *Ex Machina* (2014) dirigida por Alex Garland, son ejemplos notables que exploran la creación de inteligencia artificial y la relación entre humanos y máquinas e invitan a la reflexión sobre la responsabilidad en la creación y el uso de la tecnología.

Yo, Robot (2004) aborda cuestiones éticas al explorar el concepto de las Tres Leyes de la Robótica[26], diseñadas para proteger a los humanos. Basada en una colección de cuentos de

---

25 A. Massanet. "Steven Spielberg: 'Inteligencia artificial', relato personal pero irregular". [en línea]. Publicado 05/12/2009. Disponible en: https://www.espinof.com/criticas/steven-spielberg-inteligencia-artificial-relato-personal-pero-irregular

26 Las tres leyes de la robótica
1. Un robot no debe dañar a un ser humano o, por su inacción, dejar que un ser humano sufra daño.

Isaac Asimov, esta película está ambientada en un futuro en el que los robots se han convertido en una parte integral de la sociedad. Se produce un asesinato. ¿Ha sido un robot? El film plantea el dilema ético de qué hacer cuando una máquina, en este caso un robot, comienza a cuestionar o desobedecer las mencionadas leyes por el bienestar de la humanidad. El ordenador central de Yo robot instruye a los robots de última generación para que, desobedeciendo las leyes fundamentales de la robótica, intenten salvar al género humano de sí mismo, al ser una especie tan autodestructiva[27]. Esta reflexión sobre la ética en la programación de robots plantea interrogantes sobre la responsabilidad de los ingenieros y desarrolladores de tecnología para garantizar que sus creaciones no causen daño.

El sugestivo film *Ex Machina* (2014) plantea cuestiones éticas fundamentales sobre la creación de una inteligencia artificial consciente. A través del personaje de Ava, una IA dotada de apariencia humana[28], la película aborda cuestiones sobre la conciencia, la ética de la creación de IA y la relación entre humanos y máquinas. Los espectadores se enfrentan a la pregunta de si Ava merece los mismos derechos que un ser humano y si su creador tiene la responsabilidad de tratarla con dignidad y respeto. Esto lleva a una discusión profunda sobre

---

2. Un robot debe obedecer las órdenes que le son dadas por un ser humano, excepto cuando estas órdenes se oponen a la primera ley.
3. Un robot debe proteger su propia existencia, hasta donde esta protección no entre en conflicto con la primera o segunda leyes.

27 R.R. Aramayo. "Las moralejas de la ética-ficción cinematográfica de Ex Machina" [en línea]. Publicado 07/05/2022. Disponible en: https://www.nuevatribuna.es/articulo/cultura—ocio/nuestra-imagen-semejanza/20220507093932198313.html

28 Realmente, aunque su silueta es femenina, sus entretelas cibernéticas están bien a la vista. Únicamente los pies, las manos y un expresivo rostro tienen forma humana. El resto de su anatomía revela muy a las claras su índole robótica.

la ética en la ingeniería de la IA y cómo debemos abordar la creación de seres con inteligencia similar a la humana.

3.- Impacto Social de la Tecnología

El cine también ha explorado cómo la tecnología afecta a la sociedad en su conjunto. Películas como *La red Social* (2010) dirigida por David Fincher, examinan cómo las plataformas digitales, en este caso Facebook, pueden cambiar fundamentalmente la forma en que nos relacionamos y cómo se construyen imperios digitales.

Esta película narra la historia del surgimiento de Facebook y su impacto en la vida de Mark Zuckerberg[29] y la sociedad en general. La película pone de relieve cómo una plataforma digital puede revolucionar la comunicación y la interacción social, pero también plantea cuestiones éticas y legales relacionadas con la propiedad intelectual y la privacidad. Es un ejemplo de cómo el cine puede mostrar cómo la tecnología puede dar forma a la manera en la que las personas se relacionan y se comunican, al tiempo que plantea preguntas importantes sobre la ética en el mundo digital.

Podemos mencionar también en este apartado la película *WALL-E* (Stanton, 2008): una película de animación de Pixar que sigue la historia de un robot de limpieza solitario en un planeta Tierra abandonado por los humanos debido a la contaminación. La película utiliza la IA como una parte integral de la trama y ha sido aclamada por su representación de la tecnología y su impacto en la sociedad[30].

---

29 Uno de los creadores y fundadores de Facebook y su actual presidente.

30 s/f. "Wall-E y la inteligencia artificial en el cine" [en línea]. Publicado 30/04/2023. Disponible en: https://vivevirtual.es/noticias-ia/walle-ia/ [Última consulta 3 de octubre de 2023].

Wall-E (2008) aborda temas de sostenibilidad, consumismo, la importancia de la conexión humana y cómo la tecnología y la IA pueden ser tanto beneficiosas como negativas para la sociedad. El pequeño robot Wall-E representa la parte positiva ya que a lo largo del film demuestra su inteligencia y habilidades técnicas. Además, muestra un nivel de empatía y conexión emocional con otros robots, especialmente con Eva de la que se enamora. Esta representación de la IA como ser capaz de sentir y comprender emociones humanas ya lo hemos visto en películas como *Cortocircuito* (1986). Otro aspecto positivo de las nuevas tecnologías es que pueden ser utilizadas para mejorar la vida de las personas y hacer del mundo un lugar mejor, pero siempre con control.

El lado negativo de las tecnologías lo vemos en que, a pesar de que pueden facilitar la vida de las personas, pueden tener efectos negativos en la salud y bienestar humano si no se usa adecuadamente ya que, en la película, las personas han abandonado la Tierra debido a su estado inhabitable y viven en una nave espacial. La nave está llena de tecnología avanzada y robots que realizan todas las tareas por lo que los humanos se han vuelto perezosos y obesos[31]. La dependencia de las tecnologías y su impacto en la salud humana son temas relevantes en la sociedad actual.

4.- Reflexiones sobre el Futuro Tecnológico

El cine de ciencia ficción a menudo se adelanta al futuro y presenta visiones de cómo la tecnología podría afectar a la humanidad en el futuro. Películas como *Blade Runner* (1982) dirigida por Ridley Scott y *Minority Report* (2002) dirigida por el ya mencionado Steven Spielberg, presentan futuros distópicos en los que la tecnología ha alterado profundamente la sociedad y la experiencia humana.

---

31 *Ibídem.*

La primera nos transporta a un sombrío futuro en el que se han creado androides llamados "replicantes" y nos plantea la cuestión de qué significa ser humano. *Blade Runner* (1982) presenta una visión distópica de una sociedad en la que los humanos y los replicantes coexisten, pero no hay claridad sobre quién es realmente humano y quién no. La exploración de la humanidad en un contexto tecnológico se convierte en un tema central de la película[32].

Por otro lado, *Minority Report* (Spielberg, 2002) nos presenta un futuro en el que la policía utiliza tecnología predictiva para predecir y prevenir crímenes antes de que ocurran. La película plantea preguntas sobre la privacidad, la libertad, la ética de predecir el comportamiento humano y la influencia de la tecnología en la toma de decisiones.

No podemos dejar de mencionar en este apartado la película *Matrix* (hermanas Wachowski, 1999) ya que *Matrix* y sus secuelas tienen la condición de puerta de entrada para toda una generación al concepto de "inteligencia artificial"[33]. La historia de Matrix parte de una premisa muy similar a la de *Terminator* (1984)[34]: una vez adquieren autoconciencia, las máquinas se rebelan contra su creador, nos declaran la guerra... y ganan. En Matrix las máquinas dejan de buscar el exterminio de los humanos y pasan a recolectarnos como pilas: en adelante, nos criarán en cápsulas para aprovechar nuestro

---

32 Con los mismos temas encontramos su secuela, *Blade Runner 2049* (2017).

33 M. Merino. "Inteligencia artificial en Matrix: "El problema es la elección", [en línea]. Publicado 10/01/2019. Disponible en: https://www.xataka.com/inteligencia-artificial/inteligencia-artificial-matrix-problema-eleccion [Última consulta 3 de octubre de 2023].

34 Ambientada en un futuro en el que un sistema avanzado de inteligencia artificial llamado Skynet se ha apoderado del mundo y busca eliminar la resistencia humana. Un asesino cyborg, Terminator, es enviado desde el futuro para matar a la madre del líder de la resistencia.

calor y energía eléctrica. Pero para mantenernos vivos el mayor tiempo posible, no pueden limitarse a tenernos en coma, deben mantener activas nuestras mentes de algún modo[35]. Y ahí es donde entra una IA que, años después, el protagonista del film, Neo, conocerá bajo el nombre de El Arquitecto. Él crea la realidad simulada conocida como Matrix y conecta a ella a todos los humanos, que en adelante nada sabrán del mundo exterior, ni de la guerra contra las máquinas.

Por su parte, la película *Chappie* (Blomkamp, 2015) también nos presenta un futuro, pero mucho más cercano (2016, un año después del estreno) en el que, a causa del número creciente de crímenes violentos sufridos en la ciudad, se decide poner en marcha un innovador proyecto de robotización: un modelo de robot dotado de IA llamado 'Scout' empezará a patrullar las calles actuando como apoyo de una plantilla reducida de agentes humanos[36]. Pero el pueblo no está conforme y uno de ellos, Chappie, es robado y preprogramado convirtiéndose en el primer robot con la capacidad de pensar y sentir por sí mismo.

Al presentar esta visión futurista, el cine nos obliga a reflexionar sobre las implicaciones de la tecnología en la sociedad y cómo debemos equilibrar la seguridad con la protección de los derechos individuales.

5.- Superación a través de la Tecnología

Pero el cine no sólo se centra en los aspectos negativos de la tecnología, también puede mostrar cómo la tecnología puede poner

---

35 M. Merino. *Op. cit.*

36 M. Merino. "Inteligencia artificial en 'Chappie': la autoconsciencia robótica como 'tabula rasa'" [en línea]. Publicado 25/01/2019. Disponible en: https://www.xataka.com/inteligencia-artificial/inteligencia-artificial-chappie-autoconsciencia-robotica-como-tabula-rasa [Última consulta 3 de octubre de 2023].

en alza a las personas y ayudar a superar desafíos. *The Imitation Game (Descifrando Enigma)* (2014) dirigida por Morten Tyldum, narra el biopic sobre el matemático Alan Turing y su equipo mientras intentan descifrar el código de la máquina Enigma (de los Nazis) durante la Segunda Guerra Mundial (1939-1945). La película destaca cómo la tecnología y la inteligencia artificial pueden ser herramientas poderosas para resolver problemas complejos y salvar vidas.

Esta película ilustra cómo la tecnología puede ser utilizada para superar obstáculos y contribuir al bienestar humano.

6.- Inclusión Digital en el Cine

El cine también puede ayudar a resaltar la importancia de la inclusión digital, mostrando cómo las brechas tecnológicas pueden dejar a algunas personas marginadas en la sociedad digital. Una película que aborda este tema es *En busca de la felicidad* (2006), dirigida por Gabriele Muccino y basada en la vida de Chris Gardner[37]. La película sigue la lucha de Gardner, interpretado por Will Smith, por superar la pobreza y encontrar un empleo en el competitivo mundo de las finanzas.

A lo largo de la película, se muestra cómo la falta de acceso a la tecnología, como un ordenador con acceso a internet, dificulta aún más la búsqueda de empleo de Gardner. La película destaca la importancia de la inclusión digital y cómo la falta de acceso a la tecnología puede ser una barrera significativa para las personas que intentan mejorar sus vidas. También resalta la determinación y la perseverancia de Gardner para superar estas barreras y lograr el éxito.

---

37 Christopher Paul Gardner es un millonario empresario, conferencista y filántropo estadounidense. Luchó a favor de las personas desamparadas en Estados Unidos mientras cuidaba a su hijo Christopher a comienzos de la década de 1980. Reside en Nueva York y Chicago. Fuente: Wikipedia.

7.- Una novedad

Este año 2023 se estrena *The Creator*[38], película dirigida por Gareth Edwards. Este film, como podemos leer en la web Filmaffinity, cuenta la historia de Joshua, un duro exagente de las fuerzas especiales que llora la desaparición de su esposa. En medio de una guerra futura entre la raza humana y las fuerzas de la inteligencia artificial, es reclutado para cazar y matar al Creador, el escurridizo arquitecto de la IA avanzada que ha desarrollado una misteriosa arma con el poder de acabar con la guerra... y con la propia humanidad[39].

Este largometraje, como señala la crítica, es "Una película intrigante, estimulante, apasionante, que aborda realmente -con cabeza y corazón- el gran tema de nuestra época, la Inteligencia Artificial (...)[40] "te hace reflexionar sobre la existencia y el mundo que te rodea"[41], "Una muy buena, quizás genial, epopeya futurista que te dejará con algo de lo que hablar después de verla"[42]. "Es una de las películas que más ha hecho reflexionar en mucho tiempo, a la que hay que prestar atención"[43] En cambio otros, "un torpe batiburrillo que no tiene interés en sondear las posibles cuestiones morales y espirituales que plantea la inteligencia

---

38 Fecha de estreno en España: 29 de septiembre de 2023.

39 Disponible en: https://www.filmaffinity.com/es/film397878.html [Última consulta 3 de octubre de 2023].

40 P. Bradshaw. *The Guardian*. Disponible en: https://www.filmaffinity.com/es/film397878.html

41 B. Truitt. *USA Today*. Disponible en: https://www.filmaffinity.com/es/film397878.html

42 D. Roth. *The New York Observer*. Disponible en: https://www.filmaffinity.com/es/film397878.html

43 P. Hammond. *Deadline*. Disponible en: https://www.filmaffinity.com/es/film397878.html

artificial."[44] Tendremos que esperar a verla para poder calificarla, pero no podíamos dejar de mencionarla en este capítulo.

8.- Cine y Humanismo Digital: Un Diálogo Constante

Las películas estudiadas en este capítulo son solo ejemplos y cada una aborda aspectos únicos del impacto de la tecnología en la sociedad y en la experiencia humana. Pero nos sirven como puntos de partida para explorar cómo el cine ha tratado el tema del humanismo digital y cómo estas representaciones pueden reflejar nuestras preocupaciones y esperanzas en relación con la tecnología. Estas películas son "cuentos" de ciencia ficción que, cada vez menos, dejan de ser ficción y, poco a poco, se convierten en una realidad[45].

El impacto de estas películas que hemos tratado no se limita a la pantalla grande; trasciende hacia la conciencia pública y puede influir en la toma de decisiones tanto en la industria tecnológica como en la sociedad en general. Las narrativas cinematográficas pueden motivar a las personas a considerar cómo la tecnología puede ser utilizada para mejorar la condición humana y cómo pueden contribuir a un mundo digital más ético y justo.

En resumen, el cine ha desempeñado un papel fundamental en la exploración y promoción del humanismo digital. A través de películas que abordan la ética en la tecnología, el impacto social de la misma, la reflexión sobre futuros tecnológicos, la superación a través de la tecnología y la inclusión digital, el cine ha proporcionado una plataforma para la reflexión y el debate sobre cómo la tecnología afecta a la humanidad.

---

44 N. Schager. *The Daily Beast.* Disponible en: https://www.filmaffinity.com/es/film397878.html

45 I.E. Caballero Álvarez. "Lo que me enseñó ver cine en familia" en D. Arasa (Coord.). *Cine y familia,* Sekotia, Córdoba, 2023. p. 224.

En una época en la que los robots, los algoritmos y la inteligencia artificial está en boca de todos, debemos recordar cada vez más que, para que el futuro sea verdaderamente prometedor, todo esto debe siempre estar enfocado hacia las personas[46].

IV. A MANERA DE CIERRE.

El humanismo digital nos recuerda que la tecnología debe estar al servicio del bienestar humano y de los valores éticos, es decir, la tecnología no es un fin en sí misma, sino un medio para mejorar nuestras vidas y comunidades. Solo entonces podremos aprovechar todo su potencial para crear un mundo mejor y más humano. El cine, como medio artístico y de entretenimiento, amplifica estas reflexiones y desafíos, brindando a las audiencias la oportunidad de explorar temas complejos y considerar las implicaciones de la tecnología en nuestras vidas. Además, el cine puede inspirar cambios y acciones en la sociedad al provocar discusiones y generar conciencia sobre cuestiones éticas y sociales relacionadas con la tecnología.

El desarrollo tecnológico y digital sirve como medio para ayudar a la plenitud del ser humano. No obstante, también exige plantearse cómo se debe utilizar.

En un mundo cada vez más impulsado por la tecnología, el humanismo digital se presenta como una guía esencial para garantizar que la tecnología sirva a la humanidad en lugar de dominarla. El cine ha sido un aliado valioso en la promoción de esta visión, proporcionando historias y perspectivas que nos hacen reflexionar sobre nuestra relación con la tecnología. Las películas han demostrado ser una herramienta efectiva para abordar cuestiones éticas, sociales y futuristas relacionadas con la tecnología.

---

46 G. Sánchez del Real., *Op. cit.*

A medida que avanzamos hacia un futuro cada vez más digital, es esencial seguir explorando y promoviendo el humanismo digital en todos los ámbitos, incluido el cine. Al hacerlo, podemos forjar un futuro en el que la tecnología y la humanidad coexistan de manera armoniosa, enriqueciéndose mutuamente y trabajando juntas para abordar los desafíos más apremiantes de nuestra sociedad. La interacción entre la tecnología y la humanidad continuará siendo un tema central en la cultura y la sociedad, y el cine seguirá siendo una ventana a esta exploración constante.

BIBLIOGRAFÍA

Almacellas, M.A. "El cine, instrumento educativo en la familia" en Arasa, D. (Coord.) *Cine y familia*, Sekotia, Córdoba, 2023.

Aramayo, R. R. "Las moralejas de la ética-ficción cinematográfica de Ex Machina" [en línea]. Publicado 07/05/2022. Disponible en: https://www.nuevatribuna.es/articulo/cultura—ocio/nuestra-imagen-semejanza/20220507093932198313.html

Barco Andrade, A. "La ruta es el Humanismo Digital: El camino de la coexistencia entre tecnología y humanidad", [en línea]. Publicado 09/07/2023. Disponible en: https://www.linkedin.com/pulse/la-ruta-es-el-humanismo-digital-camino-de-entre-y-barco-andrade/?originalSubdomain=es

Caballero Álvarez, I.E. "Lo que me enseñó ver cine en familia" en D. Arasa (Coord.). *Cine y familia*, Sekotia, Córdoba, 2023.

Cárdenas, R. "Ética en la inteligencia artificial: Cómo asegurarnos de que la IA sea utilizada de manera justa y ética" [en línea]. Publicado 11/04/2023. Disponible en: https://www.linkedin.com/pulse/%C3%A9tica-en-la-inteligencia-artificial-c%C3%B3mo-asegurarnos-ricardo/?originalSubdomain=es

Clotet, J. "Humanismo digital" [en línea]. Publicado 18/05/2020. Disponible en: https://joanclotet.com/humanismo-digital/

López Quintas, A. "Pasión de verdad y dialéctica en Romano Guardini" en R. Guardini. *El ocaso de la edad moderna*, Guadarrama, Madrid, 1958.

Massanet, A. "Steven Spielberg: 'Inteligencia artificial', relato personal pero irregular". [en línea]. Publicado 05/12/2009. Disponible en:

https://www.espinof.com/criticas/steven-spielberg-inteligencia-artificial-relato-personal-pero-irregular

Massanet, A. "Es el gran clásico de la ciencia ficción pero también la cumbre de un estilo inhumano: '2001, una odisea del espacio' marcó un antes y un después en la obra de Stanley Kubrick" [en línea]. Publicado 05/02/2023. Disponible en: https://www.espinof.com/criticas/gran-clasico-ciencia-ficcion-tambien-cumbre-estilo-inhumano-2001-odisea-espacio-marco-antes-despues-obra-stanley-kubrick

Merino M. "Inteligencia artificial en Matrix: "El problema es la elección", [en línea]. Publicado 10/01/2019. Disponible en: https://www.xataka.com/inteligencia-artificial/inteligencia-artificial-matrix-problema-eleccion

Merino, M. Inteligencia artificial en 'Chappie': la autoconsciencia robótica como 'tabula rasa' [en línea]. Publicado 25/01/2019. Disponible en: https://www.xataka.com/inteligencia-artificial/inteligencia-artificial-chappie-autoconsciencia-robotica-como-tabula-rasa

Ortega, V. "Riesgos y retos de la inteligencia artificial", *Revista del Consejo General de la Abogacía Española,* nº 142, Septiembre 2023.

Ribero, F.A., Karam, J.M., Beltrán, A.I. "Los nuevos escenarios del humanismo digital" en C. Noguera y S. Rodríguez (Editores). *El humanismo cívico y la civilización digital,* Universidad Sergio Arboleda, Bogotá, Colombia, 2022.

Sánchez Cañizares, J. "Por qué la Inteligencia Artificial solo será útil si se usa de manera ética" [en línea]. Publicado 25/09/2023. Disponible en: https://theconversation.com/por-que-la-inteligencia-artificial-solo-sera-util-si-se-usa-de-manera-etica-214054 .

Sánchez del Real, G. "Humanismo digital, una corriente de pensamiento clave para crear un futuro prometedor", [en línea]. Publicado 19/01/2023. Disponible en: https://www.linkedin.com/pulse/humanismo-digital-una-corriente-de-pensamiento-clave-gracia/?originalSubdomain=es

Sánchez Vásquez, C. y Toro Valencia, J. "El derecho al control humano: Una respuesta jurídica a la inteligencia artificial". *Revista chilena de derecho y tecnología,* Vol. 10, nº 2, 2021, pp. 211-228.

s/f. "El Humanismo Tecnológico: Qué es y cuestiones éticas al respecto" [en línea]. Publicado 22/12/2021. Disponible en: https://mobileworldcapital.com/humanismo-tecnologico-etica/

s/f. "Wall-E y la inteligencia artificial en el cine" [en línea]. Publicado 30/04/2023. Disponible en: https://vivevirtual.es/noticias-ia/walle-ia/

Tomás y Garrido, G.M. "La sexualidad humana en el cine" en D. Aarasa (Coord.). *Cine y familia.* Sekotia, Córdoba, 2023.

La dimensión ética de la tecnología digital. Una indagación a partir del advenimiento y posterior desarrollo de la economía colaborativa

GINÉS MARCO PERLES
Profesor acreditado como Contratado Doctor y Profesor de Universidad Privada
Universidad Católica de Valencia San Vicente Mártir

I.- INTRODUCCIÓN

En este capítulo se intenta desarrollar una investigación en torno a los postulados que están en la base de dos conceptos nucleares en las ciencias sociales; en concreto, los conceptos de "confianza organizacional" y "economía colaborativa". El primero fue articulado en un artículo seminal por Mayer, Davis y Schoorman, que data de 1995[1]. El segundo forma parte de un campo de investigación que ha merecido una reciente atención, a causa de la novedad y la riqueza de matices que aglutina. Sin ir más lejos, la contribución de Belk en 2010, y las otras dos contribuciones de este mismo autor en 2014[2], Richardson en 2015[3], Ert et al. en 2016[4], dos publicaciones de Hawlitschek et al. en 2016[5], Sundarajan en 2016[6], Jarvenpaa y Teigland en 2017[7], Celata et al. en 2017[8], ter Huurne et al. en

---

1 *Cfr.*: R. C. Mayer; J. H. Davis; F. D. Schoorman. "An integrative model of organizational trust", *The Academy of Management Review*, vol. 20, n. 3, 1995, pp. 709-734.

2 *Cfr.* R. Belk. "Sharing", *Journal of Consumer Research*, 36(5), 2010, 715-734; R. Belk. "Sharing... in web 2.0", *The Anthropologist*, 18(1), 2014a, pp. 7-23; y R. Belk. "you are what you... online", Sharing and collaborative consumption online. *Journal of Business Research*, vol. 67 (8), 2014b, pp. 1.595-1.600.

3 *Cfr.*: L. Richardson. "Performing the sharing economy", *Geoforum*, 67, 2015, pp. 121-129.

4 *Cfr.*: E. Ert; A. Feischer; N. Magen. "Trust and reputation in the sharing economy: the role of personal photos in Airbnb", *Tourism Management*, 55, 2016, pp. 62-73.

5 *Cfr.*: F. Hawlitschek; T. Teubner; C. Weinhardt. "Trust in the sharing economy", *Die Unternehmung: Swiss Journal of Business Research and Practice*, vol. 70 (1), 2016a, pp. 26-44; y F. Hawlitschek; T. Teubner; M. Adam; N. Borchers; M. Möhlmann; C. Weinhardt. "Trust in the sharing economy: an experimental framework", in *Proceedings of the 37th International Conference on Information Systems*, 2016b, pp. 1-14.

6 *Cfr.*: A. Sundarajan. *The sharing economy: the end of the employment and the rise of crowd-based capitalism*, MIT Press, Cambridge (Massachusetts), 2016.

7 *Cfr.*: S. L. Jarvenpaa; R. Teigland. "Trust in digital environments: From the sharing economy to decentralized autonomous organizations", in *Proceedings of the 50th Hawaii International Conference on Systems Science*, 2017, pp. 5.812-5.816.

8 *Cfr.*: F. Celata; C.Y. Hendrickson; V.S: Sanna. "The sharing economy as community marketplace? Trust, reciprocity and belonging in

2017[9], Hofmann et al. en 2017[10], Ravenelle en 2017[11], Acquier et. al en 2017[12], González-Padrón en 2017[13], Ahsan en 2018[14], Möhlmann y Geissinger en 2018[15], y ter Huurne et al. 2020[16] profundizan en aspectos de este tópico. También en 2020, autores como Gera y Hasdell[17] desarrollan un modelo que sugie-

---

peer-to-peer accommodation platforms", *Cambridge Journal of Regions, Economy and Society,* 10(2), 2017, pp. 349-363.

9 *Cfr.*: M. ter Huurne; A. Ronteltap; R. Corten; V. Buskens. "Antecedents of trust in the sharing economy: a systematic review", *Journal of Consumer Behavior,* 16(6), 2017, pp. 485-498.

10 *Cfr.* E. Hofmann; B. Hartl; E. Penz. "Power versus trust. What matters more in collaborative consumption?", *Journal of Services Marketing,* 31(6), 2017, pp. 589-603.

11 *Cfr.*: A. J. Ravenelle. "Sharing economy workers: selling, not sharing", *Cambridge Journal of Regions, Economy and Society,* 10(2), 2017, pp. 281-295.

12 *Cfr.*: A. Acquier; T. Daudigeos; J. Pinkse. "Promises and paradoxes of the sharing economy: An organizing framework", *Technological Forecasting and Social Change,* 125 (2017), pp. 1-10.

13 *Cfr.*: T. L. González-Padrón. "Ethics in the Sharing Economy: Creating a legitimate marketing channel", *Journal of Marketing Channels,* 24, 2017, pp. 84-96.

14 *Cfr.*: M. Ahsan. "Entrepreneurship and Ethics in the Sharing Economy: A critical perspective", *Journal of Business Ethics,* 2018, https://doi.org/10.1007/s10551-018-3975-2.

15 *Cfr.*: M. Möhlmann; A. Geissinger. "Trust in the sharing economy: Platform-mediated peer trust", N. Davidson; J. Infranca; M. Fink. (eds.). *Cambridge handbook of the law of the sharing economy,* Cambridge University Press, Cambridge (Reino Unido), 2018.

16 *Cfr.*: M. ter Huurne; A. Ronteltap; and V. Buskens. "Sense of community and trust in the sharing economy", *Tourism Analysis,* vol. 25, 2020, pp. 43-61.

17 *Cfr.*: K. Gera y P. Hasdell. "Gamified sharing economy: The role of game elements in sharing economy", S. Fukuda (ed.), *Advances in affective and pleasurable design.* Springer Nature Switzerland AG, 2020, pp. 232-242.

re que la ludificación podría convertirse en una nueva línea de investigación, que -a su vez- estaría vinculada con la confianza organizacional y la economía colaborativa.

No obstante, la conexión entre la confianza organizacional y la economía colaborativa -con su alcance y sus límites (derivados estos últimos de su procedencia interdisciplinar)- no sería completa si no profundizáramos en las implicaciones éticas de ambos tópicos, desde -al menos- dos tradiciones filosófico-prácticas, y -al mismo tiempo- de gran calado antropológico: el modelo del despliegue de las virtudes en el seno de comunidades, promovido por MacIntyre en la tercera edición de su reconocida obra *After virtue*, publicada en 2007[18]; y el paradigma personalista en el ámbito de las organizaciones, sustentado por Melé en la segunda edición de su obra *Business Ethics in Action*, publicada en 2020[19].

En este contexto, las dos cuestiones de investigación a las que se pretende dar respuesta son las siguientes: (1) si la economía colaborativa puede promover el advenimiento de un nuevo paradigma de la confianza organizacional, de un modo distinto al modelo que promueven Mayer et al. en su artículo de 1995; y (2) si la intersección entre confianza organizacional, de acuerdo con el modelo de Mayer et al. de 1995, y la economía colaborativa tienen implicaciones para la dimensión ética de la tecnología digital.

La propuesta que sustenta este capítulo no será fácil de alcanzar porque la economía colaborativa es compleja de definir. Es considerada por Ahsan[20] como "una noción difusa" ("a fuzzy [concept], with the label acting as a floating signifier that can be slapped onto a variety of different concepts"), o como "un

---

18 *Cfr.*: A. MacIntyre. *After virtue. A study in moral theory* (3ª ed.), University of Notre Dame Press, Indiana, 2007.

19 *Cfr.*: D. Melé. *Business ethics in action* (2ª ed.), Palgrave MacMillan, Londres, 2020.

20 M. Ahsan. *Op. cit.*, p. 1.

concepto paraguas" ("an umbrella concept")[21], es decir, un concepto amplio que da cobijo e integra a toda una serie de fenómenos[22], que abraza variadas disciplinas como el Marketing[23]; la investigación de mercados[24]; la Sociología[25]; la Geografía[26] (Richardson, 2015); la Antropología[27]; el Management[28]; la Innovación[29]; y el Derecho[30] (Cohen y Sundarajan, 2015; Kassan y Orsi, 2012; Redfearn, 2016).

---

21 A. Acquier; T. Daudigeos; J. Pinkse. *Op. cit.*, p.2.

22 *Cfr.*: P. M. Hirch, D. Z. Levin, Umbrella advocates versus validity police: A life-cycle model. *Organization Science,* 10(2), 1999, pp. 199-212.

23 *Cfr.:* C. P. Lamberton; R. L. Rose. When is ours better than mine? A framework for understanding and altering participation in commercial sharing systems, *Journal of Marketing,* 76(4), 2012, pp. 109-125.

24 *Cfr.:* F. Bardhi; G. M. Eckhardt. Access-based consumption: the case of car sharing, *Journal of Consumer Research,* vol. 39 (4), 2012, pp. 881-898, y M. R. Habibi; A. Kim; M. Laroche. "From sharing. to exchange: An extended framework of dual modes of collaborative nonownership consumption", *Journal of the association for the consumer research,* 1(2), 2016, pp. 277-294.

25 *Cfr.:* J. Schor; C. Fitzmaurice; L. B. Carfagna; W. Attwood-Charles; E. D. Potcat. "Paradoxes of openness and distinction in the sharing economy", *Poetics,* 54, 2016, pp. 66-81.

26 *Cfr.:* L. Richardson. *Op. cit.*, pp. 121-129.

27 *Cfr:* R. Belk. Sharing *vs.* pseudo-sharing in Web 2.0. *The Anthropologist,* 18(1), 2014a, 7-23, y R. Belk, You are what you can access, *op. cit.*, pp. 1.595-1.600.

28 *Cfr.:* B. Cohen y J. Kietzmann. Ride on! Mobility business models for the sharing in the digital on-demand economy. *Organization & Environment,* 27(3), 2014, 279-296.

29 *Cfr.:* D. Guttentag. Airbnb: Disruptive innovation and the rise of an informal tourism acommodation sector, *Current Issues in Tourism,* 18(12), 2015, 1192-1217.

30 *Cfr.:* B. Cohen y A. Sundarajan. Self-regulation and innovation in the peer-to-peer sharing economy. *University of Chicago Law Review Dialogue,* 82, 2015, 116-133; J. Kassan y J. Orsi. The legal landscape of the sharing economy, *Journal of Environmental Law and Litigation,* 27,

Este concepto "paraguas" de índole difusa ha sido conceptualizado con ciertas dificultades por diversos autores tales como: Cockayne[31]; Ert et al.[32]; y ter Huurne et al.[33] (2020). Puede ser definido sintética e intuitivamente como un término que describe plataformas digitales que conectan consumidores a un servicio por medio de una aplicación móvil ("a term that describes digital platforms that connect consumers to a service or commodity through the use of a mobile application or website")[34]. Como se tratará de explicar más adelante, el problema inherente en esta definición es su carácter reduccionista, en la medida en que no se proyecta sobre un gran número de escenarios de aplicación, sino que sólo lo hace respecto de unas pocas; en este caso, las plataformas interactivas *vis a vis* que atienden a una motivación de lucro.

Sin embargo, para el propósito de esta contribución, sí que será muy apropiado tratar de definir el concepto de "economía colaborativa" o de *"sharing economy"*, y extraer su balance ético, como un paso preliminar para tomar en consideración si se convierte en un factor esencial llamado a redefinir el alcance y los límites de la confianza organizacional.

La estructura de este capítulo es como sigue: en la sección 2 se mostrarán algunas consideraciones iniciales en relación con

---

2012, 1-20; R. L. Redfearn. Sharing economy misclassification: Employees and independent contractors in transportation network companies. *Berkeley Technology Law Journal,* 31(2), 2016, pp. 1023-1056.

31 *Cfr.:* D. G. Cockayne. "Sharing and neoliberal discourse: The economic function of sharing in the digital on-demand economy", *Geoforum,* 77, 2016, pp. 73-82.

32 *Cfr.:* E. Ert; A. Feischer; N. Magen, "Trust and reputation in the sharing economy: the role of personal photos in Airbnb", *Tourism Management,* 55, 2016, pp. 62-73.

33 *Cfr.:* M. ter Huurne; A. Ronteltap; V. Buskens. "Sense of community and trust in the sharing economy", *Tourism Analysis,* vol. 25, 2020, pp. 43-61.

34 *Cfr.:* D. G. Cockayne. Op. cit., p. 73.

el concepto "confianza". En la sección 3 se presentarán el alcance y el significado del concepto "confianza organizacional". En la sección 4 se hará una revisión epistemológica del modelo de confianza propuesto por Mayer et al. en su artículo de 1995[35]. En la sección 5 se abordarán las limitaciones que presenta ese modelo de confianza. En la sección 6 se explorará el concepto de "economía colaborativa" con sus fundamentos esenciales y se tratará de extraer el balance ético de tales fundamentos, en el contexto de la confianza organizacional. Finalmente, se ofrecerán algunas conclusiones sin dejar de presentar algunas limitaciones y sugerencias para futuras líneas de investigación.

II.- CONFIANZA: CONSIDERACIONES INICIALES

El propósito de dar respuesta a las dos cuestiones de investigación en este capítulo sobre si la economía colaborativa puede fortalecer un nuevo paradigma de confianza organizacional, y qué implicaciones tendría el advenimiento de este fenómeno de intersección entre la confianza organizacional y la economía colaborativa para la dimensión ética de la tecnología digital requiere profundizar en los fundamentos epistemológicos del concepto de confianza. En ese sentido, a lo largo de las últimas décadas, el tópico de la confianza ha experimentado un interés que se ha visto incrementado en los estudios en torno a las organizaciones. Autores como Gambetta señalaban que existía un alto grado de convergencia en la definición de "confianza", de tal modo que podría resumirse en que la confianza es un grado particular de probabilidad subjetiva de que el sujeto con el que interactuemos desarrollará una acción que podrá ser considerada como beneficiosa o al menos que no nos reportará un perjuicio.

---

35 *Cfr.:* R. C. Mayer; J. H. Davis; F. D. Schoorman. *Op. cit.*, pp. 709-734.

"[…] there is a degree of convergence in the definition of trust which can be summarized as follows: Trust is a particular level of the subjective probability with which an agent assesses that another agent or group of agents will perform a particular action […]. When we say we trust someone or that someone or trustworthy, we implicitly mean that the probability that he will perform an action that is beneficial or at least not detrimental to us is high enough for us to consider engaging in some form of cooperation with him"[36].

La importancia de la confianza ha sido citada en áreas tales como: la comunicación[37]; el liderazgo[38]; la dirección por objetivos[39]; la negociación[40]; la teoría de juegos[41]; la evaluación del desempeño[42]; las relaciones entre patrono y empleados[43]; la

---

36 D. G. Gambetta. "Can we trust trust?" In Gambetta, D. G. (ed.). *Trust: Making and breaking cooperative relations,* Basil Blackwell, Nueva York, 1988, p. 217.

37 *Cfr.:* K. Giffin. "The contribution of studies of source credibility to a theory of interpersonal trust in the communication departmen", *Psychological Bulletin,* 68, 1967, pp. 104-120.

38 *Cfr.:* L. E. Atwater. "The relative importance of situational and individual variables in predicting leader behavior.", *Group and organization studies,* 13, 1988, 290-310.

39 *Cfr.:* D. Scott. "The causal relationship between trust and the assessed value of management by objectives" *Journal of Management,* 6, 1980, pp. 157-175.

40 *Cfr.:* M. H. Bazermann. *Judgment in managerial decision making,* Wiley, Nueva York, 1994.

41 *Cfr.:* P. Milgrom, P. y J. Roberts. *Economics, organization and management,* Englewood Cliffs, Prentice Hall, Nueva Jersey, 1992.

42 *Cfr.:* L. L. Cummings. "Performance-evaluation systems in context of individual trust and commitment", in Landy, F. J., Zendrick, S. and Cleveland, J. (eds.). *Performance measurement and theory,* 89-93, Earlbaum, Hillsdale (Nueva Jersey), 1983.

43 *Cfr.:* R. G. Taylor. "The role of trust in labor management relations", *orgnizational Development Journal,* 7, 1989, pp. 85-89. *Cfr.:* Á. Lleó de

implementación de equipos de trabajo autogestionados[44]; y la asunción de riesgos en las relaciones interorganizacionales[45].

Es desde esta última aproximación al concepto de confianza formulado por Mayer et al. en 1995[46] y, subsiguientemente, al concepto de confianza organizacional, donde se va a centrar una parte de esta investigación, cuyos antecedentes en esta sección se encuentran en la contribución de Guillén, Lleó y Marco[47]. De acuerdo con Mayer et al., la confianza se puede definir como la voluntad del fideicomitente de hacerse vulnerable a las acciones del fideicomisario, basada en la presunción de que éste último desarrollará una acción particular valiosa para los intereses del primero sin tener que verse sometido a control.

"The willingness of a party to be vulnerable to the actions of another party based on the expectation that the other will perform a particular action important to the trustor, irrespective of the ability to monitor or control that other party"[48].

Esta definición corre paralela a la de autores como Gambetta[49], con la adición crítica de la vulnerabilidad. Ser vulne-

---

Nalda; M. Guillén; I. Pechuán. "The influence of ability, benevolence, and integrity in trust between managers and subordinates: the role of ethical reasoning", *Business Ethics*. An European Review, 25(4), 2016, pp. 556-576.

44 *Cfr.:* E. Lawler. *The ultimate advantage: Creating the high-involvement organization,* Jossey-Bass, San Francisco (California), 1992.

45 *Cfr.:* R. C. Mayer; J. H. Davis; F. D. Schoorman. "An integrative model of organizational trust", *op. cit.*, pp. 709-734.

46 *Ibidem.*

47 *Cfr.:* M. Guillén; A. Lleó, G. Marco. "Towards a more humanistic understanding of organizational trust" *Journal of Management Development,* vol. 30, 2011, pp. 605-614.

48 R. C. Mayer; J. H. Davis; F. D. Schoorman. "An integrative model of organizational trust", op. cit., p. 714.

49 *Cfr.:* D. G. Gambetta. "Can we trust?" op. cit., pp. 213-237.

rable[50] implica que hay algo importante que está en juego y que, al mismo tiempo, se puede perder. Hacerse vulnerable es correr riesgos. La confianza no supone correr un riesgo *per se*, sino más bien la *voluntad* de querer correr un riesgo.

Sin embargo, Mayer et al. señalan que esta definición de confianza es aplicable a una interacción con otra parte identificable que se percibe que actúa y reacciona voluntariamente hacia el depositante de confianza

"[...] This definition of trust is applicable to a relationship with another identifiable party who is perceived to act and react with volition toward the trustor"[51].

Este matiz pone a prueba el alcance y los límites de un concepto de confianza en el seno de la economía colaborativa, donde el depositario de confianza no siempre es una parte identificable. Así, de entrada, no queda clara la posibilidad de ampliar esta definición de confianza a tales circunstancias.

Ahora bien, aunque los académicos hayan expresado un gran interés en torno a la confianza, sus investigaciones en organizaciones en las que fuesen reconocibles tanto la parte depositante como la parte depositaria de confianza no han dejado de ser problemáticas en la última década del siglo XX. Y todo ello por variadas razones: problemas con la definición de "confianza"; escasa claridad en la relación entre "riesgo" y "confianza"; confusión entre la confianza y sus antecedentes y resultados; ausencia de especificidad en los referentes de confianza y confusión en los niveles de análisis:

---

50 *Cfr.:* R. W. Boss. "Trust and managerial problem solving revisited", *Group and organization studies*, 3, 1978: pp. 331-342, y D. E. Zand. "Trust and managerial problem solving revisited", *Administrative Science Quarterly*, vol. 17, n. 2, 1972, pp. 229-239.

51 R. C. Mayer; J. H. Davis; F. D. Schoorman. "An integrative model of organizational trust", op. cit., p. 714.

macro, meso o micro; así como no tomar en consideración tanto a la parte que confía como a la que es digna de confianza.

A pesar de esas dificultades reseñadas, Mayer et al. llegaron a definir en 1995 uno de los modelos más reputados en torno a la confianza en las organizaciones, haciendo especial mención en la doble figura del depositante y del depositario de confianza, en la predisposición del primero a confiar y en las tres cualidades que deberá atesorar el segundo, si pretende ser confiable; en concreto, su capacidad, su benevolencia y su integridad. Mayer et al. encontraron un paralelismo en su obra entre estos tres antecedentes de la confianza y los tres elementos de la comunicación persuasiva (*logos, pathos y ethos*) definidos por Aristóteles en su *Retórica*[52] (Aristóteles, 2006).

Esta propuesta que profundiza en el concepto de confianza y en cómo se construye en el seno de las organizaciones supuso un avance importante en la comprensión de este concepto.

III.- CONFIANZA ORGANIZACIONAL

Más allá de los fundamentos epistemológicos del concepto de "confianza", mucho más puede ser dicho en relación con la definición del concepto de "confianza organizacional". En este sentido, hay un cierto consenso en la actualidad acerca de la definición de confianza en el seno de las organizaciones, siendo ésta concebida como una relación entre dos partes y donde una de ellas toma la decisión de hacerse vulnerable a la otra parte[53].

---

52 *Cfr.:* Aristóteles. *On Rhetoric. A theory of civic discourse*, Oxford University Press, Oxford, 2006.

53 *Cfr.:* J. M. Rosanas. "Una cuestión de principios", *IESE insight*, vol. III, 13-19, Barcelona, 2009.

Una definición particularmente útil en el contexto de la economía colaborativa vendría a instancias del sociólogo James Coleman, que definió la confianza como la voluntad de comprometerse en torno a un esfuerzo cooperativo antes de conocer cómo se comportará la otra parte ("a willingness to commit to a collaborative effort before you know how the other person will behave")[54]. Durante décadas, los académicos que estudian este fenómeno se han cuestionado qué elementos deben evaluarse para determinar si se debe asumir o no un riesgo, o si se debe confiar o no. Algunos autores han identificado la capacidad y las intenciones de la parte depositaria de confianza como la base sobre la que es juzgada su confiabilidad por parte de la parte depositante de confianza[55].

---

54 J. S. Coleman. *Foundations of Social Theory,* Belknap Harvard, Cambridge, 1990, p. 91.

55 *Cfr.:* R. Axelrod. *The evolution of cooperation,* Basic Books, Nueva York, 1984; B. Barber (1983). *The logic and limits of trust.* New Brunswick: Rutgers University Press; J. K. Jr. Butler. "Toward understanding and measuring conditions of trust: evolution of a conditions of trust inventory", *Journal of Management,* vol. 17, nº 3, 1991, pp. 643-663; J. K. Jr. Butler y R. S. Cantrell. "A behavioral decision theory approach to modeling dyadic trust in superiors and subordinates", *Psichological reports,* vol. 55, nº 1, 1984, pp. 19-28; M. Deutsch. "Trust and suspicion", *Journal of conflict resolution,* vol. 2, n. 4, 1958, 265-279; J. S. Coleman. *Foundations of Social Theory,* op. cit.; D. G. Gambetta. "can we trusr trust?" op. cit., pp. 213-237; R. E. Knox y H. W. Kee. "Conceptual and methodological considerations in the study of trust and suspicion", *The Journal of conflict resolution,* vol. 14, nº 3, 1970, 357-366; D. J. McAllister. "Affect and cognition based on trust as foundations for interpersonal cooperation in organizations", *Academy of Management Journal,* vol. 38, nº 1, 1995, pp. 24-59; R. C. Mayer; J. H. Davis; "Generalized expectancies for interpersonal trust", op. cit.; J. B. Rotter. "Generalized expectancies for interpersonal trust", *American Psychologist,* vol. 26, nº 5, 1971, pp. 443-452; S. B. Sitkin; N. L. Roth. "Explaining the limited effectiveness of legalistic remedies for trust/distrust", *Organization Science,* vol. 4, nº 3, 1993, pp. 367-392;

Barber fue el primero en sugerir que los dos atributos que deberían distinguirse en relación con el depositario de confianza serían si la persona es técnicamente competente y si ella es responsable desde un punto de vista moral[56]. McAllister[57] fue, por su parte, el primero en proponer un modelo en el que cabía distinguir dos tipos de confianza: la confianza afectiva y la confianza cognitiva. Siguiendo la misma línea de investigación que emprendió el propio McAllister, Rousseau et al.[58] distinguieron entre la confianza basada en el cálculo de coste-oportunidad y la confianza que se fijaba en aspectos más intangibles a la hora de asumir riesgos.

Butler y Cantrell[59] prosiguieron la línea de investigación de Gabarro[60] y Jennings[61], y prestaron especial atención a la evaluación de la construcción de confianza por parte del fiduciario y a la naturaleza multidimensional de la confianza. Estos autores identificaron los siguientes elementos sobre los que basar la confiabilidad: (1) competencia; (2) integridad; (3) consistencia; (4) lealtad/ benevolencia; y (5) apertura. Sin embargo, estos autores no llega-

---

D. E. Zand. "Trsut and managerial problem solving", *Administrative Science Quarterly*, vol. 17, nº 2, 1972, pp. 229-239.

56 *Cfr.:* B. Barber. *The logic and limits of trust*, op. cit.

57 *Cfr.:* D. J. McAllister. "Affect and cognition based on trust as foundations for interpersonal cooperation in organizations", op. cit., pp. 24-59.

58 *Cfr.:* D. M. Rousseau; S. B. Sitkin; R. S. Burt; C. Camerer. "Not so different al all: A cross discipline view of trust", *Academy of Management Review*, vol. 23, n. 3, 1998, pp. 393-404.

59 *Cfr.:* J. K. Jr. Butler. y R. S. Cantrell. *A behavioral decision theory approach to modeling dyadic trust in superiors and subordinates*, op. cit., pp. 19-28.

60 *Cfr.:* J. J. Gabarro, The development of trust, influence and expectations. In Athos, G. and Gabarro, J. J. (eds.). *Interpersonal behavior: Communication and understanding in relationships*, Englewood Clifts, Prentice Hall, Nueva Jersey, 1978, pp. 290-303.

61 Cfr.: E. E. Jennings. *Routes to the executive suite*, McGraw-Hill, Nueva York, 1971.

ron a sugerir una nueva definición de confianza y su investigación se centró en los factores constitutivos de generación de confianza.

Coleman correlaciona la confianza con el riesgo cuando sostiene que la incorporación del riesgo en la decisión puede subsumirse en todo lo concerniente a la confianza ("[the] incorporation of risk into the decision can be treated under a general heading that can be described by the single word 'trust'")[62].

La propuesta sustentada por Mayer et al. en 1995 sobre confianza organizacional es coherente, por tanto, con las definiciones arriba manifestadas, y con la idea de que la confianza se expresa en clave de que quien deposita confianza en alguien se hace vulnerable a ese alguien, en la medida en que no le controla. Ésa es la tesis que sustentan autores como Barber[63], Deutsch[64], Gambetta[65], Knox y Kee[66]; y Zand[67].

No convendría soslayar el hecho de que Schoorman et al[68]. publicaron en 2007 un artículo que daba réplica a los comentarios críticos que habían emergido en los últimos doce años desde que apareciera la publicación seminal de Mayer et al. en 1995. El propósito de esta última contribución iba dirigi-

---

62 J. S. Coleman. *Foundations of Social Theory*, Belknap Harvard, Cambridge, 1990, p. 91.

63 *Cfr.*: B. Barber. *The logic and limits of trust,* op. cit.

64 *Cfr.*: M. Deutsch, "Trust and suspicion", *Journal of conflict resolution,* vol. 2, nº 4, 1958, pp. 265-279.

65 *Cfr.*: D. G. Gambetta. "can we trust trust?" op. cit., pp. 213-237.

66 *Cfr.*: R. E. Knox y H. W. Knee. "Conceptual and methodological considerations in the study of trust and suspicion.", *The Journal of conflict resolution,* vol. 14, nº 3, 1970, pp. 357-366.

67 *Cfr.:* D. E. Zand. "Trust and managerial problem solving", *Aministrative Science Quarterly,* vol. 17, n. 2, 1972, pp. 229-239.

68 *Cfr.:* F. D. Schoorman; R. C. Mayer; J. H. Davis. "An integrative model of organizational trust: past, present and future", *Academy of Management Review,* vol. 32, nº 2, 2007, pp. 344-354.

do a ampliar el espectro del análisis de ciertos elementos que no fueron tenidos en cuenta cuando se describió el fenómeno de los factores constitutivos en la generación de confianza (en concreto, el papel de las emociones y los sentimientos, la reconstrucción de la confianza cuando ésta se ha perdido, la influencia que proyectan las diferentes culturas en el desarrollo de la confianza, etc.). El trabajo mencionado de Schoorman et al. si bien entró de lleno en el elenco de sugerencias temáticas, no propugnó cambios en la definición de confianza promovida por Mayer et al., que -a su vez- se basaba en los tres antecedentes basados en la retórica aristotélica señalados con anterioridad, esto es, habilidad, benevolencia e integridad.

Sin embargo, esta última aproximación no llegó a tomar en consideración cómo los avances tecnológicos pueden cambiar la interacción entre individuos, entre individuos y organizaciones, y entre individuos (sobre todo cuando éstos son consumidores) y organizaciones lideradas por plataformas telemáticas, como sostienen Mazzella et al.[69], Miller[70], y Möhlmann[71]. Se ha argumentado que algunas tecnologías podrían llegar a reemplazar la confianza que ahora depositamos en instituciones, a medida que las interacciones se abren a procesos algorítmicos, redes de computadoras y organizaciones anónimas descentralizadas que no tienen fronteras geográficas delimitadas, como señalan Jarvenpaa y Teigland[72].

---

69 *Cfr.*: F. Mazzella; A. Sundarajan; V. D'Espous; M. Möhlmann. "How digital trust powers the sharing economy", *IESE Insight,* 30, 2016, pp. 24-31.

70 *Cfr.*: S. R. "First principles for regulating the sharing economy", *Harvard Journal on Legislation,* 53, 2016, pp. 147-202.

71 *Cfr.*: M. Möhlmann. "Digital trust and peer-to-peer collaborative consumption platforms: A mediation analysis", *Research paper,* Leonard N. Stern School of Business, Nueva York, 2016.

72 S. L. Jarvenpaa, y R. Teigland. "Trust in digital environments: From the sharing economy to decentralized autonomous organizations",

En el campo de la economía colaborativa puede proponerse una nueva definición de confianza, que tendría el siguiente tenor: la confianza es la creencia de que la otra parte se abstendrá de asumir un comportamiento oportunista que no le lleve a explotar las vulnerabilidades de la parte que previamente ha depositado confianza. "[...] Trust can be seen as a measure of confidence or belief that the other party will refrain from opportunistic behavior and behave in an expected manner thereby fulfilling the trusting party's expectations without exploiting its vulnerabilities. Therefore, trust enables situations that one can neither completely predict nor control"[73].

No obstante, conviene tener en cuenta que la definición de confianza promovida por Mayer et al.[74] está pensada para ser aplicada únicamente en relaciones en las que la otra parte sea identificable, y que en todo caso actúa y reacciona voluntariamente con la parte depositante de confianza.

Llegados a este punto es pertinente retomar las cuestiones de investigación planteadas al inicio de este capítulo y acotarlas en la medida de lo posible a las dos siguientes: si las interacciones auspiciadas por la economía colaborativa no permiten saber identificar a la otra parte, ¿seguiría siendo posible hablar de confianza, de acuerdo con el modelo de Mayer et al.? ¿Y qué implicaciones éticas cabría extraer si la respuesta a la pregunta anterior fuese afirmativa?

En otras palabras, la aparición de la economía colaborativa con carácter posterior al modelo de confianza promovido por Mayer et al. en 1995, y que se apoyaría en tres elementos funda-

---

in *Proceedings of the 50th Hawaii International Conference on Systems Science*, 2017, pp. 5.812-5.816.

73 Ibidem., p. 5.812.

74 R. C. Mayer, J. H. Davis, y F. D. Schoorman. "An integrative model of organizational trust", op. cit., p. 715.

cionales: la economía de libre acceso, la economía desarrollada en forma de plataformas y la economía basada en una interacción comunitaria entre dos partes[75], ¿puede invalidar el modelo de confianza organizacional de Mayer et al., o, por el contrario, bastaría con una reformulación del mismo?

Sostengo que, si bien la cuestión previa es muy importante, el aspecto decisivo no es tanto conocer quién es la otra parte sino saber cuán vulnerable es una parte en relación al comportamiento de la otra[76].

Cuando mencionamos la noción de "comportamiento", inmediatamente emergen consideraciones éticas. En este punto debería señalarse que la referencia a la ética es más implícita que explícita, tanto en la literatura especializada sobre confianza como sobre economía colaborativa. Por esa razón, considero que la interacción entre confianza y economía colaborativa será tanto más rica cuanto más venga interconectada por premisas éticas. Más aún, la dimensión ética cuando es tomada en consideración de un modo mucho más óptimo cuando las virtudes que vive cada persona en comunidad no juegan un papel marginal. En ese sentido, la apelación a la tradición de las virtudes promovida por MacIntyre[77] y la tradición personalista -reformulada por Melé[78], en el caso de la ética en las organizaciones- contribuye a fortalecer la intangibilidad de procesos, en los que la dimensión mecanicista asume un protagonismo omnicomprehensivo.

---

75 *Cfr.*: A. Acquier; T. Daudigeos; J. Pinkse. "Promises and paradoxes of the sharing economy: An organizing framework", op. cit., pp. 1-10.

76 *Cfr.*: M. ter Huurne, A. Ronteltap, R. Corten, y V. Buskens, Antecedents of trust in the sharing economy: a systematic review, op. cit., pp. 485-498.

77 *Cfr.*: A. MacIntyre. *After virtue.* A study in moral theory (3ª ed.), University of Notre Dame Press, Indiana, 2007.

78 *Cfr.:* D. Melé. *Business ethics in action* (2ª ed.), Palgrave MacMillan, Londres, 2020.

IV.- LOS FUNDAMENTOS EPISTEMOLÓGICOS DEL MODELO DE CONFIANZA DE MAYER ET AL. DE 1995

Una de nuestras aspiraciones -inherente, por cierto, a todo ejercicio filosófico- es partir del núcleo de los conceptos y después analizar sus implicaciones epistemológicas. Basta decir que Mayer et al. propusieron en 1995 un modelo de confianza que describe los diferentes elementos involucrados en la generación de confianza, así como la interacción entre ellos.

Además de la definición de "confianza", se puede afirmar que Mayer et al. conciben la confianza como un proceso dinámico. Hablando en puridad, la contribución más relevante hecha por Mayer et al. en 1995 ha sido proponer tres atributos del depositario de confianza, que pudieran percibirse como generadores de confianza: habilidad, benevolencia e integridad. En concreto: a) la habilidad se refiere a las competencias técnicas del depositario de confianza; b) la benevolencia refleja los motivos y las motivaciones (egoístas o, más bien, altruistas) del depositario de confianza que se esconden detrás de cada acción que emprende; y c) la integridad se refiere a los principios que gobiernan el comportamiento del depositario de confianza.

El hecho de tomar como referencia un artículo de hace casi tres décadas puede parecer extraño si consideramos la ingente cantidad de publicaciones que han visto la luz en estos últimos años y que abordan de un modo monográfico el tópico de la confianza organizacional. Ahora bien, las razones que han llevado a centrar mi atención en este modelo que data de 1995 han sido, en primer lugar, a causa de su alta prevalencia en la literatura de Dirección de Empresas; y, en segundo lugar, porque aborda con centralidad cuestiones relacionadas con la buena comunicación persuasiva, a partir del modelo aristotélico, que son susceptibles de conexión con los presupuestos epistemológicos en los que se fundamenta la economía colaborativa, como veremos más adelante en el presente capítulo.

Una de las notas a pie de página del artículo seminal de Mayer et al. de 1995 realiza un paralelismo entre los tres antecedentes de la confianza organizativa expuestos más arriba con los tres elementos que Aristóteles plantea en su *Retórica* para la buena comunicación. De acuerdo con el Estagirita, el *logos* (palabra, idea) está conectado con los argumentos trazados en relación con el tópico del discurso, y se refiere tanto a los principios originales como a las relaciones lógicas establecidas a través de procesos discursivos. El *pathos* (sentimientos, pasiones) está compuesto por todo lo que se expresa de un modo no verbal en un discurso y afecta al *logos*, en el sentido de que aporta claridad y orden en las ideas. Finalmente, el *ethos* apela a la honestidad del orador. Esta honestidad aumenta la persuasión del discurso, ya que como afirmaba Aristóteles, creemos en los hombres buenos más plena y fácilmente que en los demás[79].

Los hallazgos de Mayer et al. en 1995 pueden relacionarse con ciertas tesis que suscribe la literatura especializada en Antropología Filosófica y en Filosofía Moral; tesis que destacan el papel de las virtudes y que conciben la confianza como un acto específicamente humano[80], cuyo ejercicio presupone el despliegue de todas las facultades humanas -incluyendo la corporalidad- inteligencia, voluntad y afectividad, llamadas todas ellas a forjar una unidad de vida[81]. Pero el principal hallazgo de Mayer et al. en 1995 es su apelación a tres elementos genuinamente humanísticos, que constituyen un factor inédito en la literatura de dirección de empresas, donde priman los enfoques mecanicistas. Si bien la apelación humanista podría considerarse *a priori* como marginal, pues en realidad aparece en una nota a pie de página, cabe sostener que adquiere un

---

79 *Cfr.*: Aristóteles. *The art of Rhetoric*, Penguin Classic, Londres, 1992.

80 *Cfr.*: T. Aquinas. *Summa Theologica*, Benzinger Brothers, Nueva York, 1947.

81 *Cfr.*: A. MacIntyre. *After virtue. A study in moral theory* (3ª ed.), University of Notre Dame Press, Indiana, 2007.

peso específico en el artículo seminales, siguiendo para ello la senda de la filosofía de Aristóteles. Como resultado de lo anterior, la retórica aristotélica acaba entretejiendo las reflexiones de la segunda mitad del artículo de Mayer et al. de 1995; aspecto éste último que ha sido corroborado por Guillén et al.[82].

V.- LIMITACIONES DEL MODELO DE CONFIANZA DE MAYER ET AL. DE 1995

Antes de buscar dar una respuesta a las cuestiones de investigación, sería prudente profundizar en las limitaciones del modelo de confianza propuesto por Mayer et al. en 1995. Este modelo indudablemente merece reconocimiento, en primer lugar, por haber alcanzado un elevado grado de sistematización de todos los procesos de investigación tanto en relación con el propio concepto de "confianza" como en lo relacionado con el proceso de generación de confianza en entornos organizacionales. En segundo lugar, los conceptos, elementos e interacciones que surgen en el proceso son presentados con claridad. Finalmente, cabe señalar que este modelo es consistente con una visión antropológica comprehensiva, en la que la totalidad de las facultades humanas son tomadas en consideración[83]. Hasta el punto se puede afirmar lo anterior, que, si lo comparamos con otros modelos de confianza, en el modelo propuesto por Mayer et al. en 1995 la visión pragmática no es prevalente.

Sin embargo, debería enfatizarse que esta propuesta también sufre de ciertas limitaciones inherentes que también necesitan actualizarse y ponerse de manifiesto.

---

82 *Cfr.:* M. Guillén; Á. Lleó; G. Marco. "Towards a more humanistic understanding of organizational trust", op. cit., pp. 605-614.

83 Ibidem.

La primera limitación observada se concreta en que el modelo de confianza no toma suficientemente en consideración los contenidos propios de la dimensión ética. De hecho, el concepto de "integridad" propuesto en el modelo -que es definido exclusivamente como adhesión a principios éticos- parece estar incompleto, ya que no menciona internalización práctica deliberada de tales principios hasta que ellos lleguen a ser virtudes morales o rasgos de carácter. Esto último nos retrotrae a la clásica discusión entre Platón y Aristóteles. El primero incorpora -a través de Sócrates- la importancia de una definición clara de virtud. El segundo introduce la relevancia de la práctica de las virtudes. Como sugiere Hartmann, Aristóteles concibe la ética como un trasunto de carácter: "Aristotle [...] takes ethics to be primarily about character"[84]. Las virtudes morales como la sinceridad, la generosidad, la equidad y muchas otras son observables a través del comportamiento humano y permiten emitir juicios ordinarios sobre la integridad de una persona. Alguien puede decir que se adhiere a principios morales, pero luego no los cumple en el día a día, precisamente por falta de virtudes. Es razonable afirmar que los primeros elementos sobre los que quepa juzgar la integridad de un depositario de confianza o fiduciario son sus rasgos de carácter o virtudes morales, que tienen su correspondiente reflejo en el comportamiento. Desde este punto de vista, al observar el comportamiento habitual del fiduciario, el depositante de confianza o fideicomitente podrá emitir un juicio sobre su integridad; en primer lugar, se evaluará su comportamiento o lo que otros saben de dicho comportamiento. A continuación, este comportamiento se comparará con los principios que el fideicomisario afirma poseer. Además, las virtudes no son sólo el primer elemento observable para evaluar la integridad del fiduciario, sino una verdadera garantía

---

84 E. Hartmann. "Socratic questions and Aristotelian answers: a virtue-based approach to Business Ethics", *Journal of Business Ethics*, 78 (3), 2008, p. 316.

de su vivencia. Si un fiduciario no demuestra que realmente se adhiere a los principios que dice atender, la reacción del fideicomitente será de rechazo, ya que creerá que el fiduciario es una persona hipócrita o, al menos, gravemente incoherente[85].

La segunda limitación encontrada en el modelo es la referencia a la integridad del depositario de confianza o fiduciario sin conexión alguna con su capacidad para formular buenos juicios morales. La integridad de una persona no es sólo el resultado de la adhesión a principios o incluso del cumplimiento limitado de ciertas normas legales. De hecho, una persona que demuestra integridad es aquella que hace lo correcto porque puede juzgar y decidir cómo actuar en situaciones particulares. Saber juzgar es una habilidad o sabiduría práctica que permite a la persona emitir juicios y decisiones prácticas sobre lo que es el bien y el mal en cada situación concreta[86] (Melé, 2020). Sin embargo, la racionalidad estratégica o instrumental por sí sola no es suficiente. Se requiere racionalidad práctica para juzgar la idoneidad moral de actuar de una manera u otra. Como sostiene Melé: "la instrumentalidad racional conduce a la eficacia, pero no es suficiente [...]. Se requiere otra forma de racionalidad que oriente la racionalidad instrumental hacia lo más apropiado"[87]. Una persona íntegra es aquella que, además de orientarse por determinados principios, tiene la habilidad o la capacidad para tomar buenas decisiones éticas[88]. Esta capacidad de juzgar es un factor que debe englobarse dentro de la integridad del fiducia-

---

85 *Cfr.*: M. Guillén, Á. Lleó; G. Marco. "Towards a more humanistic understanding of organizational trust", *Journal of Management Development*, vol. 30, 2011, pp. 605-614.

86 *Cfr.*: D. Melé. *Business ethics in action* (2ª ed.), Palgrave MacMillan, Londres, 2020.

87 D. Melé. "Racionalidad ética de las decisiones empresariales", *Revista Empresa y Humanismo*, vol. II, 2000, p. 420.

88 *Cfr.*: M. Guillén. *Ética en las organizaciones. Construyendo confianza*, Pearson Educación, Madrid, 2006.

rio. Además, no sólo es necesaria la dimensión técnica (saber hacer), sino también la ética (saber aquello que es correcto).

La tercera limitación, de índole más global, se puede encontrar en el predominio de la aproximación descriptiva al comportamiento humano. Sin embargo, deja escaso espacio a la libertad humana. Mayer et al. se refieren en su artículo seminal de 1995 a la decisión de volverse vulnerable por parte del fideicomitente, como un elemento inherente a la voluntad de confiar en otra persona. Sin embargo, no hay ninguna referencia al libre albedrío de una persona para actuar de otra manera. La decisión de confiar implica correr el riesgo de hacerse vulnerable a la reacción del fiduciario, que no siempre es predecible (a diferencia de algunas aproximaciones sociológicas a este fenómeno como la apoyada por Coleman[89]), precisamente porque el depositario de confianza o fiduciario tiene libre albedrío. Es este libre albedrío el que permite al fideicomitente elegir si confiar o no, y el que conduce a la posibilidad de que el fiduciario pueda actuar de una forma u otra. Esto no quiere decir que nos encontremos inmersos en una incertidumbre permanente y absoluta, ya que se pueden hacer ciertas predicciones basándose en que el fiduciario posee una naturaleza humana que normalmente le lleva a actuar de una determinada manera, es decir, que le hace proclive a actuar de una manera y no de otra en una situación determinada. Esta referencia a la naturaleza humana y al libre albedrío como base para comprender la dinámica del comportamiento es clave para evitar una visión mecanicista del comportamiento humano, en la que no queda espacio para el ejercicio de la libertad. Aunque de alguna manera pueda estar implícito en las ideas de estos autores, considero del todo punto imprescindible hacer una referencia específica a este elemento para poder comprender plenamente el fenómeno de la confianza. En rigor, esta limitación es común en un

---

89 *Cfr.:* J.S. Coleman. *Foundations of Social Theory*, op. cit.

buen número de investigaciones después del estudio realizado por Mayer et al.[90], como intentaré argumentar. En general, la propuesta de Mayer et al. sigue siendo válida e innovadora en términos de las tres dimensiones mencionadas. Sin embargo, tanto esta contribución como estudios posteriores que aportan mayores avances requieren una justificación teórica adicional sobre la dimensión ética de la confianza y las razones antropológicas que justifican su consideración y necesidad específica[91].

La cuarta limitación observada es subsidiaria de una necesaria actualización del modelo de Mayer et al. de 1995, si pretende dar cobijo a una presencia tecnológica de confianza entre pares mediada por una plataforma contemporánea donde la confianza abandona la relación diádica convencional entre el fideicomitente y el fiduciario, y, al menos, tres partes acaban estando involucradas: el proveedor de la plataforma digital y dos partes que actúan en esa plataforma. Así, la relación diádica convencional entre fideicomitente y fiduciario -protagonista en el modelo de Mayer et al. de 1995- se extiende a una tríada, como sostienen con diversos matices autores como Hawlitschek et al.[92], Möhlmann[93], y Weber[94], por lo que existe el riesgo de que se diluya la

---

[90] R. C. Mayer; J. H. Davis; F. D. Schoorman. "An integrative model of organizational trust", op. cit., pp. 709-734.

[91] *Cfr.:* M. Guillén; Á. Lleó: G. Marco. "Towards a more humanistic understanding of organizational trust", op. cit., pp. 605-614.

[92] *Cfr.*: F. Hawlitschek; T. Teubner; M. Adam; N. Borchers; M. Möhlmann,y C. Weinhardt. "Trust in the sharing economy: an experimental framework", in *Proceedings of the 37th International Conference on Information Systems*, 2016b, pp. 1-14.

[93] *Cfr.*: M. Möhlmann,. "Digital trust and peer-to-peer collaborative consumption platforms: A mediation analysis", *Research paper,* Leonard N. Stern School of Business, Nueva York, 2016.

[94] *Cfr.:* T. A. Weber, Intermediation in a sharing economy: insurance, moral hazard and rent extraction, *Journal of Management Information Systems,* vol. 31, nº 3, 2014, pp. 35-71.

relación clásica de confianza entre fideicomitente y fiduciario. En otras palabras, es posible que asistamos a un predominio de la confianza en aparatos o de la confianza en determinadas instituciones reguladoras en detrimento de la confianza interpersonal.

Por la relevancia de este fenómeno, vamos a explicar detenidamente en el siguiente apartado la interacción entre confianza y economía colaborativa porque esta revolución en las relaciones humanas exige una reflexión profunda, que tenga en cuenta la dimensión ética y no se deslice hacia el consecuencialismo y el pragmatismo, donde la ética acaba siendo una mera cláusula de estilo en el discurso que puede verse reducida a la irrelevancia[95].

En ese sentido, MacIntyre considera que, en el mundo de la ética de las organizaciones, se da la paradoja de que quienes más carecen de formación en el carácter, por más que requieran esta formación para tomar buenas decisiones, son -en realidad- quienes más necesitan la educación moral; formación de la que acaban beneficiándose a través de cursos de ética:

"[...] In order to attend and to learn from arguments, we must first have certain predispositions of character formed by right training and habituation (Aristóteles, *Nicomachean Ethics* 2014: 1179b2-31). This is why in the modern world of business ethics, although it is just those who lack the relevant character formation who most need a moral education, it is they who will be able to benefit from academic courses in ethics"[96].

Cabe señalar que uno de riesgos de la implementación de políticas que aboguen por fortalecer confianza en el seno de la economía colaborativa es considerar el seguimiento de principios éticos en clave de adhesión a estándares legales. Y es

---

95 *Cfr.*: A. MacIntyre. "The irrelevance of Ethics", en A. Bielskis; K. Knight, K. (eds.). *Virtue and Economy. Essays on Morality and Markets,* Ashgate Publishing Limited, Farnham, 2015, pp. 7-21.

96 Ibidem, p. 9.

relevante enfatizar que las virtudes y los principios no son conceptos equivalentes, porque los primeros generan hábitos de carácter, mientras que los segundos podrían sólo basarse en una mera adhesión extrínseca.

VI.- HACIA UN CONCEPTO RENOVADO DE CONFIANZA ORGANIZACIONAL QUE INCORPORE LA FILOSOFÍA DE LA ECONOMÍA COLABORATIVA

Es momento ahora de examinar cómo la confianza organizacional está relacionada con la economía colaborativa, investigando cómo esta interacción puede afectar al fenómeno de la confianza organizacional, articulada por Mayer et al. en 1995, y analizar las implicaciones para la Filosofía Moral. Haciendo eso, estaremos en condiciones de contestar a la cuestión de investigación formulada al principio de este capítulo. En primer lugar, no obstante, necesitamos definir qué entendemos por "economía colaborativa".

Aunque la literatura académica sobre la economía colaborativa se ha quedado atrapada en numerosos intentos infructuosos de llegar a proporcionar una definición de economía colaborativa, puede ser deseable proporcionar una definición amplia de este término de manera descriptiva. Y, sin más prolegómenos, ¿qué se entiende específicamente por el término "economía colaborativa"?

La economía colaborativa es, en primer lugar, un nuevo fenómeno que ha transformado las prácticas comerciales en numerosas industrias, dando como resultado la creación de nuevas empresas tecnológicas estadounidenses de capital privado más rentables que se recuerden en mucho tiempo[97]: así, sin ir más lejos, la plataforma de intercambio de alojamiento Airbnb

97 *Cfr.:* B. Stone, "The $99 billion idea: how Uber and Airbnb fought City Hall, won over the people, outlasted rivals and figured out the sharing economy", *Bloomberg Businessweek,* nº 26, 2017.

cuenta con una facturación anual de 30 mil millones de dólares y la red de transporte de personas Uber (consigue facturar anualmente 68 mil millones de dólares). Debido a su impacto disruptivo, la idoneidad del término "economía colaborativa" todavía se encuentra en tela de juicio con una amalgama de términos similares ofrecidos por los investigadores: "consumo colaborativo", "capitalismo de masas", "economía de plataforma", "consumo basado en el acceso", etc.[98].

Por lo tanto, el hecho de intentar proporcionar una definición clara de los límites del concepto presenta un desafío. En esta investigación nos atendremos a la definición sustentada por Cockayne, que ya he adelantado en la introducción de este capítulo. Según Cockayne, por economía colaborativa nos referimos a un término que describe plataformas digitales que conectan a los consumidores con un bien o servicio mediante el uso de una aplicación móvil o una *website*[99].

Por razones metodológicas, nuestro propósito en este artículo no es tanto mostrar cuántas definiciones sobre la economía

---

98 *Cfr.*: R. Botsman; R. Rogers. *What's mine is yours: the rise of collaborative consumption,* Harper Collins, Nueva York, 2010; F. Bardhi; G. M. Eckhardt. "Access-based consumption: the case of car sharing. Journal of Consumer Research", vol. 39 (4), 2012, pp. 881-898; D. G. Cockayne. "Sharing and neoliberal discourse: The economic function of sharing in the digital on-demand economy", *Geoforum,* 77, 2016, pp. 73-82; A. Sundarajan. *The sharing economy: the end of the employment and the rise of crowd-based capitalism,* MIT Press, Cambridge (Massachusetts), 2016; A. Acquier; T. Daudigeos; J. Pinkse. "Promises and paradoxes of the sharing economy: An organizing framework". *Technological Forecasting and Social Change,* 125, 2017, pp. 1-10; M. Möhlmann; A. Geissinger. "Trust in the sharing economy: Platform-mediated peer trust" en N. Davidson; J. Infranca; M. Fink (eds.). *Cambridge handbook of the law of the sharing economy,* Cambridge University Press, Cambridge (Reino Unido), 2018.

99 *Cfr.*: D. G. Cockayne. "Sharing and neoliberal discourse: The economic function of sharing in the digital on-demand economy", op. cit., pp. 73-82.

colaborativa ha llegado a generar la literatura especializada, sino más bien investigar dos cuestiones: si el papel otorgado a la confianza organizacional en la economía colaborativa puede poner en duda la esencia misma de la confianza organizacional descrita por Mayer et al. en 1995; y si la dimensión ética de la economía colaborativa tiene algún peso en la confianza organizacional. De entrada, cabe afirmar que en un entorno como el ámbito digital en el que prevalece la incertidumbre, la presencia de confianza es una condición previa necesaria para el éxito de las transacciones en la economía colaborativa[100]. En efecto, como quiera que la confianza permite a los seres humanos formar comunidades, cooperar entre sí e incluso, en ocasiones, encontrar soluciones que van más allá del simple interés propio. La confianza afecta al modo cómo formamos relaciones con nuestra familia y amigos, y cuándo y cómo desarrollamos relaciones comerciales o decidimos comprar productos en el mercado[101]. El concepto de "confianza" es, por tanto, de importancia clave para la economía colaborativa, que se caracteriza por desplegarse en entornos virtuales provistos de una alta incertidumbre y procesos de cambio dinámicos[102]. Al situar a las personas y las interacciones humanas en el centro, la economía colaborativa busca mitigar nuestra tendencia a evitar el peligro ocasionado por los extraños, facilitando que los extraños entre sí lleguen a confiar a través de plataformas que establecen en las mencionadas interacciones todo tipo de cláusulas de salvaguarda.

---

100 *Cfr.*: M. Möhlmann; A. Geissinger. "Trust in the sharing economy: Platform-mediated peer trust", op. cit., Cambridge University Press, Cambridge (Reino Unido), 2018.

101 *Cfr.*: P. Sztompka. *Trust: A sociological theory*. Cambridge University Press, Cambridge, 2000; L.G. Zucker. "Production of trust: Institutional sources of economic structure (1840-1920)", *Research in organizational behavior*, vol. 8, 1986, pp. 53-111.

102 *Cfr.*: M. Möhlmann; A. Geissinger. "Trust in the sharing economy: Platform-mediated peer trust", op. cit.

Sin embargo, el hecho de diseñar y facilitar dicha generación de confianza entre extraños mediante el uso de señales digitales que mejoren la confianza[103], ni asegura en puridad el éxito de las interacciones ni valida el concepto de confianza organizacional de Mayer et al. de 1995.

Además, aseveramos que la confianza en la economía colaborativa es de suma importancia por las siguientes razones: en primer lugar, porque las transacciones se han iniciado en un contexto en línea donde los consumidores no pueden inspeccionar los productos por adelantado, la interacción personal no es posible y las regulaciones legales no han proliferado precisamente, sino más bien todo lo contrario. En segundo lugar, desde una consideración ético-antropológica: los seres humanos no somos seres aislados, sino seres sociales con capacidad natural para formar relaciones interpersonales y construir comunidades[104]. Hay, por tanto, razones pragmáticas, por un lado, y razones éticas, por otro, que confirman que el factor confianza en la economía colaborativa puede ser crucial. Más abajo revisaremos las habilidades técnicas y las competencias éticas. Ambos aspectos pueden estar en la base de cualquier intento de investigar el papel que juega la confianza en la economía colaborativa, así como el impacto de economía colaborativa en el modelo de confianza organizacional desarrollado por Mayer et al. en 1995.

En este artículo profundizamos en una perspectiva que abo ga por la ética en la economía colaborativa. Nos alejamos de la literatura economicista, que considera la confianza como forma implícita de contratación[105], así como de la literatura que hace

---

103 *Cfr.:* M. Möhlmann. "Digital trust and peer-to-peer collaborative consumption platforms: A mediation analysis", *Research paper,* Leonard N. Stern School of Business, Nueva York, 2016.

104 *Cfr.*: D. Melé. *Business ethics in action* (2ª ed.), op. cit.

105 *Cfr.:* D. M. Rousseau; S. B. Sitkin; R. S. Burt; C. Camerer. "Not so different after all: A cross discipline view of trust", op. cit., pp. 393-404.

un especial énfasis de la sociología[106], que examina los procesos de socialización como condición de posibilidad de toda actuación de economía colaborativa. En la perspectiva ética nos basamos en las virtudes y de ese modo nos alejamos de invocaciones ambiguas respecto a una dimensión ética meramente principialista, esto es, basada únicamente en principios[107].

La dimensión ética de la economía colaborativa apenas se ha mencionado en la literatura sobre economía colaborativa. Entre las razones que destacan para dar cuenta de ese fenómeno se encuentra el hecho de la tecnología ha asumido un rol dominante en la era de la Cuarta Revolución Industrial[108] y, en consecuencia, el factor humano ha quedado eclipsado. La economía colaborativa se considera claramente dentro del alcance de la tecnología en ese ámbito, lo que aumenta las dificultades para integrar gestión y ética[109].

La irrupción de la economía colaborativa ha generado una multitud de paradojas porque combina dos elementos aparentemente incompatibles; en efecto, la fuerte dependencia de las plataformas tecnológicas -que puede generar individualismo- coexiste con una cierta proliferación de nuevas comunidades -que pueden promover todo lo contrario-. Desde un punto de vista histórico, tales comunidades surgen de relaciones interpersona-

---

[106] *Cfr.*: M. Möhlmann; A. Geissinger. "Trust in the sharing economy: Platform-mediated peer trust", op. cit.,

[107] *Cfr.*: M. ter Huurne; A. Ronteltap; V. Buskens. "Sense of community and trust in the sharing economy", *Tourism Analysis*, vol. 25, 2020, pp- 43-61.

[108] *Cfr.*: K. Schwab y N. Davies. *Shaping the Fourth Industrial Revolution*, World Economic Forum, Ginebra (Suiza), 2018.

[109] *Cfr.*: W. J. González, "Value Ladenness and the Value-Free Ideal in Scientific Research" en Ch. Lütge (ed.). *Handbook of the Philosophical Foundations of Business Ethics*, Springer, Dordrecht, 2013, pp. 1503-1521; y K. E. Martin; R. E. Freeman. "The separation of Technology and Ethics in Business Ethics", in Business Ethics, *Journal of Business Ethics*, 53, 2004, pp. 353-364.

les que generan vínculos, mejoran la confianza, y garantizan la reciprocidad entre los participantes para requerir "una infraestructura social peculiar y el establecimiento de un "mercado comunitario", donde los agentes comparten un cierto ethos, solidaridad y pertenencia[110]. Sin embargo, el sentido de "comunidad" que prevalece en la literatura sobre economía colaborativa es de naturaleza psicoafectiva. Al afirmar esto, queremos sostener que las implicaciones éticas de las interacciones triádicas entre partes desarrolladas en una comunidad virtual no reciben la atención requerida. Consideramos que estos elementos pueden tener un antecedente filosófico en el desarrollo de prácticas en pequeñas comunidades en el marco del espíritu comunitario, como el que impulsa MacIntyre[111]. Sin embargo, en este caso conviene matizar que detrás de la pretensión epistemológica de este filósofo escocés ha existido -desde el inicio de su obra filosófica- un compromiso personal de rechazo al liberalismo, que despierta el individualismo y la incapacidad de perseguir un ideal común en un entorno político[112]. Y conviene advertir que el liberalismo es la doctrina que guía la constitución de comunidades virtuales que intercambian productos de economía colaborativa.

Nuestro propósito en las siguientes líneas pasa por analizar la interacción entre confianza y economía colaborativa, con el fin de evaluar el grado de impacto de la confianza organizacional en la economía colaborativa y, a la inversa, cómo afecta la economía colaborativa en plataformas telemáticas en la noción de confianza organizacional. En paralelo, analizaré qué se esconde detrás de la omisión deliberada de consideraciones éti-

---

[110] *Cfr.*: F. Celata; C. Hendrickson: V. S. Sanna. "The sharing economy as community marketplace? Trust, reciprocity and belonging in peer-to-peer accommodation platforms", op. cit., pp. 349-363.

[111] *Cfr.*: A. MacIntyre. *After virtue.* A study in moral theory (3ª ed.), University of Notre Dame Press, Indiana, 2007.

[112] *Cfr.*: A. MacIntyre. *Ethics in the conflicts of modernity*, Cambridge University Press, Cambridge (Reino Unido), 2016.

cas en la literatura sobre la economía colaborativa. Y todo ello a pesar de que una transacción exitosa sin confianza es inconcebible, pues la generación de confianza es particularmente relevante en un entorno donde prevalece la incertidumbre y donde se intercambian productos y servicios entre extraños[113].

Considero que el papel de la confianza en la economía colaborativa se distancia del rol que podría ostentar en las transacciones económicas más comunes por las siguientes razones: en primer lugar, los consumidores están menos protegidos a través de reglas y regulaciones en comparación con las transacciones tradicionales, pues existen áreas legales grises y con incertidumbre regulatoria[114]. No hace falta insistir en el hecho de que la constatación de lagunas jurídicas es una invitación a defender lo intangible ético. En segundo lugar, la confianza ha transitado de una relación diádica entre un consumidor y proveedor a una tríada de relaciones, incluida la plataforma compartida que facilita la transacción[115]. Este cambio ha generado relaciones de confianza entre pares, y entre pares y la plataforma de intercambio, haciendo que el acto de compartir sea complejo y confuso[116]. En tercer lugar, las transacciones tienen un componente tanto en línea como fuera de línea, lo que implica barreras de información y posibles riesgos personales. Perder el miedo a lo desconocido sería la clave. En

113 *Cfr.*: I. P. Tussyadiah: S. Park. "When gests trust hosts for their words: Host description and trust in sharing economy", *Tourism Management*, 67, 2018, pp. 261-272.

114 *Cfr.*: S. Ranchordas. "Does sharing mean caring? Regulating innovation in the sharing economy", *Minnesota Journal of Law, Science & Technology*, 16(1), 2015, pp. 413-475.

115 *Cfr.:* M. Möhlmann. "Digital trust and peer-to-peer collaborative consumption platforms: A mediation analysis", *Research paper*, Leonard N. Stern School of Business, Nueva York, 2016.

116 *Cfr.*: M. ter Huurne; A. Ronteltap; V. Buskens. "Sense of community and trust in the sharing economy", op. cit., pp. 43-61.

cuarto lugar, el consumidor ha dejado de ostentar un título de propiedad en los productos para pasar a ser un mero poseedor temporal, que pagará por acceder a ellos[117]. Quinto, cuando los intercambios de servicios se incluyen en los contenidos que aglutina la economía colaborativa (por ejemplo, servicios de alojamiento, de taxi, etc.), podrían darse circunstancias en que actividades más complejas terminaran saliendo mal[118].

Es necesario, llegados a este punto, explorar qué significado adquiere la confianza cuando se interconecta con la economía colaborativa. En ese sentido, Habibi, Kim y Laroche[119] distinguen dos tipos de relaciones en la economía colaborativa: el intercambio mercantil y las relaciones comunitarias. En las relaciones de intercambio de mercado existen dos características relevantes: en primer lugar, las interacciones entre las partes se basan en la expectativa de que un determinado beneficio se devolverá de forma comparable o en pago de un beneficio recibido anteriormente[120]. En segundo lugar, la confianza a menudo se basa en un cálculo de costes de oportunidad de mantener o abandonar la relación[121]. La confianza basada en un cálculo del

---

117 *Cfr.*: R. Botsman; R. Rogers. *What's mine is yours: the rise of collaborative consumption,* Harper Collins, Nueva York, 2010

118 *Cfr.:* M. Möhlmann. "Digital trust and peer-to-peer collaborative consumption platforms: A mediation analysis", op cit.

119 *Cfr.*: M. R. Habibi; A. Kim; M. Laroche. "From sharing to exchange: An extended framework of dual modes of collaborative nonownership consumption", *Journal of the association for the consumer research,* 1(2), 2016, pp. 277-294.

120 *Cfr.*: M. S. Clar; J. Mills. "The difference between communal and exchange relationships: What it is and is not". *Personality and Social Psychology Bulletin,* 19(6), 1993, pp. 684-691.

121 *Cfr.*: R. J. Lewicki; B. B. Bunker. "Trust in relationships: A model of development and decline", en Bunker, J. Z. Rubin & Associates (eds.). *Conflict, cooperation and justice: Essays inspired by the work of Morton Deutsch,* Jossey-Bass, San Francisco (California), 1995, pp. 133-173.

coste de oportunidad se deriva de la información creíble que se posea sobre las intenciones y la competencia del otro, así como de la posibilidad de aplicar sanciones. Según Rousseau et al., la cuestión entonces es si las sanciones fomentan o sustituyen la confianza, particularmente en relaciones entre empresas. Por ejemplo, en el contexto de las compras en línea, la confianza *calculativa* puede acrecentarse si se disponen de certificados de seguridad, si están contempladas políticas de devolución cuando el consumidor no ha quedado satisfecho y si los comentarios de los usuarios en la red son favorables[122]. En efecto, en la economía colaborativa, la reputación de un usuario (tanto del proveedor como del consumidor), las opiniones de otros usuarios y las garantías establecidas por la plataforma compartida son instancias que pueden proporcionar confianza[123].

En cambio, en la confianza que se da en las relaciones comunitarias, las personas dan beneficios a otros en respuesta a necesidades o para demostrar una preocupación por la otra persona[124]. La confianza en las relaciones comunitarias a menudo se basa en vínculos emocionales entre individuos; también conocidos como confianza basada en el afecto[125], en donde los seres humanos realizamos inversiones emocionales, como el hecho de preocuparnos por los demás, con la creencia y la expectativa de que estos sentimientos serán correspondidos. McAllister[126]

---

122 *Cfr.*: M. M. Roghanizad; D. J. D. Neufeld. "Intuition, risk, and the formation of online trust", *Computers in Human Behavior*, 50, 2015, pp. 489-498.

123 *Cfr.*: E. Ert; A. Feischer; N. Magen, "Trust and reputation in the sharing economy: the role of personal photos in Airbnb", *Tourism Management*, 55, 2016, pp. 62-73.

124 *Cfr.*: M. S. Clark; J. Mills. "The difference between communal and exchange relationships: What it is and is not", op. cit., pp. 684-691.

125 *Cfr.*: D. J. McAllister. "Affect and cognition based on trust as foundations for interpersonal cooperation in organizations", *Academy of Management Journal*, vol. 38, nº 1, 1995, pp. 24-59.

126 Ibidem.

llega a sostener que los lazos emocionales que unen a los individuos pueden proporcionar la base para la confianza.

Las investigaciones arriba mencionadas sobre la confianza en la economía colaborativa se centraron principalmente en medidas de confianza basadas en algoritmos, como la reputación y el uso de imágenes de perfil[127], dejando inexplorada la confianza basada en el afecto, según la publicación de ter Huurne et al., de 2020[128]. Consideramos que este ámbito inexplorado puede abordarse adecuadamente desde el concepto de comunidad[129]; pero, en todo caso, cabría poner una condición: que las prácticas realizadas en la comunidad tengan como referente ciertos parámetros éticos basados en virtudes. En ese caso, podría ser muy apropiado regresar al modelo de confianza organizacional desarrollado por Mayer et al. en 1995, no sólo para responder a la primera pregunta de investigación planteada en la introducción, sino también para superar el emotivismo de una confianza basada tan sólo en los afectos y no en la moralidad de quien ostenta el rol de depositario de confianza[130].

Como ya hemos tenido ocasión de expresar al inicio de este artículo, la confianza es definida por Mayer et al. en 1995 como la disposición de los fideicomitentes a ser vulnerables a las acciones de los fideicomisarios, basándose en las expectativas de que éstos últimos realizarán las acciones independientemente de la capacidad de supervisarlas.

---

127 *Cfr.*: E. Ert; A. Feischer; N. Magen, "Trust and reputation in the sharing economy: the role of personal photos in Airbnb", *Tourism Management*, 55, 2016, pp. 62-73.

128 *Cfr.*: M. ter Huurne; A. Ronteltap; V. Buskens. "Sense of community and trust in the sharing economy", op. cit., pp. 43-61.

129 Ibidem.

130 *Cfr.*: D. Melé. *Business ethics in action* (2ª ed.), Palgrave MacMillan, Londres, 2020.

Mayer et al. propusieron un modelo que daba cuenta de los tres atributos que deberían atesorar los depositarios de confianza: (1) los fideicomisarios tienen las habilidades y las características requeridas para ser percibidos como competentes dentro de un dominio específico (competencia o capacidad); se cree que los fideicomisarios sienten cuidado e interés interpersonal y están dispuestos a hacer el bien a los fideicomitentes más allá del afán egocéntrico de lucro (benevolencia); y (3) se percibe que los fideicomisarios se adhieren a un conjunto de principios que favorecen su adquisición de integridad, a juicio de los fideicomitentes (integridad).

Diversos estudios han aplicado los tres conceptos como medio para evaluar la confiabilidad de los socios en las interacciones que acontecen en entornos en línea[131].

De hecho, aunque inicialmente se propusieron para contextos interpersonales cara a cara, estas dimensiones de confiabilidad pueden ser *adaptadas* para medir la confianza en línea, donde el objeto de confianza es tanto una persona como una organización[132].

Consideramos, por tanto, que la confianza y la confiabilidad que merecen la economía colaborativa surgen de relaciones interpersonales que se expanden hacia afuera en un "radio de

---

131 *Cfr.*: C. M. C. Cheung; M. K. O. Lee. "Understanding consumer trust in Internet shopping: A multidisciplinary approach", *Journal of the American Society for Information Science and Technology,* 57(4), 2001, pp. 479-492; D. Gefen. "Customer loyalty in e-commerce", *Journal of the Association for Information Systems,* 3(1), 2002, pp. 27-51; M. K. O. Lee; E. Turban. "A trust model for consumer Internet shopping", *International Journal of Electronic Commerce,* 6(1), 2001, pp. 75-91; P. Ratnasingham; P. Pavlou. "Technology trust in Internet-based interorganizational electronic commerce", *Journal of electronic commerce in organizations,* 1(1), 2003, pp. 17-41.

132 *Cfr.*: I. P. Tussyadiah; S. Park. "When gests trust hosts for their words: Host description and trust in sharing economy", *Tourism Management,* 67, 2018, pp. 261-272.

confianza", incluida la confianza intermediada por plataformas digitales. Esta afirmación responde claramente a la primera pregunta de investigación de este capítulo, en relación con el alcance y los límites de la confianza organizacional, según Mayer et al. Y la respuesta debe ser afirmativa. Sin embargo, la palabra clave en este caso sería la de "adaptación", es decir, el modelo de confianza desarrollado por Mayer et al. en 1995 necesita ampliarse a otros escenarios, pero sin por ello desconocer su dimensión ética basada en virtudes y no sólo en principios. De esta manera, estaremos realizando una inversión en el protagonismo de una tendencia filosófica de nuestro tiempo, que aboga por el relativismo cultural y el subjetivismo ético, y que erosiona en gran medida el verdadero núcleo ético de la economía colaborativa. Estaríamos así dando una respuesta afirmativa a la segunda pregunta de investigación.

VII.- EPÍLOGO

Una gran cantidad de estudios académicos han sido desarrollados sobre la confianza en las transacciones de comercio electrónico, en muchas formas a modo de preludio de lo que luego llamaremos "economía colaborativa", aunque la dimensión ética no haya sido mencionada de forma explícita. La carencia de confianza en los proveedores telemáticos ha sido considerada como un de los detonantes por las que ha habido reticencias por parte de muchos consumidores a dejarse conducir a través de transacciones online, pues al mismo tiempo estaban percibiendo riesgos de oportunismo por parte de los vendedores, que eran vistos obviamente de un modo negativo. Para transacciones unitarias, la existencia de confianza entre las partes ha sido considerada ampliamente, con menciones a la predisposición a confiar.

La investigación en comercio electrónico ha revelado además que el concepto de confianza es multidimensional. Uno de los hallazgos más relevantes es el de que el comportamiento del consumidor en un mercado online está ampliamente influenciado por las plataformas digitales y no tanto por los vendedores individuales que interactúan en tales plataformas.

"[...] Consumer behavior in an online marketplace is largely influenced by their trust in the well-established, trustworthy intermediary, not by their trust in the individual sellers doing business in the marketplace"[133].

Esta confianza en la plataforma de intermediación -incluso cuando se emplean elementos de juego[134] es una forma de confianza institucional, que puede ser el modo de confianza más operativo en entornos empresariales con interacciones poco familiares[135].

En ese sentido, la confianza institucional puede ser el resultado de la implementación de garantías estructurales, recursos legales, regulaciones, etc. En este caso, los investigadores sostienen que generar y mantener la confianza en las transacciones de la economía colaborativa *on line* es relevante porque "compartir es lo más cercano a la confianza"[136]; aunque este

---

133 I. B. Hong; H Cho. "The impact of consumer trust on attitudinal loyalty and purchase intentions in B2C e-marketplaces: intermediary trust vs. seller trust", *International Journal of Information Management*, vol. 31, nº 5, 2011, p. 469.

134 *Cfr.*: K. Gera; P. Hasdell. "Gamified sharing economy: The role of game elements in sharing economy", en S. Fukuda (ed.). *Advances in affective and pleasurable design*. Springer Nature Switzerland AG, 2020, pp. 232-242.

135 *Cfr.*: P. A. Pavlou; D. Gefen. "Building effective online marketplaces with institution-based trust", *Proceedings of the 23rd International Conference on Information Systems*, 2002, pp. 667-675.

136 *Cfr.*: R. Belk. "Sharing", *Journal of Consumer Research*, 36(5), 2010, pp. 715-734; F. Celata; C. Hendrickson; V. S. Sanna. "The sharing economy as community marketplace? Trust, reciprocity and belonging in peer-to-peer accommodation platforms", op. cit., pp. 349-363; M. Möhlmann. "Digital trust and peer-to-peer collaborative consumption platforms: A mediation analysis", op cit.

sentido de confianza debería merecer una revisión importante. En segundo lugar, aunque el emparejamiento ocurre en línea, la transacción tiende a ocurrir fuera de línea en entornos físicos, lo que a menudo conduce a un componente social que no puede ser gobernado por la plataforma ya que las partes de la transacción interactúan directamente, por ejemplo, el alquiler de una habitación[137]. En tercer lugar, en muchos casos el objeto de la transacción difiere, es decir, simplemente se accede, se usa y se devuelve y no se compra. Asistimos, por tanto, a un cambio en el sentido que proyecta la noción jurídica de *propiedad*, que en su sentido originario reclamaba una exclusividad, de la que dimanaba un derecho subjetivo *erga omnes,* frente a una difuminación de la noción de propiedad y, en paralelo, un predominio de la noción de *bienes compartidos*, que suscitarían -en todo caso- un disfrute temporal, con un incremento de interacciones entre las partes[138].

VIII.- CONCLUSIONES

Como primera conclusión, se puede afirmar que la limitación del modelo de confianza de Mayer et al. de 1995 derivada de su mecanicismo, podría superarse si se concedieran *márgenes de libertad* tanto al depositante de confianza como al depositario de confianza, en el primer caso, por tomar una decisión *de hacerse vulnerable*, y tomarla en libertad; en el segundo caso, por la posibilidad que tendría de desmarcarse respecto de un guion preestablecido, hasta el punto de poder incluir un sesgo de *impredecibilidad* en su propia actuación profesional. Pero no es fácil presuponer que otro tanto sucederá en el caso de

---

137 *Cfr.:* M. Möhlmann. "Digital trust and peer-to-peer collaborative consumption platforms: A mediation analysis", op cit.

138 *Cfr.:* F. Bardhi; G. M. Eckhardt. "Access-based consumption: the case of car sharing", *Journal of Consumer Research,* vol. 39 (4), 2012, pp. 881-898.

la economía colaborativa, precisamente porque la dimensión ética de la confianza queda diluida en los estudios empíricos sobre esta temática, a favor de un predominio de aspectos tecnológicos, económicos y sociológicos.

Como segunda conclusión, sostengo que el concepto de integridad debe abarcar la capacidad del depositario de confianza para decidir qué está bien y qué está mal, y si acepta, o no, una transacción. "Sería aconsejable, sin embargo, desarrollar un sano criterio de discernimiento, ya que se puede abusar del adjetivo 'ético'. Cuando la palabra se usa genéricamente, puede prestarse a numerosas interpretaciones, incluso hasta incluir decisiones y elecciones contrarias a la justicia y al auténtico bienestar humano"[139] (Benedicto XVI, 2009: n. 45). En este artículo cuando me refiero a la *integridad* estoy apelando a los principios que rigen el comportamiento del depositario de confianza, sus virtudes morales y su capacidad para discernir el bien y el mal.

Como tercera conclusión, para realzar la trascendencia de la libertad humana se propone definir la confianza como una relación interpersonal y bidireccional donde el depositante de confianza se hace "libremente" vulnerable a las acciones del otro. Esta decisión se basa en la expectativa de que el depositario de confianza hará aquello que se le exige, sin tener que ser controlado. Sin embargo, en la economía colaborativa, las decisiones libres se protocolizan tecnológicamente en fórmulas de consentimiento informado, pudiendo en todo caso revocarse ese consentimiento. Ahora bien, habrá limitación temporal si se pretende hacer efectiva cualquier acción de desistimiento.

Como cuarta conclusión, cabe advertir que, con la irrupción de la economía colaborativa, la dimensión institucional de la confianza en las organizaciones ha ganado protagonismo en detrimento de la confianza interpersonal. Asistimos, por tanto, a un proceso

---

139 Cfr.: Benedicto XVI. *Caritas in veritate,* Palabra, Madrid, 2009.

de despersonalización en el que la intermediación con una plataforma pretende sustituir la interacción entre sujetos responsables.

IX.- LIMITACIONES DE ESTE CAPÍTULO Y FUTURAS LÍNEAS DE INVESTIGACIÓN

La confianza ha sido ampliamente estudiada a lo largo de varias disciplinas tales como el *Management*, la Antropología Filosófica, la Psicología, la Psicología Social, la Sociología y la Ética. Igualmente, mucho cabe ser dicho sobre la confianza en relación con la economía colaborativa. Ahora bien, si ambos conceptos tienen algún punto en común, ése es precisamente la imposibilidad de encontrar un consenso académico sobre las definiciones respectivas. Ésta ha sido la principal limitación de la invitación emprendida en este capítulo. Más aún, cabría afirmar que esa limitación es una manifestación de un problema más grande: la vasta heterogeneidad de áreas que cubre la economía colaborativa y las cuestiones generadas por su carácter mercantil o ajeno al lucro.

Más allá de esas consideraciones, se indican seis líneas de investigación relevantes para abordar en el futuro:

a.- En primer lugar, el papel de la reputación es decisivo en orden a trazar un marco que favorezca la interconexión entre confianza y economía colaborativa porque la alta reputación de una organización dedicada a la economía colaborativa se manifiesta en la síntesis de la habilidad, la benevolencia y la integridad invocadas por Mayer et al. en su artículo seminal de 1995, en relación con las interacciones entre la parte depositante y la parte depositaria de confianza.

b.- En segundo lugar, es necesario comprender la relación entre "confianza", "riesgo", "vulnerabilidad" y "control en entornos digitales" desde una perspectiva ética. De hecho, un fenómeno como el "Covid-19" ha puesto a prueba la relevancia de examinar los anteriores conceptos no sólo desde una perspectiva socio-política, sino desde una dimensión ética.

c.- En tercer lugar, convendrá reflexionar en torno a cómo la confianza es construida, mantenida y reparada cuando el contexto es continuamente cambiante, como es el caso del escenario en el que opera la economía colaborativa.

d.- En cuarto lugar, resulta fundamental estudiar los perfiles y las motivaciones de las personas a la hora de participar en redes *peer-to-peer* de la economía colaborativa.

e.- En quinto lugar, es pertinente estudiar las características que debe tener una marca para suscitar clientes fieles.

f.- En sexto lugar, queda pendiente investigar en torno a la irrupción del fenómeno de la ludificación en la economía colaborativa, analizando las consecuencias de apoyar el uso de elementos del juego como la reputación y el estatus social (puntos, insignias y tablas de clasificación). En estos contextos, las dinámicas y mecánicas de juego tienen como objetivo crear una percepción de confiabilidad y confianza en productos y servicios, entre los usuarios de una comunidad virtual y también hacia las plataformas digitales de economía colaborativa como *eBay*, *Airbnb* y *Uber*. Asimismo, ludificar estos sistemas cumple otro objetivo: motivar extrínseca e intrínsecamente a promover un uso más frecuente y beneficioso de todas estas aplicaciones tecnológicas por parte de sus clientes. Anticipamos que este proyecto suscitará consideraciones éticas adicionales sobre las tecnologías persuasivas en nuestras investigaciones futuras.

REFERENCIAS BIBLIOGRÁFICAS

Acquier, A.;Daudigeos, T.,; Pinkse, J. "Promises and paradoxes of the sharing economy: An organizing framework", *Technological Forecasting and Social Change,* 125 (2017), 1-10.

Ahsan, M. "Entrepreneurship and Ethics in the Sharing Economy: A critical perspective", *Journal of Business Ethics,* 2018, https://doi.org/10.1007/s10551-018-3975-2.

Aquinas, T. *Summa Theologica,* Benzinger Brothers, Nueva York, 1947.

Aristóteles. *The art of Rhetoric,* Penguin Classic, Londres, 1992.

Aristóteles. *On Rhetoric. A theory of civic discourse,* Oxford University Press, Oxford, 2006.

Aristóteles. *Nicomachean Ethics,* Cambridge Texts in the History of Philosophy, Cambridge, 2014.

Atwater, L. E. "The relative importance of situational and individual variables in predicting leader behavior", *Group and organization studies,* 13, 1988, pp. 290-310.

Axelrod, R. *The evolution of cooperation,* Basic Books, Nueva York, 1984.

Barber, B. *The logic and limits of trust.* New Brunswick: Rutgers University Press, 1983.

Bardhi, F.; Eckhardt, G. M. "Access-based consumption: the case of car sharing", *Journal of Consumer Research,* vol. 39 (4), 2012, pp. 881-898.

Bazerman, M. H. *Judgment in managerial decision making,* Wiley, Nueva York, 1994.

Belk, R. "Sharing", *Journal of Consumer Research,* 36(5), 2010, pp. 715-734.

Belk, R. "Sharing *vs.* pseudo-sharing in Web 2.0.", *The Anthropologist,* 18(1), 2014a, pp. 7-23.

Belk, R. "You are what you can access. Sharing and collaborative consumption online", *Journal of Business Research,* vol. 67 (8), 2014b, pp. 1.595-1.600.

Benedicto XVI. *Caritas in veritate,* Palabra, Madrid, 2009.

Boss, R. W. "Trust and managerial problem solving revisited", *Group and organization studies,* 3, 1978: pp. 331-342.

Botsman, R.; Rogers, R. *What's mine is yours: the rise of collaborative consumption,* Harper Collins, Nueva York, 2010.

Botsman, R. "The currency of the new economy is trust", *TED Talks,* 2012, Retrieved from: http://www.ted.com/talks/rachel_botsman_the_currency_of_the_new_economy_is_trust.html

Butler, J. K. Jr. "Toward understanding and measuring conditions of trust: evolution of a conditions of trust inventory", *Journal of Management,* vol. 17, n. 3, 1991, pp. 643-663.

Butler, J. K. Jr.; Cantrell, R. S. "A behavioral decision theory approach to modeling dyadic trust in superiors and subordinates". *Psychological reports,* vol. 55, nº 1, 1984, pp. 19-28.

Cardona, P.; Elola, A. "Trust in management: the effect of managerial trustworthy behavior and reciprocity", *IESE Working Paper,* n. 496, Barcelona, 2003.

Celata, F.; Hendrickson, C. Y.; Sanna, V. S. "The sharing economy as community marketplace? Trust, reciprocity and belonging in peer-to-peer accommodation platforms", *Cambridge Journal of Regions, Economy and Society,* 10(2), 2017, pp. 349-363.

Cheung, C. M. C.; Lee, M. K. O. "Understanding consumer trust in Internet shopping: A multidisciplinary approach", *Journal of the American Society for Information Science and Technology,* 57(4), 2001, pp. 479-492.

Clark, M. S.; Mills, J. "The difference between communal and exchange relationships: What it is and is not", *Personality and Social Psychology Bulletin,* 19(6), 1993, pp. 684-691.

Cockayne, D. G. "Sharing and neoliberal discourse: The economic function of sharing in the digital on-demand economy", *Geoforum,* 77, 2016, pp. 73-82.

Cohen, B.; Kietzmann, J. "Ride on! Mobility business models for the sharing in the digital on-demand economy", *Organization & Environment,* 27(3), 2014, pp. 279-296.

Cohen, B.; Sundarajan, A. "Self-regulation and innovation in the peer-to-peer sharing economy", *University of Chicago Law Review Dialogue,* 82, 2015, pp. 116-133.

Coleman, J. S. "Social capital in the creation of human capital", *American Journal of Sociology,* vol. 94, 1988, S95-S120.

Coleman, J. S. *Foundations of Social Theory,* Belknap Harvard, Cambridge, 1990.

Cook, K. *Trust in society,* Russell Sage Foundation, Nueva York, 2001.

Cook, K.; Hardin, R.; Levi, M. *Cooperation without trust?* Russell Sage Foundation, Nueva York, 2005.

Cook, K.; Levi, M.; Hardin, R. *Whom can we trust? How groups, networks and institutions make trust possible.* New York: Russell Sage Foundation, 2009.

Cummings, L. L. "Performance-evaluation systems in context of individual trust and commitment", en F.J. Landy, S. Zendrick and J. Cleveland, J. (eds.). *Performance measurement and theory,* 89-93, Earlbaum, Hillsdale (Nueva Jersey), 1983.

Deutsch, M. "Trust and suspicion", *Journal of conflict resolution,* vol. 2, n. 4, 1958, pp. 265-279.

Ert, E.; Feischer, A.; Magen, N. "Trust and reputation in the sharing economy: the role of personal photos in Airbnb", *Tourism Management*, 55, 2016, pp. 62-73.

Foddy, M.; Yamagishi, T. "Group-based trust", enK. Cook; M. Levi; R. Hardin. (eds.). *Whom can we trust? How groups, networks and institutions make trust possible*, Russell Sage Foundation, Nueva York, 2009.

Foot, P. *Virtues and vices and other essays in Moral Philosophy*, University of California Press, Berkeley, 1978.

Fukuyama, F. *Trust: The social virtues and the creation of prosperity*. New York: Free Press, Nueva York, 1995.

Gabarro, J. J. "The development of trust, influence and expectations", en G. Athos and J. J. Gabarro (eds.). *Interpersonal behavior: Communication and understanding in relationships*, Englewood Clifts, Prentice Hall, Nueva Jersey, 1978, pp. 290-303.

Gambetta, D. G. "Can we trust trust?", en D. G. Gambetta (ed.). *Trust: Making and breaking cooperative relations*, Basil Blackwell, Nueva York, 1988, pp. 213-237.

Gefen, D. "E-commerce: The role of familiarity and trust", *Omega*, vol. 28, nº 6, 2000, pp. 725-737.

Gefen, D. "Customer loyalty in e-commerce", *Journal of the Association for Information Systems*, 3(1), 2002, pp. 27-51.

Gefen, D.,;Straub, D. W. "Consumer trust in B2C e-commerce and the importance of social presence: experiments in e-products and e-services", *Omega*, vol. 32, nº 6, 2004, pp. 407-424.

Gera, K.; Hasdell, P. "Gamified sharing economy: The role of game elements in sharing economy" en S. Fukuda (ed.). *Advances in affective and pleasurable design*, Springer Nature Switzerland AG, 2020, pp. 232-242.

Giffin, K. "The contribution of studies of source credibility to a theory of interpersonal trust in the communication department", *Psychological Bulletin*, 68, 1967, pp. 104-120.

González, W. J. "Value Ladenness and the Value-Free Ideal in Scientific Research" en CH. Lütge (ed.). *Handbook of the Philosophical Foundations of Business Ethics*, Springer, Dordrecht, 2013, pp. 1503-1521.

González-Padrón, T. L. "Ethics in the Sharing Economy: Creating a legitimate marketing channel", *Journal of Marketing Channels*, 24, 2017: pp. 84-96.

Guillén, M. *Ética en las organizaciones. Construyendo confianza*, Pearson Educación, Madrid, 2006.

Guillén, M.; Lleó, A.; Marco, G. "Towards a more humanistic understanding of organizational trust", *Journal of Management Development*, vol. 30, 2011, pp. 605-614.

Guttentag, D. "Airbnb: Disruptive innovation and the rise of an informal tourism acommodation sector", *Current Issues in Tourism*, 18(12), 2015, pp. 1192-1217.

Habibi, M. R.; Kim, A.; Laroche, M. "From sharing to exchange: An extended framework of dual modes of collaborative nonownership consumption", *Journal of the association for the consumer research*, 1(2), 2016, pp. 277-294.

Hagiu, A.; Spulber, D. "First-party content and coordination in two-sided markets", *Management Science*, vol. 59 (4), 2013, pp. 933-949.

Hartmann, E. "Socratic questions and Aristotelian answers: a virtue-based approach to Business Ethics", *Journal of Business Ethics*, 78 (3), 2008, pp. 313-328.

Hawlitschek, F.; Teubner, T.,; Weinhardt, C. "Trust in the sharing economy", *Die Unternehmung: Swiss Journal of Business Research and Practice*, vol. 70 (1), 2016a, pp. 26-44.

Hawlitschek, F.; Teubner, T.; Adam, M.; Borchers, N.; Möhlmann, M.; Weinhardt, C. "Trust in the sharing economy: an experimental framework" en *Proceedings of the 37th International Conference on Information Systems*, 2016b, pp. 1-14.

Hirch, P. M.; Levin, D. Z. "Umbrella advocates versus validity police: A life-cycle model", *Organization Science*, 10(2), 1999, pp. 199-212.

Hofmann, E.; Hartl, B.; Penz, E. "Power versus trust. What matters more in collaborative consumption?", *Journal of Services Marketing*, 31(6), 2017, pp. 589-603.

Hong, I. B.; Cho, H. "The impact of consumer trust on attitudinal loyalty and purchase intentions in B2C e-marketplaces: intermediary trust vs. seller trust", *International Journal of Information Management*, vol. 31, nº 5, 2011, pp. 469-479.

Jarvenpaa, S. L.; Tractinsky, N.; Saarinen, L. "Consumer trust in an internet store: A cross culture validation", *Journal of Computer Mediated Communication*, vol. 5, 1999, pp. 1-35.

Jarvenpaa, S.l.; Teigland, R. "Trust in digital environments: From the sharing economy to decentralized autonomous organizations" en *Proceedings of the 50th Hawaii International Conference on Systems Science*, 2017, pp. 5812 - 5816.

Jennings, E. E. *Routes to the executive suite*, McGraw-Hill, Nueva York, 1971.

Kassan, J.; Orsi, J. "The legal landscape of the sharing economy", *Journal of Environmental Law and Litigation,* 27, 2012, pp. 1-20.

Knox, R. E.; Kee, H. W. "Conceptual and methodological considerations in the study of trust and suspicion", *The Journal of conflict resolution,* vol. 14, n. 3, 1970, pp. 357-366.

Kramer, R.; Brewer, M. B.; Hanna, B. A. "Collective trust and collective action in organizations: the decision to trust as a social decision", en R. Kramer; T.R. Tyler (eds.). *Trust in organizations: frontiers of theory and research,* Sage Thousand Oaks, California, 1996, pp. 357-389.

Lamberton, C. P.; Rose, R. L., "When is ours better than mine? A framework for understanding and altering participation in commercial sharing systems", *Journal of Marketing,* 76(4), 2012, pp. 109-125.

Lawler, E. *The ultimate advantage: Creating the high-involvement organization,* Jossey-Bass, San Francisco (California), 1992.

Lee, M. K. O.; Turban, E. "A trust model for consumer Internet shopping", *International Journal of Electronic Commerce,* 6(1), 2001, pp. 75-91.

Lewicki, R. J.; Bunker, B. B., "Trust in relationships: A model of development and decline", en J. Z. Bunker, Rubin & Associates (eds.). *Conflict, cooperation and justice: Essays inspired by the work of Morton Deutsch,* Jossey-Bass, San Francisco (California), 1995, pp. 133-173.

Lleó de Nalda, A.; Guillén, M.; Gil Pechuán, I. "The influence of ability, benevolence, and integrity in trust between managers and subordinates: the role of ethical reasoning", *Business Ethics: An European Review,* 25(4), 2016, pp. 556-576.

Luhmann, N. *Trust and power,* John Wiley and Sons, Chichester, 1979.

Luhmann, N. *Risk: a sociological theory,* Aldine de Gruyter, Nueva York, 1994.

MacIntyre, A. *After virtue.* A study in moral theory (3ª ed.), University of Notre Dame Press, Indiana, 2007.

MacIntyre, A. "The irrelevance of Ethics", en A. Bielskis; K. Knight (eds.). *Virtue and Economy. Essays on Morality and Markets,* Ashgate Publishing Limited, Farnham, 2015, pp. 7-21.

MacIntyre, A. *Ethics in the conflicts of modernity,* Cambridge University Press, Cambridge (Reino Unido), 2016.

Martin, K. E.; Freeman, R. E. "The separation of Technology and Ethics in Business Ethics", *Journal of Business Ethics,* 53, 2004, pp. 353-364.

Mayer, R. C.; Davis, J. H.; Schoorman, F. D. "An integrative model of organizational trust", *The Academy of Management Review,* vol. 20, nº 3, 1995, pp. 709-734.

Mazzella, F.; Sundarajan A.; D'Espous, V.; Möhlmann, M. "How digital trust powers the sharing economy", *IESE Insight,* 30, 2016, pp. 24-31.

McAllister, D. J. "Affect and cognition based on trust as foundations for interpersonal cooperation in organizations", *Academy of Management Journal,* vol. 38, nº 1, 1995, pp. 24-59.

Melé, D. "Racionalidad ética en las decisiones empresariales", *Revista Empresa y Humanismo,* vol. II, 2000, pp. 411-437.

Melé, D. "Practical wisdom in managerial decision making", *Journal of Management Development,* vol. 29, 2010, pp. 637-645.

Melé, D. *Business ethics in action* (2ª ed.), Palgrave MacMillan, Londres, 2020.

Milgrom, P.; Roberts, J. *Economics, organization and management,* Englewood Cliffs, Prentice Hall, Nueva Jersey, 1992.

Miller, S. R. "First principles for regulating the sharing economy", *Harvard Journal on Legislation,* 53, 2016, pp. 147-202.

Möhlmann, M. "Collaborative consumption: Determinants of satisfaction and the likelihood of using a sharing economy option again", *Journal of Consumer Behavior,* 14 (3), 2015, pp. 193-207.

Möhlmann, M. "Digital trust and peer-to-peer collaborative consumption platforms: A mediation analysis", *Research paper,* Leonard N. Stern School of Business, Nueva York, 2016.

Möhlmann, M.; Geissinger, A. "Trust in the sharing economy: Platform-mediated peer trust" en N. Davidson, J. Infranca; M. Fink (eds.). *Cambridge handbook of the law of the sharing economy,* Cambridge University Press, Cambridge (Reino Unido), 2018.

Parker, G.; Van Alstyne, M. "Two-sided network effects: A theory of information product design", *Management Science,* vol. 51 (10), 2005, pp. 1494-1504.

Parker, G.;Van Alstyne, M.; Choudary, S. P. *Platform revolution,* W. W. Norton and Company Inc., Nueva York, 2016.

Pavlou, P. A.; Gefen, D. "Building effective online marketplaces with institution-based trust", *Proceedings of the 23rd International Conference on Information Systems,* 2002, pp. 667-675.

Pavlou, P. A.; Gefen, D. "Building effective online marketplaces with institution-based trust", *Information Systems Research,* vol. 15 (1), 2004, pp. 37-59.

Ranchordas, S. "Does sharing mean caring? Regulating innovation in the sharing economy", *Minnesota Journal of Law, Science & Technology,* 16(1), 2015, pp. 413-475.

Ratnasingham, P. "The importance of trust in electronic commerce", *Internet Research*, vol. 8, n. 4, 1998, pp. 313-321.

Ratnasingham, P.; Pavlou, P. "Technology trust in Internet-based interorganizational electronic commerce", *Journal of electronic commerce in organizations*, 1(1), 2003, pp. 17-41.

Ravenelle, A. J. "Sharing economy workers: selling, not sharing", *Cambridge Journal of Regions, Economy and Society*, 10(2), 2017, pp. 281-295.

Redfearn, R. L. "Sharing economy misclassification: Employees and independent contractors in transportation network companies", *Berkeley Technology Law Journal*, 31(2), 2016, pp. 1023-1056.

Richardson, L. "Performing the sharing economy", *Geoforum*, 67, 2015, pp. 121-129.

Roghanizad, M. M.; Neufeld, D. J. D. "Intuition, risk, and the formation of online trust", *Computers in Human Behavior*, 50, 2015, pp. 489-498.

Rosanas, J. M. "Una cuestión de principios", *IESE insight*, vol. III, 13-19, Barcelona, 2009.

Rotter, J. B. "Generalized expectancies for interpersonal trust", *American Psychologist*, vol. 26, nº 5, 1971, pp. 443-452.

Rousseau, D. M.; Sitkin, S. B.; Burt, R. S.; Camerer, C. "Not so different after all: A cross discipline view of trust", *Academy of Management Review*, vol. 23, nº 3, 1998, pp. 393-404.

Schilke, O.; Cook, K. "Sources of alliance partner trustworthiness: Integrating calculative and relational approaches", *Strategic Management Journal*, vol. 36, nº 2, 2015, pp. 276-297.

Schoorman, F. D.; Mayer, R. C.; Davis, J. H. "An integrative model of organizational trust: past, present and future", *Academy of Management Review*, vol. 32, nº 2, 2007, pp. 344-354.

Schor, J.; Fitzmaurice, C.; Carfagna, L B.; Attwood-Charles, W.; Potcat, E. D. "Paradoxes of openness and distinction in the sharing economy", *Poetics*, 54, 2016, pp. 66-81.

Schwab, K.; Davies, N. *Shaping the Fourth Industrial Revolution*, World Economic Forum, Ginebra (Suiza), 2018.

Scott, D. "The causal relationship between trust and the assessed value of management by objectives", *Journal of Management*, 6, 1980, pp. 157-175.

Shapiro, S. P. "The social control of impersonal trust", *American Journal of Sociology*, vol. 93, nº 3, 1987, pp. 623-658.

Sitkin, S.B.; Roth, N. L. "Explaining the limited effectiveness of legalistic remedies for trust/distrust", *Organization Science*, vol. 4, nº 3, 1993, pp. 367-392.

Stewart, K. J. "Trust transfer on the world wide web", *Organization Science*, vol. 14, nº 1, 2003, pp. 5-17.

Stone, B. "The $99 billion idea: how Uber and Airbnb fought City Hall, won over the people, outlasted rivals and figured out the sharing economy", *Bloomberg Businessweek*, nº 26, 2017.

Sundarajan, A. *The sharing economy: the end of the employment and the rise of crowd-based capitalism*, MIT Press, Cambridge (Massachusetts), 2016.

Sztompka, P. *Trust: A sociological theory*. Cambridge University Press, Cambridge, 2000.

Taylor, R. G. "The role of trust in labor management relations", *Organization Development Journal*, 7, 1989, pp. 85-89.

ter Huurne, M.; Ronteltap, A.; Corten, R.; Buskens, V. "Antecedents of trust in the sharing economy: a systematic review", *Journal of Consumer Behavior*, 16(6), 2017, pp. 485-498.

ter Huurne, M.; Ronteltap, A.; Buskens, V. "Sense of community and trust in the sharing economy", *Tourism Analysis*, vol. 25, 2020, pp. 43-61.

Tussyadiah, I. P.; Park, S. "When gests trust hosts for their words: Host description and trust in sharing economy", *Tourism Management*, 67, 2018, pp. 261-272.

Weber, T. A. "Intermediation in a sharing economy: insurance, moral hazard and rent extraction", *Journal of Management Information Systems*, vol. 31, nº 3, 2014, pp. 35-71.

Zand, D. E. "Trust and managerial problem solving", *Administrative Science Quarterly*, vol. 17, nº 2, 1972, pp. 229-239.

Zucker, L. G. "Production of trust: Institutional sources of economic structure (1840-1920)", *Research in organizational behavior*, vol. 8, 1986, 53-111.

El derecho digital: ¿una tecnología al servicio de la dignidad humana en nuestra sociedad?

JOSÉ-ALFREDO PERIS-CANCIO

Profesor Agregado de Filosofía

Facultad de Ciencias Jurídicas, Económicas y Sociales

Universidad Católica de Valencia San Vicente Mártir

I.- INTRODUCCIÓN

1.- ¿Es necesaria una *conversión* de los juristas al derecho digital?

Agradecemos sinceramente la invitación de la Prof. Dra. Dª Rosa Cernada la invitación a participar de este monográfico y a poderlo hacer desde una genuina perspectiva filosófico-jurídica, que busque sólidos fundamentos para un derecho digital al servicio de la dignidad humana.

La aparición en los últimos decenios del derecho digital es un hecho social que se impone. El número de publicaciones sobre este asunto es ya inabarcable, y los programas formativos al respecto amplios y diversos. Ante tal maremágnum el jurista parece abocado a tener que rendir pleitesía a la nueva realidad. Ha de profesar con armas y bagajes que se encuentra dispuesto a convertirse de corazón a la nueva realidad imperante y a hacer una actualizada profesión de fe, casi avergonzado por no haberla realizado mucho antes: "sí, voy a ser un especialista en derecho digital", y todavía más identificado: "sí, voy a ser un jurista digital".

Sí. Ya se puede atisbar que pronto habrá una frontera, una brecha, entre los juristas digitales y los que no lo son. Ante una amenaza así no habrá nadie que no se quiera poner al día en esa imperativa carrera por no quedarse desfasado. Y más o menos la sospecha generalizada será la de que pronto el operador jurídico de carne y hueso se verá desplazado por sistemas de Inteligencia Artificial, en los que un software hará vanos los hábitos que ha acompañado las profesiones jurídicas —registradores, notarios, jueces, abogados, procuradores…— de las últimas centurias.

Como un ejercicio de resistencia ante esa ola que parece imponerse de modo inexorable, los propios legisladores y muchos juristas han acudido al lenguaje de los derechos humanos, especificándolos como derechos digitales. Parece moverles el loable objetivo de poner freno a los posibles abusos contra la dignidad humana que se pueden perpetrar desde un uso indiscriminado de las tecnologías, tanto para suministrar los servicios al ciudadano como para resolver nuevas y emergentes controversias jurídicas.

2.- La necesidad de un buen criterios para orientarse en el mundo digital

Sin embargo, tal búsqueda de buen criterio jurídico sólo se verá acompañada por el éxito si se tiene una adecuada comprensión de la persona humana y sus derechos. O por mejor decir, si la comprensión de los derechos humanos que se derivan de la dignidad de la persona ha sido capaz de configurar el concepto adecuado de derechos digitales. Es decir, una comprensión de este derecho que suministre no sólo un criterio de su legitimación como novedad que aporta beneficios en el panorama jurídico —pongamos por caso, una mayor seguridad jurídica, un trato más equitativo, una solución más ágil y rápida en el tiempo de las controversias judiciales...—, sino también, y esto sería lo más determinante, que los derechos humanos formaran parte del concepto de derecho digital, que puedan ser invocados directamente, y no únicamente a través de la necesidad de nuevas especificaciones como "derechos digitales", cuando se atisben nuevos hechos que amenacen la esfera de ser y de libertad propia de las personas —es decir que la dignidad humana y sus derechos inherentes guiaran en todo momento un proceso acumulativo de conocimientos y recursos técnicos para que se mantuviera a su servicio y no funcionara como una lógica autónoma, por ella misma, carente de una propuesta o dirección humanas—.

Más claramente, la funcionalidad de un derecho digital no se conseguirá por la mera invocación de la necesidad de formular nuevos derechos digitales que frenen los excesos que se pueden cometer en la sociedad digital, sino que se requerirá algo previo y más decisivo, una vuelta a una a la comprensión antropológica del derecho, una renovación del sentido de la experiencia jurídica, al sentido original de los derechos humanos. Acudiendo a lo que señala Declaración Universal de los Derechos Humanos, se trataría de reconocer que "la libertad, la justicia y la paz en el mundo tienen por base el reconocimiento de la dignidad intrínseca y de los derechos iguales e inalienables de todos los miembros de la familia humana"[1] . Y al mismo tiempo estar plenamente persuadidos de su contrario, es decir, reconocer igualmente "que el desconocimiento y el menosprecio de los derechos humanos han originado actos de barbarie ultrajantes para la conciencia de la humanidad."[2]

3.- Pistas para favorecer un derecho digital como una tecnología al servicio de la dignidad humana

Con esta premisas la siguiente contribución quiere analizar algunas pistas que puedan favorecer que el derecho digital se presente como una tecnología al servicio de la dignidad humana. En concreto las siguientes, que podemos enunciar como los objetivos de la contribución:

1) proponer que desde la metodología de una antropología simbólica se localice el atractivo intelectual que pueden tener las categorías que acompañan al derecho digital para adquirir la necesaria distancia crítica y el inexcusable equilibrio a la hora de enjuiciarlas;

2) invitar a que se revisen desde la comprensión de la dignidad de la persona y sus derechos humanos las distintas maneras que tenemos de concebir los sistemas jurídicos —básicamente los estatales e internacionales—, inspira-

1 Preámbulo, párrafo 1, https://www.un.org/es/about-us/universal-declaration-of-human-rights

2 Preámbulo, párrafo 2, https://www.un.org/es/about-us/universal-declaration-of-human-rights

dos por la significación que en su momento tuvo la Declaración Universal de los Derechos Humanos de 1948;

3) suministrar una interpretación antropológicamente coherente de las distintas especificaciones de los derechos digitales, para que puedan ejercer un verdadero control de las praxis digitales en beneficio de la dignidad de toda persona humana, de cada persona humana.

II. EL DERECHO DIGITAL DENTRO DE LAS CLAVES SIMBÓLICAS DE NUESTRA CULTURA: LA NECESIDAD DE UNA VALORACIÓN MORAL DEL PROGRESO

1.- La necesidad de encontrar un equilibro con respecto a todo lo que recibe el adjetivo de digital

Las Universidades y las Facultades de Derecho en su seno, no pueden dejar de reflexionar sobre la cultura del momento, para discernir en ella lo que hay de positivo y lo que se tiene que cambiar o mejorar[3]. Hace ya algunos años el antropólogo Clifford Geertz (1926-2006) en *La interpretación de las culturas* llamó la atención sobre un hecho muy relevante. Para ello citó la obra de Susanne Langer[4], *Philosphy in a New Key*[5], en la que se observa un fenómeno que no ha dejado de repetirse en los últimos decenios: "que ciertas ideas estallan en el panorama intelectual

---

3 J. Escámez-Sánchez, J., & J.A. Peris-Cancio. *La Universidad del Siglo XXI y la sostenibilidad social,* Tirant Humanidades, Valencia, 2021, pp. 19-41.

4 Susanne Langer (1895-1985) fue una filósofa, discípula de Alfred North Whitehead (1861-1947), cultivador de la llamada filosofía del proceso, maestro a quien dedica el libro. También recibió la influencia, entre otros, de Ernst Cassirer o de Ludwig Wittgenstein.

5 S.K. Langer. *Philosphy in a New Key. A Study in the Symbolism of Reason, Rite, and Art.* The New American Library, New York, 1954.

con una tremenda fuerza."[6]. Es decir, que por soprendente que nos pueda parecer en un primer momento, las ideas son capaces de generar adhesiones antes afectivas que intelectuales —es decir seguir a lo que muchos repiten no por convicción, sino por moda, o por no soportar la soledad de la disidencia—.

Y no parecerá arriesgado afirmar que el adjetivo digital[7] unido a los sustantivos era, mundo, tecnología, sociedad, economía... y en lo que ahora nos incumbe, "derecho", parece formar en nuestros días parte de ese tipo de ideas, y que la asociación de cada una de estas expresiones a los dígitos, los bits o la combinación de datos consigue alterar completamente nuestra percepción de lo que hasta ahora se había tenido de cada uno de estos sustantivos.

¿De dónde les viene esa fuerza, que podemos calificar más de afectiva que de cognitiva? Geertz describe con expresividad y determinación lo que ocurre con la recepción que tenemos con respecto a esas ideas

> Resuelven tantos problemas fundamentales en un momento que también parecen prometer que van a resolver todos los problemas fundamentales, clarificar todas las cuestiones oscuras. Todos se abalanzan a esa idea como si fuera un fórmula mágica de alguna nueva ciencia positiva, como si fuera el centro conceptual alrededor del cual es posible construir un nuevo sistema general de análisis.[8]

Pocos podrían dudar si están suficientemente informados, que las tecnologías digitales han revolucionado de modo satis-

---

6 C. Geertz. *La interpretación de las culturas,* Gedisa, Barcelona, 2011, p. 19.

7 En las acepciones segunda, tercera y cuarta recogidas por el diccionario de la RAE (2. adj. Referente a los números dígitos. 3. adj. Dicho de un dispositivo o sistema: Que crea, presenta, transporta o almacena información mediante la combinación de bits. 4. adj. Que se realiza o transmite por medios digitales. Señal, televisión digital.), https://dle.rae.es/digital

8 *Ibidem.*

factoria una eficiente gestión, pongamos algunos meros ejemplos, de logística, el diseño de armas bélicas, la coordinación de los vuelos y aeropuertos, la comunicación vía internet, los mercados financieros, la gestión de las aguas urbanas, los gaseoductos... Resultaría casi interminable. La consecuencia, sigue explicando el antropólogo estadounidense, parece llamada a producirse de modo implacable.

El súbito auge de semejante *grande idee*, que eclipsa momentáneamente casi todo lo demás, se debe, dice la autora, "al hecho de que todos los espíritus sensibles y activos se dedican inmediatamente a explotarla. La probamos en toda circunstancia, para toda finalidad, experimentamos las posibles extensiones de su significación estricta, sus generalizaciones y derivaciones".[9]

Una dinámica de "contagio" que fácilmente se da en nuestros días, cuando el propio funcionamiento de internet y de las redes sociales —expresivas, por supuesto, de esa sociedad digital— favorece la repetición de determinados contenidos y el aumento de su impacto. Pocas cosas escapan a la posibilidad de ser prestigiadas como "trending topic" recurrente.

Sin embargo, se sigue mostrando por parte de Geertz, que una vez se produce la familiaridad con esa idea nueva y que ya la situamos dentro de nuestros conceptos teóricos, nuestras expectativas sobre el uso real de ese término se hacen más equilibradas, de suerte que se diluye su excesiva popularidad. Pasa a ser considerada en sus justos límites, o al menos se hace un esfuerzo por situarlos.

Sólo unos pocos fanáticos persisten en su intento de aplicarla universalmente, pero pensadores menos impetuosos al cabo de un tiempo se ponen a considerar los problemas que la idea ha generado. Tratan de aplicarla y hacerla extensiva a aquellos campos donde resulta aplicable y donde es posible hacerla ex-

---

9 *Ibidem.*

tensible y desisten de hacerlo en aquellos en la que idea no es aplicable ni puede extenderse.[10]

Geertz realiza todo este razonamiento a modo de preámbulo para aplicarlo al concepto de cultura, que en los orígenes de la antropología sociocultural como ciencia consiguió vertebrarla, si bien con un cierto riesgo de funcionar de modo omnicomprensivo. Sus escritos tenían pretensión era "reducir el concepto de cultura a sus verdaderas dimensiones, con lo cual tienden a asegurar su constante importancia antes que a socavarla."[11]

Sin embargo , casi treinta años después de que John Perry Barlow realizase su "Declaración de Independencia del Ciberespacio"[12] no podemos estar del todo seguros de ya hayamos alcanzado esa fase de revisión de la nueva idea, de búsqueda de su verdadera funcionalidad, con respecto a, si se permite la expresión, "lo digital". E incluso no faltan unos nuevos agentes no detectados por Susanne Langer y Clifford Geertz. Se trataría de esos entusiastas —no pocas veces con cercanía a los gestos de los fanáticos—, probablemente no escasos, que se dedican a defender la idea atacando a quienes intentan situarla en sus auténticas fronteras. Sus voces son las que están prontas a tachar de "tecnofobia" a esos intentos de rebajar la adhesión inquebrantable hacia todo lo que se presenta con el adjetivo "digital"[13].

---

10 *Ibidem.*

11 *Ibidem.*

12 Localizable en distintos lugares en internet, pero el más específico parece éste, https://www.eff.org/cyberspace-independence

13 Algo que fue ya tempranamente detectado y denunciado por el profesor José Sanmartín Esplugues, con respecto a la ingeniería genética, cuyo modus operandi no deja de estar presente en gran parte de las popularizaciones de lo digital. Cfr. J. Sanmartín Esplugues. *Los nuevos redentores: reflexiones sobre la ingeniería genética, la sociobiología y el mundo feliz que nos prometen,* Anthropos, Barcelona, 1987.

Lo que más nos interesa destacar ahora de la observación de Susanne Langer es ese componente afectivo, emocional, no estrictamente racional con el que se acompaña la nueva idea. Ella nos invita a que pongamos nuestra mirada hacia aquellos mecanismos de prestigio que tienden a hacer de ella un principio indubitable, un dogma, ante el cual lo único que parece que compete hacer es seguir extendiendo sus dominios.

2.- El prestigio del dato y el desprestigio de la dimensión sentimental de la educación estética y moral

Esta dimensión de prestigio intelectual del "dato" como sinónimo del conocimiento ya fue detectada de una manera particularmente sutil hacia los años cuarenta del siglo pasado por un agudo pensador y literato como Clive Staples Lewis (1898-1963). En tres conferencias editadas con un significativo título, en castellano traducido como *La abolición del hombre* se diagnostica con claridad una opción de prestigio intelectual que comenzaba a extenderse en las escuelas de su tiempo. Consistía en negar que pudiera haber objetividad alguna en los sentimientos. Si la literatura, el arte o la contemplación de la naturaleza no tienen que enseñar nada acerca de una adecuada educación sentimental, nada hay que aprender en ellas. Y el único de verdadero conocimiento serán el de los datos que nos aporten las ciencias. La consecuencia era clara.

... los sentimientos humanos habituales frente al pasado, frente a los animales o frente a las majestuosas cataratas van en contra de la razón y son despreciables y deben ser, por tanto, erradicados. Se debe proceder a borrar del mapa esos valores tradicionales y replantear de nuevo el problema del sistema de valores[14].

---

14 C. S. Lewis. *La abolición del hombre,* Encuentro, Madrid, pp. 16-17.

Replantear un nuevo sistema de valores como si el que hemos vivido hasta ahora fuese realmente el problema es algo completamente distinto de mejorar lo mejorable en nuestra comprensión de lo que constituye una vida digna del hombre. Es cambiar las reglas del juego. Si hay alguien que puede anunciar en qué consisten esos nuevos valores, él mismo tendrá el dominio de la situación. La educación dejará de ser un ejercicio de elevación de las personas a partir de unos valores que ellas mismas pueden experimentar, para pasar a diseñarse como un ejercicio de difusión propagandística de los valores que se anuncian desde un nuevo poder.

Cuando Lewis escribe esto, hacia 1943, tenía bien presente que no otra había sido la maniobra intelectual que había acompañado al nazismo. Pero era igualmente consciente de la seducción que podía ejercer en otras coordenadas políticas y culturales que, aunque ajenas a ese régimen, experimentasen el mismo deseo de un progreso que dejara completamente libres las manos humanas para diseñarlo.

Repitamos las fases del proceso detectado por Lewis: no hay valores que tengamos que aprender sentimentalmente; lo único que tenemos que llegar a conocer son los datos que nos suministra la ciencia; quien controle el desarrollo de la ciencia estará no sólo haciendo avanzar el conocimiento sino configurando una nueva comprensión del hombre, o, en palabras de Lewis, su abolición

Pero veamos igualmente que ese mismo diagnóstico conlleva la solución: devolvamos a las personas la posibilidad de experimentar el sentido de los valores que acompaña la contemplación de la naturaleza, del pasado y de la creación artística de la humanidad, y estaremos haciendo personas resistentes frente a la propaganda. Es decir, gente de carne y hueso que tiene verdadera capacidad no para aceptar incondicionalmente lo que se presenta como progreso, sino para enjuiciar si verdaderamente lo es porque ayuda a la elevación integral de las personas[15].

Lewis encuentra una convergencia entre su intento y el que veinte años antes ya había planteado el filósofo Martin Buber, al diferenciar la relación del Yo-Tú de la relación Yo-Ello: "Quien dice Tú no tiene algo por objeto. Pues donde hay algo, hay otro algo, cada Ello limita con otro Ello, el Ello lo es solo porque limita con otro. Pero donde se dice Tú no se habla de alguna cosa. El Tú no pone confines. Quien dice Tú no tiene algo, sino nada. Pero se sitúa en la relación.[16].

En efecto, en su sentido más radical una adecuada educación sentimental es la que nos permite reconocer en la naturaleza, en las personas, o en el arte la presencia de un Tú que nos saca de nuestra autorrefencialidad. Nos sitúa en actitud de escucha ante la reaidad que nos invita a dar lo mejor de nosotros mismos. Se acepta que, junto a esa experiencia del Tú, se dan relaciones con el Ello, con el mundo de los objetos que hemos de saber gestionar para nuestra propia supervivencia y organización. Pero ese mundo del Ello está demandando que le demos un sentido que por él mismo carece, y que sólo puede venirle del Tú.

Los datos forman parte del mundo del Ello. Pero los tenemos que poner al servicio de las relaciones que nos van configurando como personas. De nuevo se recibe desde la filosofía de Buber la invitación a que cada persona se eduque en un sentido de la relacionalidad que pondrá en cuestión toda propuesta de progreso que no

---

15 Algo que actualmente, desde la escuela fenomenológica de filosofía, plantea con coherencia Anthony J. Steinbock, desde una lectura atenta de la filosofía de Husserl. Cfr. A.J. Steinbock. *Mundo familiar y mundo ajeno. La fenomenología generativa tras Husserl.* (R. Garcés-Ferrer & A. Alonso-Martos, Trads.), Sígueme, Salamanca 2022.

16 M. Buber. *Yo y tú.* (C. Díaz Hernández, Trad.), Herder, Barcelona, 2017, p. 7.

se pregunte por cómo le va a ir al otro, al Tú, a mi hermano, espcialmente al más indefenso, con esa nueva organización de las cosas.

Los testimonios de Lewis y de Buber nos están dando buenos argumentos para desarrollar una reacción de alerta hacia el progreso que se justifica autorreferencialmente a sí mismo, como si no se tratara de una actividad humana que, como todas, necesita ser evaluada.

3.- La inviabilidad del escepticismo kelseniano ante los valores para proponer un derecho digital

En el ámbito del derecho estas propuestas pueden ser vividas con una mayor escepticismo, en la medida que el kelsenianismo ha estado introyectado, de modo más o menos latente o explícito, en algunas generaciones de juristas. Las tesis del filosófo checo necesitaban partir de la imposibilidad de que la ética tuviese contenidos objetivos[17] para justificar una construcción meramente formal del Estado democrático. Su argumentación pivotaba en que la falta de acuerdo en temas morales obligaba a que la solución de las controversias jurídicas fuera un asunto del legislador político democrático a través de la regla de la mayoría.

Razonando de este modo Kelsen (1881-1973) falseaba la experiencia moral, presente en cualquier tipo de decisiones humanas responsables. Sus propias tesis no era ajenas a un planteamiento que respondía a otra moral —no a un lugar argumentativo ajeno a ella— que ponía por delante la legitimidad democrática y la seguridad jurícia. Lo que no estaba dispuesto a considerar para rec-

---

17 Sobre el pensamiento de Kelsen en su fuentes véase H. Kelsen. "Justiica y derecho natural", en H. Kelsen: N. Bobbio; C. Perelmann. *Crítica al derecho natural* (E. Díaz, Trad., pp. 27-162). Taurus, Madrid. 1966; H. Kelsen. *Contribuciones a la Teoría Pura del Derecho.* Buenos Aires: Centro Editor de América Latina, Buenos Aires, 1969; H. Kelsen. *Teoría Pura del Derecho* (R. J. Vernengo, Trad.), Porrúa, México.

tificar sus tesis era lo que pasó en situaciones como las III Reich: que la legitimidad democrática pudiera ser usada en contra de la propia democracia, que la seguridad jurídica pudiera obrar contra la justicia. Algo que el ilustra jurista alemán Gustav Radbruch (1878-1949) se vio obligado a reconocer tras la Segunda Guerra Mundial, lo que le llevó a recuperar la primacía del derecho natural sobre la seguridad jurídica y la utilidad del derecho.

Por donde vemos cómo, a la vuelta de un siglo de positivismo jurídico, resucita aquella idea de un derecho superior a la ley, supralegal, aquel rasero con el que medir las mismas leyes positivas y considerarlas como actos contrarios a Derecho, como desafueros bajo forma legal. Hasta qué punto deba atenderse a la justicia cuando ésta exija la nulidad de las formas jurídicas contrarias a ella, y en qué medida debe darse preferencia al postulado de seguridad jurídica, si ésta impone la validez y el reconocimiento del Derecho estatuido, aun a trueque de su injusticia, son problemas que hemos examinado y procurado ya resolver en páginas anteriores. El camino para llegar a la solución de estos problemas va ya implícito en el nombre que la Filosofía del derecho ostentaba en las antiguas Universidades y que, tras muchos años de desuso, vuelve a resurgir hoy: en el nombre y en el concepto de DERECHO NATURAL. [18]

Pero todavía más llamativa era la incomprensión de Kelsen de los caracteres propios del razonamiento moral y de la propia existencia de una razón práctica. La consideraba una duplicación de la razón divina: "La razón práctica del hombre, cognoscitiva y volitiva a la vez, es la razón divina en el hombre, a quien Dios ha creado según su imagen y semejanza; es la participación de lo humano en la razón divina."[19] No estaba dispuesto a aceptar que la vivencia moral con raíces religiosas no se ha iden-

---

[18] G. Radbruch. *Introducción a la Filosofía del derecho.* (W. Roces, Trad.), Fondo de Cultura Económica, México, 1974, p. 44.

[19] H. Kelsen; N. Bobbio; C, Perelman. *Crítica al derecho natural,* op.cit., p. 29.

tificar necesariamente como una obediencia ciega —salvo en casos de voluntarismo extremo como puede verse en la obra de Ockham—. Quien participa de de la ley natural —o un sentido más amplio e intercultural como el que emplea Lewis cuando lo expresa como quien participa del Tao[20]— no está exento de practicar las virtudes intelectuales de la sindéresis y de la prudencia para razonar adecudamante desde un punto moral.

La opción de Kelsen, por tanto, coincidía con una pretensión de superar la moral a través de la lógica formal del derecho.

El positivismo jurídico como una teoría científica del derecho no puede presuponer en su conocimiento y descripción del derecho positivo la existencia de una fuente trascendente del derecho, más allá de toda posible experiencia humana, esto es, la existencia de una voluntad divina cuyo sentido son las normas prescriptivas de conducta humana. Puesto que solamente las normas creadas por una autoridad trascendente, y por lo tanto absoluta, pueden ser consideradas como absolutamente justas e inmutables, el positivismo jurídico no puede aceptar como válida ninguna norma absolutamente justa e inmutable. Sólo puede sostener la validez de normas creadas por el arbitrio humano y que, por lo tanto, son mutables, esto es, normas que pueden tener contenido diferente en tiempos y lugares diferentes.[21]

La deformación de la experiencia moral tiene, por tanto, consecuencias dramáticamente peligrosas. Si las normas jurídicas son creadas por el arbitrio humano y son mutables sin mayores matices, si actuar en conciencia es identificable con dejarse llevar por un capricho, nadie podrá confiar en la justicia intrínseca de lo que aparece imperado por la norma. Todos nos veremos abocados a aceptar humillados los vaivenes de un poder que tenga

---

20 C. S. Lewis. *La abolición del hombre,* op. cit., p. 24.

21 H. Kelsen, N. Bobbio, & C. Perelman, *Crítica al derecho natural,* cit., pp. 130-131.

la precaución de presentarse con formas procedimentales. Ninguna situación de vulnerabilidad humana queda así resguardada ante los poderes que adquieran capacidad de generar normas.

Sin embargo, por mucho que las tesis de Kelsen hayan influido en la mentalidad jurídica de los siglos XX y XXI, y a pesar de que se las haya querido acompañar en ocasiones de un aire de cientificidad en el manejo de las cuestiones jurídicas, resultan inoperantes para enfocar los dilemas propios del ciberespacio. Concebido éste desde sus orígenes por John Perry Barlow como un lugar libre donde los gobiernos no son bienvenidos se frustra la virtualidad de que el derecho pueda concebirse como sinónimo de aparición del Estado y de lógica formal de las normas. El sueño kelseniano de construir un Estado mundial con mimbres idénticos a los de los Estados nacionales se esfuma rápidamente con el mundo digital.

Sin embargo, las limitaciones del modo kelseniano de concebirlo no impiden que se pueda proponer otro modo de entender el derecho. Uno que consiga garantizar la defensa de la dignidad humana de las personas concretas con respecto a las innovaciones del mundo digital. La lectura de las obras de Lewis y Buber nos han puesto en la pista adecuada. Para valorar lo que constituya el verdadero progreso debemos de contar con una base moral sólida que no sea diseñada por aquellos cuyo progreso es precisamente lo que hay que controlar.

III.- LA NECESIDAD DE REVISAR EL PROPIO CONCEPTO DE DRECHO

1.- Un concepto de derecho que parta de la recta comprensión de lo que significan los derechos humanos

Desde estas lecturas podemos retomar la Declaración Universal de los Derechos Humanos de 1948 (en adelante, DUDH) y comprobar si sigue vigente su pretensión de “reconocimiento de la dignidad intrínseca y de los derechos iguales e inalienables de todos los miembros de la familia humana" [22] frente a todo aquello que la amenaza. No faltan hoy en día quienes debaten la necesidad de introducir un cambio en su redacción, o incluso sustituirla por otra. Nosotros sostenemos con claridad que antes de estos intentos de reemplazo —que podrán ser incluso sospechosos de rebajar la eficacia simbólica que le acompaña— se trataría de comenzar a tomársela más en serio, también en lo que se refiere a la configuración de los ordenamientos jurídicos nacionales e internacionales. Hace años que el profesor Javier Hervada (1934-2020) advirtió acerca de la importancia de la nota de preexistencia de los derechos humanos[23] para el propio concepto de derecho. En lugar de crear un concepto de derecho positivo y luego plantearse cómo incluir en este el contenido de los derechos humanos, se trata de invertir el proceso y que sea establezca un concepto de derecho que tenga como prinicpio y fundamento los derechos humanos. No es una mera cuestión conceptual. Está en juego que el derecho realmente muestre su eficacia no como imposición de poder, sino como contribución a una sociedad justa[24].

Creemos que aquí se encuentra un elemento esencial para que los juristas recuperen su tantas veces invocada independencia. El kelseanianismo —y con él otras formas de positivismo jurídico como, por ejemplo, la de Alf Ross (1899-1979)[25] en su vertiente sociológica—tendió a hacer del oficio del cien-

---

22 Preámbulo, párrafo 1, https://www.un.org/es/about-us/universal-declaration-of-human-rights

23 J. Hervada. "Problemas que una nota esencial de los derechos humanos plantea a la filosofía del Derecho", en J. Hervada, *Escritos de Derecho Natural*, Eunsa, Pamplona, 198, pp. 425-446.

24 J. Hervada. *¿Qué es el derecho? La moderna respuesta del realismo jurídico,* Eunsa, Pamplona, 2002.

25 A. Ross. *El concepto de validez y otros ensayos.* (G. C. Paschero, Trad.), Centro Editor de América Latina, Buenos Aires, 1969.

tífico del derecho, digamoslo sin rodeos, un funcionario *sui generis* del Estado. Era coherente con lo que se pretendía: si el derecho se identifica con la construcción del Estado, la independencia es algo más que inoperante y que incluso se la vislumbra como fantasiosa y hasta dañina.

2.- La protección de los derechos desde un régimen de Derecho promovida por la Declaración Universal de los Derechos Humanos

Pero la DUDH estaba pidiendo a los Estados que se sometieran a una lógica superior a la de la propia sobernía nacional: "que los derechos humanos sean protegidos por un régimen de Derecho, a fin de que el hombre no se vea compelido al supremo recurso de la rebelión contra la tiranía y la opresión."[26]

Un reconocimiento del supremo recurso a la rebelión contra la tiranía y la opresión que situaba el papel de las Naciones Unidas como garante de la dginidad humana, explícitamente por encima de los propios Estados. En virtud de este cometido se comprometía a "promover el desarrollo de relaciones amistosas entre las naciones"[27]. Al mismo tiempo expresaba dos compromisos de los pueblos y Estados firmantes. Por un lado, a ser plenamente conscientes de que "han reafirmado en la Carta su fe en los derechos fundamentales del hombre, en la dignidad y el valor de la persona humana y en la igualdad de derechos de hombres y mujeres, y se han declarado resueltos a promover el progreso social y a elevar el nivel de vida dentro de un concepto más amplio de la libertad"[28]. Por otro, a reconocer igualmente que "se han comprometido a asegurar, en cooperación con

---

[26] *Ibidem*, párrafo 3.

[27] *Ibidem*, párrafo 4.

[28] *Ibidem*, párrafo 5.

la Organización de las Naciones Unidas, el respeto universal y efectivo a los derechos y libertades fundamentales del hombre."

Todo ello para considerar en que "una concepción común de estos derechos y libertades es de la mayor importancia para el pleno cumplimiento de dicho compromiso."[29] Probablemente si la enseñanza y la investigación de la Facultades de Derecho en las distintas ramas del derecho se hubiesen dedicado a encontrar más decididamente argumentos que fortalecieran esa "concepción común" se hubiese comprobado su incompatibilidad con los positivismos jurídicos que recuperaron su terrenos en la segunda mitad del siglo XX. Pero los afanes individualistas y nacionalistas más o menos encubiertos lo hicieron sustancialmente inviable.

Quizá estas expresiones de la Declaración puedan suscitar la sospecha de si no se tratará de un lenguaje que no es suficientemente realista, que no toma bastante nota de cómo discurre la política real de los estados, la vida de los pueblos. Sin embargo el propio tenor literal del texto de ésta no tiene el menor reparo de apelar a que nos encontramos ante un ideal por el que merece la pena luchar. El Preámbulo se cierra mostrando lo que, en consecuencia, La Asamblea General de las Naciones Unidas.

Proclama la presente Declaración Universal de los Derechos Humanos como ideal común por el que todos los pueblos y naciones deben esforzarse, a fin de que tanto los individuos como las instituciones, inspirándose constantemente en ella, promuevan, mediante la enseñanza y la educación, el respeto a estos derechos y libertades, y aseguren, por medidas progresivas de carácter nacional e internacional, su reconocimiento y aplicación universales y efectivos, tanto entre los pueblos de los Estados Miembros como entre los de los territorios colocados bajo su jurisdicción[30].

---

[29] *Ibidem*, párrafo 6.

[30] *Ibidem*, párrafo octavo.

El reto de encontrar unos buenos criterios jurídicos que orienten adecuadamente el derecho digital no es un propósito que deba concebirse de modo aislado, sino que puede y debe incorporarse dentro de ese "ideal común" al que impulsa la Declaración Universal de los Derechos Humanos, por el que pueblos y naciones deben esforzare, al promover el respeto a los derechos y libertades mediante la enseñanza y la educación, y al asegurar su su reconocimiento y aplicación mediante medida efectivas. Se puede sumar a otros desafíos que la humanidad de hoy experimenta, y que no acabarán de enfrentarse adecuadamente sin ese componente de seguir ese ideal, si se produce la ausencia de una más recta y profunda comprensión de la dignidad humana y sus derechos[31].

3.- ¿Qué visión de los derechos humanos impulsa a tener la Declaración?

Nuestra insistencia en el Prólogo de la DUDH tiene un claro propósito: mostrar que aunque no existe en ella lo que podríamos señalar como un concepto que partiera de un fundamento único, sí que existe la invitación a trabajar tanto por una "con-

---

31 Pensamos, por ejemplo, en los 17 Objetivos de Desarrollo Sostenible, https://www.un.org/sustainabledevelopment/es/objetivos-de-desarrollo-sostenible/. Sólo desde una recta comprensión de estos como servicio a la dignidad humana pueden realmente avanzar en su cometido. Si existen intereses estratégicos o de dominio detrás de ellos, los harán actuar como un laste. Sólo ampliando los agentes que busquen esas metas desde un pluralismo ético y plural pero buscando un "concepto común" se preservará de este peligro. Cfr., al respecto, Francisco. *"Las religiones y los Objetivos de Desarrollo Sostenible". Discurso del Santo Padre Francisco a los participantes de una conferencia sobre el tema.* Cuidad del Vaticano, 2019, Obtenido de https://www.vatican.va/content/francesco/es/speeches/2019/march/documents/papa-francesco_20190308_religioni-svilupposostenibile.html.

cepción común" como por un "ideal común". El problema es que en algunos casos las dificultades que se suscitaban para encontrar un fundamento único hacia los mismos, parecían soslayar que se trataba de algo por lo que se había de trabajar como compromiso irrenunciable.

Un ejemplo de esta postura que podemos calificar como de "positivismo de los derechos humanos" —la DUDH como un elemento de derecho positivo que hemos de aplicar sin necesidad de apreciar todo su significado— lo encontramos en Norberto Bobbio (1909-2004). Para este filósofo del derecho italiano[32] una vez se proclamó la Declaración lo que había que hacer es aplicarla, porque buscarle un fundamento era una misión innecesaria e imposible. Todo lo más lo que podía hacerse era buscarle una pluralidad de fundamentos. La Declaración era casi la única prueba de que se podía llegar a un consenso de tal índole en el ámbito internacional.

No hace falta indagar mucho para darse cuenta de la contradicción existente entre estos planteamientos y los de la DUDH. Allí donde Bobbio encontraba una imposibilidad, el Prólogo de la Declaración invitaba a un trabajo común. No es audaz pensar que Bobbio trabajaba no muy alejado de esa mentalidad de jurista como funcionario del Estado a la que ya hemos aludido, y que buscaba aceptar la Declaración de una manera minimalista, que se ajustara lo más posible a un positivismo metodológico. Y, añadamos, que lo hacía plenamente convencido de estar favoreciendo el bien posible, es decir, que no queremos verter sospecha alguna sobre la lealtad de sus intenciones con respecto a la difusión de los derechos humanos.

---

32 BN. Bobbio."Le fondement des droits de l'homme", en I. I. Philosophie, *Actes des entretiens de L'Aquila* (14-19 septiembre 1974). La Nuova Italia, Firenza, 1966; N. Bobbio. "Presente y porvenir de los derechos humanos" *Anuario de Derechos Humanos*, 1981, nº 10.

Una mejor comprensión de lo que suponía el consenso al que se había llegado en la Declaración lo encontramos en el filósofo Jacques Maritain (1882-1973). Su pensamiento influyó tanto en la elaboración del texto de ésta[33], como en su recta divulgación[34]. Coincide con Bobbio en valorar lo que había supuesto la Declaración Universal de los Derechos Humanos como consenso universal. Y es explícito a la hora se señalar que se trata de un logro común que ningún grupo particular ni ninguna ideología puede presentarle como logro propio. Pero considera que eso no inconveniente ni excusa para que desde cada una de las posturas que han defendido la Declaración no se trabaje para darle el más sólido de los fundamentos. Y así apelaba a que una visión de filosofía personalista como la que él practicaba profundizase en el nexo entre la ley natural y los derechos humanos.

4.- Una interpretación de la Declaración Universal de los Derechos Humanos como un ideal común que se nutre de las mejores expresiones de cada cultura.

Maritain, por tanto, sí que era consciente de que no se debía hacer una interpretación minimalista y positivista de la Declaración Universal de los derechos Humanos y entendía el esfuerzo educativo que debía acompañar la difusión de esta, algo que en nuestros días ha vuelto a recordar el catedrático de la Universitat de Valencia, Vicente Bellver[35]. Además consideraba

---

33 J. Maritain, *Los derechos del hombre y la ley natural. Cristianismo y democracia.* (E. Pérez-Olivares, Trad.) Palabra, Madrid, 2001.

34 J. Maritain. "Introducción". En E. Carr, *Los derechos del hombre* (M. Nelken, Trad., pp. 19-32). Laia, Barcelona, 1976; J. Maritain, J., *El hombre y el Estado.* (J.-M. Palacios, Trad.) Encuentro, Madrid, 1983.

35 V. Bellver Capella. "Educate in Human Rights: orientations of international law and implementation in higher education" *Education and Law Review*, 2019, pp.1-25.

que esa visión de la ley natural debería abrirse en su lectura a las distintas culturas, como por su lado ya había postulado Lewis cuando la presentaba bajo el nombre de Tao, para no entenderla principalmente en clave occidental[36].

Detrás de esto se encuentra el carácter diferencial que tiene el documento de 1948 con respecto a otras declaraciones de derechos humanos, como de La Declaración de Derechos del Buen Pueblo de Virginia, de 1776, o la Declaración de los Derechos del Hombre y del Ciudadano, de 1789. Tanto el texto americano como el francés eran el resultado de un proceso revolucionario. Se proclamaban con una pretensión racionalmente universal, pero políticamente eran el fruto de una conquista de poder de una nueva clase domonante, la burguesía liberal, con una mentalidad indiviadualista, patriarcal, etnocéntrica...

Nada de esto hay en la DUDH. Aquí no la precede la victoria de nadie, sino un fracaso global como humanidad[37] que demanda un cambio radical de la relación entre poder y derecho. Se presenta en nombre de que

... el desconocimiento y el menosprecio de los derechos humanos han originado actos de barbarie ultrajantes para la conciencia de la humanidad, y que se ha proclamado, como la aspi-

---

36 Cfr. el apéndice titulado "Las Ilustraciones del Tao" de C. S. Lewis, *La abolición del hombre*, cit., pp. 81-96) en el que presenta testimonios de más de doce tradiciones culturales de todo el orbe que connvergen en asuntos designados como la ley de la beneficencia tanto general como especial; las obligaciones con nuestros padres, mayores y ancestros; deberes hacia nuestros hijos y hacia la posterioridad; la ley de la justicia: en lo sexual, como honestidad, y en los tribunales; la ley de la buena fe y la veracidad; la ley de la piedad; la ley de la magnanimidad;

37 Una ocasión para la vergüenza que nos libra del orgullo ciego, por medio del reconocimiento de la culpa y el arrepentimiento, por seguir las expresiones de Anthony J. Steinbock. Cfr. Steinbock, A. J. *Moral Emotions: Reclaiming the Evidence of the Heart.* Evanston, Nortwestern University Press, Illinois, 2014.

ración más elevada del hombre, el advenimiento de un mundo en que los seres humanos, liberados del temor y de la miseria, disfruten de la libertad de palabra y de la libertad de creencias.[38]

"Desconocimiento", "desprecio", "barbarie", "conciencia de la humanidad", "aspiración más elevada", "temor", "miseria", "palabra" y "creencias", son expresiones con connotaciones poco jurídicas para una mentalidad formada en el kelsenianismo. Pero si volvemos a las ideas de Lewis y buscamos una educación de los sentimientos que hagan justicia a la realidad, percibiremos sin duda que la Declaración Universal de los Derechos Humanos está abogando por una nueva sensibilidad sin la cual ya no se podrá desarrollar el derecho, ni comprender verdaderamente el sentido de los derechos humanos.

Creemos que hay más *parentesco* —por emplear esta expresión wittgenesteniana— en el sentido de la Declaración Universal de los Derechos Humanos con otras expresiones de reconocimiento de los derechos humanos a lo largo de la historia. Es el caso de las reivindicaciones de los derechos de las poblaciones originarias de América frente a la acción militar de la colonización del Imperio español. Se puede apreciar, de modo destacado en la obra de Francisco de Vitoria[39] con su idea de *humanitas*[40] . Asimismo en la literatura de su continuador Bar-

---

38 Preámbulo, párrafo 2, https://www.un.org/es/about-us/universal-declaration-of-human-rights

39 Sobre la reflexión iusfilosófica de este autor debe verse F. de Vitoria. *Obras de Francisco de Vitoria. Relecciones Teológicas,* BAC. Madrid, 1960. Son muy iluminadores asimismo los estudios de M. Gacía-Ocaña, M., *El hombre y sus derechos en Francisco de Vitoria,* Ediciones Pedagógicas, Madrid, 1996; R. Hernández Marín. *Francisco de Vitoria y su "Relección sobre los indios". Los derechos de los hombres y de los pueblos,* Edibesa, Madrid 1998.

40 Sobre este concepto véase el acertado estudio de Jesús Ballesteros en J. Ballesteros. "El primado de la idea de humanista en Vitoria como fundamento de los derechos humanos", *Anuario Mexicano de Historia del Derecho,* VI, 1994, pp. 25-36.

tolomé de Las Casas[41] cuyas ideas acerca de la igualdad entre las naciones y los individuos y su educabilidad[42] anticipaba en siglos el enfoque propio de la Declaración Universal. No en

---

41 B. de Las Casas. *Obras Completas,* Alianza Editorial, Madrid, 1989. Sintetizan de modo espléndido su propuesta estas contribuciones: M. Beuchot. *Los fundamentos de los derechos humanos en Bartolomé de Las Casas,* Anthropos, Barcelona, 1994; E. García-García. "Bartolomé de Las Casas y los Derechos Humanos", en M. Maceiras Fafián, & L. Méndez Francisco. *Los Derechos Humanos en su origen: la República Dominicana y Fray Antón Montesinos,* San Esteban, Salamanca, 2011, pp- 81-114.

42 Particularmente en *Apologética historia sumaria,* II, (Vol. 7, 536-537), tal y como refleja Emilio García-García, en "Bartolomé de Las Casas y los Derechos Humanos", cit., p. 94": "Porque todas las naciones del mundo son hombres, y de todos los hombres y de cada uno de ellos es una, no más, la definición, y esta es que son racionales; todos tienen su entendimiento y su voluntad, y su libre albedrío, como sean formados a la imagen y semejanza de Dios. Todos los hombres tienen sus cinco sentidos exteriores y sus cuatro interiores, y se mueven por los mismos objetos dellos; todos tienen los principios naturales o simientes para entender y aprender y saber las ciencias y cosas que no saben, y esto no sólo en los bienes inclinados, pero también se hallan en los que por depravadas costumbres son malos. Todos se huelgan con el bien y sienten placer con los sabroso y alegre, y todos desechan y aborrecen el mal, y se alteran con lo que les hace daño. Así que todo linaje de los hombres es uno, y todos los hombres cuanto a su creación y a las cosas naturales son semejantes, y ninguno nace enseñado, y así todos tienen necesidad de a los principios ser de otros, que nacieron primero guiados y ayudados. De manera que, cuando algunas gentes tales silvestres en el mundo se hallan, son como tierra no labrada, que producen fácilmente malas hierbas y espinas inútiles, pero tienen dentro de sí virtud tanta natural, que labrándola y cultivándola dan frutos domésticos, sanos y provechosos. Todas las naciones del mundo tienen entendimiento y voluntad, y lo que de ambas a dos éstas potencian en el hombre, resulta que es el libre albedrío, y por consiguiente todos tienen virtud y habilidad o capacidad a esta buena inclinación natural para ser doctrinados persuadidos y atraídos a orden y razón, y a leyes, y a la virtud y a toda bondad. "

vano Jean Dumont se refirió a este momento histórico como el del amanecer de los derechos del hombre (Dumont, 1997)[43].

5.- La pluralidad armónica de voces [y la recuperación de los silencios de las víctimas] que sustenta la Declaración Universal de los Derechos Humanos.

Desde estas coordenadas la DUDH se despojó de cualquier ribete de eurocentrismo[44]. Buscaba ser un punto de encuentro para las tradiciones morales de las distintas culturas, con un tenor compartido común, la dignidad humana y sus derechos inalienables. Lo que C.S. Lewis desarrolló en el anexo de *La abolición del hombre* con "Las Ilustraciones del Tao"[45] encontró un eco en una resolución de la Unesco en 1968, que dio lugar a un libro de antología de textos, prologado por el que fuera Director General de dicha organización entre 1961 y 1974, el profesor de filosofía francés, René Maheu (1905-1975).

Para solemnizar el vigésimo aniversario de la *Declaración Universal de Derechos Humanos*, la Conferencia General de la Orga-

---

43 J. Dumont. *El amanecer de los derechos del hombre. La controversia de Valladolid*, Encuentro, Madrid, 1997. Deja claro, citando a Lewis Hanke que en la Controversia de Valladolid lo que se planteó en ese momento fue la necesidad de frenar los abusos de una potencia colonizadora. Dumont hace basándose en la autoridad del historiador hispanista estadounidense Lewis U. Hanke (1905-1993): "Fue en 1550, el mismo año en que el español había alcanzado el cenit de su gloria. Probablemente nunca, ni antes ni después, ordenó como entonces un poderoso emperador la suspensión de sus conquistas por ver si eran justas." (p. 9)

44 Un valor reconocido expresamente por Martha C. Nussbaum en *Crear capacidades. Propuesta para el desarrollo humano.* (A. Santos-Mosquera, Trad.), Paidós, Barcelona, 2015. La autora además precisa que la Declaración Universal ha de entenderse como un necesario precedente para su enfoque de capacidades (pp. 125-131).

45 C. S. Lewis. *La abolición del hombre,* op. cit., p. 24.

nización de las Naciones Unidas para la Educación, la Ciencia y la Cultura (Unesco) formuló el deseo —Resolución 14C/3, 11*b* (iii)— de que se poublicara una antología de textos surgidos de las tradiciones y de las épocas más diversas que, subrayando por la diversidad de sus orígenes la unidad profunda de sus significaciones, ilustraran la la universalidad en el tiempo y en espacio de la afirmación y de la reivindicación del *derecho a ser hombre*[46].

En un prefacio que no podemos de calificar de menos que vibrante en algunos de sus párrafos, René Maheu sitúa el sentido de la obra dirigida por la filósofa suiza de origen judío, Jeanne Hersch (1910-2000)[47]. En efecto, estamos ante una ilustración de la DUDH, que cuenta con la autoridad de la Unesco. En el Prólogo se señala que no pretende ser ni un elenco científico, ni una clasificación de la moralidad de los pueblos, ni una doctrina, ni el reflejo verídico de la historia. A lo que aspira tiene un alcance

---

46 En el sentido de "ser humano", "persona humana", sin marginación por razón del sexo, como es evidente por el artículo 2 de la Declaración.

47 J. Hersch. *El derecho de ser hombre. Antología preparada bajo la dirección de Jeanne Hersch,* Sígueme, Unesco, Colsubsidio, Salamanca, París, Bogotá, 1973. En su estructura se contemplan estos capítulos —que a su vez se subdividen en diversos apartados—. Comienza con *El hombre* —que a su vez se divide, y lo recogemos para despejar cualquier duda sobre el sentido de esta expresión, en "Los otros", "Solidaridad", "Valor de toda vida. Respeto y protección de la persona humana", "La mujer y el niño"; "El 'yo': el individuo responsable, la persona irreductible"—. A continuación vienen; *El poder; Límites del poder; Libertad civil; Verdad y libertad; Derechos sociales; La libertad concreta; Educación, ciencia, cultura; Servidumbre y violencia; El derecho contra la fuerza; Identidad nacional e independencia; Universalidad; Fuentes y fines* —sobre este último también parece conveniente recoger sus apartados para comprobar lo que se buscaba: "Absoluto moral, derecho natural"; "Referencia a Dios, a la naturaleza"; "La justicia en el pasado: la edad de oro"; "La justicia prometida: en otro mundo, en otra vida"; "La justicia en este mundo." (pp. 13-15)

mayor. En primer lugar, la obra pretende dar cabida no sólo a los ideales de la humanidad sino también a sus dolores y sufrimientos.

La humanidad aparece en él esencialmente al nivel de sus ideales en sus expresiones más nobles, no en la realidad, pasada o presente, de su condición y de su comportamiento.

Ciertamente se ha dado cabida a la queja, a la indignación, a la amargura, a la rebelión, que, tanto como las declaraciones de principios y las reivindicaciones serenas o triunfantes, manifiestan una exigencia irrepresible de dignidad y de justicia. (Ibidem)

La valentía del texto de acompañar la significación jurídica de la Declaración Universal de los Derechos Humanos con los ideales y de las expresiones de queja, indignación, amargura y rebelión consigue dar una visión amplia de lo que se debe al ser humano en su dignidad y justicia. Pero, en segundo lugar, la obra pretende algo de mása profunda radicalidad como es dar voz al silencio de las víctimas.

Pero esto es muy poco para pretender traducir la verdadera odisea de la conciencia humana. Los gemidos o los gritos que se escucharán en estas páginas jamás prceden de las víctimas más miserables[48]. Estas, a través de todas las edades, han sido mudas. Allí donde los derechos son totalmente hollados, reinan el silencio y la inmovilidad, que no dejan rastro ninguno en la historia: porque la historia no registra sino las palabras y los gestos de los que son capaces, en alguna medida, de asir su propia vida, o por lo menos de intentarlo. Siempre ha habido —las hay todavía— multitudes de hombres, de mujeres, de niños, a quienes mediante la miseria, el terror o la mentira, se ha llegado a hacer olvidar su dignidad innata, o que han renunciado al esfuerzo de obligar a los demás a reconocer esa dignidad. Y se callan. Las víctimas que se quejan y cuyas voces se dejan oír gonza ya de una mejor suerte.

---

[48] En el sentido de "sometidas a la miseria".

Es imprescindible resaltar, como hace René Maheu, que el sentido de la dignidad humana es algo previo a cualquier reconocimiento que se haga de ella. La clave está en establecer la dirección adecuada del esfuerzo: que ningún ser humano quede al margen de ese reconocimiento, especialmente si se trata de alguien vulnerable y oprimido. En consecuencia es una lucha a favor de la luz frente a las tinieblas, cuya expresión más atroz no es la ignorancia sino la barbarie y la falta de reconocimiento de la dignidad del prójimo más vulnerable. Desde aquí es desde dónde se puede iluminar el auténtico progreso humano.

Importa, pues, advertir al lector que en el reverso de la luz en la que va a entrar no debe dejar de proyectar mentalmente esa masa de tinieblas. Es la sombra que proyecta la historia y que ningún vislumbre ilumina. Es la carga arrastrada por el progreso; ningún impulso la levana. Es el peso de los crímenes a los que debemos nuestros privilegios y de los cuales ninguna generosidad podrá absolvernos por completo, ni siquiera nuestra inocencia; pues al ser sus beneficiarios, somos objetivamente cómplices de ellos.

De esos privilegos, el más insigne es el de poder pensar con cierta objetividad la noción misma de los derechos universales del hombre.[49]

Resumamos lo adquirido en este apartado. El derecho no puede ser vivido ni comprendido adecuadamente al margen de los valores morales que dan sentido a una convivencia justa que respeta la dignidad humana. El empeño en una construcción cientificista del orden jurídico tanto nacional como internacional —tal y como pretendía el positivismo jurídico— no sólo es esteril intelectualmente sino que conlleva peligrosas consecuencias. La DUDH pretendió renovar tanto la vida como la comprensión del derecho desde un sentido de la dignidad humana

49 R. Maheu. "Prefacio", en J. Hersch. *El derecho de ser hombre. Antología preparada bajo la dirección de Jeanne Hersch*, op. cit., pp. 7-10.

comprendida como un ideal común llamado a reparar la triste marcha de la historis que no ha dejado de generar víctimas. Con estas coordenadas podemos afrontar el siguiente objetivo de suministrar una interpretación antropológicamente coherente de las distintas especificaciones de los derechos digitales.

IV.- UNA ANTROPOLOGÍA COHERENTE PARA LOS DERECHOS DIGITALES EN BENEFICIO DE LA DIGNIDAD DE CADA PERSONA HUMANA

1.- La defensa del ser humano frente al poder incontrolado de la tecnología como reto principal del derecho

Jesús Ballesteros, catedrático emérito de la Universitat de Valencia, ha sintetizado de manera plenamente satisfactoria cuál es el cometido que se debe esperar para el derecho en nuestros días.

... el reto principal al que deberá hacer frente el derecho en el futuro es la defensa del ser humano frente al poder incontrolado de la tecnología[50] en diferentes campos; de la ecología, frente a la aparición de una nueva era geológica, el Antropoceno; de las finanzas, frente a la especulación y el fraude fiscal; del bioderecho, frente al riesgo transhumanista; el derecho a la intimidad y la no manipulación frente a GAF (Google, Amazon, Facebook)[51]

---

50 Como señalaba Lewis en *La abolición del hombre*, op. cit., caer en la cuenta de que el pretendido "poder del hombre" es en realidad con frecuencia excesiva el poder de unos pocos que se ejerce contra los demás. (pp. 49-50).

51 J. Ballesteros. "El futuro del derecho como lucha contra la idolatría tecnológica", *Persona y derecho*, *79*(02), 2018, p. 37; J. Ballesteros. *Domeñar las finanzas, cuidar la naturaleza*, Tirant Humanidades, Valencia, 2021, p. 201.

La visión del derecho del profesor Ballesteros casa perfectamente con la que demandábamos en el aprtado anterior, como expresión de la concepción y del ideal común que se deriva de la Declaración Universal. Veamos algunas de sus notas características, sin pretensión de ser exhaustivos:

La necesidad de mantener una adecuada ontología de la persona humana frente a los riesgos de reducir sus dimensiones desde intereses hedonistas o utilitarios (Ballesteros, 1982)[52], desde la confusión entre humano/no humano[53].

La lectura de la evolución del derecho en la Edad Moderna hacia el estatalismo y el economicismo, y la necesidad de recu-

52 J. Ballesteros. "Derechos humanos: ontología versus reduccionismo", *Persona y Derecho,* 9, 1982, pp. 293-242. Toma como referente esta luminosa expresión de Gabriel Marcel en *La dignité humaine,* Aubier- Editions Montaigne, Paris, 1961, p. 240: "Je crois profondément, en ce que mi concerne, que nous ne pouvons arriver à préserver le principe mystérieux qui est au coeur de la dignité humaine, qu'à a condition de parvenir à expliciter la qualité propremet sacrale qui lui es propre, et cette qualité apparaîtra d'autant plus clairement que nous nous attacherons davantage à l'être humain désarmé tel que nous le trouvons chez lénfant, chez le vieillard, ou chez le pauvre. Il convient ici, me semble-t-il, de réfléchir su un paradoxe qui se présente au premier abord comme singulièrement embarrassant." Traducimos: "Creo profundamente, en lo que a mí respecta, que sólo podemos tener éxito en la preservación del misterioso principio que está en el corazón de la dignidad humana si conseguimos hacer explícita la cualidad propia y sacral que le es propia, y esta cualidad será tanto más clara cuanto más nos apeguemos al ser humano desarmado como lo encontremos en el niño, en el anciano o en el pobre. Aquí, me parece apropiado reflexionar sobre una paradoja que a primera vista parece ser singularmente embarazosa".

53 J. Ballesteros. "¿Derechos? ¿Humanos?", *Persona y Derecho,* Vol. 48, 2003, pp. 27-45; J. Ballesteros. *Domeñar las finanzas, cuidar la naturaleza,* op. cit., pp. 154-170.

perar una antropología que sustente el verdadero sentido del derecho con la defensa de los derechos humanos[54] .

La comprensión antropológica de las tres generaciones de derechos humanos[55], desde una evolución desde el individualismo hacia la responsabilidad por el otro y los deberes[56].

El cuidado por las distintas situaciones de amenaza que sufren los más vulnerables, y que hace que el derecho intensifique su cuidado hacia ellos como sujetos de derechos necesitados de una especial cuidado[57].

La denuncia de los intereses económicos que amenazan los derechos sociales y la protección de los más vulnerables[58], y de las ideologías —gnosis— que pretenden legitimar sus pretensiones[59].

---

54 J. Ballesteros. *Sobre el sentido del derecho,* Tecnos, Madrid, 1994.

55 En su momento propuestas por Karel Vasak en "La larga lucha por los derechos humanos.", *El Correo de la UNESCO,* noviembre de 1979, pp. 29-32,.

56 J. Ballesteros. *Ecologismo personalista,* Tecnos, Madrid, 1995; J. Ballesteros. *Domeñar las finanzas, cuidar la naturaleza,* op. cit., pp. 247-332; E. Bea Pérez. "Derechos y deberes. El horizonte de la responsabilidad", *Derechos y LIbertades* (29 Época II), 2013, pp. 53-92.

57 J. Ballesteros. "Los derechos de los nuevos pobres", en J. Ballesteros (ed.). *Derechos humanos,* Tecnos, Madrid, 1992, pp. 137-141; E. Oliver del Olmo, & J. A. Peris-Cancio. "Los cuidados como propuesta ética con pretensión de universalidad", en J. Escámez-Sánchez, & R. Gil-Martínez. *El principio ético del cuidado,* La Tapia, Molina de Segura (Murcia), 2023, pp. 177-204.

58 J. Ballesteros. *Domeñar las finanzas, cuidar la naturaleza,* op. cit., pp. 27-148; pp. 172-199.

59 *Ibidem,* pp. 233-246.

2.- Una comprensión de los derechos humanos capaz de enfrentar la algorética

La comprensión del Derecho de Jesús Ballesteros se encuentra en sintonía con algunas advertencias del Papa Francisco sobre lo que hay puede suponer la presencia de la llamada *Inteligencia Artificial*[60]. A los participantes de un encuentro dedicado a reflexionar sobre estas nuevas realidades de la algorética —la reflexión ética sobre el uso de algoritmos— señalaba de modo significativo.

Todos somos conscientes de cuánto la inteligencia artificial esté cada vez más presente en cada aspecto de la vida cotidiana, tanto personal como social. Esta incide en nuestra forma de comprender al mundo y a nosotros mismos. Las innovaciones en este campo hacen que tales instrumentos sean cada vez más decisivos en las actividades e incluso en las decisiones humanas. Os animo, por tanto, a proseguir en este compromiso vuestro. Me alegra saber que queréis involucrar también a las grandes religiones mundiales y a los hombres y mujeres de buena voluntad para que la algorética, es decir, la reflexión ética sobre el uso de los algoritmos, esté cada vez más presente en el debate público y también en el desarrollo de las soluciones técnicas. Cada persona, de hecho, debe poder disfrutar de un desarrollo humano y solidario, sin que nadie sea excluido. Se trata, pues, de vigilar y trabajar para que el uso discriminatorio de estas herramientas no se arraigue a costa de los más frágiles y excluidos. Recordemos siempre que la forma en que tratamos al último y menos considerado entre nuestros hermanos y hermanas revela el valor que reconocemos al ser humano.

---

60 Aunque desde un punto de vista semántico la expresión sea un oxímoron, pues la inteligencia es un atributo propiamente humano, como justifica Leonardo Polo en *Ética. Hacia una versión moderna de los temas clásicos*, Unión Editorial, Madrid, 1997, desde un punto de vista pragmático se ha impuesto en nuestros días, por lo que resulta razonable referirse a esta categoría, si bien sometiéndola a crítica.

Se puede poner el ejemplo de las solicitudes de asilo: no es aceptable que la decisión sobre la vida y el destino de un ser humano sea confiada a un algoritmo.[61]

En efecto, la algorética reclama una nueva comprensión de ls derechos humanos. Francisco cita aquí de nuevo su propuesta, en clara sintonía con lo que venos exponiendo en esta contribución..

> ... en el encuentro entre diferentes visiones del mundo, los derechos humanos constituyen un punto de convergencia importante para la búsqueda de un terreno común. En el momento actual, sin embargo, parece necesaria una reflexión actualizada sobre los derechos y deberes en este ámbito. En efecto, la profundidad y la aceleración de las transformaciones de la era digital plantean problemas inesperados que imponen nuevas condiciones al ethos individual y colectivo.[62]

La centralidad del concepto de dignidad humana, insiste Francisco, es el que debe insprar el criterio para regular el mundo de los datos, el mundo digital.

> El concepto de dignidad humana —este es el núcleo— exige que reconozcamos y respetemos el hecho de que el valor fundamental de una persona no puede medirse con un conjunto de datos. En los procesos de toma de decisiones sociales y económicas, debemos ser cautos a la hora de confiar juicios

---

61 Francisco. *Discurso del Santo Padre Francisco a los participantes en el encuentro "Rome Call", organizado por la Fundación Renaissence.* Vatican.va. El Vaticano, 2023. Obtenido de https://www.vatican.va/content/francesco/es/speeches/2023/january/documents/20230110-incontro-romecall.html

62 Francisco. *Discurso preparado por el Santo Padre Francisco, leído por S.E. Mons Vicenzo Paglia, Presidente de la Academia. Encuentro con los participantes en la Plenaria de la Pontificia Academia para la Vida.*, El Vaticano, 2020. Obtenido de https://www.vatican.va/content/francesco/es/speeches/2020/february/documents/papa-francesco_20200228_accademia-perlavita.html

a algoritmos que procesan datos recogidos, a menudo subrepticiamente, sobre las personas y sus características y comportamientos pasados. Esos datos pueden estar contaminados por prejuicios sociales e ideas preconcebidas. Sobre todo porque el comportamiento pasado de un individuo no debe utilizarse para negarle la oportunidad de cambiar, crecer y contribuir a la sociedad. No podemos permitir que los algoritmos limiten o condicionen el respeto a la dignidad humana, ni que excluyan la compasión, la misericordia, el perdón y, sobre todo, la apertura a la esperanza de cambio en el individuo. Queridos amigos, concluyo reafirmando mi convicción de que sólo formas de diálogo verdaderamente inclusivas pueden permitirnos discernir sabiamente cómo poner la inteligencia artificial y las tecnologías digitales al servicio de la familia humana.[63]

El derecho digital hoy en día es propicio al reconocimiento de nuevos derechos digitales.[64] Resulta algo ambivante. Si por un lado se profundiza en la lógica de los derechos humanos y en su protección a las víctimas será adecuado y constructivo. Si por el contrario genera una nueva concepción de los derechos

---

63 Francisco. *Discurso del Santo Padre Francisco a los participantes en los "Minerva Dialogues" organizado por el Dicasterio para la cultura y la educación,* el Vaticano, 2023. Obtenido de https://www.vatican.va/content/francesco/es/speeches/2023/march/documents/20230327-minerva-dialogues.html

64 Sirvan como ejemplos los recogidos en esta página web sobre "Derechos digitales, ¿qué son y para qué sirven?", https://protecciondatos-lopd.com/empresas/derechos-digitales/#:~:text=Los%20Derechos%20Digitales%20en%20Espa%C3%B1a,RGPD%20al%20ordenamiento%20jur%C3%ADdico%20espa%C3%B1ol. O también los llamados neuroderechos. Sobre estos últimos, cfr. D. Guillem Tatay. *Neurociencia, neuroética y neuroderecho. Una relación necesaria que urge regular,* Observatorio de Bioética, Universidad Católica de Valencia San Vicente Mártir, Valencia 2023. Obtenido de https://www.observatoriobioetica.org/2023/03/neurociencia-neuroetica-y-neuroderecho-una-relacion-necesaria-que-urge-regular/41447.

humanos que se aleja de la centralidad de la persona humana y su dignidad, aparecerá como una nueva amenaza[65]. Lo importante es reconocer que disponemos de criterios decuados para distinguir lo uno de lo otro, inspirados en una fuente tan reconocida como la DUDH.

V.- SEIS BREVES CONCLUSIONES

De lo expuesto anteriormente proponemos las siguientes conclusiones.

Primera. El jurista debe acercarse al derecho digital en el contexto de la cultura de nuestro tiempo. La llamada era digital debe ser discernida en sus logros y en sus riesgos. Debe evitarse que el derecho digital se presente como algo neutro que se debe aceptar dogmáticamente.

Segunda. El jurista no tiene que situarse ante el derecho desde un escepticismo ante los valores si quiere tener criterios adecuados para ordenar el mundo digital. El derecho digital por definición escapa a los controles de las jurisdiccionales estatales e interestatales, por lo que es necesario buscar unas convicciones éticas compartidas que fundamenten normas y decisiones razonables, con discusiones y debates amplios e interculturales, que no excluyan posibles agentes comprometidos con la dignidad humana y el bien de la familia humana.

Tercera. En este sentido la Declaración Universal de los Derechos Humanos de 1948, si la leemos adecuadamente,alienta

65 Cfr. D. Guillem Tatay. "Derechos humanos, inteligencia artificial y neuroderecho. De Karel Vasak a los derechos humanos 4.0.", *Observatorio de Bioética*. Universidad Católica de Valencia San Vicente Mártir, Valencia, 2023 https://www.observatoriobioetica.org/2022/11/derechos-humanos-inteligencia-artificial-y-neuroderecho-de-karel-vasak-a-los-derechos-humanos-4-0/40531

un concepto de derecho que no renuncia a ser un ideal ni algo que debe ser compartido por las distintas culturas y pueblos, siempre desde la centralidad de la dignidad humana y en sintonía con las víctimas de la barbarie que sufren la ausencia del reconocimiento de su persona y sus derechos.

Cuarta. Una concepción del derecho así no es sólo posible, sino que es urgente que se siga proponiendo frente a otras desviaciones alternativas, y que se vea acompañada de una lectura adecuada de cuáles son los amenazas que hoy recibe la dignidad humana por parte de las concentraciones de capitales en el mundo digital.

Quinta. El trato adecuado de las personas más vulnerables y sin voz no puede delegarse en los puros algoritmos, sin grave menoscabo del respeto a su dignidad, ni se puede prescindir de la compasión, la misericordia, el perdón y de la apertura a la esperanza de cambio en el individuo.

Sexta. Los nuevos derechos digitales y neuroderechos sólo merecerán este nombre si son capaces de proteger la dignidad humana de los más vulnerables, en sintonía con la DUDH.

REFERENCIAS BIBLIOGRÁFICAS

Ballesteros, J. "Derechos humanos: ontología versus reduccionismo", *Persona y Derecho,* 9, 1982, pp. 293-242.

Ballesteros, J. "Los derechos de los nuevos pobres", en J. Ballesteros (ed.). *Derechos humanos,* Tecnos, Marid, 1992, pp. 137-141.

Ballesteros, J. "El primado de la idea de humanista en Vitoria como fundamento de los derechos humanos", *Anuario Mexicano de Historia del Derecho,* VI, 1994, pp. 25-36.

Ballesteros, J. *Sobre el sentido del derecho.* Tecnos, Madrid, 1994.

Ballesteros, J. *Ecologismo personalista,* Tecnos, Madrid, 1995.

Ballesteros, J. "¿Derechos? ¿Humanos?", *Persona y Derecho,* Vol. 48, 2003, pp. 27-45.

Ballesteros, J. "El futuro del derecho como lucha contra la idolatría tecnológica", *Persona y derecho,* 79 (02), 2018, pp. 37-50.

Ballesteros, J. *Domeñar las finanzas, cuidar la naturaleza,* Tirant Humanidades, Valencia, 2021

Bea Pérez, E. "Derechos y deberes. El horizonte de la responsabilidad", *Derechos y libertades* (29 Época II), 2013, pp. 53-92.

Bellver Capella, V. "Educate in Human Rights: orientations of international law and implementation in higher education", *Education and Law Review,* 2019, pp. 1-25.

Beuchot, M. *Los fundamentos de los derechos humanos en Bartolomé de Las Casas,* Anthropos, Barcelona, 1994.

Bobbio, N. "Le fondement des droits de l'homme", en I. I. Philosophie, Actes des entretiens de L'Aquila (14-19 septiembre 1974). La Nuova Italia, Firenza, 1966.

Bobbio, N. "Presente y porvenir de los derechos humanos", *Anuario de Derechos Humanos,* 1981, nº 10.

Buber, M. *Yo y tú.* (C. Díaz Hernández, Trad.) Herder, Barcelona, 2017.

Dumont, J. *El amanecer de los derechos del hombre. La controversia de Valladolid,* Encuentro, Madrid, 1997.

Escámez-Sánchez, J., & Peris-Cancio, J.A. *La Universidad del Siglo XXI y la sostenibilidad social,* Tirant Humanidades, Valencia, 2021.

Francisco. "Las religiones y los Objetivos de Desarrollo Sostenible". Discurso del Santo Padre Franciso a los participantes de una conferencia sobre el tema.: Vatican.va. Cuidad del Vaticano 2019, obtenido de https://www.vatican.va/content/francesco/es/speeches/2019/march/documents/papa-francesco_20190308_religioni-svilupposostenibile.html

Francisco. Discurso preparado por el Santo Padre Francisco, leído por S.E. Mons Vicenzo Paglia, Presidente de la Academia. Encuentro con los participantes en la Plenaria de la Pontificia Academia para la Vida. vatican.va. Cuidad del Vaticano, 2020, Obtenido de https://www.vatican.va/content/francesco/es/speeches/2020/february/documents/papa-francesco_20200228_accademia-perlavita.html

Francisco. Discurso del Santo Padre Francisco a los participantes en el encuentro "Rome Call", organizado por la Fundación Renaissence. Vatican.va. Cuidad del Vaticano, 2023. Obtenido de https://www.vatican.va/content/francesco/es/speeches/2023/january/documents/20230110-incontro-romecall.html

Francisco. Discurso del Santo Padre Francisco a los participantes en los "Minerva Dialogues" organizado por el Dicasterio para la cultura y la educación.Vatican.va. Cuidad del Vaticano, 2023, Obtenido de https://www.vatican.va/content/francesco/es/speeches/2023/march/documents/20230327-minerva-dialogues.html

García-Ocaña, M. *El hombre y sus derechos en Francisco de Vitoria,* Ediciones Pedagógicas, Madrid, 1996.

García-García, E. *Bartolomé de Las Casas y los Derechos Humanos,* en M. Maceiras Fafián, & L. Méndez Francisco. *Los Derechos Humanos en su origen: la República Dominicana y Fray Antón Montesinos,* San Esteban, Salamanca, 2011, pp. 81-114.

Geertz, C. *La interpretación de las culturas,* Gedisa, Barcelona, 2011.

Guillem Tatay, D. "Neurociencia, neuroética y neuroderecho. Una relación necesaria que urge regular", *Observatorio de Bioética.* Universidad Católica de Valencia San Vicente Mártir, Valencia, 2023, obtenido de https://www.observatoriobioetica.org/2023/03/neurociencia-neuroetica-y-neuroderecho-una-relacion-necesaria-que-urge-regular/41447

Guillem Tatay, D. "Derechos humanos, inteligencia artificial y neuroderecho. De Karel Vasak a los derechos humanos 4.0", *Observatorio de Bioética.* Universidad Católica de Valencia, Valencia, 2023 https://www.observatoriobioetica.org/2022/11/derechos-humanos-inteligencia-artificial-y-neuroderecho-de-karel-vasak-a-los-derechos-humanos-4-0/40531

Hernández Martín, R. *Francisco de Vitoria y su "Relección sobre los indios". Los derechos de los hombres y de los pueblos,* Edibesa, Madrid, 1998.

Hersch, J. *El derecho de ser hombre. Antología preparada bajo la dirección de Jeanne Hersch,* Sígueme, Unesco, Colsubsidio, Salamanca, París, Bogotá, 1973.

Hervada, J. "Problemas que una nota esencial de los derechos humanos plantea a la filosofía del Derecho", en J. Hervada, *Escritos de Derecho Natural,* Pamplona: Eunsa, Pamplona, 1986, pp. 425-446.

Hervada, J. *¿Qué es el derecho? La moderna respuesta del realismo jurídico,* Eunsa, Pamplona, 2003.

Kelsen, H. "Justicia y derecho natural, " en H. Kelsen, N. Bobbio, & C. Perelman, *Crítica al derecho natural* (E. Díaz, Trad.), Taurus, Madrid, 1966, pp. 27-162.

Kelsen, H. *Contribuciones a la Teoría Pura del Derecho,* Centro Editor de América Latina, Buenos Aires, 1969.

Kelsen, H. *Teoría Pura del Derecho,* Porrúa, México, 1993.

Langer, S. K. *Philosphy in a New Key. A Study in the Symbolism of Reason, Rite, and Art,* The New American Library, New York, 1954.

Las Casas, B.. *Obras Completas,* Alianza Editorial, Madrid, 1989.

Lewis, C. S. *La abolición del hombre*, Encuentro, Madrid, 1994.

Maheu, R. "Prefacio", en J. Hersch. *El derecho de ser hombre.* Antología preparada bajo la dirección de Jeanne Hersch, Sígueme, Unesco, Colsubsidio, Salamanca, París, Bogotá, 1973, pp. 7-10.

Marcel, G. *La dignité humaine*, Aubier- Editions Montaigne, Paris, 1961.

Maritain, J. "Introducción", en E. Carr. *Los derechos del hombre* (M. Nelken, Trad.), Laia, Barcelona, 1976, pp. 19-32.

Maritain, J. *El hombre y el Estado.* (J. M. Palacios, Trad.), Encuentro, Madrid, 1983.

Maritain, J. *Los derechos del hombre y la ley natural Cristianismo y democracia.* (E. Pérez-Olivares, TRad.), Palabra, Madrid, 2001.

Nussbaum, M. *Crear capacidades. Propuesta para el desarrollo humano.* (A. Santos-Mosquera, Trad.), Paidós, Barcelona, 2015.

Oliver del Olmo, E., & Peris-Cancio, J. A. "Los cuidados como propuesta ética con pretensión de universalidad", en J. Escámez-Sánchez, & R. Gil-Martínez. *El principio ético del cuidado*, La Tapia, Molina de Segura (Murcia), 2023, pp. 177-204.

Polo, L. *Ética. Hacia una versión moderna de los temas clásicos*, Unión Editorial, Madrid, 1997.

Radbruch, G. *Introducción a la Filosofía del derecho* (W. Roces, Trad.), Fondo de Cultura Económica, México, 1974.

Ross, A. *El concepto de validez y otros ensayos*. (G. C. Paschero, Trad.), Centro Editor de América Latina, Buenos Aires, 1969.

Sanmartín Esplugues, J. *Los nuevos redentores: reflexiones sobre la ingeniería genética, la sociobiología y el mundo feliz que nos prometen*, Anthropos, Barcelona, 1987.

Steinbock, A. J. *Moral Emotions: Reclaiming the Evidence of the Heart*, Evanston, Northwestern University Press, Illinois, 2014.

Steinbock, A. J. *Mundo familiar y mundo ajeno. La fenomenología generativa tras Husserl.* (R. Garcés-Ferrer, & A. Alonso-Martos, Trads.), Sígueme, Salamanca, 2022.

Vasak, K. "La larga lucha por los derechos humanos", *El Correo de la UNESCO*, noviembre de 1979, pp. 29-32.

Vitoria, F. d. *Obras de Francisco de Vitoria. Relecciones Teológicas*, BAC, Madrid, 1960.